河北天津古建筑地图（下）

中国古代建筑知识普及与传承系列丛书·中国古建筑地图

HISTORICAL ARCHITECTURAL MAP OF HEBEI AND TIANJIN (VOL.2)

陈迟 郑慧铭 郑红彬 李倩怡 郝杰 编著

清华大学出版社
北京

版权所有，侵权必究。举报：010-62782989，beiqinquan@tup.tsinghua.edu.cn。

图书在版编目（CIP）数据

河北天津古建筑地图 . 下 / 陈迟等编著 . — 北京：清华大学出版社，2021.1
（中国古代建筑知识普及与传承系列丛书 . 中国古建筑地图）
ISBN 978-7-302-57110-0

Ⅰ . ①河… Ⅱ . ①陈… Ⅲ . ①古建筑—介绍—河北 ②古建筑—介绍—天津
Ⅳ . ①K928.712.2 ②K928.712.1

中国版本图书馆 CIP 数据核字 (2020) 第 253664 号

责任编辑：徐　颖
封面设计：谢晓翠
版式设计：彩奇风
责任校对：王荣静
责任印制：杨　艳

出版发行：清华大学出版社
　　网　　址：http://www.tup.com.cn，http://www.wqbook.com
　　地　　址：北京清华大学学研大厦 A 座　　邮　编：100084
　　社 总 机：010-62770175　　邮　购：010-62786544
　　投稿与读者服务：010-62776969，c-service@tup.tsinghua.edu.cn
　　质量反馈：010-62772015，zhiliang@tup.tsinghua.edu.cn
印 装 者：小森印刷（北京）有限公司
经　　销：全国新华书店
开　　本：180mm×260mm　　印　张：31　　字　数：1058 千字
版　　次：2021 年 1 月第 1 版　　印　次：2021 年 1 月第 1 次印刷
定　　价：199.00 元

产品编号：081618-01

献给关注中国古代建筑文化的人们

策　划：华润雪花啤酒（中国）有限公司
统　筹：清华大学建筑学院
主　持：王　群　朱文一
执　行：王贵祥　曾申平
资　助：清华大学建筑学院
　　　　华润雪花啤酒（中国）有限公司

参　赞：廖慧农　李　菁　马冬梅　张　弦
　　　　刘　敏　毕朝矫　张　巍　张思琪

总序一

2008年年初，我们总算和清华大学完成了谈判，召开了一个小小的新闻发布会。面对一脸茫然的记者和不着边际的提问，我心里想，和清华大学的这项合作，真是很有必要。

在"大国""崛起"街谈巷议的背后，中国人不乏智慧、不乏决心、不乏激情，甚至不乏财力。但关键的是，我们缺少一点"独立性"，不论是我们的"产品"，还是我们的"思想"。没有"独立性"，就不会有"独特性"；没有"独特性"，连"识别"都无法建立。

我们最独特的东西，就是自己的文化了。学术界有一句话："建筑是一个民族文化的结晶。"梁思成先生说得稍客气一些："雄峙已数百年的古建筑，充沛艺术趣味的街市，为一民族文化之显著表现者。"当然我是在"断章取义"，把逗号改成了句号。这句话的结尾是："亦常在'改善'的旗帜之下完全牺牲。"

我们的初衷，是想为中国古建筑知识的普及做一点事情。通过专家给大众写书的方式，使中国古建筑知识得以普及和传承。当我们开始行动时，由我们自己的无知产生了两个惊奇：一是在这片天地里，有这么多的前辈和新秀在努力并富有成果地工作着；二是这个领域的研究经费是如此的窘迫，令我们瞠目结舌。

希望"中国古代建筑知识普及与传承系列丛书"的出版，能为中国古建筑知识的普及贡献一点力量；能让从事中国古建筑研究的前辈、新秀们的研究成果得到更多的宣扬；能为读者了解和认识中国古建筑提供一点工具；能为我们的"独立性"添砖加瓦。

王群
华润雪花啤酒（中国）有限公司总经理
2009年1月1日于北京

总序二

2008年的一天，王贵祥教授告知有一项大合作正在谈判之中。华润雪花啤酒（中国）有限公司准备资助清华大学开展中国建筑研究与普及。资助总经费达1000万元之巨！这对于像中国传统建筑研究这样的纯理论领域而言，无异于天文数字。身为院长的我不敢怠慢，随即跟着王教授奔赴雪花总部，在公司的大会议室见到了王群总经理。他留给我的印象是慈眉善目，始终面带微笑。

从知道这项合作那天起，我就一直在琢磨一个问题：中国传统建筑还能与源自西方的啤酒产生关联？王总的微笑似乎给出了答案：建筑与啤酒之间似乎并无关联，但在雪花与清华联手之后，情况将会发生改变，中国传统建筑研究领域将会带有雪花啤酒深深的印记。

其后不久，签约仪式在清华大学隆重举行，我有机会再次见到王总。有一个场景令我记忆至今，王总在象征合作的揭幕牌上按下印章后，发现印上的墨色较浅，当即遗憾地一声叹息。我刹那间感悟到王总的性格。这是一位做事一丝不苟、追求完美的人。

对自己有严格要求的人，代表的是一个锐意进取的企业。这样一个企业，必然对合作者有同样严格的要求。而他的合作者也是这样的一个集体。清华大学建筑学院建筑历史与文物保护研究所，这个不大的集体，其背后的积累却可以一直追溯到80年前，在爱国志士朱启钤先生资助下创办的"中国营造学社"。60年前，梁思成先生把这份事业带到清华，第一次系统地写出了中国人自己的建筑史。而今天，在王贵祥教授和他的年长或年轻的同事们，以及整个建筑史界的同人们的辛勤耕耘下，中国传统建筑研究领域硕果累累。又一股强大的力量！强强联合一定能出精品！

王群总经理与王贵祥教授，企业家与建筑家十指紧扣，成就了一次企业与文化的成功联姻，一次企业与教育的无间合作。今天这次联手，一定能开创中国传统建筑研究与普及的新局面！

朱文一
清华大学建筑学院院长
2009年1月22日凌晨于清华园

总序三

  清华大学建筑学院与华润雪花啤酒（中国）有限公司在中国古代建筑普及与传承方面的合作，已经进入了第二个阶段。在第一个阶段的合作中，在华润雪花的大力支持下，清华大学建筑学院建筑历史与文物保护研究所的教师与研究生，投入了极大的努力，先后完成了《北京古建筑五书》（2009年）、《中国民居五书》（2010年）、《中国古建筑装饰五书》（2011年）、《中国古都五书》（2012年）和《中国园林五书》（2013年）等，共5个系列25部中国古代建筑普及性读物。这其实只是有关中国古代建筑知识普及与传承工作的开始，按照这样一种模式，很可能还会有《中国古代宫殿建筑五书》《中国古代佛教建筑五书》《中国古代军事防卫建筑五书》，如此等等，因为延续了5000年之久的中国古代建筑，是一个十分庞大复杂的体系。关于古代建筑的知识，类似普及性读物的写作与出版，还可以继续许多年。然而，这又是一个几乎难以完成的目标，因为，随着研究的深入，相关的知识，还会处在一个不断增加的过程之中。正是在这样一种成功与困惑的两难之中，清华大学建筑学院与华润雪花啤酒（中国）有限公司，开启了双方合作进行中国古代建筑普及与传承出版工作的第二阶段。

  第二阶段的工作应该如何开展，究竟怎样才能既最有效，又最全面地向社会普及中国古代建筑的基本知识。华润雪花针对这个问题，做了大量的市场调查与分析，在充分的市场第一手数据的支持下，华润雪花的决策者们提出了一个全新的思路，即为全国范围，包括港、澳、台地区的古代建筑遗存，做一个全面而系统的梳理，完成一套以各省、自治区、直辖市及港、澳、台为单位的中国古建筑地图集。把我们的老祖宗留给我们的那些古建筑家底，做一个系统的梳理，并以简单、明快、便捷的语言与图形模式，做出既具学术性，又通俗易懂的说明。这其实既是一套科普性读物，同时也是一套实用性的工具书。

  这确实是一个有魄力的决定，同时也是一个庞大、复杂的系统工程。为了完成这样一套具有全面覆盖性的中国古建筑通俗性、工具性读物，不仅需要有能够覆盖全国尚存古代建筑的详细资料与相应建筑史知识体系，而且要对这些建筑所在的准确位置，保存状况，交通信息，联系信息等读者可能需要的资料，一一搜集、梳理，并以一种适当的方式在书中表达出来，以方便读者学习或前往参观、考察。

既然是一本古建筑地图集，就不仅要有翔实而准确的古代建筑知识，以及这些古代建筑遗存的相关信息，还要有直观、明了的地图表达模式。这同样是一个十分复杂的工程。我们地图集的作者们，不仅要仔细斟酌每一座古建筑的历史、艺术诸方面的价值，要认真整理、提炼与这座古建筑相关的种种信息，而且，还有搜集并提供与这些建筑直接相关的图片资料，此外，更重要的，是要将每一座古建筑的空间定位，准确地表达在一张清晰而简练的地图上。

这就需要我们这些参与写作的古建筑专家们，不仅要仔细而缜密地以一种恰当方式，来描绘每一个省、区、市、县的地图，而且，要在这些地图上，将这些古建筑准确地标识出来。这样一个烦琐而细密的工作，其中包含了多少具体而微的繁杂文字、图形与数据性工作，又有多少细致而准确的科学定位工作，是可以想见的。这对于那些本来主要是从事古代建筑历史研究与保护的古建筑学者们来说，是一个不小的挑战。

困难是现实的，工作内容是庞杂而繁细的，但既然社会有这样一个需求，既然华润雪花啤酒（中国）有限公司的领导们，从民族文化与大众需求的角度，向我们提出了这个要求，我们的老师和博士、硕士研究生们，就必须迎难而上，必须实实在在，一丝不苟地为读者们打造出一套合格的中国古代建筑地图集，这不仅是华润雪花啤酒（中国）有限公司对中国古代建筑研究与教学多方位支持的一个回报，更是向社会大众普及中华民族传统建筑文化的责任所在。

这是一个需要连续五年的漫长工作周期，每一年都需要完成5部，覆盖五个省、自治区、直辖市或地区的重要古代建筑地图集。随着每年5本地图集的问世，一套简略、快速而概要地学习与了解中国古代建筑历史知识的丛书，就会展现在我们读者们的面前，希望我们的读者，无论是为了学习古代建筑知识，抑或是为了休闲旅游的实用功能，都能够喜欢这套丛书，很好地利用这套丛书，同时，在阅读与使用中，如果发现我们的丛书中，还有哪些不尽如人意之处，也希望有识方家与广大读者不吝赐教，及时给我们提出来，我们将认真对待每一位读者的意见和建议，不仅要在后续的地图集编写工作中，汲取大家的意见，而且还会在今后可能的再版中加以修正与完善。

王贵祥
于清华大学建筑学院

作者简介

陈迟
Chen Chi

清华大学建筑历史与理论博士,清华大学中国营造学社纪念馆主任馆员。主要致力于建筑文化研究与传播,先后工作和学习于清华大学建筑设计研究院、北京大学新媒体研究院、清华大学建筑学院、中国传媒大学电视学院;曾任职于某央企总部,负责"中国古建筑科普系列"项目,并以中国古建筑在新媒体中的传播研究为基础,探索高端品牌与传统文化的有效融合。曾发表多篇有关建筑史、新媒体等领域的理论文章,并在博物馆策展与传播、建筑艺术与设计等领域有多项实践。已出版《新建筑、新媒介——建构以媒介用户体验为核心的空间环境》(2018)一书,发表《明清四大佛教名山的形成及寺院历史变迁》(2014)、《以"北京紫禁城"为主题的建筑文化传播》(2012)、《从读写逻辑到视听冲击——论DV的传播与发展趋势》(2005)等多篇学术论文。

郑慧铭
Zheng Huiming

先后毕业于清华大学建筑学院、中央美术学院建筑学院,获得博士学位,现就职于北京联合大学,讲师。曾在《中国园林》《中国建筑史论汇刊》《南方建筑》发表数篇学术论文,已有专著一部,主持北京市社科基金一项。

郑红彬
Zheng Hongbin

石家庄铁道大学建筑与艺术学院讲师。清华大学建筑历史与理论博士,武汉大学建筑历史与理论硕士。曾在《建筑史》《近代史研究》《建筑师》等期刊上发表多篇学术论文。博士论文《近代在华英国建筑师研究》获2014年清华大学优秀博士毕业论文二等奖。现主持教育部人文社会科学基金青年项目和国家自然科学基金青年项目各一项。

李倩怡
Li Qianyi

清华大学建筑历史与理论方向硕士,清华大学建筑学院本科,建筑设计师。

郝杰
Hao Jie

2012年毕业于湖南大学建筑学院,获建筑学学士学位;2015年毕业于北京建筑大学建筑与城市规划学院,获建筑学硕士学位,专业为建筑学。曾任职于北京清华同衡规划设计研究院王贵祥工作室,从事传统建筑保护规划与设计、历史街区保护规划等工作。

前言

本书主要向读者朋友介绍河北省和天津市的古建筑。把两个地区放在一起的主要原因有二:首先,天津市在1928年前一直属河北省(直隶省)管辖,在1966年成为直辖市之前虽曾几次设为特别市,但也一度为河北省省会,无论从历史文化还是地域分布来看二者都渊源深远;其次,天津、河北同为首都北京近邻,当前京津冀协同发展的趋势也为本书的编写提供了大的时代背景。因此在编写的过程中将两省市古建筑合为一部;又因范围内所涉文物点较多,故分上、下两册撰写。

河北、天津地处华北平原北部,东临渤海,西倚太行,内环首都北京,北为燕山。古为燕赵之乡、畿辅重地。地属温带湿润半干旱大陆性季风气候,区域内大部分地区四季分明,寒暑悬殊,雨量集中,干湿期明显,具有冬季寒冷干旱,雨雪稀少;春季冷暖多变,干旱多风;夏季炎热潮湿,雨量集中;秋季风和日丽,凉爽少雨的特点。其地势西北高、东南低,由西北向东南倾斜。地貌复杂多样,高原、山地、丘陵、盆地、平原类型齐全,有坝上高原、燕山和太行山山地、河北平原三大地貌单元。

河北地区历史悠久,远在200多万年以前,就有古人类活动。商朝时曾在今河北邢台西南部建陪都。春秋时期,河北地区北部属于燕国,南部属于赵国和魏国。邯郸曾为赵国都城。战国时期,在河北建都的有燕国、赵国和中山王国。中山故都灵寿与邯郸、邢(邢台)、易(燕下都)并称为河北先秦四大古都。公元前221年,秦始皇统一中国划分郡县之后,河北境内曾先后设置了上谷、渔阳、右北平、广阳、邯郸、巨鹿、代、恒山等八郡。汉朝时分十三州,河北北部主要属幽州刺史部,中南部属冀州刺史部,张家口地区北部为匈奴、乌桓活动的地区。此后直至南北朝,在河北境内幽州、冀州一直作为地方最高一级行政区划。自隋朝起,幽州、冀州消失,代之以北平、恒山等十四郡,而隋朝大运河的开通也为天津之肇始。至唐初划全国为十道,其辖区主要为河北道,小部分属于河东道和关内道。此为"河北"作为大行政区名称之始。而天津也在唐朝时期逐渐成为南方粮绸北运的水陆码头。"五代十国"时,河北境内的中南部先后为梁、唐、晋、汉、周之属地,北部则主要为契丹辽政权。宋朝初年,曾将全国划分为十五路,河北被分为河北东路和河北西路。北部属于辽国。金代(1115—1234)在直沽设"直沽寨"。元朝实行行省制度,河北大部归中央中书省直辖,天津地区也设"海津镇",是军事重镇和漕粮转运中心。明朝初年建都应天府(今南京),今河北大部为北直隶省。明永乐二年(1404)天津作为军事重地正式设卫,翌年设天津左卫,转年又增设天津右卫。明永乐十九年(1421)迁都顺天府(今北京),改北京为京师,今河北省大部分地区属北直隶,归京师管辖。清朝继续实行行省制度,河北为直隶省,仍为中央直辖。清顺治二年(1645)改称直隶;雍正三年(1725)升天津卫为天津州。雍正九年(1731)升天津州为天津府,辖六县一州。康熙八年(1669)称直隶省,定省治先后为大名府、保定府、正定府,直隶总督名列全国八督之首。1928年6月20日,经国民政府决定,将直隶改为河北省,旧京兆区20县并入河北省,北京改名北平。至此,河北地区被分为察哈尔、热河、河北三省及天津特别市。中华人民共和国成立后仍为河北省,后先后将察哈尔、热河和天津并入,并迁省会于天津。1967年1月,天津恢复为直辖市。逐渐形成如今的区域内行政格局。《河北天津古建筑地图》在编写体例上,均以现行的河北省和天津市的行政分区为准。

河北天津地区现存的文化遗产数量众多、门类齐全、价值突出、分布广泛。截至本册编写之时,河北省已查明有不可移动文物总量33943处,其中世界文化遗产四项六处:长城(山海关、金山岭)、承德避暑山庄及周围寺庙、清东陵和清西陵、大运河(河北段);全国重点文物保护单位286处[1],仅次于山西、河南,总数居全国第三位;省级文物保护单位共930处,总数仅次于河南省,居全国第二位;县级以上文物保护单位3780处。河北拥有5个国家级历史文化名城(承德、保定、正定、邯郸、山海关);8个国家级历史文化名镇(蔚县暖泉镇;蔚县代王城镇;永年县广府镇;邯郸市峰峰矿区大社镇;井陉县天长镇;涉县固新镇;武安市冶陶镇;武安市伯延镇);12个国家级历史文化名村(怀来县鸡鸣驿乡鸡鸣驿村;井陉县于家乡于家村;井陉县南障城镇大梁江村;井陉县天长镇小龙窝村;清苑县冉庄镇冉庄村;邢台县路罗镇英谈村；涉县偏城镇偏城村；蔚县涌泉庄乡北方城村；蔚县宋家庄镇上苏庄村；沙河市柴关乡王硇村；磁县陶泉乡花驼村；阳原县浮图讲乡开阳村）。省级历史文化名城 7 个：宣化、蔚县、涿州、定州、赵县、邢台、大名。省级历史文化街区 17 个，省级历史文化名镇 20 个，省级历史文化名村 69 个，中国传统村落 206 个[2]。天津有全国重点文物保护单位 34 处[3]，市级文物保护单位共 212 处。天津为国家级历史文化名城；天津市西青区杨柳青镇为国家级历史文化名镇；天津市蓟州区渔阳镇西井峪村为国家级历史文化名村；天津五大道为国家级历史文化街区。天津有市级历史文化名城 1 个（蓟县），市级历史文化名镇 2 个（葛沽镇、独流镇），市级历史文化名村 2 个（陈家口村、大神堂村），中国传统村落 4 个（西青区杨柳青镇六街村、蓟州区渔阳镇西井峪村和下营镇黄崖关村、宝坻区八门城镇陈塘庄村）[4]。

限于篇幅，本书在建筑文物点的甄选上主要以省级及以上文物保护单位为主。并筛除了与古建筑关系不密切的窑址、公墓、抗日遗址，以及地面部分已无太多实物遗存的古遗址、古墓葬。在兼顾上下两册区域划分的合理性和文物点数量均衡性的情况下，将上册的范围选定为河北省位于北京以南的冀南地区六个地级市（石家庄、保定、沧州、衡水、邢台和邯郸），下册的范围选定为河北省位于北京以北的冀北地区五个地级市（张家口、承德、秦皇岛、唐山、廊坊）和天津市。

全书选入的文物建筑类别涵盖古遗址、古墓葬、石刻、古代建筑和一些近代文物建筑。由于河北、天津地区文物遗存较多，本书的篇幅所限不能一一陈述，所以在编写过程中除对代表性文物点进行了文字介绍和图片说明之外，另将部分相对完整但观赏性稍差的主要文物点进行了列表整理，附于各市区之后，以期读者对各地的文物遗存情况形成一个相对完整的认识。希望本书能够帮助大家更好地了解河北、天津地区的文物建筑。由于编者个人能力和时间所限，其中必有许多谬误和不足之处，还期待广大读者的批评和指正。

注释：

[1] 截至本书上册编写时此数据为 273，2019 年公布的第八批国家重点文物保护单位中河北省有 14 处（含合并处）。
[2] 截至本书上册编写时此数据为 57，2018 年 6 月第四批增加 88 个，2019 年 6 月第五批增加 61 个。
[3] 截至本书上册编写时此数据为 28，2019 年公布的第八批国家重点文物保护单位中天津市有 6 处。
[4] 截至本书上册编写时此数据为 1（蓟县渔阳镇西井峪村），2018 年 6 月第四批增加 2 个（西青区杨柳青镇六街村、蓟州区下营镇黄崖关村），2019 年 6 月第五批增加 1 个（宝坻区八门城镇陈塘庄村）。

目录 | Contents

| 凡例 | XIII |

河北省　001
河北省（北部）分片索引　002

1 张家口市　003
概　述　006

桥西区　007
1 大境门 2 察哈尔都统署旧址（德王府）3 云泉寺 4 文昌阁 5 张家口堡

宣化区　018
6 清远楼 7 镇朔楼 8 宣化城 9 五龙壁 10 察哈尔省民主政府旧址（宣化博物馆）11 时恩寺大殿 12 立化寺塔 13 宣化下八里辽代壁画墓群 14 直隶省立第十六中学校礼堂 15 柏林寺 16 佛真猞猁迤逻尼塔

下花园区　037
17 孟家坟民宅 18 下花园石窟

万全区　040
19 万全卫城 20 洗马林玉皇阁

张北县　044
21 元中都遗址

沽源县　046
22 梳妆楼

蔚县　047
23 蔚州古城 24 蔚州古城墙 25 南安寺塔 26 蔚州玉皇阁 27 蔚州真武庙 28 蔚州关帝庙 29 蔚州常平仓 30 蔚州财神庙 31 蔚州灵岩寺 32 蔚州释迦寺 33 蔚州吉星楼 34 代王城遗址 35 代王城三面戏楼及财神庙、龙王庙 36 暖泉华严寺 37 西古堡 38 金河寺悬空庵塔群 39 重泰寺 40 天齐庙 41 苑庄灯影台 42 峰山寺 43 南留庄泰山庙 44 故城寺 45 北方城真武庙 46 宋家庄穿心戏楼 47 卜北堡玉泉寺 48 南留庄关帝庙 49 暖泉当铺 50 沙子坡老君观 51 苏官堡华严寺 52 西高庄玉皇庙

阳原县　094
53 开阳堡 54 澍鹫寺塔 55 阳原玉皇阁 56 竹林寺遗址

怀安县　101
57 昭化寺

怀来县　102
58 横岭城及明昌镇长城遗址怀来段 59 镇边城 60 鸡鸣驿城

赤城县　112
61 滴水崖石窟 62 朝阳洞塔 63 赤城鼓楼 64 重光塔 65 长春沟塔群 66 龙门崖摩崖石刻 67 灵真观遗址 68 杨洪墓 69 瑞云寺塔 70 独石口城 71 护国寺石窟

涿鹿县　131
72 镇水塔 73 涿鹿鼓楼 74 燕峰山炬禅师灵塔 75 涿鹿观音寺 76 宝峰寺 77 涿鹿清真寺

张家口市其他主要文物保护单位列表　138

2 承德市　141
概　述　144

双桥区　145
1 避暑山庄/承德离宫/热河行宫 2 溥仁寺 3 普乐寺 4 安远庙 5 普宁寺 6 普佑寺 7 须弥福寿之庙 8 普陀宗乘之庙 9 殊像寺 10 承德城隍庙 11 广缘寺 12 热河文庙 13 承德关帝庙 14 五窑沟古窑遗址 15 磬锤峰摩崖造像 16 海云寺 17 九仙庙 18 承德老火车站

双滦区　211
19 双塔山辽塔 20 琳霄观 21 穹览寺 22 滦河清真寺 23 滦河关帝庙 24 大庙村炮楼

鹰手营子矿区　217
25 四方洞古人类文化遗址

承德县　218
26 汤泉行宫 27 慈云庵 28 头沟镇戏楼 29 锦承铁路碉堡群 30 朝阳洞

滦平县　224
31 庆成寺 32 兴州行宫 33 星龛岩寺 34 大老虎沟天主教

堂 35 金山岭长城

隆化县　　230
36 台吉营普宁寺 37 十八里汰戏楼 38 隆化十字街戏楼 39 三十家子戏楼 40 石佛口摩崖造像 41 隆化土城城址 42 荒地戏楼

平泉县　　239
43 平泉清真寺 44 石羊石虎墓群 45 会州城遗址 46 八王沟墓群

兴隆县　　243
47 梓木林子古墓 48 雾灵山清凉界石刻 49 黑谷关长城

丰宁满族自治县　　245
50 凤山关帝庙 51 凤山戏楼

宽城满族自治县　　252
52 黄崖寺塔群 53 明长城遗址宽城段 54 纪氏庄园

围场满族蒙古族自治县　　257
55 木兰围场 56 半截塔 57 兴华寺

承德市其他主要文物保护单位列表　　261

3　唐山市　　263

概 述　　266

路南区　　267
1 开滦唐山矿早期工业遗存

古冶区　　268
2 多宝佛塔

丰润区　　269
3 寿峰寺 4 丰润中学校旧址 5 定慧寺后殿 6 天宫寺塔 7 玉煌塔

遵化市　　274
8 清东陵 9 永旺塔 10 洪山口戏楼 11 保安塔 12 明长城遗址遵化段

迁安市　　289
13 明长城遗址迁安段

迁西县　　290
14 景忠山碧霞元君庙 15 三屯营城址 16 明长城遗址迁西段 17 喜峰口长城

玉田县　　294
18 净觉寺 19 彩亭石桥 20 达王庄王氏宗祠

乐亭县　　297
21 李大钊故居 22 潮音寺

滦县　　298
23 滦河大铁桥（滦河铁桥）

唐山市其他主要文物保护单位列表　　299

4　秦皇岛市　　301

概 述　　304

北戴河区　　305
1 北戴河近代建筑群 2 北戴河秦行宫遗址 3 北戴河观音寺

海港区　　321
4 耀华玻璃厂旧址 5 秦皇岛港口近代建筑群 6 板厂峪塔 7 板厂峪窑址群遗址 8 白云山庆福寺遗址 9 万里长城九门口

山海关区　　335
10 万里长城——山海关 11 山海关八国联军军营旧址 12 先师庙 13 孟姜女庙 14 山海关近现代铁路附属建筑 15 南大街绸布庄

抚宁区　　358
16 宝峰禅寺 17 清河塔寺 18 背牛顶太清观

昌黎县　　361
19 西山场赵家老宅 20 贵贞女学馆贵贞楼 21 源影寺塔 22 韩文公祠

卢龙县　　367
23 卢龙陀罗尼经幢 24 白衣庵 25 永平府城墙 26 天主教永平主教区修道院

秦皇岛市其他主要文物保护单位列表　　　371

5　廊坊市　　　373

概　述　　　376

广阳区　　　377
1 隆福寺长明灯楼 2 前南庄陀罗尼经幢 3 王龙村陀罗尼经幢

霸州市　　　381
4 龙泉寺大殿 5 胜芳张家大院 6 胜芳王家大院

三河市　　　384
7 灵山塔

永清县　　　385
8 边关地道遗址 9 大辛阁石塔

廊坊市其他主要文物保护单位列表　　　387

天津市　　　389

概　述　　　392

河北区　　　400
1 梁启超故居 2 望海楼教堂 3 马可·波罗广场建筑群 4 大悲院 5 李叔同故居

和平区　　　406
6 五大道近代建筑群 7 天津劝业场大楼 8 盐业银行旧址 9 利顺德饭店旧址 10 法国公议局旧址 11 西开教堂

红桥区　　　417
12 北洋大学堂旧址 13 天津西站主楼 14 义和团吕祖堂坛口遗址 15 清真大寺 16 谦祥益绸缎庄旧址

南开区　　　422
17 南开学校旧址 18 天津广东会馆 19 李纯祠堂 20 天后宫 21 文庙 22 玉皇阁

河西区　　　433
23 天津工商学院主楼旧址

河东区　　　436
24 天妃宫遗址

西青区　　　437
25 石家大院 26 安氏家祠 27 安家大院 28 文昌阁 29 霍元甲故居

宁河区　　　445
30 天尊阁

蓟州区　　　446
31 独乐寺 32 蓟县白塔 33 千像寺造像 34 天成寺 35 定光佛舍利塔 36 万松寺 37 多宝佛塔 38 渔阳鼓楼 39 鲁班庙 40 蓟县文庙 41 明长城遗址蓟县段

滨海新区　　　461
42 大沽口炮台 43 北洋水师大沽船坞遗址 44 黄海化学工业研究社旧址 45 塘沽火车站旧址

宝坻区　　　465
46 宝坻大觉寺

东丽区　　　466
47 泰山行宫

中国大运河——天津段　　　467

天津市其他主要文物保护单位列表　　　469

参考文献　　　470

图片来源　　　473

致谢　　　477

凡例
How To Use This Book

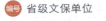 国家级文保单位　　 省级文保单位　　编号 其他建筑

1 避暑山庄 / 承德离宫 / 热河行宫	
Mountain Resort and its Outlying Temples	
级　别	国家级 / 世界文化遗产 / 国家 AAAAA 级旅游景区
年　代	清
地　址	双桥区北部
看　点	皇家园林，清代园林建筑，世界文化遗产
其　他	购票参观

——— 古建筑编号及名称
——— 英译名
——— 文物级别
——— 对于多次重修或改建的古建筑，指现存部分的年代范围
——— 地址
——— 看点
——— 开放方式 / 现况

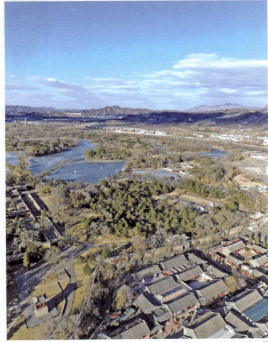

——— 古建筑图片

避暑山庄航拍图 ——— 图名

河北省
HEBEI

河北省（北部）分片索引
Map Index of Northern Hebei

1 张家口市 / 003   3 唐山市 / 263   5 廊坊市 / 373
2 承德市 / 141   4 秦皇岛市 / 301

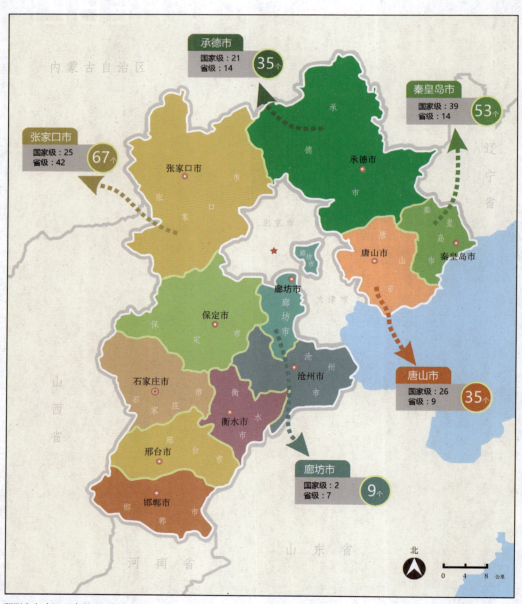

冀测审字（2018）第 10 号

1
张家口市
ZHANGJIAKOU

张家口市古建筑分布图
Historical Architectural Map of Zhangjiakou

1. 大境门
2. 察哈尔都统署旧址（德王府）
3. 云泉寺
4. 文昌阁
5. 张家口堡
6. 清远楼
7. 镇朔楼
8. 宣化城
9. 五龙壁
10. 察哈尔省民主政府旧址（宣化博物馆）
11. 时恩寺大殿
12. 立化寺塔
13. 宣化下八里辽代壁画墓群
14. 直隶省立第十六中学校礼堂
15. 柏林寺
16. 佛真猞猁迤逻尼塔
17. 孟家坟民宅
18. 下花园石窟
19. 万全卫城
20. 洗马林玉皇阁
21. 元中都遗址
22. 梳妆楼
23. 蔚州古城
24. 蔚州古城墙
25. 南安寺塔
26. 蔚州玉皇阁
27. 蔚州真武庙
28. 蔚州关帝庙
29. 蔚州常平仓
30. 蔚州财神庙
31. 蔚州灵严寺
32. 蔚州释迦寺
33. 蔚州吉星楼
34. 代王城遗址
35. 代王城三面戏楼及财神庙、龙王庙
36. 暖泉华严寺
37. 西古堡
38. 金河寺悬空庵塔群
39. 重泰寺
40. 天齐庙
41. 苑庄灯影台
42. 峰山寺
43. 南留庄泰山庙
44. 故城寺
45. 北方城真武庙
46. 宋家庄穿心戏楼
47. 卜北堡玉泉寺
48. 南留庄关帝庙
49. 暖泉当铺
50. 沙子坡老君观
51. 苏官堡华严寺
52. 西高庄玉皇庙
53. 开阳堡
54. 澍鹫寺塔
55. 阳原玉皇阁
56. 竹林寺遗址
57. 昭化寺
58. 横岭城及明昌镇长城遗址怀来段
59. 镇边城
60. 鸡鸣驿城
61. 滴水崖石窟
62. 朝阳洞塔
63. 赤城鼓楼
64. 重光塔
65. 长春沟塔群
66. 龙门崖摩崖石刻
67. 灵真观遗址
68. 杨洪墓
69. 瑞云寺塔
70. 独石口城
71. 护国寺石窟
72. 镇水塔
73. 涿鹿鼓楼
74. 燕峰山炬禅师灵塔
75. 涿鹿观音寺
76. 宝峰寺
77. 涿鹿清真寺

概述

张家口地区悠久的历史，丰富而多元的文化氛围，让我们很难将其看作只是一个普通的地级市。而其丰富的地形地貌，也让我们逐渐地感受到这个城市丰富的历史内涵。

张家口地处京畿北部，其境内所覆盖的传统的草原文化核心区域，既是辽代统治的广大疆土，又是明朝万里长城的主要部署之地，与连年战争相配合的是独特的"堡"的建筑形式。对于大多数人来说，这不仅是服从中央权力机构的需要，为了拱卫帝国的核心，也是承载着当地居民的精神核心。

每个古堡背后都是一整套的生活逻辑，人们在这里保持有序的生活节奏，其根本目标在于能够更好地为舒适的生活服务，一个典型的古堡里有玉皇阁、关帝庙、奶奶庙、佛寺、道观、戏楼、钟鼓楼、堡ველ、城门楼，这些独特的历史构筑物延续了中华民族秩序及传统的生活方式，同时也体现了中华民族社会秩序的系统建筑形式。家是国的缩略景观，而国是家的放大，家国同构既可以是古堡、古城中的四合院式住宅，也可以是古城中四面的城门和街道，不同等级的建筑物和城门有着特定的尺寸而无法越级。

而古城的遗址可以是城墙和城门，国家的防御也可以是长城和国门，这些抽象的概念在张家口的历史景点中都得到了进一步的体验和表现。比如张家口大境门长城段，以及各段古长城相互之间的历史遗迹……对于大多数人来说，这些历史遗迹丰富着游客的认知，同时也为明代长城在张家口地区群山峻岭中延展提供了真实的历史实例。蔚县古堡和古城，不仅是农耕文明建筑形式的具体表现，在繁荣富庶的地域环境下，还能让我们观察到丰富的道教、佛教、儒家、民间信仰的和谐共存与融合发展。现存的历史遗迹不仅述说着曾经的辉煌，也告诉我们历史上曾经有过的和谐，融合了各方面艺术形式的建筑技艺所曾经达到的高度。

草原曾经孕育了蒙古族强大的生命力，而这种文明又通过武力和扩张影响着整个中华民族的发展走向。张北草原元中都遗址和沽源的梳妆楼元代贵族墓葬，这些大规模的历史遗迹，让我们找到了那个时代人们的信仰生活和建构的主要方式。这是我们需要进一步深入研究并探索的历史遗趾。那些深藏在群山峻岭中的道教遗迹和佛教遗存，一方面体现了伟大的信仰与自然环境互动之后所表现出来的和谐与精巧，留下了震惊今人的建筑奇迹，另一方面也丰富和深入发展了中国传统社会的审美观。

在草原边界，崇山峻岭之上的长城的另一边则是农耕文明影响的大本营。从秦朝开始建立的万里长城，到了明朝得到进一步的加固，这些广泛分布于迥异地形地貌的长城遗迹代表着两种文明的分界线，对两种文明而言也意味着不同的内涵和意义。一面是保护居民免受侵害的天险，一面则是看作是固若金汤的障碍，而对这一切的体验只有深入到当地的环境中，才能真正地体会出来。

散落在张家口地区各个村里、镇上、山间、城市中心的众多历史遗存，都曾经是一个地区的精神中心，它们曾与当时其他的文化建筑和传统建筑形式一起构筑了复杂而有序的建筑集群。这些建筑中既有用于生活居住的民居民宅，又有不同形式的众多内容。在城中心的古建筑不仅标注着曾经古城的地理中心，而且代表着曾经的权威和价值。而乡野地区的古建筑遗存，一方面为我们提供了依据山形水势造就的独特居住形式，建筑群所表现出灵活的布局和形式，则代表着人们为了信仰而去适应当地环境的营建实践；另一方面则是乡村曾经的活动中心，承载着欢愉和记忆，是精神世界的外在表现。

然而，现在城市的发展不仅改变了古城人们的价值取向，也通过经济发展改变了古建筑的风貌，有些历史遗迹甚至已经消失。区域中心城市的发展，不断扩张着自己的疆界和范围，同时也吸引了周边众多人口的聚集。人们再也没有了那种闲适去建构真正的精神世界，纷繁复杂快节奏的生活方式，带给人们的是高效率的生产方式，对传统的生活方式却是一种颠覆性的毁灭和改变。

失去了年轻人和主要劳动力的乡村地区，其建筑也已失去了需要服务的对象，没能离开家乡的人又充满了对城市现代文明的向往。失去了人的居住，也失去了修缮的动力，以土木为主要建筑材料的传统古建筑面临坍塌和改造的危险。失去了这些历史信息，民族的性格和历史的记忆也就没有了落脚地。时至今日，人们在享受着快速发展成果的同时，借由这些古建筑的历史风貌，把丰富而多元的历史载体传承，带我们神游故土。

桥西区

1 大境门
Dajing Gate

级　别	省级
年　代	清
地　址	桥西区东窑子乡东窑子村南
看　点	堡垒、军事建筑
其　他	可参观

大境门

张家口市这段长城始建于北魏泰常八年（423），北齐曾加以利用，明代则在长城旧基上进行修缮，原墙体、烽燧被包砌于内。墙体以土石混砌和石砌为主，少部分有夯土墙体。长城内侧有大境门、来远堡、张家口堡等城堡关隘。

长城分布于市区北部、西北部与崇礼万泉交界处的山岭上，呈东—西南—北走向。长城东由宣化区、崇礼区与市区交界的人头山入境，沿市区与崇礼交界的山脊向西北行，在口里东窑村北转，呈东西走向，翻越海拔1244米的东太平山，进入市区境内，抵东窑子村南清水河东山坡。

大境门附近长城

长城经过来远堡、大境门后继续西行，跨西太平山，过石窑村，南抵东西横亘的卧云山。长城过南天门村，水母宫北侧有五墩台村，西北转呈南北走向，由海拔1108米的塔台子贝山向北，经菜市村西、清河村东、红旗营村西，开始沿市区万全交界前行。由土井子村西北开始，长城因山险未筑墙，至坝底村北出市区入万全界，全长约28公里，其中属于桥西境内长城全长3700米。

清代顺治元年（1644）于长城之上开墙建门。大境门平面呈长方形，长13米，宽9米，通高12米。底部条石砌基，上砌青砖到顶。中开砖券门洞。台顶

长城遗址和大境门

大境门内建筑群

烽火台

外侧砖砌垛口，内侧砌宇墙，高 1.7 米和 0.8 米。外侧门券上方嵌"大境门"青石匾一方，其上又见察哈尔都统高维岳于 1927 年书写"大好河山"匾额一方。

整个大境门结构规整、气势恢宏，与周围的绵延山势起伏的长城一起，构建成了天然的军事屏障。而大境门作为长城上的一个重要隘口，发挥了重要的军事防御作用。大境门上方的"大好河山"匾额，不仅抒发了气吞山河的民族气概，也激励了一代又一代的中国人团结一致奋勇抗敌。大境门也见证了发生在这里的包括抗日战争在内的民族抗击侵略者的战争，具有深刻的历史纪念意义。大境门现在已经成为一个重要的旅游景点。连同附近的长城遗址公园以及大境门内开发的仿古商业街区，已经成为研究民族融合、军事防御、文化交流方面重要的历史实证。

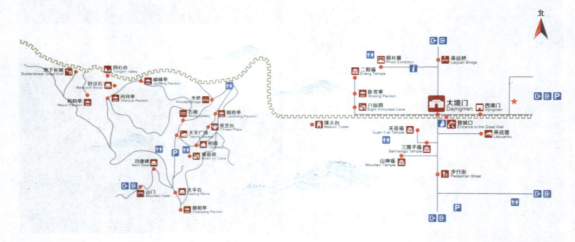

大境门游览示意图

2 察哈尔都统署旧址（德王府）

Site of Chahar Government Office (Mansion of Prince Demchugdongrub)

级　别	国家级
年　代	清
地　址	桥西区古宏大街与明德北路交汇处北
看　点	衙署建筑、等级规制
其　他	可参观

察哈尔都统署旧址位于桥西区明德北街 57 号。始建于清乾隆二十七年（1762），由第二任察哈尔都统巴尔品建造。原建筑规模宏大，分为东、中、西纵向三路，现在东路建筑已拆毁改建，西路建筑尚存部分已改作民房，中路主要建筑完好。主体建筑坐北朝南，南北长 162.5 米，东西宽 44.96 米，占地面积 7300 平方米，建筑面积 2055 平方米。现存四进院落，布局完好，有 70 余间房舍。整个府邸建筑布局采用南北中轴贯通，东西左右对称的建筑风格，从南至北依次为大门及左右耳房、仪门及左右耳房、大堂及左右耳房、二堂大院及东西廊庑厢房、寝院后宅四进院落。整体建筑构成一条中高前后略低的优美空间曲线，中轴线建筑以出廊、抱厦、勾连搭前后呼应，互为对景，体现出封建礼制"前朝后寝"的建筑特点和森严的等级制度，是河北省保存最为完整的清代衙署建筑群之一。

察哈尔都统署里曾是清朝对蒙古以及畜牧业、军事管理的中心，具有重要的政治意义。乾隆二十六年（1761），清廷设立察哈尔都统统辖察哈尔八旗四牧群的军事方面事务，而不管理民政事务。翌年建察哈尔都统署。察哈尔都统由皇帝亲自选拔，成为独当一面的封疆大臣。清朝先后有 61 位都统在这里供职。也可以看出都统署作为地区行政机构和管理中心的重要性。

民国三年（1914），北洋政府设察哈尔特别区都统公署。民国十七年（1928），国民政府将特别区改为察哈尔省，省府委员制，并设主席，驻地均在都统署。1937 年日寇占领张家口期间都统署被用作伪察南自治政府，后成为被其扶植成立的伪"蒙古联合自治政府"驻地，因内蒙古王公德穆楚克栋鲁普亲王，即德王官邸迁至于此，俗称"德王府"。

1945年冀察军区部队光复张家口市，都统署成为晋察冀边区行政委员会驻地。1949年内蒙古自治区政府进驻此地，直到1952年迁往呼和浩特市。从1761年设置到1952年11月取消，先后有69任都统、13任省政府主席在此任职。中华人民共和国成立后，"都统署"又分别作为察哈尔省人民政府驻地和内蒙古自治区政府所在地，是具有山城文化特色的标志性古建筑物。

2006年，察哈尔都统署被列为第六批全国重点文物保护单位。都统署四进院建筑完成落架大修已经，这项修复工程既是对历史文物的保护，又为历史文化研究、清代官衙设置、古代建筑形制研究提供了翔实依据。现在的"都统署"也起到了博物与展览的作用，里面展陈了都统署所承担的主要功能，凸显了地缘政治的意义，同时也对入住的历代主人和清朝管理制度进行了详尽的介绍。

察哈尔都统署全景照片

内院

后院

院内钢炮

大门前广场

正面

3 云泉寺
Yunquan Buddhist/Taoist Temple

级　别	省级
年　代	明
地　址	桥西区西部群山之中
看　点	因山就势、寺观建筑
其　他	可参观

云泉寺建于明洪武二十六年（1393）。在山腰深处的古云泉寺，取自"白云深处有清泉"之意。是佛、道共建的寺庙。上部为道，下部为佛。寺内有子孙娘娘殿，旧时每逢农历四月初八庙会，来此登山焚香祈求"赐儿"的人络绎不绝。故称此山为"赐儿山"。

整体建筑群呈 L 形，围成一个山顶的平台，建筑群沿平台的边缘向高处依山就势排列在赐儿山半坡上，有碑亭、山门、真武殿、龙王殿、药王殿、藏经殿、释迦殿、子孙娘娘殿及配殿。主殿为歇山布瓦顶，配殿为硬山布瓦顶，内塑有金身佛像。清至民国曾多次维修增建，是一组较大的建筑群。

因赐儿山峭壁如削，亭台楼阁、参差错落。到达云泉寺的蜿蜒山路有三道平台，第一道平台为新建的停车场和附属建筑；第二道为新建的"云泉禅寺"，气势恢宏，依山而建；第三道是云泉寺山门，山门也称天王殿。山门前有石狮镇守，旗杆矗立。山门内侧是龙王殿、真武殿，藏经殿中释迦佛祖合掌闭目，南海观音挥洒拂尘，造型生动，栩栩如生。

如今围绕云泉寺进行了广泛的建设和开发，因而在明代云泉寺山门外兴建了大量新的建筑，新的佛教建筑的大门前有巨大停车场和汉白玉观音。但如果想看到古色古香又依山就势、层级而升的云泉寺，还需购买门票并穿过前排层叠建筑后方可抵达。

山门现状

祖堂

赐儿山明代建筑群

赐儿山上的接引殿

戒坛前平台

云泉禅寺中僧人

云泉寺内戒坛

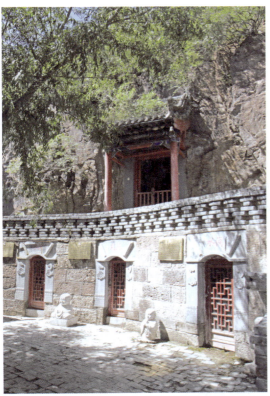
赐儿山建筑群中的冰水风三洞

建筑局部

云泉寺山门后的弥勒殿

寺内奶奶庙

新修的云泉禅寺

云泉古寺平台

依山附属建筑

寺内道路

4 文昌阁

Wenchang Pavilion

级　别	省级
年　代	明
地　址	桥西区堡子里旧城中轴线上
看　点	鼓楼、四门洞
其　他	可参观

文昌阁位于桥西区堡子里旧城中轴线上，始建于明万历四十六年（1618），是堡子里的中心建筑。也是现存明建张家口堡的历史标志性建筑。因建筑集钟、鼓、楼阁于一体，故有鼓楼之称；又因台基下开十字券洞，四门通衢，俗称"四门洞"。阁建于长、宽各14.5米，高7.2米的高大砖台上，高台下开十字券洞。十字券门洞上镶嵌匾额题字，南为"文昌阁"，北为"钟楼"，东为"鼓楼"，西为"山楼"。券洞中心砌为穹隆顶，中心阴刻八卦石。台基上钟、鼓二楼及旗杆早年拆毁，现仅存基础。

文昌阁较之同属张家口地区的宣化古城清远楼、镇朔楼要低矮逊色，按照明代官式建筑等级制度，这是镇城与堡城之间森严的封建等级制度和规制区别。然而文昌阁所具有的独特建筑手法，是明代民间建筑的珍贵遗存。它的建设表明张家口堡已经由单一的军事防御城堡转化为集军事、政治、文化为一体的综合型城市，是张家口历史发展进程的一个重要标志。

文昌阁楼体为单檐布瓦歇山顶，琉璃瓦正垂脊饰，建筑通高7.5米，面阔三间，进深两间，前出抱厦三间。主要梁架用五架梁。柱头施七踩单翘重昂斜拱，耍头与撑头木均做成蚂蚱头式。外檐斗拱及挑檐檩施旋子彩画，室内遍施朱漆，拱眼壁为水墨山水画。内檐梁架椽望彻上明造遍施朱漆，正脊枋下有墨迹"明万历肆拾陆年建立"等字样。在外檐四角以放射状方向又各设风廊柱与擎檐柱，角科昂头从风廊柱上插出，而擎檐柱直接支顶在老角梁头之下，建筑结构体现了明代地方建筑特点。

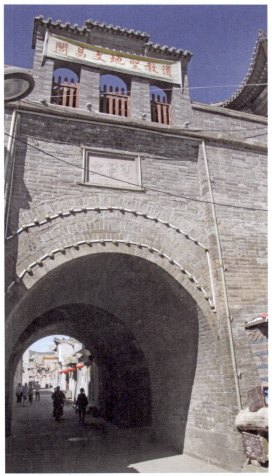

文昌阁南侧仰拍

全景

西侧全景

文昌阁匾额

内部底层仰视

5 张家口堡

Zhangjiakoubu Fortress

级 别	国家级
年 代	明
地 址	桥西区清水河西岸
看 点	堡内规划、建筑类型
其 他	可参观

张家口堡位于桥西区清水河西岸，是明代宣镇上西路的重要军堡之一。也是张家口地区最早的城堡，是张家口城市的"原点"与"根"。堡始筑于明宣德四年（1429），方四里有余，设东、南二门，东曰"永镇"，南曰"承恩"；成化十六年（1480）展筑关厢，方五里，高二丈；嘉靖八年（1529）在北城台西侧辟小北门；嘉靖十五年（1533）展筑；万历二年（1574）砖包，万历九年（1581）加修城堞阙楼，万历四十六年（1618）建堡中文昌阁。

清代中后期以后，随着张库大道商贸带来的城市发展，堡城逐渐被后期建筑所围圈，成为今天的"堡子里"。根据现存堡墙分析，堡墙在清代就开始被逐段拆毁建民房、商铺。1949年后，随着城市建设，南墙、西墙和东墙相继被拆毁，现仅存北墙中段334米，西墙北段77米，且呈断断续续状。保存完整段位于北城墙中部玉皇阁及以东段。

张家口堡东西长590米，南北长327米，占地19.293万平方米。东起武城街，西至西豁子街，南到西关街，北止北关街。现有大小街巷21条，院落478

由北向南俯瞰堡子里

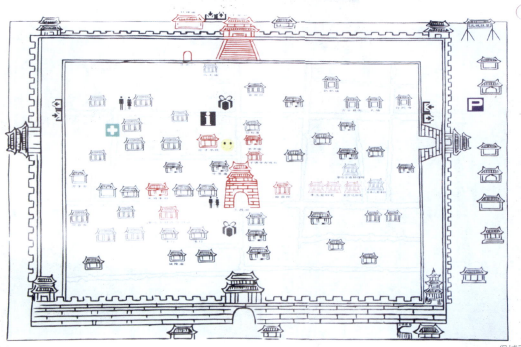

堡城平面图

处，建筑以平房四合院为主，并存在一些传统形式的二层建筑。堡内街区布局基本保持了历史原貌，保存完好的明、清及民国初期的建筑有北城台玉皇阁、文昌阁、关帝庙戏楼、关帝庙大殿、定将军府、西关清真寺、抡才书院及数十座钱庄、商号、洋行、民居等，计700余处。

其中现存极具价值的重点院落93处，是全国大中城市中保存最为完整的明清建筑城堡之一，自明清设堡以来修建不断，保持了文化的连续性，堪称北方民居博物馆，素有"明清建筑博物馆"之美誉。建筑群保存原貌真实，历史文化氛围浓厚，具有极其重要的研究与保护价值，目前处于恢复性修建之中。2008年，张家口堡被列为第五批省级文物保护单位。2013年，被列为第七批全国重点文物保护单位。

堡子里内门头（近代风格）

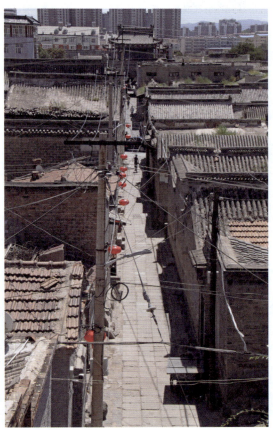

堡子里中轴线街道

堡子里"玉皇阁"

堡子里中式门头

玉皇阁庭院

玉皇阁正殿

定将军府

伦才书院内匾额

伦才书院

伦才书院内窗花

影壁——堡内建筑

堡内院落大门

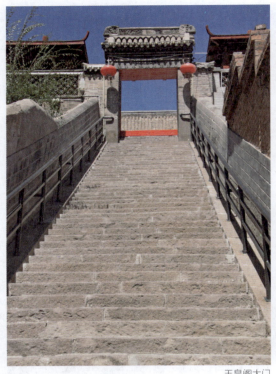

玉皇阁大门

张家口堡旧入口处门头

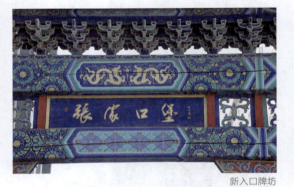

新入口牌坊

宣化区

6 清远楼

Qingyuan Bell Tower

级　别	国家级
年　代	明
地　址	宣化区钟楼大街
看　点	木构楼阁式
其　他	可参观

清远楼位于宣化城中轴线上（俗称钟楼），高台楼阁式大木结构建筑。始建于明成化十八年（1482），建成于明成化二十二年（1486）。清乾隆九年（1744）和1984年曾两次大修。台基南北长26米、东西宽28米、高8米。台基下部包砌条石，上部青砖包砌台身，开十字门洞，四门通衢。楼阁重檐八角十字脊歇山顶，面阔三间，进深六椽，外观三层，内部两层。前后抱厦通至顶层，整体平面呈十字形。

顶檐下四面各悬匾额，南曰"清远楼"，为清乾隆年都督李伟书；北曰"声通天籁"，东曰"耸峙岩疆"，西曰"震靖边氛"，均系清乾隆朝仪大夫、工科给事中北口道兵备员吴炜书。一楼内存石碑两通，西为明都察院都御史杨谧撰《宣府钟楼记》，东为吴炜撰《重修清远楼记》。楼内四根天柱贯穿楼层，柁梁上悬挂着明嘉靖十八年（1539）铜铸"宣府镇城钟"，重约万斤。钟声洪亮，穿透性强。

清远楼造型清秀挺劲，雄伟壮观，风格独特，气势恢宏，在全国钟楼建筑中是保存完好的杰作。清远楼同时也是明代官式建筑中的杰作，现可购票登临，并远望镇朔楼。1988年，清远楼被列为第三批全国重点文物保护单位。

清远楼东面

清远楼"全景"

整体

东面"耸峙岩疆"匾额

"清远楼"匾额

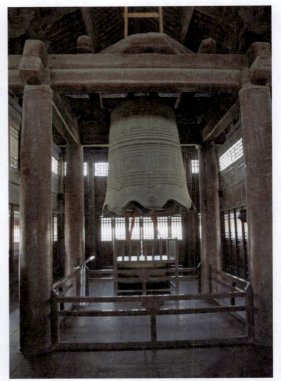

楼内的钟

清远楼上部

楼内顶层梁架结构

楼内山面梁架结构

7 镇朔楼

Zhenshuo Drum Tower

级 别	国家级
年 代	明
地 址	宣化区清远路80号附近
看 点	高台、木构楼阁式
其 他	可参观

  镇朔楼位于宣化城的中轴线上（又名鼓楼），始建于明正统五年（1440）。楼上原有漏刻、鼓角，明、清两代一直沿用，清乾隆、同治年间多次修缮。

  镇朔楼是高台楼阁式建筑，通高25米，占地面积1052平方米。楼建于高8米的砖砌墩台上，台正中设南北向拱形门洞。楼阁二层，面阔三间，进深三间，重檐布瓦绿琉璃瓦剪边歇山顶。底层四周加建围廊，四面砖墙包砌，二层设平座，四面槅扇装修。上层檐下悬两块巨匾，南曰"镇朔楼"，为清乾隆六年（1741）

制；北曰"神京屏翰"，为清乾隆帝题写。

镇朔楼为目前河北省境内保存最为完好、规模最大的鼓楼，同时该建筑用材规整讲究，做工细致，较典型地体现了明代官式大木结构建筑手法。现位于宣化古城的中心地段，可购票登临并远望清远楼。1996年，镇朔楼被列为第四批全国重点文物保护单位合并项目，归入第三批全国重点文物保护单位清远楼。

北侧远景

远景环境

南侧正立面

墙面

镇朔楼楼内大鼓

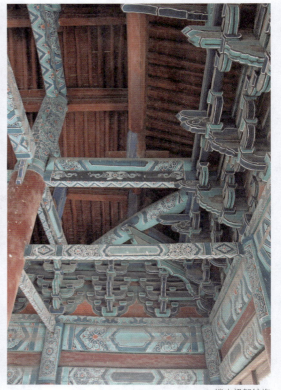

楼内梁架结构

镇朔楼匾额

栏杆处装饰构件

北面"神京屏翰"匾额

8 宣化城

Xuanhua City

级　别	国家级
年　代	明
地　址	宣化区钟楼大街
看　点	古城规划、建筑形制
其　他	可参观

宣化古城地处塞外要冲，据《宣化府旧镇志》所述："镇城群山环绕于东北，洋河萦绕于西南，城居东西道路之中，实属一要害之地。"历代为屯兵防守之重镇。城初建于唐代，历代为州、府、镇、县治所，现存城垣为明洪武二十七年（1394）扩建而成。城墙轮廓基本完整，城内清远楼、镇朔楼、南门拱极楼保存完好。

其中城市南部的拱极楼（原名著耕楼）是南门昌平门上的城楼，位于古城中轴线的南部位置。初建于明永乐二十年（1422），因当时守城官军施行团种法而得名，后毁于雷火。清雍正十二年（1734）重建，同治年间改名拱极楼。楼阁与城台通高 21.75 米，面阔五间，进深一间，重檐布瓦歇山顶，清大木小式做法，叠梁式结构，檐下无斗拱。楼阁上下两层，下层四周回廊，明间前后均设板门，其他部分墙体围护。上层四面设小廊，栏杆围绕，明间前后为隔扇门，次间前后置槛窗。楼内彻上露明造，梁架雅五墨旋子彩绘，室外墨线大点金，高贵典雅，沉稳绚丽。现昌平门前有广场，可在登临后沿中轴线北望清远楼、镇朔楼，以及整个宣化古城的内城全貌。

古城平面近方形，周长 12.19 公里，面积 9.44 平方公里。初建时设城门七座，建文年间（1399—1402）封堵三门，只留四门。永乐二十年（1422）建城楼四座，角楼四座。南北城门偏东，东西城门居中。明正统五年（1440）将旧城墙加宽加高，城墙内用土夯筑，外侧下用条石錾基，上以城砖包砌到顶。四面城墙设置马面（战台），墙上建铺房 172 间，并在四门外筑起瓮城、月城，挖护城河设吊桥。南门外建一关城，长、宽各 500 米。景泰二年（1451）在城外四角建护城台"悬楼"四座。明嘉靖三十七年（1558）在城外数里范围内建围城台 20 余座。整座城池森严壁垒，巍巍壮观，现存的宣化古城仍然是一个历史悠久文化底蕴深厚的高规格古城。2006 年，宣化古城被列为第六批全国重点文物保护单位合并项目，名称为"宣化古城"。

宣化大新门

宣化城墙

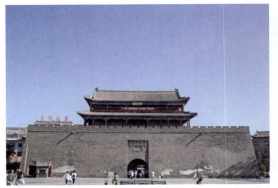
宣化昌平门 1

宣化昌平门 2

镇朔楼前街道

拱极楼昌平门

拱极楼内台阶

拱极楼牌匾

拱极楼局部

9 五龙壁

Five-dragon Screen Wall

级　别	市级
年　代	清
地　址	宣化区师范路 6 号
看　点	砖雕艺术
其　他	可参观

　　五龙壁位于宣化师范学校院内，为原弥陀寺之影壁，清代建造。五龙壁高 5.5 米，宽 4 米。壁面由青方砖雕磨拼接而成，上雕浮龙五条，三条昂首，两条俯首，相互盘绕，腾跃于海水云天之间，形象生动，线条流畅。辅助图案为珊瑚、莲花。壁两侧各雕瓶插花图八块。

　　五龙壁位于一硬山式坡屋顶的一面山墙上，做工精巧雕刻精美，有效装点面阔三间的清代建筑。五龙壁作为该建筑的一部分，提升了该建筑的意境和底蕴。1956 年列入河北省文物保护单位。

　　同时，五龙壁所处的位置能有效提升人们的审美情趣，旁边的八角攒尖顶的亭，最近处距五龙壁仅有 2 米左右，为人们近距离驻足观赏提供了绝佳的地点。五龙壁的精巧和古韵展现了清代匠人独特的审美和精巧的手艺，是古代砖雕艺术不可多得的文化遗产。目前学校不对外开放，进出需查验证件并登记。

五龙壁近景

山墙上的五龙壁

亭子中的五龙壁中景

五龙壁侧近景

五龙壁上砖雕"斗拱"局部

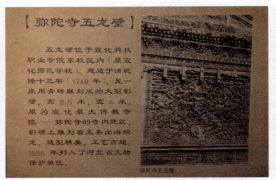
宣化博物馆内"五龙壁"资料

10 察哈尔省民主政府旧址（宣化博物馆）
Site of Chahar Democratic Government (Xuanhua Museum)

级　别	省级
年　代	民国
地　址	宣化区宣府大街64号
看　点	藏品丰富、建筑规制
其　他	免费参观

察哈尔省民主政府旧址位于宣化区牌楼西街，天主教堂东侧，是在中国共产党领导下，建立起来的全国第一个省级人民政府的所在地。原建筑建于1930年，为天主教宣化大修道院，是一组带有西方建筑风格的三进四合院群组建筑，保留典型的时代特征。

原察哈尔省民主政府办公楼

办公楼近景

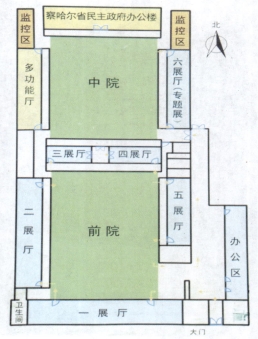
平面图

整组建筑占地6535平方米，建筑面积2881平方米，共有房屋111间。1937年8月至1945年9月为日伪地方政府占用。1945年10月至1946年10月为察哈尔省民主政府所在地。现基本还保持着原貌。中华人民共和国成立后为宣化市、区人民政府所在地，后为宣化区教育局占用。

现为宣化博物馆，内展览较多宣化地区历史街区面貌和考古发现，同时也对宣化历史的风俗民情和历史脉络进行较为形象的介绍，人们可以通过展览的老照片和实物对宣化古城进行初步的了解。建议先到宣化博物馆参观后，再游览宣化古城，将会更有收获。

前院内正房

全景前院

南北轴线中院

南北轴线前院

前院喷泉

中院正房前廊道

博物馆沿街大门

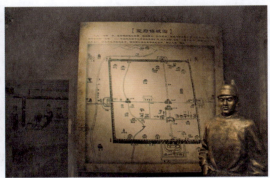
博物馆内馆藏展览

11 时恩寺大殿
Main hall of Shi'en Temple

级别	国家级
年代	明
地址	宣化区清远路 79 号附近
看点	古朴风格、木结构
其他	免费参观

时恩寺在宣化古城中心位置，位于宣化镇朔楼（鼓楼）西侧 50 米。时恩寺始建于明成化六年（1470），建筑面积 309.6 平方米。由于废弃年代较长，原来的建筑已无迹可查，现仅存大殿。

大殿面阔五间，进深三间，单檐庑殿布瓦顶，殿前有卷棚抱厦五间。大殿有檐柱十六根，金柱八根，金柱上承五架梁，再托三架梁。三架梁上立脊瓜柱托脊檩，金柱与檐间出双步梁，上置单步梁，整体呈九檩前后廊式屋架结构。屋顶举架，第一步三五举，第二步为五举，第三步七举，第四步为九举。檐下施单翘单昂五踩斗拱，角科四朵，柱头科十二朵，平身科

时恩寺历史照片（正面）

时恩寺历史照片（侧面）

时恩寺大殿 1

时恩寺大殿 2

四十六朵。殿前有卷棚歇山式抱厦五间，为清代增建。

时恩寺大殿造型古朴，结构清晰，是明代早期建筑风格在北部边远地域的延续和发展过程，是明代建筑发展的实物依据，2006年，时恩寺大殿被列为第六批全国重点文物保护单位。时恩寺现仍进行佛事活动，香火旺盛。同时也在持续进行宗教建筑的营建活动，并在大殿周边修建辅助用房和山门等建筑，但仍以大殿的风格最为古朴，位置最为核心。

时恩寺山门

时恩寺匾额

12 立化寺塔

Pagoda in Lihua Temple

级　别	省级
年　代	始建于元，重建于明，重修于清
地　址	宣化区古城内西北角
看　点	建筑风格、砖雕造型
其　他	不对外开放

立化寺塔位于宣化城内西南隅，现存于军事管理区，不对外开放，可根据宣化博物馆内照片为证。据《重修立化寺碑记》载，立化寺始建于元大德五年，重建于明代，重修于清道光年间。立化寺塔为立化寺开山住持立化祖师的灵骨塔，是立化寺仅存的一座建筑。该塔须弥座，平面八角形，塔身实心五层楼阁式。第一层在东、南、西、北四正面用砖雕出精美细致的隔扇门，其他四面雕仿木直棂盲窗。第二层每面有拱形佛龛；第三层至第五层高度相同，每层略有收分，表面无其他装饰。

各层檐下砖雕出檐椽、飞椽、檐檩、斗拱、额枋、柱子等造型。檐上部以围脊、垂脊、合角吻、垂兽、套兽、筒瓦、板瓦、勾头、滴水构成瓦顶。翼角梁头下悬挂风铃。塔顶八角攒尖式，八条垂脊上交于八角形宝顶，塔刹为一个大铁磬倒扣在宝顶上，磬身上铸有铭文。整体建筑造型比例协调、结构严谨、砖雕工艺精湛。2008年，立化寺塔被列为第五批省级文物保护单位。

立化寺塔历史照片（宣化博物馆藏）

立化寺历史老照片（全景）

13 宣化下八里辽代壁画墓群
Tombs with murals of the Liao Dynasty at Xiabali Village

级 别	国家级
年 代	辽
地 址	宣化区河子西乡下八里村北偏东 150 米
看 点	墓室构造、壁画
其 他	购票参观

宣化下八里辽代墓地，是张世卿和韩师训两家族的墓地。墓室建造在距地表 1.8 米到 2.4 米，墓葬形制多为带墓道的仿木结构穹隆顶单室或双室砖墓，墓室平面有圆形、六角形、八角形和方形等，墓内均有色彩艳丽的壁画，顶部多绘天文图。已发现的壁画总面积约 320 平方米，内容以表现墓主人生前的生活情景为主。仿木建筑构件等也均涂朱或施彩绘，内容十分丰富。葬式为骨灰葬，并"以草为骨"或"以木为骨"制成人体偶像，随葬品亦十分丰富，各墓普遍出有陶瓷器和铜器，以及保存完好的木器家具等。

墓葬对于研究辽代文化有着重要的作用。墓葬中的各种墓穴结构很严谨规整，但又因时代和人物的不同而呈现出多元化的特点，其核心价值在于墓内壁画上所记载的内容，不仅反映墓葬者生前的日常生活状态，而且对于我们能够直接了解墓主人的生平、审美情趣和价值追求，有着重要的考据作用。这些壁画作为重要的文献记载，其复制品也被展现在宣化博物馆里。它是我们研究辽代人民日常生活、国家形态、艺术特点、审美情趣、组织制度的重要资料和凭据。墓葬群位于公路主干道旁边的村落中，自驾交通较为方便。然而现在游人稀少，墓葬群用砖墙围起来由当地

辽代墓群地面入口

辽代墓群位置示意图

辽代墓群地面坟冢

墓群西侧入口售票处

墓道内门

墓道和墓室

墓内人物壁画和斗拱图样

村民来看管，墓葬群的地表现存建筑较不起眼，但通过墓道进入其内部即能感觉到墓室的华丽与壮观。墓葬群现为全国重点文物保护单位。

张世卿，辽代归化州人（今河北宣化人），历官银青崇禄大夫、检校国子祭酒兼监察御史、云骑尉等。韩师训为归化州富甲一方的商人。张世卿卒于天庆六年（1116），同年葬于此。整个墓室为仿木结构砖室墓，南向有墓道、天井，墓门前是甬道和后室组成墓室，全长6.8米，宽3.1米，高4.4米，穹隆式顶。后室北侧有一具残木棺，棺壁有墨书梵文陀罗尼经咒，内有一木雕偶像，躯体内放骨灰，后是四壁四角及过道门，上辟长方形莲花龛23个，内置木雕文官、侍吏、武士、伏虎俑和人首蛇身俑各一，壁画分布于墓室四壁和墓室顶部，总面积86平方米，有散乐图、出行图、门吏图、饮宴图、备经图、仕女图等反映墓主人生活情景的画面，后室顶部正中绘有彩绘天文图，直径2.17米，内区画九曜28宿，外区画黄道12宫图像，这幅天文图对研究我国天文史有重要参考价值。随葬品很丰富，这些随葬品以及墓志对研究辽代社会情况、民族关系和宗教活动都有较高的参考价值。

墓内隆顶壁画

墓群中遗存的石质构件

14 直隶省立第十六中学校礼堂
Auditorium in the Sixteenth Middle School of Zhili Province

级 别	省级
年 代	民国
地 址	宣化区天泰寺街20号
看 点	近代建筑、建筑造型
其 他	免费参观

直隶省立第十六中学校礼堂位于宣化区第一中学校园内，建于1913年，占地面积500.41平方米。是一座带有西方建筑风格的大型近现代建筑。礼堂砖木结构，坐北朝南，东西宽27.3米，面阔九间，南北长18.33米，高8.79米，铁楞瓦双坡顶。正面檐廊砖柱间拱券连接，柱头冲出女儿墙，女儿墙两侧从稍间渐次向明间升高，在明间中央托起一座圆形钟表，时针指向八点，喻示着青少年是早晨八九点钟的太阳。钟表下置模式门额，上书"中学校"三个隶书大字。廊内明间设门，两侧各设四扇窗，北侧除明间窗户被封闭外，其他均为高大的玻璃窗。礼堂于东侧设拱形门两个，西侧偏北设门一个，是讲台出入口。西侧《柳川书院碑记》上有相关历史记载。

宣化一中前身是创建于清乾隆年间的"柳川书院"，1902年创办为新式学堂——宣化府中学堂，民国时期改为"直隶省立第十六中学校"。后几易其名，1978年定名为宣化一中。宣化古城历代为屯兵防守之重镇，战争频繁，文化落后。当时来宣任职的官员，多重视教练习武，少谈及文化教育。"柳川书院"的诞生，弥盖了周边州县文风的转机，并接纳了宣府所属十州县莘莘学子。呈现出"征鼓之声化为诵弦

礼堂全景

礼堂局部

的局面，逐渐使得文武双全的人才脱颖而出。清光绪二十八年（1902）十月，宣化府中学堂在"柳川书院"成立，占用的是"柳川书院"的校舍。第一批招收学生十九人，后全部送日本留学，开创了宣化学生到外国留学的先河。

民国年间在此任教的革命先驱的引导下，不少学生先后走上了革命道路。从这里毕业或升学后，先后奔赴延安，后成为国家党、政、军等方面的高级领导人。直隶省立第十六中学校礼堂是该学校仅存的一座原始建筑，已作为标志性建筑受到保护。2008年，直隶省立第十六中学校礼堂被列为第五批省级文物保护单位。

礼堂东侧立面

15 柏林寺
Bailin Temple

级　别	省级
年　代	明
地　址	宣化区崞村镇柏林寺村西1公里
看　点	建筑组群、石窟、石塔雕刻
其　他	免费参观

柏林寺（又被称为石佛寺）位于宣化区崞村镇柏林寺村西1公里处的山坡下。据现存明正德七年（1512）重修碑记载：该寺始建于唐肃宗至德年间（756—758），于明正德、嘉靖、隆庆年间渐次完成石窟、石塔雕凿，又经清嘉庆年间重修，终成规模。

主要建筑由西佛洞、千佛洞、东佛洞、多佛宝塔、大雄宝殿、三官圣境殿、东西禅房、孔庙、玉皇庙、关帝庙、龙王庙等组成，为一座三教合一的寺院。其中大雄宝殿为全寺中心建筑，依山坐北朝南，砖木结构，重檐硬山布瓦顶，前接歇山卷棚顶回廊。面阔三间，进深两间，下层为三官殿，明间石拱门楣上嵌"三官圣境"石匾。上层为大雄宝殿，回廊设栏杆。大雄宝殿前有硬山顶东西禅房各三间。

柏林寺主要建筑是位于北山坡上的三座石窟和一座多佛宝塔。西佛洞、千佛洞、东佛洞三石窟均利用天然巨石凿成，总面积71.5平方米，开凿石方214.5立方米，雕凿面积350平方米，雕塑大小石佛像300余尊，造型工艺精湛，栩栩如生。多佛宝塔高约12米，耸立于东佛洞之巅，该塔实心五层八面，从塔基至第四层系一整块山石凿筑而成，第五层用八块本色石磨对砌筑，塔顶、塔刹另雕后置于塔巅。每层出檐均石雕仿木结构，塔身每层各面均雕三尊佛像。宝塔造型

建筑群全景

大雄宝殿

千佛洞石窟

独特，古朴典雅，为柏林寺标志性建筑。碑文记载东佛洞石窟与宝塔雕凿于明嘉靖十五年（1536）。

柏林寺凿窟建殿，错落有致，雕峰剔塔，形制独特，是张家口地区较为著名的古寺名刹。此地地处偏远，百度地图可搜"石佛寺"，建筑整体风貌保存良好，盘山公路环绕崇山峻岭，建筑群位于半山腰，依山就势，多佛宝塔位置显著，从远处即可遥望。目前正在修建停车场。1982年，柏林寺被列为第二批省级文物保护单位。

柏林寺大全景

多佛宝塔

东佛洞石窟局部

多佛宝塔局部

西佛洞石窟

佛洞前石台阶

16 佛真猞猁迤逻尼塔

Pagoda with Buddhist relics and sutra

级　别	国家级
年　代	辽
地　址	宣化区塔儿村乡塔儿村西北
看　点	塔身造型、仿木构砖雕
其　他	免费参观

　　佛真猞猁迤逻尼塔位于宣化区塔儿村乡塔儿村西北。该塔建于辽天庆七年（1117），为六角十三层实心密檐式砖塔，塔高20米。塔基六角形，高1.9米，周33米，南面设七级台阶。塔身第一层较高，砖雕仿木结构，南北两面开门，门上镶嵌塔铭，镌刻阳文"佛真猞猁迤逻尼塔""天庆七年岁次"字样，塔铭中"猞猁"二字，为古代"舍利"的通假字。

　　另四面设置直棂盲窗。六角砌圆柱，普拍枋与阑额插于柱间，柱头直接座栌斗，上施五铺作双杪斗拱，每面铺间一攒，转角各一攒，令拱做替木形，上承挑檐檩、枋，造型古朴，仿木逼真。以上各层之间用倒垂如意云头分成三壶门，平砖叠涩出檐，檐角悬风铃，密檐逐层递减，形成挺拔优美的外形轮廓。塔刹为六角仰莲上置覆钵形宝珠。

　　现存塔身二至六层塔檐几乎全部塌毁，塔刹残缺，给人一种残损的历史沧桑感。不远处高速公路，路过车辆可以遥望该塔。塔的附近有新建的村民活动广场和凉亭，该村盛产"战国红"玛瑙原石。2001年，佛真猞猁迤逻尼塔被列为第四批省级文物保护单位，2013年被列为全国重点文物保护单位。

塔顶

佛塔前台阶

佛塔东侧

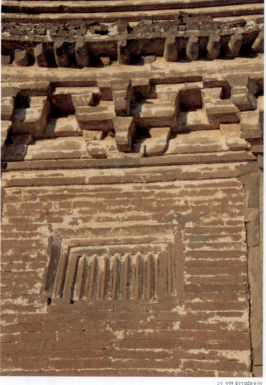
斗拱和窗棂

砖作斗拱

下花园区

17 孟家坟民宅

Civil residence at Mengjiafen Village

级 别	省级
年 代	民国
地 址	下花园区孟家坟村
看 点	建筑组群、精美砖雕、木雕
其 他	免费参观

孟家坟民宅位于下花园区花园乡孟家坟村，建于民国二年（1913），原为郭氏祖宅。整组建筑占地面积1033.6平方米，建筑面积569.05平方米，由东、西两院组成，均为硬山布瓦顶建筑，外有建筑外墙围合，整组建筑位于村内东西向道路的北侧，地势较高，视野良好。

西院北房5间，前设月台，上建歇山顶戏楼；东厢房面阔五间，西侧设檐廊，东侧明、次间收一步廊，屋内南北两稍间置落地罩，明间设隔扇，为东西院过厅。厢房南北与南、北房之间各设砖雕垂花小门。西院南房下层5间，明次间上设3间绣楼，绣楼除山墙外，均采用木隔扇结构。东院北房4间，南房3间，门楼一间，门楼正对东厢房南山墙上有座山式砖雕影壁。

整组建筑装修工艺精湛，装饰内容丰富，较高地反映了人们的审美追求。隔扇、槛窗棂心形制多样，有葵叶形灯笼锦、方胜锦、开光什锦格、寿字什锦、场字锦、盘肠锦、拐子锦、步步锦、回字纹、亚字锦、冰裂锦、双喜什锦纹等十余种，均为双层夹纱格棂窗。砖雕墀头有垂带式和兜肚式两种形制，构图考究，雕工细腻，内容包括福寿禄三星、二龙戏珠、三阳开泰、百鸟朝凤、龙凤呈祥、鹤鹿同春、吉祥博古、鸳鸯戏水、喜鹊登梅、狮子绣球、麒麟献瑞、富贵牡丹、合和二仙、缠枝牡丹、荷花捧寿等题材，建筑装饰等反映了民间的审美趣味。1993年，孟家坟民宅被列为第三批省级文物保护单位。

全景

西院北房和戏楼

入口

西院北房门

西院东厢房

东院

西院东厢房转角柱头

西院绣楼

西院绣楼北门

绣楼细部 1

绣楼细部 2

18 下花园石窟
Xiahuayuan Grottoes

级　别	省级
年　代	北魏
地　址	下花园区鸡鸣山南麓下花园火车站南约 1.5 公里
看　点	石窟、造像
其　他	免费参观

石窟全景

　　下花园石窟位于下花园区东南小鸡鸣山（又称前山）脚下，夹于京张铁路线中间。石窟坐北朝南，依山体雕凿而成。窟门圆拱形，门上开方形明窗。石窟单室，平面呈马蹄形，内宽 4 米、进深 3 米、室内高 3.8 米，穹隆顶。后壁（正壁）面呈弧形，中央雕凿帐形佛龛，龛内佛像结跏趺坐于莲花座上，衣褶规则稠密，后雕背光，边饰火焰纹和飞天。两侧壁各雕一尊菩萨立像，现仅存立像的双足。天幕做盝顶格，盝顶格内中雕博山炉，两侧各雕一尊菩萨像（或供养人）。

　　两侧格内雕飞天及伎乐天，依稀可辨有：吹螺、吹笛、舞者、弹琵琶、弹琴等。其他各壁遍雕千佛像，排列整齐环绕大佛，皆尖拱形背光和圆形头光。窟顶高浮雕大莲花，由两匝莲瓣和莲蓬组成。两侧各三尊飞天，飞天形体壮硕，迎风飞翔，舞姿飘逸。由于为沙质岩石质，佛像多已风化，面部、手臂残缺，服饰不清。但整体面貌尚能辨识，石窟洞内整洁、有人打扫拜谒。

从窟室形制、造像题材、佛像发饰、衣着以及艺术风格等方面分析，下花园石窟开凿时间应在北魏孝文帝太和五年至太和十年（481—486）前后，是研究北魏时期佛教石窟造像艺术的珍贵资料。目前该文化遗产位于两道铁路线中间，无直达路线，不易于查找。整组石窟建筑位于一个下沉地面的一侧石质山体上，有后期修建台阶可通往石窟处。2008年，下花园石窟被列为第五批省级文物保护单位。

北魏石窟

石窟环境

窟内佛像

石窟内天花

万全区

19 万全卫城

Wanquan Defense Fortress

级 别	国家级
年 代	明
地 址	万全区万全镇
看 点	街道规划、建筑布局
其 他	免费参观

明洪武二十六年（1393）设宣府镇（今宣化古城），并置前、左、右三卫（明代军事建制，辖兵约5600人），其中，右卫为万全城。明洪武二十六年（1393）筑土城，建文四年（1402）动工筑城，正统三年（1438）用砖包砌，万历三十年（1609）重修，1983年和1990年进行过维修。城平面呈长方形，南北长1830米，东西宽1747米，现存南北城门及部分城墙，城墙外部为砖砌，内部为夯筑，夯层厚25厘米，墙基为石砌。底部宽3～4米，顶部宽1～1.5米，高8～10米。朝廷在议定万全卫城地址时，文武众臣一致认定，城堡建于坝下得胜口处方为"背枕长垣，面临洋水，左挹居庸之险，右拥云中之固"的"万全之策"，这也是"万全"卫城名字的来由。

城北门外景

万全卫城后又经蒙汉贸易兴起后形成繁荣的商埠，历代均有居民居住，并保持建设不断。万全卫城原城廓呈菱形，为土筑砖包结构，城墙高12米，周长3公里，由2个城门、2个城楼、4个角楼、4个瓮城（翼城）、2个关城、城墙和城垛连接而成。整个城堡坐北朝南，由于受地形限制（紧靠城东河），偏西约20度。城西南角和东北角内缩，略呈菱形。

城外西南角有校场，城外东、西有护城河。城内有2个牌楼，城中央有玉皇阁，还有庙宇50余处。从明建文建成到清朝中期，万全卫城一直是坝上坝下方圆数百里的繁华中心。由于历代政权频繁更迭，造成其在发展过程中的断续起伏。"文革"期间卫城遭到严重破坏，现城内古建筑无存，唯城墙保存较为完好，目前城墙和城门楼正在修缮以恢复其昔日原貌。

北门

北门环境

北门内街道

南城门

西城门城墙豁口

南城门附近城墙马面

城墙特写

城内民居1

城内寺庙

城内民居2

寺庙内景

20 洗马林玉皇阁

Jade Emperor Tower at Ximalin Town

级 别	国家级
年 代	明
地 址	万全区洗马林镇
看 点	组群构成、建筑造型
其 他	免费参观

洗马林玉皇阁位于万全区洗马林镇。始建于明宣德十年（1435），明万历三年（1575）、清咸丰八年（1858）曾两次重修。玉皇阁坐北朝南，由台基和楼阁两部分组成，通高20米，下以石条、上以城砖浆砌而成，边长20米，高7米。阁建于一砖砌墩台之上，阁楼三重檐歇山布瓦顶，叠梁式建筑。外观三层，内为二层，高12米，面阔、进深各三间，外加一步围廊。二层大殿外设平座环廊，可俯瞰镇城全貌。

阁前有钟、鼓二楼。阁为歇山布瓦顶，三层楼阁式，高12米，面阔、进深各三间，周围加一步廊，二层檐下施三踩斗拱。阁内藏有明版经卷31箱、687函、7643卷。殿阁两侧配有东西禅房。玉皇阁的建筑格局及建筑工艺集中体现了明代建筑风格，结构造型严谨明确，风格质朴雄壮。整组建筑位于镇的中心位置，遥对城墙南门，目前周边环境已被整治，玉皇阁正在整体维修中。2006年，洗马林玉皇阁被列为第六批全国重点文物保护单位。

维修中的洗马林玉皇阁全景

正面

侧面

玉皇阁前街道

玉皇阁前墙面浮雕

张北县

21 元中都遗址

Site of Zhongdu (Central Capital) of the Yuan Dynasty

级 别	国家级
年 代	元
地 址	张北县馒头营乡白城子村西南1公里
看 点	古代遗址、建筑构件
其 他	购票参观

元中都遗址位于张北县城北约20公里处。南离元大都（北京）265公里，北距元上都（内蒙古正蓝旗）195公里，张化公路从皇城外通过。

据《元史》载：大德十一年（1307），武宗继位，命"建行宫于旺兀察都之地，立宫阙为中都"。四年后武宗崩，仁宗继位，下令停建中都，并降为皇家行宫。至正十八年（1358），行宫被红巾军焚毁。

元中都遗址从内到外有宫城、皇城和廓城三重。宫城南北长607米，东西宽548米，城墙存高3～4米，墙基宽约15米，四角存有方形夯土角台。城墙四面各有一缺口，系原四城门遗址。皇城南北长929米，东西宽777米。皇城城墙距宫城城墙东、北、西三面间距115米，南部两墙相距207米，残墙高出地表1米左右，墙基宽5～7米。廓城规模较大，确切范围尚待考古工作的勘察考证。

在宫城内发现建筑遗迹27处。元中都大殿建筑台基遗址位于宫城南北中轴线上的中心位置。南北长120米、东西宽38～59米、高3.5米，工字形布局，是宫城主体建筑。遗址上出土了大量柱础、黄色琉璃瓦、滴水和汉白玉螭首等各类建筑构件，是目前

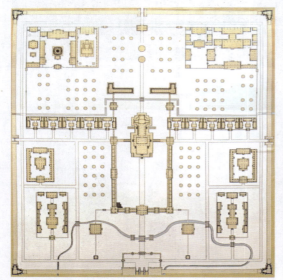
遗址平面图

元中都复原模型

元代皇宫正殿的唯一发掘实例；宫城西南角楼基址，内外两侧呈三折角，在元代考古发掘中首次再现了传统角楼三出阙古制；宫城南门为内附重门广场的两阙三门道过梁式，左右阙台依次出轩，与东西角楼三出阙相呼应，整体建筑形制仿自大都崇天门，内设重门广场的规制独具一格；展现了元代都城的独特建筑风格。

元中都遗址的宫城、皇城、廓城呈回字形相套，是中国传统都城"三重城"建制。宫城城垣保存完整。皇城城垣呈土垄状。宫城内呈露在地面上的27处原建筑基址保存较完好。它的发现和确认，是我国城市考古，特别是元代考古的重大突破，对研究这一时期城市的建设和规制提供了极为重要的考古资料。张北县有元代中都博物馆，对于元中都有着较为详尽的介绍，博物馆需购票参观，夏季人数较多。2001年，元中都遗址被列为第五批全国重点文物保护单位。

构件1

角楼模型

构件2

宫殿区模型

构件3

沽源县

22 梳妆楼

Shuzhuanglou (Tower of Dressing) Tomb

级　别	国家级
年　代	元
地　址	沽源县南沟村东北方向 1 公里
看　点	建筑风格、考古发现
其　他	购票参观

梳妆楼元墓为砖结构单层建筑，坐北朝南，北偏西 25 度。平面呈正方形，每边长 10.7 米，通高 9.1 米。东、西、南三面开券门，门外饰"凹"形嵌线。四面墙体向上收分，上置穹隆顶。四面围以山字形女儿墙，顶部出三层错砖花檐。当地一直传说为辽代萧太后所建"梳妆楼"，但 1999 年，考古工作者通过勘探发掘，在楼内地下发现一座元代砖砌墓葬，证实该楼是一座罕见的蒙古贵族墓的地面享堂建筑。

在梳妆楼周围发掘清理了多处建筑遗址及多座墓葬，出土了大批随葬品和文物标本。其中，发现的一块刻有"襄阔里吉思，敕撰，臣为……"等文字的残碑，为确定墓地主人身份和建楼时间提供了重要线索。据《元史》所载阔里吉思生平推断，梳妆楼应建于 1298—1305 年。梳妆楼交通较为便利，目前已将周围土地筑围墙保护，因应墓葬遗址和考古发现进行适度建设，需购票参观。

梳妆楼建筑具有鲜明的蒙古族特色，又兼有西域伊斯兰风格。作为元代贵族墓葬的地上享堂，这种葬式习俗与蒙古民族的习惯葬俗存在着诸多不同，为研究元朝多民族国家的丧葬习俗、宗教信仰、生活习惯提供了宝贵的实物资料。

墓葬位于楼中，为一男两女元代贵族合葬墓。墓室长方形竖穴，由砖墙和木樟隔为三室。中室棺木为一段完整树木挎木而成，棺外有三道铁条锢束。棺内出土了马鞍、马镫、铅灯、弓箭、铁剑、铜质印章、镏金银质带饰、织金锦衣物残片、皮革马靴等随葬品。东、西两室尸骨为女性，保存完整的西室棺木为柏木做成，棺内出土有书有梵文经文的丝织上衣，以及皮制钱袋、金簪、宋代铜钱、衣服残片等一批随葬品。2001 年，梳妆楼元墓被列为第五批全国重点文物保护单位。

全景

梳妆楼

正立面

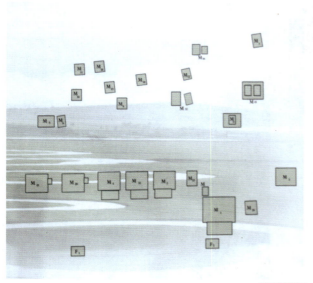
墓区平面图

梳妆楼内墓葬

蔚县

23 蔚州古城

Ancient City of Prefecture Yu

级　别	国家级
年　代	明
地　址	壶流河南岸平台地上
看　点	古城规划、建筑类型
其　他	免费参观

蔚州古城具有悠久的历史，始建于北周大象二年(580)，明洪武十年（1377）重修。明代重筑的蔚州古城周七里十三步（3800米。明承唐制，一里为540米），高三丈五尺（11.5米），下宽四丈（13.3米），上宽二丈五尺（8.3米），堞高六尺（2米）。城门楼3座，角楼4座，三级敌楼24座，垛口1100多个。东门为安定门，楼为景阳楼，南门为景仙门，楼为万山楼，西门为清远门，楼为广运楼。三门外均建有高大雄壮的瓮城。隔护城河吊桥与内城相连，城外为三丈余深，七丈余宽的护城河。三门外建有三关，即东关、南关、西关。

蔚州城为不规则形，南面宽阔，北面狭小，东、西两面多弯不平直。城内只建东、西、南三门，没有北门，而在北城垣上修筑玉皇阁。城内以东西南北四大街为主干线，形成以文昌阁（鼓楼）与南门（万山楼）对称，南北大街为中轴的建筑格局。现存约长1600米的城墙。东、西城门已毁，仅存南门。万山楼和城内文昌阁为1997年恢复重建。护城河南、西、北三段仍存，东段700米护城河于20世纪末填埋，现为商业街，三门外的石桥仍存。

由于历史原因，蔚州古城遭受了一定破坏，但古城风貌基本没有改变，加之古城内衙署、寺庙、楼阁、

古城航拍老照片

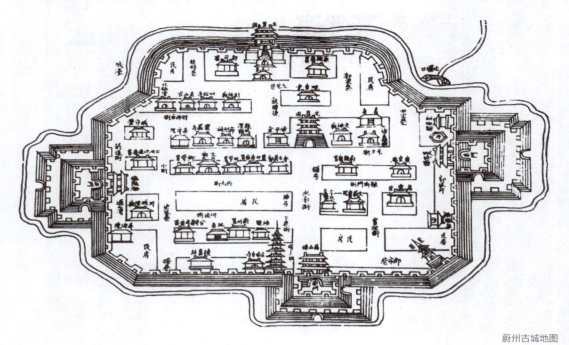

蔚州古城地图

民居众多，仍有明、清古城遗风。蔚州历史上以汉民族文化为主流，可在古城形制上却一反汉民族传统"礼制"严格讲求，即方正端庄、泾渭分明、中轴对称的规划而建设，这是蔚州古城最大特色。古城内建有州署、卫署、儒学宫（文庙）、镇远楼（文昌阁）、靖边楼（玉皇阁）、南安寺塔、城隍庙、关帝庙、火神庙、三元宫（三官庙）、北极宫（真武庙）、常平仓、双松寺（后寺）、灵岩寺（前寺）、清真寺等诸多庙宇。南关建有释迦寺。这些建筑带有辽、元、明、清各时期建筑风格，体现儒、释、道不同文化特点的古建筑群，成为河北省历史文化名城。

蔚州古城目前仍在保护性修复性建设之中，除了一些现存的文化遗迹得到保护修缮外，还新建了一些历史上有记载的规模宏大的建筑。规整了原有的建筑文化遗迹，同时也丰富了古城内的文化景观地带，有助于参观者步行游览，使其身临其境地体会古人生活的历史场景。城内的建筑遗存风格各异，功能有别，有助于对比不同历史时期的不同建筑风格，以及在城中的明确功能分区。在蔚州城外建有博物馆，从历史沿革、民俗、考古、建筑文化等多个角度深度介绍了蔚州古城的发展和历史背景，有助于全面理解蔚州古城的发展沿革和文化遗产的形成过程。

蔚县古城鼓楼历史照片

古城民居

蔚县古城鼓楼街道

蔚县古城鼓楼街道老照片

蔚县古城鼓楼

24 蔚州古城墙

Ancient city wall

级　别	国家级
年　代	明洪武十年
地　址	蔚县其他蔚州古城景区
看　点	城门、城墙构成
其　他	购票参观

蔚县古城城门

蔚州位于中原与北方少数民族的接壤地段，经历多次战乱，因此城墙也历经毁建。至明代，因抵御北方少数民族政权，于明洪武十年（1377）重修蔚县县城，将城墙大修，今所见的城墙即为明代遗存。蔚县城墙是国内现存城址中唯一的一座不是方圆建制的，而是依地势建造的不规则城墙，并且一反古城四门或九门的建制，在北面不建城门。这是为了抵御北方少数民族政权入侵，以便预留更多的抵御时间所建。此乃其他地区古城所罕见之处，是京西保存最为完整的、形制最为特殊的古城。

关于城墙的规划建设虽然有许多历史传说和故事，但我们应该清楚的是，现有的城墙规划历史久远，经过多次的建设才形成如今风貌；城墙的风貌也受制于建筑材料和技术的发展，例如古城墙的包围用砖是在明代能够大量烧制砖之后才有的；城墙的主要目标仍然是为了防御，因而城墙的规划建设与当时防御敌对方的作战方式也有关联。2013年被列为第七批全国重点文物保护单位。

蔚县古城城墙1

蔚县古城城墙外景

蔚县古城城墙2

蔚县古城城墙内景

25 南安寺塔

Pagoda in Nan'an Temple

级 别	国家级
年 代	辽代
地 址	蔚县塔巷 19 号
看 点	辽塔风格、仿木构石塔
其 他	购票参观

南安寺塔位于城南西侧。是一座始建于北魏佛教盛行时期,重修于辽代的八角十三级实心密檐砖塔,因坐落在南安寺,故名南安寺塔。

塔通高32.1米。塔基须弥座,石条砌筑,高2.5米,上置八角形砖砌塔座,塔座东西南北四正面中间各饰一砖雕兽头,四侧面正中各置一雕花装饰,上有仿木砖檐,檐上雕砌仰莲瓣三周,塔身坐于莲花座中。首层塔身较高,各角浮雕塔形倚柱,四正面置砖券拱形隔扇门,门券上浮雕二龙戏珠,另四面饰花棂盲窗。塔身置阑额,阑额下垂一周如意云头,额上置四铺作砖雕斗拱,斗拱以上出砖雕椽飞及瓦檐。以上各层叠涩出檐、布瓦收顶,每层正面中部均置铜镜一面,备翼角悬风铎。塔刹利用一仰莲承托覆钵、相轮和圆光宝珠。

南安寺塔比例匀称,挺拔壮观,具有典型的辽塔建筑特征,是蔚县的标志性建筑。塔的现在入口位于县城南部的一个胡同内,但其风格优美,可极目远观。于南门城楼上可远望南安寺塔位于灰瓦之中,独秀于夕阳的映照下,通体略显金黄色,凸显宗教的神圣感和建筑艺术的美感。2001年,南安寺塔被列为第五批全国重点文物保护单位。

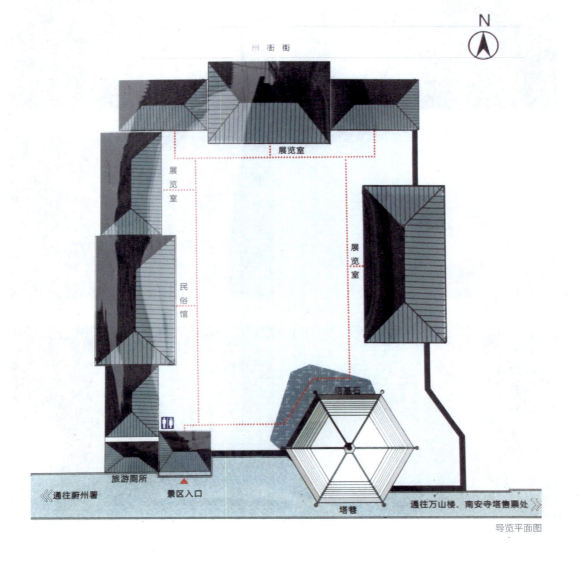

导览平面图

全景（街道仰拍）

南安寺塔（全景）

塔顶局部

塔身密檐局部

塔身局部

塔身砖雕局部

26 蔚州玉皇阁

Jade Emperor Tower

级　别	国家级
年　代	明
地　址	蔚县马神庙街附近（近北城墙）
看　点	建筑风格、古城轴线
其　他	购票参观

现在的玉皇阁与古城墙相连，气势恢宏，整组建筑层峦叠嶂，自南向北拾级而上，建筑艺术造型凸显明代边境地区建筑风格的浑厚和壮美，是不可多得的艺术精品。也是整个古城中轴线的最北端，站在城楼可南望古城的三门，与南安寺塔等城内地标建筑遥相呼应，共同构成了层次分明的完整古城风貌。

玉皇阁即靖边楼，又称玉皇飞阁，位于城北城垣上。建于明洪武十年（1377），蔚州卫指挥史周房将蔚州土城改建为砖城，辟东、西、南三门，正北无门建玉皇阁一座，与三门遥相对峙。玉皇阁建造至今已数百年，历经风雨剥蚀、战乱兵灾，虽几经修建，依然完整地矗立于高高的城垣之上，现存仍为明代建筑风格，表现出了古代能工巧匠的高超技艺和智慧，是研究明初建筑艺术的重要实例。1996年被列为全国重点文物保护单位。

蔚县玉皇阁龙虎殿壁画

维修中的蔚县玉皇阁全景

蔚县玉皇阁大殿

蔚县玉皇阁龙虎殿

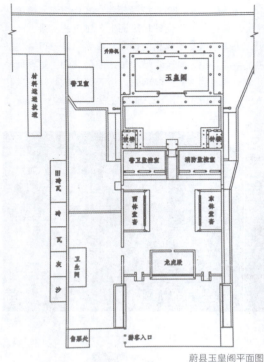

蔚县玉皇阁平面图

蔚县玉皇阁

蔚县玉皇阁旁门

27 蔚州真武庙

Temple of Zhenwu Emperor

级 别	国家级
年 代	建于明，清重修
地 址	蔚州古城守备街与财神庙街交叉口东北 50 米
看 点	平面布局、建筑结构、砖雕壁画
其 他	购票参观

真武庙位于蔚州古城西北隅，蔚州古城财神庙巷。始建于明代，清康熙五十九年（1720）至雍正三年（1725）重修。真武庙坐北朝南，建在 3 米高的砖砌台基上，占地面积 2944 平方米。现存建筑布局呈四合院式，由前殿、天王殿、真武大殿、东西配殿、钟楼、碑亭组成。正殿分布在南北一条中轴线上，东西配殿各两座，四面房转角垣墉环绕，院中东部建钟楼一座，西侧建鼓楼一座。

前殿为穿心过殿。单檐悬山卷棚勾连搭式，面阔三间，进深三间，悬山为正五架分心中柱式，五架梁枋心绘"金龙牡丹"，前卷棚为四架梁，顶置罗锅椽，梁架均油饰。正殿位于院内正北为北极大殿。单檐歇山绿琉璃瓦顶，琉璃花脊，前抱厦，厦前砌宽敞的月

真武庙北极殿老照片

真武庙过殿

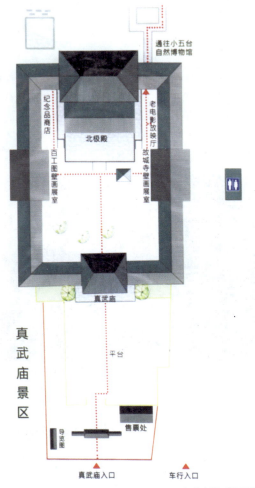

真武庙景区平面图

台，高于院面1.30米，月台前置台阶七步，东西两侧各置小台阶。大殿面宽三间，进深五间，正殿七架梁，斗拱分布、明间平身科隔架各一朵。内外檐下置单昂五踩斗拱，山面平身科斗拱内出金挑杆，挑杆挑在踩步金梁下，斗拱分布为：转角科四朵，柱头科六朵，平身科前后每间各二朵，檐面每间各一朵。内拱眼壁上绘水墨"梅、兰、竹、菊"等图画。抱厦为歇山卷棚绿琉璃瓦顶，面宽三间，进深二间，六架梁，四角置抹角梁，内外檐置重昂五踩镏金斗拱，卷棚东西墙面上皆绘道教题材壁画。

大殿月台下东侧有钟楼一座，单檐四柱歇山顶，平面呈方形。四根檐柱柱头均为卷刹柱。柱上置双卷头七踩斗拱，东西配殿各三间，单檐悬山布瓦顶正五架梁，平梁上为人字叉手，面宽三间，进深二间。

庙院四周墙体均为砖砌，墙体收分明显，墙下为历年所包砌的砖石台基，院落四隅转角房屋结构较复杂，并置角梁、角柱等，南部转角厢房内亦有残存壁画。钟楼位于院落中央两侧，这种布局，在众多古建中是少见的。庙宇四面建筑环围，封闭式转角结构，院中天井，颇具匠心、古意，这种实例极为少见，只有在宋、元时期的古画中，才可见到这类布局。真武庙平面布局及局部作法保持了早期建筑的特点，是研究明清古建筑形制发展、演变的宝贵实例。

整个真武庙建筑群造型古朴，层次分明，功能清晰。真武庙在建筑院落构成上保持古色古香的风格，在整个古城建筑群中属于地标性的建筑，是一座散发着魅力的重要建筑群。2006年真武庙作为明代的古建筑，被列为第六批全国重点文物保护单位。

真武庙大殿北极殿

真武庙前门牌坊

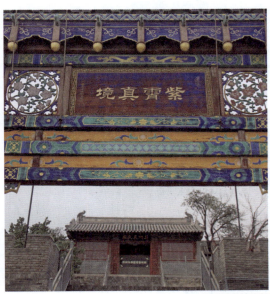

真武庙牌坊细部

28 蔚州关帝庙
Temple of Guan Yu

级 别	省级
年 代	元
地 址	蔚县南关
看 点	建筑风格
其 他	不对外开放（在学校内）

蔚州关帝庙位于蔚县南关，始建于元至元五年（1399），明、清重修。现存建筑占地面积1600平方米。中轴线上自南向北有戏楼、前殿、中殿、后殿。

戏楼坐南朝北，后硬山前歇山卷棚勾连搭式，面阔三间，进深三间，前卷棚做成三面观。该卷棚梁架中不用双瓜柱罗锅椽，采用三架梁上柁峰架脊檩，用苫背层做出卷棚顶。后硬山部分东、南、西三面青砖到顶，前次间磨砖对缝砌成影壁式看面墙。关帝庙是县城保存最为完好的一座古戏楼。

前殿面阔三间，进深三间。后单檐庑殿，前卷棚悬山勾连搭式。后部庑殿顶推山极小，正脊较短，保留了早期建筑的风格。前部卷棚悬山顶，与大殿同宽，进深二间，增加了整个大殿的纵深。中殿，面阔、进深各三间，单檐歇山顶前接单坡悬山延伸殿，歇山顶的博风板与悬山顶的博风板一坡顺下，这种前后衔接抱厦的设计独树一帜，为古建筑中所少见。后殿，单檐歇山顶。整组建筑形式富于变化，建筑手法既遵循了明代官式建筑的基本规制，又具有明显的地方手法风格，是明代民间建筑的珍贵范例。

1993年，蔚州关帝庙被列为第三批省级文物保护单位。

蔚县古城关帝庙（老照片）

29 蔚州常平仓
Changping Granary

级 别	国家级
年 代	明
地 址	蔚县城内
看 点	建筑类型、结构与功能
其 他	购票参观

蔚州常平仓位于蔚县城内鼓楼西侧，旧称"丰豫仓"，明代建筑，为蔚州历史上粮仓之一。始建于明永乐元年（1403），建立之初并非平抑粮价之用，而是作为蔚州的战备粮仓而设立，称之为"卫仓"。清道光年间（1821—1850）重修，保持了当年格局，盛时储粮3.5万石。古粮仓占地7700平方米，原有仓房11座55间。现存仓房4座，南北各2座相对，均为单檐硬山布瓦顶，砖木结构，面阔五间，进深二间，前出廊，两仓中间建有神庙一座，庙前连接戏楼，坐

蔚州常平仓西正仓和仓神庙

蔚州常平仓仓神庙

蔚州常平仓效果图

落在同一砌台基上成为一体。常平仓为古代建筑遗存中较为稀有的品种。

中国古代政府为调节粮价，储粮备荒以供应官需民食而设置的粮仓。主要是运用市场规律来调剂粮食供应，充分发挥稳定粮食的市场价格的作用。在市场粮价低的时候，适当提高粮价进行大量收购，不仅使朝廷储藏粮食的大谷仓——太仓和甘泉仓都充满了粮食，而且边郡地方也仓廪充盈。在市场粮价高的时候，适当降低价格进行出售。这一措施，既避免了"谷贱伤农"，又防止了"谷贵伤民"，对平抑粮食市场和巩固封建政权起到了积极作用，在一定程度上反映了人民群众的利益和愿望。

其中常平仓有可下行的"地窖"用于储存粮食，温度较低，环境阴冷，同时又保持通风干燥，利于粮食存储。在20世纪60年代的特殊历史时期，"地窖"也曾用于备粮备荒等作用，内有富于时代特色的大字和标语。"常平仓"现已开辟为城内著名景区，它位于县城中心位置的鼓楼西侧，内有关于古代农耕文化用具的展览，粮食保存技术的展示，同时在常平仓建筑群的中心位置有"仓神庙"用于旧时的宗教和演出活动，有大众交流和文艺展示的作用，现用作茶楼和富有地方特色的弹唱演出等。

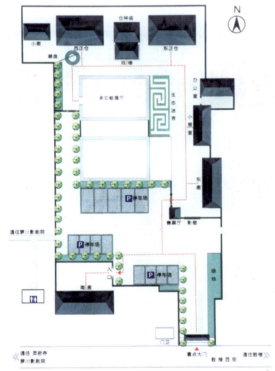

蔚州常平仓平面图

蔚州常平仓1

蔚州常平仓2

蔚州常平仓内部1

蔚州常平仓内部2

蔚州常平仓内部梁架结构

30 蔚州财神庙

Temple of God of Wealth

级　别	省级
年　代	清
地　址	蔚县古城财神庙街
看　点	建筑结构、彩绘装饰
其　他	免费参观

蔚县古城财神庙前院1

　　蔚县财神庙位于蔚县城财神庙街，清代建筑。坐北朝南，二进院落，占地901平方米。现存建筑由山门、前殿、穿廊、后殿组成。山门，五檩硬山顶，通体用三柱，中置通天柱，板门两扇。山门东西为单坡顶倒座画廊，画廊东西为单檐四柱悬山亭式钟鼓二楼。院内东西下房各三间，东墙偏南处设贴山式雨搭角门。前殿面阔三间，进深三间，硬山卷棚勾连搭式，通体九架梁前后用三柱。殿内山墙镶嵌石碑，东墙为乾隆四十三年（1778）《功德布施》碑、嘉庆十五年（1810）《捐办庆云会》碑；西墙为乾隆四十七年（1782）《立凭证》碑。

　　前檐额枋为青绿苏式，和玺彩绘，碾玉装，椽头金虎眼，飞头万字彩绘，其沥粉贴金之多，甚为少见。穿廊位于后院中轴上，歇山卷棚式，面阔一间，进深三间，直抵后殿明间，廊内现存清代重修碑5通。正殿硬山布瓦顶，面阔三间，进深三间，七架梁，前后各出单步廊，八架椽，前后用四柱。山墙上绘身着红缨帽、马蹄袖清代官式人物。两侧石砌神台，每面4块。

蔚县古城财神庙前院2

前檐明间廊柱下置八角柱础。明间六抹万字隔扇6扇，次间斜方格、套方、拐子锦等。墀头上东雕"凤鸟牡丹"，西雕"鹿及岁寒三友"等。整组建筑布局完整，建筑工艺考究，彩绘、砖雕等工艺精美。2008年，蔚县财神庙被列为第五批省级文物保护单位。

蔚县古城财神庙前院大殿北侧

蔚县古城财神庙后院大殿

蔚县古城财神庙后院大殿前廊屋顶构造

31 蔚州灵岩寺

Lingyan Temple

级　别	国家级
年　代	明
地　址	小街北与鼓楼西街交叉口东北100米
看　点	建筑风格、建筑组群
其　他	购票参观

蔚州灵岩寺又称前寺，位于蔚县城内鼓楼西街。据记载始建于金代，毁于元末，据《大同府志》记载："蔚州灵岩寺，元末毁，国朝正统六年（1441）敕赐重建"，为蔚州名刹之一。该寺坐北朝南，占地面积6682平方米。原寺院布局从南至北依次为：山门、天王殿、大雄宝殿、藏经阁，整组建筑分布在一条中轴线上。东、西为钟鼓二楼、配殿、禅房等。现仅存天王殿、大雄宝殿、东西配殿4座建筑及部分禅灵严寺大殿房，其中大雄宝殿的建筑格局保得尤为完整。

天王殿，单檐歇山布瓦顶，面阔、进深各三间，

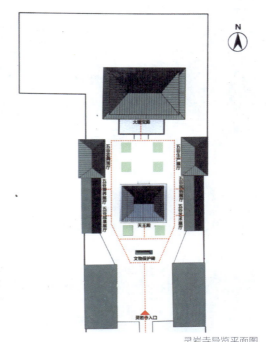

灵岩寺导览平面图

平面略呈方形，殿内减柱造，七架梁直接架于前后檐柱上，歇山大木用抹角梁及扒梁承托，架梁上脊瓜柱旁用叉手，阑额与普拍枋出头呈"T"字形，檐下施五踩单昂斗拱，角科斗拱与两侧补间斗拱做成鸳鸯交首拱，斗拱用材较大，布局疏朗，做工精细，保留了较多的早期大木建筑特征。梁架上施青灰色"旋子彩绘"，内外拱眼壁板上绘水墨蟠龙。檐墙四角用砖，墙心皆用土坯垒砌，内外白灰抹面。

大雄宝殿又称佛殿，单檐庑殿顶，面阔五间，进深四间，建筑面积340平方米，砖砌台基高1.2米，明、次间前有月台。殿顶线条平直刚劲，脊饰浅浮雕卷云纹，屋顶坡度平缓，出檐深远。檐下施五踩重昂抹斜拱，一跳极短，横拱为一花形"替木"，风格古朴，为典型民间地方手法。明、次间装修五抹头落地隔扇，隔心为三交六椀菱花，做工精细。殿内有制作于明代的精美天花和覆斗形藻井，藻井用金光闪闪的斗拱组成井壁。井心皆彩绘蟠龙，制作精美，用材考究，不同于一般寺院，藻井之间用小天花板相隔，天花彩绘以佛家八宝和篆书寿字为主题，并有牡丹、仙鹤、祥云等吉祥图案。虽历经数百年，仍保存完好，艳丽如新，具有辉煌的艺术效果及浓郁的宗教气氛。灵严寺大雄宝殿采用古建筑等级最高的庑殿顶，为明正统年间大太监王振奏请英宗所赐建，建筑规格高。2006年5月，蔚州灵严寺被列为第六批全国重点文物保护单位。

灵岩寺天王殿2

灵岩寺大雄宝殿

灵岩寺（入口）

灵岩寺天王殿1

灵岩寺大雄宝殿细部

灵岩寺大雄宝殿斗拱

灵岩寺大雄宝殿局部（转角斗拱）

灵岩寺大雄宝殿藻井

灵岩寺配殿

32 蔚州释迦寺

Sakya Temple

级 别	国家级
年 代	明
地 址	蔚县城南关西侧
看 点	建筑结构、大殿藻井、建构手法
其 他	购票参观

释迦寺位于蔚县城南关西南隅。据《蔚州志》载，此寺元代为庵，明洪武年间改庵为寺。现存建筑有天王殿、大雄宝殿、卧佛殿、东西配殿、东西禅房及东跨院，占地面积4950平方米。

天王殿和卧佛殿均为单檐布瓦硬山顶，面阔三间，进深三间，分别在后檐和前檐加二柱做成歇山翼角与大雄宝殿相呼应。两侧东西配殿及东西禅房均为硬山布瓦顶，明清时期建筑。

大雄宝殿建于0.9米高的台基上，面阔三间，进

释迦寺天王殿

深两间，单檐歇山布瓦顶，施四铺作单杪斗拱。明间檐下悬挂"拈花微笑"大匾，檐柱上挂木制楹联一幅。殿内梁架进深六椽，乳栿、搭牵相对用四柱，梁架结点用斗拱连接，脊檩下施斗拱与驼峰，不用蜀柱。歇山大木为二根丁栿承托，未用抹角梁。殿内明、次间中部置藻井，井壁及天花布满彩绘，制作精美，造型华丽。

释迦寺大雄宝殿在用材比例、制作手法上尤效宋制，柱网开间较大，檐柱侧脚明显，具有明显的元代特征，在局部制作手法上除保留了官式建筑特点，也融入了民间工艺风格，是研究元、明木构建筑工艺过渡、演变，官式与民间手法融合的宝贵实物资料。2001年，释迦寺被列为第五批全国重点文物保护单位。

释迦寺天王殿侧面

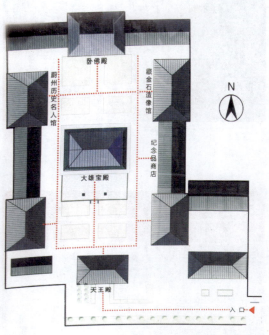

释迦寺导览平面图

释迦寺大雄宝殿

释迦寺大雄宝殿前月台及石狮

释迦寺大雄宝殿天花藻井

悬挂"大雄宝殿"匾额的大殿,实为"卧佛殿"

释迦寺卧佛殿梁上题记

释迦寺卧佛殿梁架结构

释迦寺东配殿（未开放）

释迦寺跨院

释迦寺院落

释迦寺后罩院

33 蔚州吉星楼

Jixing Tower

级　别	省级
年　代	清末民初
地　址	蔚县县城鼓楼后街
看　点	近代建筑、砖雕
其　他	免费参观

吉星楼为蔚县清末民初巨富王朴"聚义隆"绸缎店。王朴，字素臣（1869—1940），蔚县涌泉庄人，原家境十分贫寒，民国初年为一个走街串巷的卖煤郎，在义和团运动中，一名德国商人无处藏身，被王朴舍命救下。

德商回国后，为感激王朴救命之恩，在商界为其大开绿灯。王朴做皮毛出口生意，一时生意兴隆，财源滚滚，绸缎庄是王氏发迹后所营建的。民国末年王朴因交不起募捐而最终停业。日本侵华期间一度将绸

吉星楼

缎庄改为妓院，专门接待日伪高级军官。

　　该建筑均为砖结构，磨砖对缝，有一进九间正房院落，硬山布瓦顶，西下房为临街店铺，共有十余间青砖所券窑房，均为封闭式，在院落的西北角有砖券吉星楼一座，为转角式，平面呈方形，砖券结构无梁殿，楼的西、北均开设券门，西侧券门直接进入院内。整个建筑布局严谨有致，临街砖门上均砖雕"吉"字。

吉星楼细部3

吉星楼细部1

吉星楼细部2

吉星楼细部4

34 代王城遗址

Site of City of Prince of Dai

级 别	国家级
年 代	春秋至汉
地 址	蔚县城东10公里代王城乡
看 点	城门遗址、城墙结构
其 他	免费参观

代国是商王汤所封，于春秋诸侯争霸之前已有代国。史料中关于代国的记载确有不少，代王城传说春秋时为代国都城，秦、汉时期为代郡。春秋末，赵襄子将其姐姐嫁于代王，赵襄子北伐夏屋（代县草垛山）诱代王，使厨人操铜斗击杀代王及其随从，赵襄子一举平代地。秦始皇统一中国后，分天下为三十六郡，代为一郡。

汉代刘邦统一全国，分封代国。据《史记·高祖本纪》载：汉高祖七年（前200），"立兄刘仲为代王"。八年，"代王刘仲弃国亡，自归洛阳"。现在的代王城址平面呈椭圆形，四周城垣保存较好。城址东西长3400米，南北宽约2000米，城墙高3～12米不等，南墙有马面11处。城墙夯筑，夯层厚0.25米，墙基宽10～20米。城辟九门，分别为：荥阳门、崇德门、钟秀门、兴圃门、文胜门、富农门、迎海门、宝源门、兴隆门。现九门仅存缺口，但其名称沿用至今。

城址中部有一夯土台基，呈正方形，边长25米，高11米，应为大型建筑基址，传说为代王宫殿遗址。城内断崖处，陶豆、罐、甑、板瓦以及动物、人骨随处可见，遗物极为丰富。代王城悠久的历史和独特的地理位置，与近处的蔚县有着密切的关联，让我们能够从悠久的历史文化遗产中管窥代王城的几度兴衰。

根据实际调查和代王城内出土的遗物分析，代王城址确为春秋至汉代的代国都城，城周围的大型汉墓群多为汉代墓葬。2001年6月25日，代王城址被列为第五批全国重点文物保护单位。

代王城遗址远眺

城墙遗迹1

城墙遗迹3

城墙遗迹2

城墙遗迹4

城墙遗迹局部 1

城墙遗迹局部 2

35 代王城三面戏楼及财神庙、龙王庙

Triple-entrance Stage, Temple of God of Wealth and Temple of Dragon King in City of Prince of Dai

级　别	省级
年　代	清
地　址	蔚县代王城三村十字路北侧
看　点	建筑结构、建筑彩绘
其　他	免费参观

财神庙

　　代王城三面戏楼位于蔚县代王城三村十字路北侧，除西面紧临民居外，其余三面均为街道。戏楼建于清代，坐西面东，卷棚歇山顶，面阔三间，进深三间，平面呈方形。三面台口，东为主台口，面对财神庙。北台口面对龙王庙，南台口面对灶王庙。石砌台基高1.3米，周边檐柱12根，五架梁，两山面用扒梁，四角置抹角梁、递角梁，老角梁头套兽，下悬风铎。三面台口均有挡板，平时封闭，演出时将所用一面台口挡板取下，中间三张挂帷幕分出前后台。

　　财神庙，坐东朝西，建于清乾隆年间，山门，硬山布瓦顶，面阔三间，进深一间，内收一步廊。正殿，硬山布瓦顶，面阔三间，进深一间，明间四扇六抹头隔扇门，次间上为槛窗，下设槛墙。南北厢房各三间，均为卷棚布瓦顶。

　　龙王庙位于戏楼北约100米的土坡上，遥望四周苍凉的古建筑遗存。大殿坐北朝南，悬山顶、土坯墙，面阔三间，进深一间，前出廊置隔架科斗拱，柁峰呈方形无雕饰，阑额出头卷刹，保留有明代建筑遗风。2017年5月笔者调研时正在落架大修，但位置和气势不受影响，可见其与城内建筑遗存之间的关系。2008年，代王城三面戏楼及财神庙、龙王庙被列为第五批省级文物保护单位。

戏楼

三面戏楼近景

龙王庙（修建中）

大修中的龙王庙大殿

36 暖泉华严寺
Huayan Temple at Nuanquan Town

级　别	国家级
年　代	明
地　址	蔚县西暖泉古镇
看　点	斗拱类型、藻井天花
其　他	购票参观

　　暖泉华严寺俗称大寺，始建于明洪武三十二年（1399），清代重修。现存主要建筑有天王殿、大雄宝殿及东西禅房等。华严寺坐北朝南，占地面积3400平方米。

　　天王殿坐落在高约1.3米的砖砌台基上，面阔三间，进深三间，通高8米，单檐歇山布瓦顶，檐下置单翘单昂五踩斗拱。七架梁前后单步梁，九檩用四柱，外层斗拱为抹斜棋、菱形棋。明间后部置隔架斗拱三朵，为一斗三升交麻叶头。殿内藻井制作精美，天花彩绘工艺精致。西北角压面石上雕有一卧狮。

　　大雄宝殿面阔五间，进深三间，单檐歇山布瓦顶。明间后金柱间施两层阁架科斗拱，式样为一斗交麻叶头。梁架用材硕壮，为七架梁前后单步梁。檐下置重昂五踩斗拱，殿内彻上露明造，梁架上布满五彩遍装彩绘，手法娴熟。

　　后院东西配殿面阔三间，进深一间，硬山布瓦顶，均为卷草花脊，砖、木雕饰精美。暖泉华严寺中的建筑彩绘色彩华丽，手法精练，是研究古代建筑和装饰的珍贵实例。2017年10月笔者调研时，该寺已经被保护起来进行修缮，尚未对外开放，但其雄伟壮观、恢宏气势可以通过其造型和布局得到彰显。2006年，暖泉华严寺被列为第六批全国重点文物保护单位。

暖泉华严寺大殿

暖泉华严寺

暖泉华严寺大殿斗拱1

暖泉华严寺大殿斗拱3

暖泉华严寺大殿斗拱2

暖泉华严寺大殿隔扇门

37 西古堡

Xigubu (administrative seat)

级 别	国家级
年 代	明
地 址	蔚县暖泉镇
看 点	古堡建筑群、堡内规划、建筑类型
其 他	免费参观

西古堡位于蔚县西部的暖泉镇内。始建于明嘉靖年间，增建于明末清初，为典型的北方古堡。西古堡总面积为67 300平方米，四周堡墙黄土版筑。堡内是青石铺成的南北主街，东西主巷三道，180余座古民居分布其间，另有众多寺庙、戏楼。

南北堡墙东部设一座砖包砌的小瓮城。南北瓮城平面均呈方形，边长约50米，两瓮城均朝东开门，各建有堡门一座，瓮城内有地藏寺、九天阁、戏楼、观音殿等建筑。西部又凸起一砖筑小城台。此城堡结构完整，布局富于变化，集"古民居、古寺院、古城堡、古戏楼"四大文化奇观为一体，是一座典型村寨围堡。堡内建筑包括两大类，一为公共建筑，一为古民居。公共建筑介绍如下：

城堡墙残高3～8米、底宽10米、顶宽3米、豁口多处。堡门尚存北瓮城东门、九天阁墩基和北堡门。

粮仓位于北瓮城九天阁墩台下东侧，面阔五间，单坡顶，占地面积240平方米，建筑面积117平方米，院南辟砖式门楼一座。

地藏寺位于南瓮城西侧，为天井式建筑，分上、下二层，下为砖券结构，并券窑洞式房屋，墩基上正北建地藏殿三间，建筑面积70平方米。

观音殿位于堡门墩基之上，为硬山布瓦顶，面阔三间，进深二间，北部抱厦，建筑面积80平方米。

三义殿位于堡门墩基之上，面阔三间，硬山布瓦顶，建筑面积60平方米。

暖泉镇西古堡北门城楼

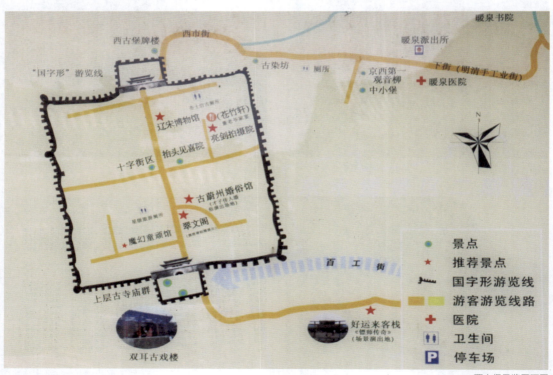

西古堡导览平面图

马王庙位于堡门墩基之上,面阔三间,硬山布瓦顶,建筑面积50平方米。

堡城是一座有着军事防御功能的建筑聚落,其中有供居民生活的各项设施和建筑。其高耸的堡城城墙又把内外的空间环境相隔,内部的建筑群和建筑单体之间规划有序,且独具堡城特色。它位于边境地区的独特地理位置及其建筑群的风格特色、规划特点都有着直接的关联,在整体的规划上体现了形式追随功能的特点,具有实用性与艺术性相融合的特征。它是我国古代建筑中珍贵的建筑类型,对于研究明清时期北方古堡有着重要的文物价值。

暖泉镇西古堡内地藏寺1

暖泉镇西古堡南门瓮城1

暖泉镇西古堡内地藏寺2

暖泉镇西古堡南门瓮城2

暖泉镇西古堡南门石板路

暖泉镇西古堡内街道 1

暖泉镇西古堡内街道 2

暖泉镇西古堡内街道 3

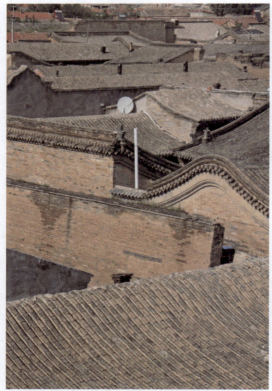
暖泉镇西古堡内民居屋顶

暖泉镇西古堡内民居大门

暖泉镇西古堡内双耳戏楼

38 金河寺悬空庵塔群

Pagodas in Jinhe Temple and Xuankong Nunnery

级 别	省级
年 代	明
地 址	蔚县小五台山金河口峪内
看 点	佛塔类型、砖雕细部
其 他	购票参观

金河寺悬空庵塔群，原有南北塔林，各有灵塔36座，现南塔林仅存1座，北塔林（悬空庵）仅存4座，分别为辽代和明代建筑。塔分六角形三层密檐式和覆钵式喇嘛塔两种形制。

南塔林存塔为"无边禅师灵塔"，位于峪内金河寺遗址以南东侧山峰中部一块台地上。该塔六角实心密檐式，存高6米余，下为两层须弥座，塔身第一层较高，南北设盲窗，六面阑额下各雕两字，为汉字和梵文"六字真言"。枋上砖雕四铺作斜出斗拱，其上为密檐三层，为明代建筑。

北塔林位于峪内金河寺遗址以北东侧山峰上，从半山至山顶错落分布着4座砖塔。1号塔为辽代密檐式塔，高12米。六角须弥座，其上三层仰莲，塔身矗立莲座之中。第一层较高，南北正面砖雕拱券门，其余四面雕棂花纹盲窗，阑额下雕梵文"六字真言"。

金河寺景区入口

金河寺山门

金河寺遗址1

金河寺遗址构件

金河寺遗址2

普拍枋上施五铺作斗拱，二、三层密檐下施四铺作斗拱，塔刹设砖砌相轮，上承汉白玉宝珠。

2号与4号塔均为覆钵式喇嘛塔，形制基本相同。分别为建于明成化元年（1465）的"祖禅明公禅师灵塔"和"敕赐清泉寺住持临济正宗第廿四代传人资中政公禅师灵塔"，分别高约10米和15米，塔基为方形三折角须弥座，塔身覆钵式，下部南北设壶门，内置石匾塔铭，覆钵上座方形折角须弥座，须弥座束腰的正面也镶嵌塔铭，座上锥形五层相轮承托露盘塔刹，刹顶置汉白玉宝珠。

3号塔为密檐式塔，形制与南塔林"无边禅师灵塔"相似。

金河寺历史上原为佛教临济宗禅院，与河北省正定临济寺属同门一宗，是研究佛教临济宗发展历史以及分布情况的宝贵资料。站在塔群遥望河口内的寺庙，多了一分神圣，有如发现世外桃源，具有极好的视觉效果，凸显出宗教氛围的神圣感。1993年，金河寺悬空庵塔群被列为第三批省级文物保护单位。

通往塔林石阶

金河寺塔（重修）

重建金河寺碑记（山谷河道边）

塔林1号塔

塔林 1 号塔局部

塔林 2 号塔

塔林 3 号塔

塔林 3 号塔细部 1

塔林 3 号塔细部 2

塔林 4 号塔细部

塔林 4 号塔

39 重泰寺

Chongtai Temple

级 别	省级
年 代	明
地 址	蔚县阎家寨村涌泉庄
看 点	皇家寺庙、建筑形制、轴线组群
其 他	免费参观

重泰寺位于蔚县阎家寨村，为辽代所建（1995 年版的《蔚县志》中有叙述）。历史上曾有多种称呼，明弘治九年（1496）真慧和尚改建，名为"三圣寺"，嘉靖九年（1530）山西潞城王赐名"重泰寺"，清光绪时曾叫"罗汉寺"。重泰寺居于高丘之上，寺东西有两条沙河环绕，因气势恢宏而有"二龙戏珠"之说，整体建筑占地面积约为 6580 平方米。在附近地域远望建筑群，可见楼、阁、殿、台、塔、舍等建筑错落有致，苍松掩映更显壮观。

寺院整体规模宏大，分中院及东角院和西角院，其中中院为寺的主体部分，整组建筑坐北朝南，中院

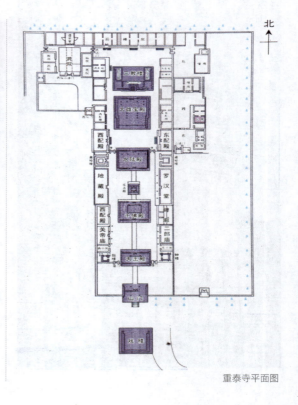

重泰寺平面图

中轴线上依次排列着戏楼、山门、天王殿、地藏殿、观音殿、水陆殿、千佛殿、释迦殿、三教楼、后禅房，占地面积13 100平方米。两侧建有钟鼓楼、二郎庙、关帝庙、罗汉殿、阎王殿、藏经阁、东西配房等建筑。中院被隔成三进院落，共有殿阁门舍等近40座。东角院有建筑7座，西角院有建筑4座，分别有方丈禅房、僧舍、伙房等附属建筑。寺内建筑体量不大，多为硬山布瓦顶，主要建筑檐部用一斗三升斗拱，殿内有保存完整的壁画。重泰寺是民间寺院，以保存完好且颇具规模的民间寺院而远近闻名。一些重要的单体建筑又是佛寺建筑的典型配置。

戏楼在山门前广场的一侧，面对山门坐南朝北，建筑形式为单檐卷棚布瓦顶，面阔三间，进深二间，六架梁。昔日庙会期间众多戏班来此演戏，参与人数众多，场面热闹非凡。

山门正对着戏楼坐北朝南，坐落在砖砌台基上，建筑形式是单檐硬山顶，面阔三间，进深二间，山门往下曾有石狮一对甚显威严，现原石狮已被移入县城内的释迦寺。院北弥勒殿前的双狮一对已移至山门外，造型与原石狮大同小异。院内东侧有苍松一株。

天王殿又称弥勒殿，面阔三间，进深二间，殿内壁画十八罗汉斗弥勒极为生动悦目。殿门两侧东为钟楼，西为鼓楼，其顶用十字形大脊交叉组成，加上搪口角的新套兽，小巧玲珑。重泰寺因坐落于高台之上，其钟声悠远，响彻蔚州山川。

二层殿为千佛殿，此殿面阔三间，进深二间。院东为二郎庙，面阔三间，进深二间。院西为关帝庙，此庙除塑关羽像外，皆为悬塑；悬山上尽塑三国故事，生动传神。千佛殿东侧小院为碑林，东西廊原有康熙、雍正、乾隆、嘉庆、道光、同治年间立碑13通，现仅存碑座及壁刻一块，此院有二短廊和一长廊，整组建筑布局紧凑。

三层殿为观音殿，面阔进深为一间。殿内站观音衣着简疏，肌理细腻，慈眉善眼，在缠枝宝相花和莲瓣佛座的映衬下姿态端庄。此殿置于千佛殿与水陆殿中间位置。其东侧为罗汉殿，面阔五间，进深一间，过去殿内四壁悬山上、下、左、右共五百尊罗汉，形象逼真，颇具艺术价值。五百罗汉因队伍庞大制作和保护，维修等皆需要耗费巨资，所以带罗汉殿的庙多为规模宏大的寺庙。因而现在能够保留下来的、完整的五百罗汉堂建筑非常少，现在全国保存最为完整的五百罗汉堂一是北京西山的碧云寺，二是杭州的灵隐寺。西侧地藏殿（阎王殿）里也是悬塑，造像工艺与关帝庙一样同样非常精细。该寺四个配殿二郎庙、关帝庙、罗汉殿、阎王殿皆为悬塑造像，这种悬塑的造

重泰寺戏台

重泰寺山门

重泰寺院内观音殿

重泰寺大雄宝殿

重泰寺侧廊

重泰寺局部（大雄宝殿顶）

重泰寺院内侧门

重泰寺水陆殿

重泰寺殿内壁画

像也是该寺一大特色。

四层殿为水陆殿，它面阔三间，进深二间，此殿中壁画保存完整，殿东西侧有藏经楼，为明二暗三式楼阁。此殿东西各都设有砖砌小掖门可通向后院的释迦殿。

释迦殿，即平面图中的大雄宝殿，面阔三间，进深三间，内部平面呈方形，为重泰寺中最大规模的殿堂，甚是宏伟、庄严。该殿建筑形制为单檐歇山顶，五架梁，前抱卷棚厦四架梁，厦前台阶上三层有精致砖雕细腻传神，如有镂空砖雕龙、凤等。在椽头均泥彩塑，铺首环。该寺墙壁后出前收，前壁的硬墙直接屋面，后壁硬墙上以斗拱上托屋面，而且为了不使壁柱遭虫蠹，外墙基随柱数皆有"大"字形凤眼，且"大"字五个出头皆造型巧妙，体现出古代建筑工匠的高度智慧和审美意趣。

释迦殿后有三教楼最为显著，该楼又名太子楼。楼正南原置木梯，到光绪年间改建成22级砖砌台阶。楼内正壁绘有人物，正中佛祖释迦牟尼、孔子居左、老子居右，这三个分别代表儒、释、道信仰的人物在此地汇合，这也是宗教发展到明清时期三教合流的必然结果。东西山墙上绘有宗教故事，如"白象投胎、树下诞生、九龙洒水、出游四门、逾城苦修"，因年久画面颜色氧化。登楼依栏北望可见山坳连绵起伏，向南望全寺景观尽收眼底。

正屋九间位于三教楼之后，此外还有释迦殿两侧配房，昔皆住有僧众。在寺建筑群的西北有塔林，仅存明嘉靖时灵骨塔一座，隔壑西部也曾有塔林，至今已无存。寺中全部泥塑在"文革"期间遭到损毁。

重泰寺三教楼

重泰寺三教楼内壁画

40 天齐庙
Tianqi Temple

级　别	国家级
年　代	明
地　址	蔚县城东关外
看　点	建筑风格
其　他	不开放

天齐庙位于蔚县城东关外大街北侧，藏于寻常巷陌之内，但从胡同口就能窥见其高大的庑殿顶，残损却鲜艳的琉璃瓦。据清嘉庆十五年（1810）重修碑记载，该庙创建于明万历二十七年（1599），原是供奉仁圣大帝（即《封神榜》中的黄飞虎）的道场。自明代以来，寺内香火一直旺盛。

天齐庙整座建筑坐北朝南，中轴线上原建有排子戏楼、天齐坊、东西厢房、供厅、大殿。现仅存供厅和大殿。供厅位于大殿前，为单檐歇山卷棚布瓦顶，面阔三间，进深三间，六架梁前出单步廊；大殿为单檐庑殿黄琉璃瓦顶，上饰琉璃花脊、吞脊吻，花饰盘龙、牡丹、卷草等。面阔五间，进深四间，建筑面积225.38平方米，通高7米。七架梁双槽柱网，金柱8根。四周檐下置重昂五踩抹斜馏金斗拱，昂嘴扁平，角科昂为异形昂。额、枋均做和玺彩绘，拱眼壁板为琉璃黄龙浮雕图案，明、次间装修直棂窗。

天齐庙大殿建筑形制采用古建筑等级中最高规格的庑殿顶，并上覆黄色琉璃瓦、雕饰龙形图案，整座建筑金碧辉煌。如此规格，对于州城内的一所庙宇来说，非同小可，实属罕见，在蔚县众多的古建筑中是极为特殊的一例。2001年2月7日，天齐庙被列为省级文物保护单位。第七批文物普查后被列为国家级文物保护单位。

天齐庙现存于东关外道路旁一小路内，其雄伟而独特的屋顶形制是易于被发现的重要标志。现存文化遗产不对外开放，周围杂住民居，围墙外的路旁置木材些许，保护环境不甚理想。

天齐庙周围环境

天齐庙大殿及供厅

天齐庙大殿屋顶

天齐庙大殿斗拱

天齐庙供厅

41 苑庄灯影台

Shadow play stage at Yuanzhuang Village

级 别	省级
年 代	清末
地 址	蔚县涌泉庄乡苑庄村南的高地上
看 点	建筑结构、砖雕艺术
其 他	免费参观

苑庄灯影台始建于清代末年，坐南朝北，南北长6.35米，东西宽2.15米，占地面积13.65平方米。灯影台为单檐卷棚布瓦顶，通高4.2米，面阔一间，进深一间，用四架梁。砖砌台基高1.1米，前檐额枋雕有卷草。墀头砖雕"喜鹊登梅""凤凰展翅"等图案。

民国年间本地灯影较为盛行，在灯影台东墙壁上存有"南闱班仝拜，王奇在此台乐也，光绪廿六年正月廿四、五、六日""吕家庄口口口口口绪在此一乐也，民国十六年口口口……"等题记。

整组建筑经过修缮后，保留了古色古香的味道，对于研究古代北方民间建筑有着极高的价值，同时也是古代民俗和地方文化的重要载体。

灯影台

灯影台正面

灯影台局部

灯影台背面

42 峰山寺

Fengshan Temple

级　别	省级
年　代	明
地　址	蔚县宋家庄镇郑家庄村东南
看　点	建筑轴线、选址
其　他	免费参观

峰山寺创建于明洪武年间，清顺治、道光、同治年间均有重修。寺院坐北朝南，主要建筑有天王殿、大雄宝殿和东西正禅房，占地面积992平方米。整个寺庙处于群山环绕之中的一块坡地上，风景优美。

天王殿，单檐硬山布瓦顶，五架梁，明间设板门两扇，次间及两山檐墙到顶。殿内两山壁画"天王图"，南北两壁分别为供养人和护法神。殿东西各设一硬山式角门。大雄宝殿，单檐悬山布瓦顶，五架梁，面阔三间，进深二间，建筑面积60平方米。两山五花山墙，明间四扇六抹头隔扇门，次间下为槛墙，上置四抹头直棂窗。明间前设垂带踏跺两级。殿内保存有完整的壁画，正壁内容为十大明王图，东西两壁为佛传故事壁画。大殿东西各有正禅房两间。寺内现存《顺治重修》碑、《道光功德》碑、《光绪重修》碑三通碑刻，记载着该寺修建过程。

2008年峰山寺被列为第五批省级文物保护单位。

峰山寺（东侧）

峰山寺（西侧面）

峰山寺（山门）

峰山寺（牌匾）

峰山寺（山门前广场）

峰山寺山门东侧立面

43 南留庄泰山庙

Temple of Mount Tai at Nanliuzhuang Village

级　别	省级
年　代	明
地　址	蔚县南留庄镇南留庄村堡东门外
看　点	建筑类型、组群方式
其　他	免费参观

南留庄泰山庙俗称"送子娘娘庙"。建于明嘉靖年间，清乾隆五十七年（1792）重修。寺庙南面20米处有卷棚布瓦顶戏楼一座。庙院坐北朝南，坐落在一个高2.6米的砖砌台基上，四合院布局。

山门，硬山布瓦顶，面阔三间，进深一间，五架梁，前收一步廊，山门前设砖砌垂带踏跺。山门两侧建有悬山亭式钟鼓楼。后殿，硬山绿琉璃瓦顶，面阔三间，进深一间，五架梁，前出一步廊，明间设四扇六抹头隔扇门，次间设槛窗。后殿两侧各有耳房三间。东西配殿各三间，硬山布瓦顶建筑。庙内现存重修碑三通，记录了历次重修内容。还有数百年树龄"古板树"一株，枝繁叶茂。

2008年南留庄泰山庙被列为第五批省级文物保护单位。

泰山庙戏台（南侧）

泰山庙 1

泰山庙 2

泰山庙局部（西侧小门）

44 故城寺

Gucheng Temple

级　别	省级
年　代	明
地　址	蔚县宋家庄镇大固城村
看　点	大殿风格、建筑壁画
其　他	免费参观

故城寺大殿

故城寺位于蔚县宋家庄镇大固城村。建于明正德二年（1507），占地2365平方米。原建筑大部分被拆毁，仅存大殿一座。大殿坐北朝南，悬山布瓦顶，面阔三间，进深二间，通高8米。五架梁前后出单步廊，前檐明间置木板门两扇。笔者调查时，故城寺已被砖墙所围，正在修缮中。

殿内梁架用材硕大，具有典型明代早期建筑手法。脊檩下墨书题记："时大明国山西大同府蔚州东乡故城里故城寺德俊于正德贰年岁丁卯季秋吉立"，并记载了该寺住持僧人名字。

大殿东西山墙保存有完整的儒、释、道三教大水陆内容彩绘壁画，设色艳丽，技法精湛，人物形象逼真。绘画风格与怀安昭化寺大殿壁画相近，具有较高的历史、科学、艺术价值，是研究明代绘画艺术的珍贵资料。2008年，故城寺被列为第五批省级文物保护单位。

故城寺院门前广场

故城寺大殿梁架1

故城寺大殿梁架2

故城寺大殿壁画局部1

故城寺大殿壁画局部2

故城寺大殿壁画局部3

45 北方城真武庙

Temple of Zhenwu Emperor at Beifangcheng Village

级 别	省级
年 代	明
地 址	蔚县涌泉庄乡北方城村
看 点	建筑轴线、建筑组群
其 他	免费参观

北方城真武庙为明代建筑。建于北堡墙的正中，南与堡门相对。由山门、正殿组成。山门，硬山布瓦顶单间门楼，设板门两扇，两侧各有两间卷棚配房。站在真武庙前平台上南望，可俯瞰北方城全貌，城内建筑古朴规整，笔者调查时，这里正在进行整体的保护和修缮过程中。

真武殿和钟鼓楼均建在高5米的砖砌高台上，台基前设砖砌垂带踏跺，台阶东西两侧各有单坡顶正禅房2间。真武殿，硬山布瓦顶，面阔三间，进深一间，建筑面积26.32平方米。五架梁，前收一步廊。明间四扇隔扇门，次间设槛窗。殿内东西墙绘真武大帝身世壁画，北墙绘有神将，画面清晰，保存较好。钟鼓楼位于殿前东、西两侧，均为四柱悬山亭式建筑。

2008年，北方城真武庙被列为第五批省级文物保护单位。

真武庙大门

真武庙（台阶）

北方城内街道

北方城真武庙建筑群

北方城城门大门

真武庙台上大殿

北方城真武庙台上鼓亭

46 宋家庄穿心戏楼
Passageway Stage at Songjiazhuang Village

级　别	省级
年　代	明
地　址	蔚县宋家庄镇宋家庄村城堡内
看　点	建筑结构、建筑功能
其　他	免费参观

　　宋家庄穿心戏楼距南堡门北侧仅3米，在村堡的入口处。前卷棚后硬山勾连搭式，面阔三间，进深二间，卷棚四架梁上以柁峰承托月梁和脊檩，硬山部分为四檩双步梁对金造。

　　戏楼中部开一通道，宽2.20米，平时通车行人，

穿心戏楼

遇有演出盖上木板，即可封闭为舞台。明间檐下悬挂木匾，为清末贡生冯国华所书"观其声"三字。面南檐下悬木雕匾额，上书"屡庆年丰"四个楷书大字。檐下檩、垫、枋、阑额、普拍枋等构件遍做彩绘，并普遍采用沥粉贴金，工艺细腻，内容吉祥。

前台两山墙绘"绿牡丹""花碧莲捉猴""打金枝"等题材壁画。该戏楼为张家口地区保存较为完整的明代戏楼建筑，具有典型的地方和时代特征，为研究民间戏楼建筑提供了宝贵资料。2008年，宋家庄穿心戏楼被列为第五批省级文物保护单位。

穿心戏楼（北面）

穿心戏楼（过道）

穿心戏楼（南面）

穿心戏楼与堡门（远景）

穿心戏楼（牌匾）

47 卜北堡玉泉寺

Yuquan Temple at Bubeibu Village

级 别	省级
年 代	明
地 址	蔚县涌泉庄乡北堡村南一块台地上
看 点	建筑木构
其 他	现不对外开放

卜北堡玉泉寺建于明代。寺院坐北朝南，主要建筑由山门、天王殿、大雄宝殿和东西跨院组成，占地面积7475平方米。山门为硬山小式门楼。天王殿，硬山布瓦顶，面阔三间，进深二间，五架梁。古建筑规格等级较高，但目前保存状况不佳，建筑整体处于保护修缮过程中。

殿内塑四大天王和一尊接引佛。大雄宝殿，庑殿布瓦顶，前接卷棚抱厦，庑殿面阔三间，进深三间，五架梁。殿顶正脊两侧鸱吻吞口形制硕大，具有明代早期特征。卷棚抱厦，面阔三间，进深一间，四架梁上置柁墩承月梁、脊檩，顶置平椽，瓦顶天沟较浅，房坡略显延长。

殿内梁架遍施青绿雅五墨旋子彩绘，山墙彩绘大水陆壁画数组，每组人物前有童子执幡在前引领众神，整组壁画内容庞杂，以明代人物、服饰、发式为蓝本，以神话人物为题材，线描设色绘制，具有极高的艺术研究价值。2008年玉泉寺被列为第五批省级文物保护单位。

卜北堡大门

卜北堡玉泉寺天王殿遗迹

卜北堡玉泉寺遗迹

卜北堡玉泉寺大殿

卜北堡玉泉寺大殿壁画

卜北堡玉泉寺大殿梁架

卜北堡玉泉寺大殿梁架彩画

48 南留庄关帝庙

Temple of Guan Yu at Nanliuzhuang Village

级 别	省级
年 代	明
地 址	蔚县西北部的南留庄镇南留庄村城堡内西街正中
看 点	亭式钟鼓楼、建筑组群
其 他	免费参观

南留庄关帝庙建于明嘉靖年间，清嘉庆六年（1801）重修。坐西朝东，由山门、供亭、正殿组成。

山门，硬山布瓦顶，面阔三间5米，进深一间，内收一步廊，明间设六抹头隔扇门两扇，次间为看面墙。门前设垂带踏跺，两侧分别有石狮和旗杆，山门内两侧有四角攒尖亭式钟鼓楼。

供亭坐落在庙院中部，面阔一间，进深三间，卷棚歇山布瓦顶。前后各设四扇六抹头隔扇门，两山上做四抹头"如意透雕"格棂窗，下为槛墙。梁架油饰，檩、枋、额施和玺彩绘。

正殿，硬山布瓦顶，面阔三间，进深一间，前出廊，前檐两侧各加一柱做出歇山翼角，子角梁下设擎檐柱。殿内存有清代彩绘三国故事壁画，技法精美。正殿两侧各有卷棚顶禅房1间。2008年南留庄关帝庙被列为第五批省级文物保护单位。

南留庄关帝庙院内碑记和供亭

南留庄村关帝庙前街道

南留庄关帝庙前街建筑

南留庄关帝庙石狮子

南留庄关帝庙鼓亭

南留庄关帝庙山门

南留庄关帝庙钟亭

49 暖泉当铺

Pawnshop at Nuanquan Town

级　别	省级
年　代	不详
地　址	蔚县暖泉镇内煤市街
看　点	建筑平面
其　他	免费参观

暖泉当铺1

暖泉当铺2

　　暖泉当铺整体建筑平面呈"回"字形结构，硬山布瓦顶，台梁梁架，天井式布局。临街店面阔十间，长32.1米，宽18.2米，占地面积584.22平方米。檐下装修做工细致，有很高的艺术价值。其合围式的建筑形制，具有防御性的特点，具有一定的行业典型性。

　　位于主要街道的一侧、通往沙子坡老君观道路丁字路口的一端，是蔚县境内保存状况不太好的古代商业建筑，目前临时租作临街商铺之用。2008年暖泉当铺被列为第五批省级文物保护单位。

50 沙子坡老君观

Taoist Temple of Lord Laozi at Shazipo Village

级 别	省级
年 代	明
地 址	蔚县古镇暖泉沙子坡村沙土丘上
看 点	建筑选址、建筑组成
其 他	免费参观

沙子坡老君观位于蔚县暖泉镇北端的台地上，占地面积1933平方米，观院坐北朝南，所踞地势呈四级阶梯状，逐次升高。整组建筑由戏楼、山门、钟鼓楼、三清殿、真武殿、祖师殿、财神殿、文昌殿、窑神殿、元君殿及斋堂库房组成。是一组布局完整的道教建筑群。

戏楼位于山门正南，卷棚布瓦顶，面阔三间，进深二间。山门，五檩两步梁对金造，悬山布瓦顶，中柱设板门两扇，内侧檐柱间设木屏壁。山门内东南角和西南角分别为四柱悬山亭式钟鼓楼。三清殿，硬山布瓦顶，面宽三间，进深二间，殿内塑像道教"三清"，东、西两墙彩绘壁画"太上老君八十一化胡图"，北墙壁画为正一派南五祖和龙门派五祖画像。

壁画将道教起源与发展和中国古代史联系在一起，较为珍贵。前院东厢房祖师殿，西厢房财神殿，均为硬山布瓦顶，面阔三间，进深一间。真武殿，硬山布瓦顶，面宽三间，进深一间，五架梁，殿内塑"真武大帝"。东配殿为文昌殿，西配殿窑神殿，均为硬山布瓦顶，殿内均保存有早期壁画。古观后院有一株珍稀观赏树"什锦木"，俗称"十月红"。树高8米，树围直径0.5米，树冠面积40余平方米。2008年沙子坡老君观被列为第五批省级文物保护单位。

老君观山门

老君观牌匾

老君观配殿后墙

老君观戏台

51 苏官堡华严寺

Huayan Temple at Suguanbu Village

级　别	省级
年　代	明、清、民国均有修缮
地　址	蔚县下宫村苏官堡村村北
看　点	建筑结构、风格
其　他	免费参观

华严寺大殿

苏官堡华严寺建于明代。清代、民国均有重修，是蔚县南部一处规模较大的古建筑群。该寺坐北朝南，现存前、中、后三座大殿。三殿均为硬山布瓦顶，面阔三间，进深一间。

五架梁，前出一步廊。砖雕垂带墀头或兜肚式墀头，砖雕山花。柱头上出单拱，散斗横出异形拱，上承抱头梁，额枋下旋卷草雀替。殿内东、西墙均存有精美的壁画，内容或为"十殿阎君"，或为佛教故事，人物逼真、造型华贵、绘画精致。

三大殿建筑保存状况较差，均有不同程度的自然残损，2017年10月笔者调研时，古建筑群正在整修中。2008年苏官堡华严寺被列为第五批省级文物保护单位。

华严寺大殿和后殿

华严寺大殿砖雕

华严寺大殿山墙砖雕

华严寺山门

华严寺牌匾

52 西高庄玉皇庙
Temple of Jade Emperor at Xigaozhuang Village

级 别	省级
年 代	明
地 址	蔚县柏树乡西高庄村旧堡东门外
看 点	建筑结构、院落古松
其 他	免费参观

西高庄玉皇庙坐北朝南，主要建筑由戏楼、山门、玉皇庙和东、西配殿组成。该庙目前位于村堡的中心位置，道路交通较为方便，可自驾前往，平时不对外开放，周边建筑大多为现代建筑，也有古朴的堡寨建筑风格。

戏楼坐南朝北，面阔三间，进深二间，硬山卷棚布瓦顶，台口做小三面观。山门，硬山布瓦顶建筑，面阔一间，进深一间，设板门两扇。玉皇殿，悬山布瓦顶，面阔三间，进深二间，五架梁，脊檩下施一斗二升。东、西配殿各三间，单坡顶建筑。前后院各有古松一株。

玉皇庙整体建筑布局严谨，风格古朴，建筑中攀间的使用以及梁架的精美彩绘，具有典型的明代建筑特征，是明代北方地区民间建筑的宝贵实例，也为我们了解寨堡内部人民的传统生活方式和信仰提供了现实的空间。2008年西高庄玉皇庙被列为第五批省级文物保护单位。

西高庄玉皇庙大门

西高庄玉皇庙前戏楼

西高庄玉皇庙及庙前戏楼侧面

西高庄玉皇庙前院古松

西高庄玉皇庙山门门簪

阳原县

53 开阳堡

Kaiyangbu Village

级 别	省级
年 代	唐代建，部分建筑清同治年间重修
地 址	阳原县266乡道（近开阳村）
看 点	堡内街区布局、建筑风格
其 他	免费参观

开阳堡位于阳原县浮图讲乡开阳堡村，据史料载，开阳堡即战国时期赵国代郡之安阳邑。《史记赵世家》载，武灵王封长子章为代郡安阳君，属地即今开阳一带。另据《察哈尔通志》载，今开阳堡为唐代所建。因为安阳邑开阳原县村庄之先，故更名为开阳堡。

开阳堡平面呈方形，设南门，城台条石砌筑，中间开石券门，门上嵌"开阳堡"石匾。堡内街区保留着原有的"九宫街"布局，在西北角的乾方、西南角坤方、正南和正北方向的离方和坎方，仍能看到依照八卦图建造的痕迹。堡内现存南佛殿、老爷庙、观音庙、真武庙、阎王殿、奶奶庙、戏楼等多处古建筑，其中奶奶庙内存有精美的彩绘壁画和泥塑悬山，是明清彩绘壁画艺术精品。

玉皇阁是开阳堡保存较为完整的大木结构建筑，位于南城门上，面阔三间，进深三间，单檐庑殿绿琉璃瓦顶，七架梁，前檐内收一步廊，普拍枋上置坐斗，上施重昂五踩斗拱，其中明间平身科和角科均做成鸳鸯交首拱，并从中间坐斗出45度斜拱，平身科耍头雕成龙首，角科由昂雕成象头状，象鼻向上卷成如意云头形，造型独特，形制繁褥。玉皇阁于清同治年间重修，但在结构细部处理上保留了较多的早期建筑风格。

开阳堡交通方便，其村中虽还有人烟，但平日里仿佛是动物的天堂，看门的狗和牛等家禽牲畜在村里徜徉，整个村子像是凝固在历史的一瞬间，虽然布局完整，但不同时期不同风格的建筑沿路点缀，让人感觉是在岁月里穿行。南门外的空地草木茂盛开阔，远望使人胸襟开阔。2008年，开阳堡被列为第五批省级文物保护单位。

开阳堡全景

南门

南门城楼通道

南门城楼正面

南门城楼"开阳堡"石匾

堡内北部玉皇阁遗存

堡内中心建筑遗存

堡内北侧城墙

堡内民居

残存城墙和街道

堡内街道

堡墙防御性马面遗存

开阳堡四周夯土墙遗存

54 澍鹫寺塔

Pagoda in Shujiu Temple

级　别	省级
年　代	辽
地　址	阳原县白家泉乡窑儿沟西南鹫岭
看　点	建筑选址、佛塔造型
其　他	免费参观

　　澍鹫寺塔位于阳原县白家泉乡窑儿沟，因坐落在鹫岭而得名。据民国《天镇县志》记载，澍鹫寺始建于唐贞元年间（785—805），寺已毁，仅存澍鹫寺塔。可自驾通过石子路而至塔前，整个塔位于半山腰处，极目远眺可见远处缓缓坡地和居民建筑群，四周林密山幽，颇有宗教氛围的神秘幽静之感。

　　塔建于辽代，实心八角密檐式。下置须弥座三重，一层塔身较高，东南西北四正面辟拱形壶门佛龛，其他四面设拱形盲窗。壶门、盲窗之上雕花饰，花饰中间为一尊力士像,力士两腿交叉盘膝而坐,两肘微架,两手挂于膝上,胸肌发达,形象逼真。一层阑额上叠涩两层平砖,再上用双层仰莲座叠涩出檐,其上二、三级密檐收分明显。密檐以上为巨大覆钵承五重相轮,顶置宝瓶状塔刹,形制特殊。

澍鹫寺塔须弥座、密檐塔身逐层收分,造型稳重;塔身遍布砖雕花饰,做工精美。覆钵形制与房山云居寺辽代罗汉塔类似,而相轮呈八边形,构造为叠涩式,是一座造型独特的辽代佛塔,具有重要研究价值。1993年澍鹫寺塔被列为第三批省级文物保护单位。

全景

正立面

配套建筑

塔顶局部

塔身局部

塔基局部

55 阳原玉皇阁
Jade Emperor Tower

级　别	省级
年　代	明
地　址	阳原县东城镇
看　点	建筑木构、建筑造型
其　他	免费参观

阳原玉皇阁建于明嘉靖四十一年（1562），清咸丰七年（1857）焚毁，同治十年（1871）修复。整个建筑位于镇上的主要街道旁。

玉皇阁，高台楼台式建筑。坐北朝南，砖砌台基长 19.5 米，宽 16 米，高 7 米，占地 312 平方米。台下设拱券门洞南北相通，门洞上嵌有石刻匾额，上书"永安"二字。台基上四周砌女儿墙，台上南部东西建有钟鼓二楼，女儿墙正南设一拱券式小门，称"南天门"。玉皇阁外观三层，内为两层，高约 13 米，

玉皇阁全景

玉皇阁侧面

歇山琉璃瓦顶，面阔五间，进深四间，外设回廊。

玉皇阁一层檐下不施斗拱，二层檐下施重昂五踩斗拱，三层檐下施重昂七踩斗拱。三层檐下东、西、南三面均有匾额，东为"紫气东来"，南为"得一以清"，西为"天开文运"。建筑整体造型层层收分，高峻挺拔，是阳原县内保存最为完好的一处明清大木结构建筑。1993年阳原玉皇阁被列为第三批省级文物保护单位。

玉皇阁局部

匾额2

匾额1

匾额3

56 竹林寺遗址

Site of Zhulin Temple

级别	省级
年代	明
地址	阳原县东城镇水峪口村北青元山
看点	建筑遗迹、窑式殿堂
其他	免费参观

竹林寺遗址整组建筑坐北朝南。据《阳原县志》载，该寺始建于明万历四年（1576），是一座以道教为主的三教合一寺庙。寺内一层殿堂均为拱券窑式殿，二层为砖木结构建筑，多为硬山顶，少量歇山顶或亭式建筑。该寺1970年被拆毁，现存部分一层建筑及建筑基址。

现存建筑有山门、东西角门、过殿、东侧住持房、东账房、火灵车宫殿、岳王殿、药王殿、大净持、三圣母殿、关帝殿、二郎殿、释迦牟尼殿、十八罗汉殿、三官殿、泰山圣母殿、火神殿、马王殿、牛王殿、后坡门等。建筑基址有关圣帝庙、五岳帝君殿、吕祖殿、财神殿、龙王殿、地藏王菩萨殿等。

竹林寺曾是阳原县历史上最具影响的宗教建筑之一，是研究明清寺庙建筑的宝贵资料。寺位于阳原玉皇阁约5公里远的山腰处，交通不便，需徒步才可登临。2008年竹林寺遗址被列为第五批省级文物保护单位。

殿内壁画

遗址全景

遗址1

遗址2

院落1

院落2

遗址塑像

怀安县

57 昭化寺
Zhaohua Temple

级 别	国家级
年 代	明
地 址	怀安县怀安城镇
看 点	平面构成、大殿壁画、建筑风格
其 他	免费参观

昭化寺始建于明洪武二十五年（1392），原名永庆禅寺，后寺毁，明正统元年（1436）开始修复，历时八年完成，明英宗赐寺名"昭化寺"。寺院规格很高。不仅说明了当时朝廷对佛、道、儒文化的重视，也说明了怀安卫在当时的重要战略地位。后历代屡有维修，现存主要建筑均为明代所修。古迹暂时并不对外开放。

该寺坐北朝南，占地面积3600余平方米，由山门、天王殿、大雄宝殿、后殿及东、西配殿组成，系按汉式"伽蓝七堂"式建造。山门面阔三间，进深一间，单檐庑殿顶。天王殿面阔三间，进深一间，单檐歇山顶。后殿又称三大士殿，面阔三间，进深一间，布瓦悬山顶。

大雄宝殿为寺内主体建筑，面阔五间，进深三间，单檐歇山琉璃瓦顶，其平面上并用减柱造、移柱造，纵向构架采用大额式；横向梁架为平梁对前后乳栿，檐部用五踩斗拱。大雄宝殿内东西两壁现存明代嘉庆四十一年（1562）由画师任朝相所绘水陆壁画47幅，人物达500多个，属工笔重彩人物画。壁画面积约93平方米，壁画上存有楷书题记"时大明嘉靖四十一年岁在壬戌冬十月初十日吉时谨志，画工匠人任朝相"。该壁画人物比例匀称，条线流畅秀丽，虚实有度，是河北省明代壁画中的珍品，具有较高的艺术价值，是研究我国宗教、艺术、民俗、服饰等方面的珍贵资料。

昭化寺的建筑具有明显的明代建筑特征，在采用官式作法的同时，也兼容了地方手法，为研究中国古代建筑的演变提供了重要的实例。2001年昭化寺被列为第五批全国重点文物保护单位。

山门及院落

院落

三大士殿

三大士殿背面

大雄宝殿飞檐

大雄宝殿转角斗拱

大雄宝殿隔扇门

大雄宝殿

东侧配殿

怀来县

58 横岭城及明昌镇长城遗址怀来段

Henglingcheng Fortress and Huailai section of the site of Changzhen Great Wall of the Ming Dynasty

级 别	省级
年 代	明
地 址	怀来大山口乡横岭城村
看 点	建筑环境、建筑结构
其 他	免费参观

长城分布于董庄子乡、大山口乡、横岭乡、外井沟乡，基本呈东北—西南走向，属昌镇横岭路管辖。长城现在位于怀来县县境东南部，其东北由北京延庆石峡村西北入怀来界，沿两县交界西行约 1.5 公里后，转西南—东走向，经陈家堡村东的上堡村、下堡村，东南行至黄台子村东约 3 公里的大黑沟。长城离开两县交界转东北—西南走向，至黄台子村复沿两县交界西南行约 2.5 公里抵黄楼洼，又离开两县交界，呈东南—西北走向至辛房村东南，又转东北—西南走向，曲折蜿蜒至房安峪村北，呈东—西—西北走向，

横岭城城楼

经海拔 1288 米的牛金山北路转西行，抵板达峪村南的公路东侧，长城过公路，西北行至大营盘村折向南，经海拔 1330 米的大营盘南山、庙岗村东、横岭西沟、水头村东南，又沿怀来与北京门头沟交界西南行，至水头村西南的广陀山挂枝庵元城岭。由此向西南至北京门头沟沿河城，以山为险未筑墙。

怀来境内长城全长约 54 公里，长城墙体为石砌砖砌两种结构，石砌墙，宽 1.3～3 米，残高 1～2 米，部分墙体白灰勾缝。砖石墙，底宽约 5 米，顶宽约 4 米，高 5 米，条石砌基，两侧包砌块砖白灰勾缝，内为三合土墙心，方砖墁顶。顶部以青砖砌出垛口墙、宇墙，墙上设射孔、瞭望孔和排水孔，墙体上开宽 0.7 米、高 1.8 米的拱形门洞和上下台阶。空心敌台、墙台、烽火台约 156 座，平面呈长方形、方形、圆形，现存较好者仅三座，砖石结构，底层与墙体顶面砌平，南北墙各开一石拱券门，两侧各一箭窗；东西墙各有三箭窗或六箭窗，中层为三个并列长方形券室，无回廊，有石阶通过天井到台顶。台顶垛口墙多被拆毁。墙台、烽火台，长宽约 5～8 米，高 2～8 米，块石垒砌，长城沿线，有横岭城、镇边城、元城岭等城址和水门遗址。现为省级文物保护单位。

横岭城遗址位于横岭乡横岭村，为昌镇横岭路路城。明弘治十八年（1505）、正德八年（1513）两次修建。城址平面呈不规则长方形，东西长约 800 米，南北宽约 600 米，墙体料石砌筑限高 1～4 米，宽 5 米，东、西、北三面辟门均是水旱两门，宽约 2～3.5 米，高约 2～4 米，坍塌破坏严重。

横岭城遗址

明长城遗址1（横岭城附近）

明长城遗址2（横岭城附近）

59 镇边城

Zhenbian Ancient City

级　别	省级
年　代	明
地　址	怀来大山口乡镇边城村
看　点	城墙及街道、城内建筑
其　他	免费参观

镇边城建于明万历年间，是一座镇守边防的军事小城。镇边城西南是巍峨秀挺的笔架山，笔架山最高峰1445米。山北属怀来，山南就是北京，可见当年镇戍边城扼守京畿的重要性。

明成祖迁都北京后，京西北因靠近蒙古各部，常常遭到侵扰。镇边城建立之前，许多西北—东南方向的峡谷是游牧民族南下进攻中原的主要通道。明代在这些峡谷中修建了大量的防御设施，层叠不穷的山峦上，堡垒、关城、烽火台、边墙错综复杂，烽火台更是一直穿山而出，直达官厅水库附近的怀来盆地。

镇边城位于怀来大山口乡镇边城村军都山脉的一山谷中，海拔840米，距内三关边墙不足10公里。该城除东城墙较为平直外，其余三面城墙依西山地形呈不规则状。原墙体底宽4米，顶宽2.5米，高4.5米，周长1732米，全部用三面过凿石砌成。

镇边城城墙由大块坚固的山石砌成，围城坚固，城高4.2米（现高3米），为一石头城。为迁就地形，东部城墙北偏西18度。城开东、南、北三门，三个城门都是对扇木门，南北城门原都有瓮城。北门内侧门券尚在，南门已经消失，仅存三棵树龄超过500年的古松古槐。东城中间有一座5米宽的砖拱城门，城门上方有一匾额上书"镇边城"三个大字。

城门1

城门2

镇边城内无论街巷，还是胡同道路均是就地取材，用石头铺就。房屋原来基本是四合院，大部分为石头砌成，只有在特别显眼的地方或需要修饰的地方才用青砖砌成。城内原有钟鼓楼2座，与连通城门的3条大街衔接，俗称"三街六巷七十二胡同"，城里分布着众多的庙宇、戏台和深达120米的古井。这里生活着300多户明初移民的后裔。"文革"期间原城门、瓮城、庙宇、鼓楼和部分墙体多被损毁。现仅存村委会前戏楼和东边村道边上镇边城城门和城墙，登临城墙可远望笔架山，而镇边城是现代野外旅游攀爬笔架山的前站。

城内民居1

城内民居2

城内民居3

城墙1

城墙 2

城内戏台

城内石板路

60 鸡鸣驿城
Jiming Post

级别	国家级
年代	明
地址	河北省怀来县鸡鸣驿村（110国道边）
看点	街道分布、建筑类型、博物馆
其他	购票参观

鸡鸣驿城位于怀来县鸡鸣驿乡，因位于鸡鸣山下而得名。鸡鸣驿城历史上是宣化府进京的第一驿站，元代就开始在这里设驿站。明永乐十八年（1420）为传递西北军情信息，特别是明朝廷对蒙古作战需要，在此建驿、筑堡，成化十八年（1483）建土垣，隆庆四年（1571）外做包砖。

明代城内设有防守指挥署，属万全都指挥司。清代以后，鸡鸣驿结束了军驿性质，改隶宣化县，单设驿承署，并一直沿用到清光绪二十八年（1902）。鸡鸣驿城墙高8~12米，底宽8~11米，上宽3~5米，顶部设垛口、女墙及排水设施。全城周长1891余米，城内总面积约22万平方米。城设东、西两门，上设门楼，门外各设挡水墙。

四面城墙上分布有4座角台、26个墩台。古驿道由南城墙外径行，沿古驿道分布有多处传递军情的烟墩。城墙上分布有玉皇阁、寿星庙、魁星楼等建筑遗址。城内靠城墙有5米宽的环城道路和5处登城马道。城内有原南北走向街道2条、东西走向街道3条，城内还分布有驿馆、驿学、驿仓、杠房、驿丞署、指挥署商铺及关帝庙、财神庙、城隍庙、龙神庙、普渡寺、白衣观音殿、文昌宫、泰山庙（行宫）等多处古建筑，它们均为硬山布瓦顶的小式，多数寺庙建筑内保存有壁画和碑刻。

鸡鸣驿城是我国保存较为完整、规模最大的古代驿站，也是全国重点文物保护单位，入选世界百个濒危文化遗址。鸡鸣驿城交通便利，位于公路旁边，便于观览，城内仍有居民，但因许多房屋久无人居而显破败，城墙可以登临，并能绕城一周，便于远望塞外景色和城内居住情况。在城内东门附近有博物馆，系统介绍鸡鸣驿发展历史、城内遗迹和古代驿站文化，展出相关古物。

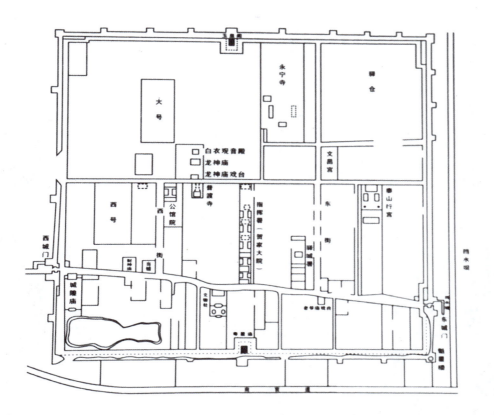

平面图

鸡鸣驿城内全景

城楼1

城门

城楼2

城门(西门)

城门(东门)

城门楼和角楼

城墙1

张家口市

城墙 2

城墙 3

角楼城墙

城内胡同

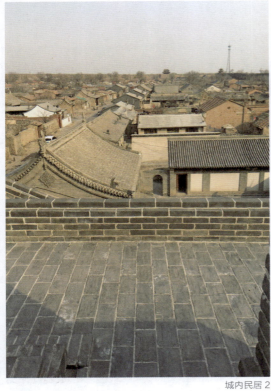

城内民居 1

城内民居 2　　　　　　　　　　　城内民居 3

文庙山门　　　　　　　　　　　　文庙院内

泰山庙（行宫）1　　　　　　　　泰山庙（行宫）2

指挥署

城内指挥署照壁

城内驿站雕塑

戏台

驿丞署

龙神庙大殿

龙神庙壁画

龙神庙庙门

赤城县

61 滴水崖石窟

Grottoes at Dishuiya Cliff

级 别	省级
年 代	明
地 址	张家口赤城县后城镇北
看 点	摩崖石刻、石窟、寺观建筑
其 他	购票参观

滴水崖位于赤城县后城镇北，又名碧落崖。山崖坐北朝南，东西长约1公里，有朝阳观、千佛洞两处石窟和大字摩崖石刻一处，是现存规模较大的明代石窟石刻群。

朝阳观位于滴水崖西端，开凿于明嘉靖三十年（1551），竣工于嘉靖三十六年（1557）。因地势高峻，最先迎接每日朝阳，故取名朝阳观。现存石窟均为方形，多为面阔4~6米，进深3~5米，高2~3米的中型窟。各窟外建木结构瓦顶飞檐。计有大雄宝殿、泰山殿、三官殿、三教殿、水母宫、文昌阁、三皇殿、三清殿、真武殿、观音殿等十殿阁与长春洞、八卦亭等建筑，是一处三教合一的寺观。

千佛洞位于滴水崖东端，平面为方形，进深5米，面宽6米，高3.8米，窟外原设有木构窟檐，现已毁。窟内正壁凿坐像7尊，立像3尊，左右壁外端各凿天王像1尊。其余三壁雕凿千佛像1200余尊。

大字摩崖石刻位于大雄宝殿石窟外，摩崖石刻似楹联位于石窟两侧与上方。两幅竖式石刻右为"关外名山"，左为"壁立万仞"；中间横联"维塞奇观"，字径达2.5米。笔力苍劲，柔中见刚。1993年，滴水崖石窟被列为第三批省级文物保护单位。

滴水崖远景

滴水崖山腰道路

石窟外景1

石窟远景

石窟外景2

石窟外景3

石窟外景 4

石窟外景 5

石窟外景 6

石窟入口

石窟内走廊

石窟内塑像 1

石窟内塑像 2

石窟空间及塑像

石窟内塑像 3

62 朝阳洞塔

Pagoda at Chaoyang Cave

级　别	省级
年　代	明
地　址	赤城县雕鹗乡艾家沟
看　点	佛塔造型、内部构造
其　他	免费参观

朝阳洞位于河北省张家口市赤城县雕鹗乡黎家堡村南 8 公里的艾家沟中。在山沟中部北风向阳的北坡鬼见愁的山崖下石窟中建有庙宇。朝阳洞庙和塔，始建于明弘治十年（1497），清乾隆三十四年（1769）、咸丰元年（1851）重修。根据碑记，原建有玉皇阁、龙王堂、三官庙和观音寺。现业已为残垣，仅留存砖塔一座和部分石碑。

在石窟庙宇前原建有砖塔二座，现存一座，无塔铭，建筑年代无考，大体时间在清代中期。该塔毁坏严重，塔刹已毁，西北面的下侧部被撬开了天窗；东面的下部的砖已经倒塌，此塔已经是岌岌可危。朝阳洞塔为砖石结构的喇嘛塔，通高约13米。塔基呈六边形，用石条砌成。塔基上为叠涩束腰座。此塔为河北省重点保护文物单位。此塔所处群山环绕的半山腰中，交通不便，四周宁静仅存风吹草木和牛羊放牧的声音。

塔身与环境

塔身全景

碑记遗物

塔身细部

63 赤城鼓楼

Drum Tower

级 别	省级
年 代	明
地 址	河北张家口赤城县城内中轴线上
看 点	建筑结构、风格
其 他	购票参观

赤城鼓楼始建于明正德四年（1509），清代重修。砖木结构，总高16.4米，墩台高6.9米，底南北长13.4米，东西长16米，占地面积215平方米。墩台中央南北向开高大的拱形门洞，正面门额刻"寅明"，阴面门刻"控驭"，墩台背面的两侧辟拱券形门道，拾阶而上直达楼台。墩上四周环以1.1米高的女儿墙。

楼体面阔五间，进深三间，属重檐歇山顶回廊式建筑，斗拱为重昂五铺作，其造型有别于一般明代建筑。楼内两侧设木质阶梯可上顶楼。顶楼四面曾悬挂"霞城萃秀""天开文远运""壮观""超然"等多块金字大匾，尤以邑人饶克永所书的"文光射斗"最有影响，这使巍然矗立的鼓楼更加庄严肃穆，但如今大都无存，笔者调查时，鼓楼正在整修之中，位于整个古城的中轴线的中心位置，周围街区和商铺正在整理。

远景

鼓楼 3

张家口市

鼓楼 1

鼓楼 2

局部 1

局部 2

局部 3

64 重光塔

Chongguang Pagoda

级　别	省级
年　代	明
地　址	赤城县龙关镇城内
看　点	佛塔造型、建筑结构
其　他	免费参观

　　据《龙关县志》载："县城内坎方旧普济寺遗址，有塔七级耸立院中，名曰重光，考之志，所载系唐代遗址，元蒙兵兴蹢墟，明正统中，名将杨洪收复塞北山河重光，就其遗址奏请帑银兴工修复之，又命曰重光"。

　　重光塔建于明正统十一年（1446）。明万历名将杨洪收复塞北山河后，重修该塔，取光复之意，改名重光塔。为八角五层、重檐楼阁式砖塔，通高33.67米，占地面积126平方米。一、三、五层为南北向，二、四层为东西向。塔基边长5.5米，塔座用六层石条砌成，高2.1米，南北对称，有石阶直通塔门，塔各层皆辟拱形门2个，其余各面雕直棂盲窗，四、五层各设26个瞭望孔，第五层南门上镶嵌"大明敕赐重光宝塔"石匾。塔檐下砖雕仿木结构，雕出重拱重翘五踩斗拱，令拱插出一单昂，上用齐心斗，不做要头，角科做成抹斜拱。各层檐上出平座，以三踩斗拱承托。斗拱雕饰技精料实，逼真美观。塔刹为铁质覆钵式，四面辟壶门，内供佛像，刹顶覆莲瓣，上承宝珠。塔身逐层高度递减，收分明显，造型挺拔高峻，沉稳庄重，气势宏伟。

　　塔心为砖砌八棱通天柱，柱面彩绘壁画，柱四周回廊环绕，回廊宽1.5米，每层砌台阶可盘旋而上。向外可凭塔门、瞭望孔眺望，四面景物一览无余。此塔是塞外唯一的军事性古塔。

塔身

塔身局部 1

塔身局部 3

塔身局部 2

塔身局部 4

65 长春沟塔群
Pagodas at Changchungou Gully

级 别	省级
年 代	明
地 址	赤城县大海陀乡施家村
看 点	佛塔类型、建筑环境
其 他	免费参观

长春沟塔群现存古塔 6 座。寺院遗址还有明正德年间和明万历年间重修宝山寺碑和长春庙碑。大海陀乡为自然保护区，空气清新，植物茂盛，人烟稀少，深山藏古寺在这里得到了深刻的印证。

1 号塔建在长春庙（原名胜海寺，始建于明正德年间）前的孤峰上。高高的须弥座承托着硕大的覆钵，底座平面为正方形，边长 1.08 米，须弥座高 1.26 米，覆钵残高 0.95 米。

2 号塔在北长春沟的宝山寺（俗称北寺）长春沟

塔群庙址前，四周群山环抱，松林掩隐。其建筑构造为密檐楼阁式砖石结构。塔基平面为六边形，周长7.2米，塔体通高8米，其中须弥座高3.6米，覆钵高度为1.8米，塔顶高度1.8米。须弥座束腰处嵌饰17块精美砖雕图案，主要内容为"海马朝云""芝牛望月"和"释迦佛坐像"；覆钵与须弥座之间装饰仰莲一周，共66瓣。覆钵上顶带相轮13层并承托塔刹。

3~5号塔在长春庙背后的小南沟东坡上，大小、结构相同，呈三角形分布，相距约7米，砖石结构，属喇嘛塔，在装饰风格上很有特点。塔基呈八角形，以石条砌成；须弥座高0.72米，上饰覆莲一层，仰莲两层；仰、覆莲之间用叠圈隔开，承托着1.2米高的瘦型覆钵；前面开拱龛，内嵌塔铭。

后塔题为"严圆庄菽胜海堂上师祖上本下然慧口公和尚觉灵塔，光绪元年建塔"。前二塔左为"严圆庄菽恩师上法下喜亮公觉灵塔，同治十三年孟春日启建"；右为"严圆庄菽恩师上，净，下，喜智公觉灵塔，同治十三年孟春日启建"。其相轮与众不同，七重巨大相轮（其中一座为五重）高1.7米，造型粗犷，收分圆和，几乎占据了整个塔身的一半比例。顶部仅有0.2米的圆形小宝盖。

山门

大殿

1号塔

2号塔

2号塔身局部

3号塔身局部

4号塔

3号、4号双塔

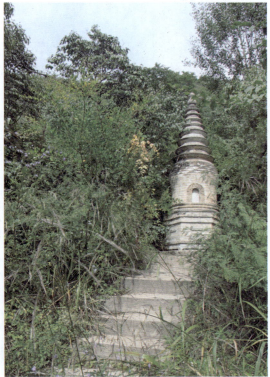

5号塔

66 龙门崖摩崖石刻

Cliffside carvings at Longmenya Cliff

级　别	省级
年　代	明
地　址	赤城县云州村北
看　点	摩崖石刻、辽代浮雕
其　他	免费参观

龙门崖又称"舍身崖"，这里双峰对峙，水流湍急，有"绝塞天险"之称。石刻在陡壁上，原有辽代摩崖造像和明代题记50余处，因20世纪60年代末修筑云州水库大坝，大部分石刻被埋，今可见20余幅。地理位置并不是很好找，可以从水库大坝的路上沿台阶而下，摩崖石刻已开辟为免费游览观赏区域。

辽代浮雕舍身大士像，高近4米，造像头戴花蔓冠，上身斜束一巾，下着裙，结跏趺坐于莲花座上。其服饰、工艺等具有唐代遗风。像旁有"燕京""望云县"等辽代地名，是辽代石刻中较优秀的作品。其他石刻分为匾额形、竖式方首碑形、竖式圆首碣形和巨型条幅状几种形制。内容有"壁立千云""三路咽喉""龙门崖""舍身大士""龙门崖联句""右参将都督杨洪重新修葺""都指挥众事詹冕重建""武翠都指挥蔚筵祁勤重修""都指挥金事袁世械""荫平衔指挥众事隆瀇重修""麻氏三辈刻石"等。其中巨型条幅"朔方屏障"最为壮观，上款"万历十四年四月在丙戌夏四月之吉"，下款"巡按直隶监察御史滇榆孙愈贤题"，中间"朔方屏障"四字，字径达4米。

龙门崖石刻以明代石刻为主，另有4幅清顺治、康熙、乾隆朝石刻。作者均为戍守边关的将军或巡阅边塞的朝廷大员，具有较高的艺术欣赏价值和历史研究价值。1993年龙门崖摩崖石刻被列为第三批省级文物保护单位。

摩崖全景

摩崖石刻字体

石刻观音像龛檐

石刻观音像

67 灵真观遗址

Site of Lingzhen Taoist Temple

级　别	省级
年　代	元
地　址	赤城县云州乡观门口村西
看　点	建筑构件、建筑环境
其　他	免费参观／现为保护区

灵真观为全真教大宗师邱处机的四弟子祁志诚所建。南宋淳祐十年（1250），朝廷赐名崇真观，正统年间赐名"灵真观"。该遗址曾被开发过，现已被废弃，不对外开放，为森林保护区。山上杂草丛生，树木茂密，但山形水势和巨松成群，依然凸显遗迹的神秘氛围。散落在草丛和树林中的石质巨型构件显示着当年建筑群的恢宏。

灵真观坐西面东，原有三进院落，山门、前殿、中殿、后殿等建筑，现仅存建筑基址。长春洞凿于观两侧的岩壁上，宽4米，深6米，元初时建，内原有邱处机石像，像旁刻全真教传承世系牌位。洞外顶额并排阳刻"长春洞""了真处"6个大字。祁志诚墓在山门处东偏北，坐东面西，与长春洞相对。

墓前的《祁真人道行》碑高3.8米，宽1.3米，记述了祁志诚一生事迹，由此可窥金、元之际全真教活动情况，是十分重要的道教遗存。1993年灵真观遗址被列为第三批省级文物保护单位。

山门遗址

长春洞

长春洞局部

建筑构件遗存 3

建筑构件遗存 1

建筑构件遗存 2

碑记遗存

68 杨洪墓

Yang Hong's tomb

级　别	省级
年　代	明
地　址	赤城县杨家坟村西
看　点	建筑环境、建筑造型
其　他	免费参观

杨洪墓位于赤城县南8公里杨家坟村西,南临白河,背靠寨顶山,面积达2万平方米,背山面水位置卓越,现场感觉空旷辽阔景色宜人。该墓始建于明永乐十六年(1418),历代沿用,一直到民国年间仍有香火。墓地现存5座坟丘,东西排列,墓南设东西两路神道,东为杨洪墓神道,西为杨母墓神道,除规模略小外,形制大体相同。神道南端入口处蹲踞石吼,向北依次为石望柱、牌坊以及石狮、石猪、石羊、石马、文臣武将等石像生。

杨洪墓为圆形顶,直径6米,墓壁用条石砌成,檐下砖雕斗拱,南设拱券门,入券门向下可入墓室。墓前有生前好友巡抚大同、宣府都察院都御史王越、叶盛撰文书丹的汉白玉质《御赠颍国谥武襄杨公神道》碑,记载了杨洪生平功绩。据《明史》载,杨洪一门三侯伯,父子兄弟侄男外甥皆佩将军印,堪称将门

杨洪墓全景

杨洪墓近景

杨洪墓

墓碑

杨洪墓碑文

英豪。

　　杨洪，明代永乐至正统年间戍边，一生戎马数十年，经历了明成祖北征等北方重大战事，大小百余战，无不所向披靡。北方诸部族畏之如虎，尊其为"杨王"。正统十三年（1448）秋，杨洪挂镇朔将军印、充总兵官，镇守宣府。正统十四年（1449），"土木之变"后京城保卫战，杨洪率精兵两万大破敌阵。论功进为昌平侯，兼掌左军都督府事。景泰二年（1451），以70岁高龄重掌镇朔将军印，统兵复镇宣府。是年冬，病逝于京师，朝廷追赠"颍国公"，谥"武襄"。1993年，杨洪墓被列为第三批省级文物保护单位。

细部

69 瑞云寺塔
Pagoda in Ruiyun Temple

级　别	省级
年　代	辽
地　址	赤城县温泉旅游区
看　点	仿木构、砖雕
其　他	免费参观

　　瑞云寺塔位于瑞云寺遗址东赤城县温泉旅游区元泉宾馆后花园内，该地温泉是附近颇有盛名的温泉疗养之地。瑞云寺塔是昔日瑞云寺高僧的墓冢塔。该塔砖砌六角七层密檐式，通高11米，塔基边长22米，占地面积16平方米，原为须弥座，座上有仰莲三重承托塔身，一层塔身较高，六隅做七重密檐式塔形倚柱，阑额下浮雕硕大的倒悬如意云头，正面辟拱形壸门，门作四抹头，裙板饰盘肠如意纹，绦环板做方胜纹，上为球纹棂窗，其他各面做砖雕盲窗，饰以卍字拐子、

塔身1

塔身2

塔身砖雕局部

塔身局部

塔檐局部

三交六椀、球纹等窗棂，各不雷同，雕饰精美。

檐下仿木砖雕斗拱，一层为重拱重昂五踩斗拱，以上六层均为单拱单昂三踩斗拱。檐上叠涩收顶，塔刹为一蓬盛开的仰莲。该塔的独到之处是六面塔身和塔檐向内、向下两个方向均呈弧形，造型秀丽挺拔，其形制具有明代早期佛塔建筑特点，并继承了金、元两代佛塔建筑的某些风格，具有一定的典型性。其虽为明代建筑，但具有辽代风格特点。2008年，瑞云寺塔被列为第五批省级文物保护单位。

70 独石口城
Dushikou City

级别	省级
年代	明
地址	赤城县北部
看点	城内规划、城墙遗迹
其他	免费参观

独石口位于赤城县北部，是宣镇北路长城出塞的重要关口。独石口城位于关口南5公里处，因城南有一特大孤石，城北是长城隘口，故称独石口城。元末明初就以"九边之要冲"驰名天下。明代为宣镇开平卫城和上北路路城，设参将，统领两万余军队驻守。

据《北中三路志》载"城筑于宣德五年，万历十年始砖包之。墙周六里一十三步，城楼四，角楼四，铺八，门三，东曰常胜，西曰常宁，南曰永安。"城坐北朝南，城池北墙长、南墙短，平面为梯形。四面城墙基本完整，现存西北、西南、东南三座角台，南城墙最为完好，残高10米，城墙外侧包砖大部分存在，建有马面2座。南城门和瓮城于早年修公路时被拆毁，尚存瓮城券洞和城墙遗迹。东城墙现仅存夯土残墙，接近东北角处保存一段夯土包石墙。北城墙及马面轮廓清晰，角台完整。

独石口自古为兵家必争之地。明正统年间吏部右侍郎叶盛曾言："今日之事边关为急，往者独石、马营不弃，则六师何以陷土木？"兵部尚书于谦也言："独石诸城外为边境藩篱，内为京师屏蔽，尺寸进退，安危所系！"1933年秋，爱国名将吉鸿昌、方振武率领抗日同盟军转战来到独石口坚持长城抗战，留下了"抗日难遇沧海水，救亡必过独石关"的名句和《驱寇安边》碑。

战略要地独石口经历了数次战争的洗礼，现为村落聚集地，有主要的公路在一旁经过，现存的石头城墙已有不同程度的残损，但仍然较好地保存了历史风貌，为一处风景优美的历史文化遗迹。2008年，独石口城被列为第五批省级文物保护单位。

全景

独石口城墙 1

独石口城墙 3

独石口城墙 2

局部 1

局部2

局部3

71 护国寺石窟
Grottoes in Huguo Temple

级　别	省级
年　代	明
地　址	赤城县云州村东北的山崖下
看　点	建筑群布局、石窟
其　他	免费参观

　　护国寺石窟位于赤城县云州村东北的山崖下，云州水库、舍身崖东麓。有碑记曰："寺隐巘岩，路通大道，控扼羌胡，屏蔽神京……"故名护国寺。是龙门崖东麓的一座窟庙相连的寺院。建于明成化年间，明万历四十二年（1614）、清康熙四十八年（1709）重修。石窟开凿于山崖半壁上，分外窟与内窟二层。

　　外窟高6米、宽13米、深4.5米，呈半圆形；内窟位于外窟中间部位，向里开凿成洞窟，面宽3.2米，进深3.65米，高2.8米，洞窟门面上刻莲花和卷草纹饰图案，后壁凿刻佛像背光图案。

　　洞门外的石壁上摩崖凿刻东方三圣佛像，左为月光佛像，右为日光佛像，中间为药师佛像，像高均2.62米。佛像刻画细腻，线条流畅，形态自然，其风格与龙门崖摩崖石刻辽代舍身大士像相仿。窟前建有木结构单坡顶檐廊，廊宽2.73米，进深1.8米。寺内现存明万历四十二年《重修护国寺记》碑和清康熙四十八年《护国寺重修碑记》两通。

　　站在观音殿前，向前看，东面青龙山，西面白虎山，双峰对峙，林木葱茏，左青龙右白虎，护国寺正坐落在神龟山下，诚如《重修护国寺碑记》所云："山峦叠翠，诚称胜境"。2008年，护国寺石窟被列为第五批省级文物保护单位。

全景

护国寺石窟

石窟西侧佛像

石窟外景

石窟西侧碑记

石窟内景

涿鹿县

72 镇水塔

Water-pacifying Pagoda

级　别	省级
年　代	辽
地　址	涿鹿县张家河村四面环山的高地之上
看　点	辽塔风格
其　他	免费参观

镇水塔平面呈八角形，仿木结构密檐实心砖塔，现高7层，约15米，塔基下部埋于土中，首层塔身四面设假门，余面设盲窗，檐下施五铺作双杪斗栱，制作精致。以上各层檐均施四铺作砖雕斗栱，各层椽飞亦如实做出。镇水塔是重要的辽代建筑遗存。

通往镇水塔的山区道路艰难曲折，其中一段路线需要路过桑干河流经之地，因河流经常断流、灌溉，以及附近开采矿石原因，干涸的河床成为卡车的主要路线。经过卡车碾压的河床较为平整，可以驱车通行。

同时，由于当地经济发展较为落后，村与村之间道路一直不能通车，有一段被迫要走临时的破烂山路，窄的地方仅容单车通过，脚下乱石密布，有的地方呈台阶状或是大石坎、深坑，非越野车无法通行。自驾距离最近处约有4公里山路需步行，去往镇水塔的一路全是破败土房，在此长期生存，需要掌握农耕民族的生存智慧，具备坚韧的毅力。

镇水塔全景

镇水塔正面

镇水塔周边环境

73 涿鹿鼓楼

Drum Tower

级　别	省级
年　代	明
地　址	张家口涿鹿县城内
看　点	十字券门洞、楼阁式
其　他	免费参观

涿鹿鼓楼位于涿鹿县城内，始建于明永乐十三年（1415），崇祯十六年（1643）失火烧毁，是年重建并塑文昌像于其上，故又称"文昌阁"。清康熙十八年（1679）、六十年（1721）曾两度重修。鼓楼由墩台和台上楼阁构成，通高约18米。

墩台由青砖筑成，下设十字券门洞，洞顶绘有八卦图。东门洞北设小券门洞可达台上。楼体面阔、进深各三间，周围回廊，歇山顶二层楼阁式。楼下两侧壁嵌有清代重修文昌阁碑记两通。鼓楼四周交通发达，位于主干道正中位置。

鼓楼西侧

鼓楼南面

局部1

局部2

局部3

鼓楼台上楼阁匾额

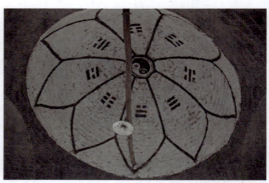
门洞穹顶

74 燕峰山炬禅师灵塔

Pagoda of Master Ju at Mount Yanfeng

级　别	省级
年　代	金
地　址	涿鹿县矾山镇塔寺村北100米处山坡上
看　点	金代佛塔、建筑环境
其　他	免费参观

燕峰山炬禅师灵塔海拔460米。该塔为金代建筑，平面呈六角形，高五层12米，为实心密檐式砖塔。塔底部基座自下而上依次是：底座、卷草兽面壸门束腰、四铺作平座斗拱、寻杖栏板、三层仰莲。首层塔身较高，仿木结构建筑，角部砌出倚柱，正面设起券盲门，券脸雕二龙戏珠，门上嵌匾额铭"燕峰山炬禅师灵塔"。背面盲门不起券，上嵌额匾铭"金圣川造塔匠人何子桢正隆三年（1159）七月十五日"。

其他各面为盲窗。柱头上用平板枋、阑额，上施五铺作斗拱柱头各一攒，补间各一攒，斗拱上为檩枋、椽飞、瓦顶。二层以上部分构造基本相同，塔身极短，均用四铺作斗拱，但补间铺作有所差别，二、四层用两个斜出华拱，三、五层用正华拱。塔顶、塔刹已毁。

塔寺村有道路通往灵塔处，且有一条单车道水泥路通往主路，整个村子被群山环绕，塔在村旁半山处，可俯瞰全村和远处山峦，旁有巨松突显历史久远。现村子已被开发为观光旅游地段。

远景

塔与燕峰山

塔顶细部

塔基局部

塔檐局部

塔檐细部

塔身细部

75 涿鹿观音寺
Temple of Avalokitesvara

级 别	省级
年 代	明
地 址	涿鹿县城北关
看 点	大殿建筑、平面布局
其 他	免费参观

涿鹿观音寺位于涿鹿县城北关，俗称北大寺。该寺初创于明代，清代多次维修添建，规模最大时有大小屋宇136间，是县城内的大寺。现存东、西两个院落，房舍48间。西院原至少两进，是该寺殿堂主要分布的地方。现存有前殿5间，硬山布瓦顶，殿内悬塑扇面墙和观音像；后殿5间，硬山布瓦顶，前出一步廊；东西厢房各5间；卷棚顶配房9间。

西院后殿左前方设门与东院相通。东院设藏经楼一座，二层硬山顶楼阁，面阔三间，但体量很小。藏经楼东侧建祖师殿，面阔三间，硬山布瓦顶；东院尚存其他配房13间。观音寺瓦作、砖雕讲究，在当地具有代表性。现为涿鹿县文物管理机构办公所在地。

观音寺大殿

观音寺入口

76 宝峰寺

Baofeng Temple

级　别	省级
年　代	清
地　址	涿鹿县谢家堡乡上瞳村
看　点	下院戏楼、建筑遗迹
其　他	免费参观

宝峰寺上院正殿泰山奶奶庙

宝峰寺位于涿鹿县谢家堡乡上瞳村西一条山沟内，可沿山沟徒步上行前往宝峰寺，属清代建筑。为赵家蓬区最早佛教寺院，且建筑面积大、建筑年代早，在当地久负盛名。沿着公路可到达，目前在一座学校的范围内。整体分为上、下院，但如今上院仅存几间土房遗迹，面临坍塌，正在恢复性建设之中，上、下院有一布满杂草的小路连接，笔者调研时赶上恢复性建设，下院的规划和概貌已完善，宝峰寺整体风貌逐渐恢复。

宝峰寺曾为上下两院。上院主要建筑有：阎王殿、泰山奶奶庙、四大金刚殿，其实为道教场所。而今正殿泰山奶奶庙只剩断壁残墙，其余几座庙宇房屋破损，神像全无。下院曾有：鼓钟楼、四大天王殿、大佛殿、观音菩萨庙，而今寺院房屋全无，只有旧戏楼一座、明清时代石碑数通，还有辽金时代金幢数块，寺院内还有千年古柏一棵。宝峰寺为赵家蓬区最早佛教寺院，且建筑面积大、建筑年代早，在当地久负盛名。随着岁月的流逝，宝峰寺曾逐渐被人们遗忘，如今的恢复性建设，有望将历史面貌得到一定程度的恢复。2008年10月宝峰寺被列为省级文物保护单位。

宝峰寺上院正殿泰山奶奶庙（修缮中）

宝峰寺上院泰山奶奶庙西侧配殿

建设中的宝峰寺下院

新建的宝峰寺下院山门

宝峰寺下院山门前戏楼

建设中的宝峰寺下院

77 涿鹿清真寺

Mosque of Zhuolu

级　别	省级
年　代	明
地　址	涿鹿县城东关礼拜寺街
看　点	建筑风格、礼拜殿、阁楼
其　他	免费参观

清真寺大门

涿鹿清真寺始建于明代成化年间（1465—1487，皇帝敕建）。教民主要分布在县城、大堡小荆寺等地，明清两朝均有回民出仕。它是回民礼拜、斋戒、朝觐的主要场所。整个清真寺坐西朝东，由照壁、山门、配房、大殿等构成。山门连接四周围墙，院内南北长 17 米，东西长 48 米，呈规则矩形，总占地面积近 1000 平方米。

主体建筑大殿面阔三间，进深三间，为勾连搭式硬山结构。大殿当心间前出抱厦，后接六角攒尖阁楼。殿内南北长 10.6 米，东西长 21.99 米，面积 220 平方米，明柱 12 根；殿后攒尖望月楼高出硬山殿堂。殿门及内部各进间悬挂清至民国年间匾额。硬山墙内壁山尖处壁画犹存，外壁山尖为高浮雕砖饰；瓦当装饰极具伊斯兰风格，具有很高的文物价值和艺术价值。寺内附属建筑完备，讲经堂、浴室等亦保持原貌。调研时清真寺周围正在进行旧城改造，一片瓦砾之上的中式建筑风格的清真寺更显雄壮、古朴和厚重。

涿鹿清真寺原寺门门楼气势恢宏（现已无存），今寺门正对的高大影壁，与北京牛街清真寺同一风格。寺门高匾上书正楷"清真寺"三字。迎面为布阶大殿，匾题"万象真宗"。为有足够的空间容纳信众作礼拜之用，该殿应用了中国传统建筑中勾连搭的硬山结构，且融入了典型的伊斯兰教建筑元素，瓦头、滴水烧制有阿拉伯文，南北两侧外墙上的大型砖雕颇具艺术研究价值，后窑殿耸有中式八角楼阁（高11米、纯木结构、斗拱俨然），以中式建筑风格满足伊斯兰教的功能，在外来宗教方面体现了浓郁的中式风格。

涿鹿清真寺布阶大殿殿内三进空间，均以明确的主题文字限定空间真实，一进匾额"天休渥荷"；二进匾额"真实无妄"；三进匾额"道统天人"。殿内两侧顶角山头各有对应明代珍贵壁画18幅。取材多为梅兰竹菊、山水风景以及器皿图案，体现了浓郁的中式审美情怀。涿鹿清真寺年代久远，回汉风格统一，先后被列为县级、省级重点文物保护单位。

清真寺建筑组群

邦克楼

礼拜殿1

礼拜殿2

礼拜殿内邦克楼

礼拜殿内部

影壁

张家口市其他主要文物保护单位列表

区 县	名 称	年 代	级 别	地 址
宣化区	小白阳墓群	西周、东周	省级	宣化区李家堡乡小白阳村西1公里
沽源县	小宏城城址	辽、元	省级	沽源县闪电河乡小宏城子村北20米
沽源县	九连城城址	辽、元	省级	沽源县九连城乡九连城村东南一公里
沽源县	燕北长城遗址沽源县段	战国、北魏	省级	沽源县二道渠乡
沽源县	秦始皇长城遗址沽源段	秦、汉、北魏、北齐	省级	沽源县境南部
沽源县	汉长城遗址沽源段	汉、北魏、北齐	省级	沽源县境南部
蔚县	杨赟碑	元	省级	蔚县南杨庄乡麦子町村西北
蔚县	单侯村关帝庙石旗杆	明	省级	蔚县南留庄镇单侯村
蔚县	弥勒寺	清	省级	蔚县涌泉庄乡弥勒院村内
阳原县	小长梁遗址	旧石器时代	国家级	阳原县大田洼乡官厅村北200米
怀安县	西大崖遗址	新石器时代	省级	怀安县渡口堡乡良民沟村西南600米
怀安县	耿家屯墓群	汉	省级	怀安县头百户镇耿家屯村周围
怀安县	张家屯辽墓	辽	省级	怀安县张家屯乡张家屯村南1公里

续表

区 县	名 称	年 代	级 别	地 址
怀安县	西洋河城	明	省级	怀安县西阳河城村
怀来县	明长城样边段	明	国家级	怀来县小南辛堡镇东南部的庙港、横岭西
怀来县	小古城遗址	新石器时代	省级	怀来县小南辛堡小古城村西500咪
赤城县	唐代长城遗址赤城段	唐、明	省级	赤城县后城镇、雕鄂乡、龙关镇
赤城县	东沟辽墓	辽	省级	赤城县镇宁堡乡东沟村西
涿鹿县	明长城马水口段	明	国家级	涿鹿县道沟村北向东南方向蜿蜒而止于狼烟山脚下
涿鹿县	涿鹿故城址	东周、汉	省级	涿鹿县矾山镇三堡村北
涿鹿县	北魏长城遗址涿鹿段	北魏北齐	省级	涿鹿县境内中东部、中西部
涿鹿县	明长城遗址涿鹿段	明	省级	涿鹿县境南部
崇礼区	石嘴子遗址	新石器时代	省级	崇礼区石嘴子乡石嘴子村东南一百米
崇礼区	太子城遗址	金	国家级	崇礼区四台嘴乡太子城村村南，西距崇礼县城20公里
崇礼区	明长城遗址崇礼段	明	省级	崇礼区东南部
康保县	金长城遗址康保段	金	省级	康保县境中部

2
承德市
CHENGDE

承德市古建筑分布图
Historical Architectural Map of Chengde

1. 避暑山庄 / 承德离宫 / 热河行宫
2. 溥仁寺
3. 普乐寺
4. 安远庙
5. 普宁寺
6. 普佑寺
7. 须弥福寿之庙
8. 普陀宗乘之庙
9. 殊像寺
10. 承德城隍庙
11. 广缘寺
12. 热河文庙
13. 承德关帝庙
14. 五窑沟古窑遗址
15. 磬锤峰摩崖造像
16. 海云寺
17. 九仙庙
18. 承德老火车站
19. 双塔山辽塔
20. 琳霄观
21. 穹览寺
22. 滦河清真寺
23. 滦河关帝庙
24. 大庙村炮楼
25. 四方洞古人类文化遗址
26. 汤泉行宫
27. 慈云庵
28. 头沟镇戏楼
29. 锦承铁路碉堡群
30. 朝阳洞
31. 庆成寺
32. 兴州行宫
33. 星龛岩寺
34. 大老虎沟天主教堂
35. 金山岭长城
36. 台吉营普宁寺
37. 十八里汰戏楼
38. 隆化十字街戏楼
39. 三十家子戏楼
40. 石佛口摩崖造像
41. 隆化土城城址
42. 荒地戏楼
43. 平泉清真寺
44. 石羊石虎墓群
45. 会州城遗址
46. 八王沟墓群
47. 梓木林子古墓
48. 雾灵山清凉界石刻
49. 黑谷关长城
50. 凤山关帝庙
51. 凤山戏楼
52. 黄崖寺塔群
53. 明长城遗址宽城段
54. 纪氏庄园
55. 木兰围场
56. 半截塔
57. 兴华寺

概 述

承德，河北省省辖市，地处华北与东北两个地区的过渡区域。背靠蒙辽，西南与南部分别接邻北京与天津，省内与张家口市相邻。承德在民国时期和中华人民共和国成立初期为热河省省会，也是首批国家历史文化名城。承德市内的避暑山庄及其周边寺庙是中国十大风景名胜、国家重点风景名胜区，1994年被联合国教科文组织列入《世界遗产名录》。古代的承德地域广阔，范围涵盖今天的河北省承德市、辽宁省朝阳市及内蒙古自治区的赤峰市。如今的承德市辖3个市辖区、5个县、3个自治县：双桥区、双滦区、鹰手营子矿区；承德县、兴隆县、平泉县、滦平县、隆化县；丰宁满族自治县、宽城满族自治县、围场满族蒙古族自治县。

康熙《御制溥仁寺》碑文中形容承德"名号不掌于职方，形胜无闻于地志"，但承德却有着悠久而丰富的多民族历史文化内涵。承德境内多地发现远古人类活动遗迹，最为著名的当属鹰手营子矿区内发现的四方洞旧石器时代遗址。承德丰宁、滦平、承德县、隆化、平泉、围场等地陆续发现红山文化类型遗址，大量的出土文物证实承德各县区与朝阳、赤峰二市一样，同发源于辽河流域，属于红山文化区域，具有6000年以上的人类文明历史。

殷商时期，承德为附属于商朝的一个方国，也是山戎、东胡少数民族活动的区域。春秋时期，承德由燕国统治。战国时期，东胡在承德平泉、隆化、围场、丰宁等地生存活动。燕北长城绵延百里，自张家口行经内蒙古多伦县再往东经围场县、辽宁朝阳，抵于辽阳。秦汉时期，承德地域属右北平、渔阳郡管辖。在漫长的历史中，这里的汉、匈奴、乌桓、鲜卑、库莫奚、契丹、突厥、蒙古等民族的经济文化得到进一步发展。承德地区是唐代的重要边区，主要居住着库莫奚和契丹两个少数民族，贞观二年两族归附唐朝。自"澶渊之盟"，宋辽两国和睦共处互不侵犯，契丹人创立的辽国占据南至白沟、北至克鲁伦河的土地，形成幅员辽阔的大帝国。元朝时承德属上都与大都之间，明朝时期属北平（今北京）府，为喀喇沁、翁牛特、察哈尔等蒙古族的游牧地。直到清朝初年，热河上营（现承德市区）始终没有设立过什么中央或地方管理机构，的确是一个"名号不掌于职方"的小村落。

清朝康熙四十二年（1703），清廷在此修建行宫，人口与日俱增。避暑山庄所涌之水在东南与武列水汇合。从此处至下营的这段河流因有温泉注入，故称"热河"。此后，为适应皇帝每年都要到承德避暑的需要，各蒙古王公、朝廷大臣及一些词人文士都争相在承德建设府邸宅院，承德工商业随之高速发展，市井行人杂沓，车马喧嚣，酒楼茶铺鳞次栉比。雍正元年（1723）设热河厅，第二年设热河总管，统理东蒙民政事务。雍正十一年（1733），胤禛取承受先祖德泽之义，罢热河厅设承德直隶州，"承德"名称由此开始。乾隆六年（1741），承德开始进入繁荣期。乾隆四十三年（1778），弘历在一道谕旨中说："皇祖诗云聚民至万家，今则不止于万，俨成大邑矣"，"热河自皇祖建山庄以来，迄今六十余年，户口日滋，耕桑益辟，俨然一大都会"，是年升为承德府，此时承德成为当时仅次于北京的另一重要政治中心。当时清帝几乎每年有半年时间来此避暑和处理朝政，接见少数民族王公及外国使节。外八庙原包括溥仁寺、溥善寺（不存）、普乐寺、安远庙、普宁寺、普佑寺（已残）、须弥福寿之庙、普陀宗乘之庙、殊像寺、广安寺（不存）、罗汉堂（不存）、广缘寺（已残）等12座庙宇。这些寺庙之中有8座是由清朝廷派驻喇嘛，由理藩院发放银饷，庙址又皆处京师之外，故统称为外八庙。这些雄伟、瑰丽、多彩的建筑群，是从康熙四十二年(1703)至乾隆五十五年(1790)的80多年间陆续建造起来的。它反映了清代经济、文化的兴盛面貌。嘉庆十五年（1810）设热河都统署。道光七年（1827）以后，热河文武官员均属都统署管辖，官职与朝廷派出的总督、巡抚相同。

辛亥革命后，民国三年（1914）设热河特别区，民国十七年（1929）改建热河省，承德为热河省省会。1933年承德被日寇侵占，成立伪满洲特别行政区。1945年解放，9月筹建承德市人民政府，11月正式成立。1946年8月国民党军队占领承德。1948年承德市再次获得解放，隶属热河省管辖，为热河省省会。

双桥区

1 避暑山庄/承德离宫/热河行宫

Mountain Resort and its Outlying Temples

级 别	国家级/世界文化遗产/国家 AAAAA 级旅游景区
年 代	清
地 址	双桥区北部
看 点	皇家园林,清代园林建筑,世界文化遗产
其 他	购票参观

避暑山庄位于承德市双桥区中心偏北,北临狮子沟,东傍武烈河。始建于清康熙四十二年(1703),历经康熙、雍正、乾隆三朝,耗时90年建成。避暑山庄以朴素淡雅的山村野趣为格调,取自然山水之本色,吸收江南塞北之风光,是中国现存占地最大的古代帝王宫苑,也是世界园林史上的宝贵遗产。避暑山庄界墙以内面积达564公顷,宫墙长达10公里,是北海公园面积的8倍,并超过颐和园(290公顷)、圆明园(400公顷)的占地规模。山庄周边地形富于变化,罗汉山、磬锤峰、元宝山、蛤蟆石、双塔山、僧冠峰等奇峰异岭环于四面。山庄共设宫门9座,分别为丽正门、城关门、德汇门、流杯亭门、惠迪吉门、西北门、碧峰门、坦坦荡荡门和仓门。其内部分为四大区域,分别是宫殿区、湖泊区、平原区和山岳区。

宫殿区位于山庄最南部,紧邻园区正门——丽正门,是清代皇帝处理朝政、举行庆典和居住之所,也是山庄中体量最大的建筑群落。宫殿区由正宫、松鹤斋、万壑松风及东宫等建筑组成，布局依照前朝后寝、中轴对称等原则，既体现出宫殿建筑的威严有序，又兼具园林建筑的尺度及体量，是整座园区的开始。

避暑山庄的水域面积约为43公顷，被岛屿和长堤划为8个大小不同的湖面，分别为西侧如意湖、北面澄湖、中部上湖、下湖、镜湖、银湖，另有平原区北侧的半月湖及内湖西湖。湖区水源有三：其一为武烈河水，其二为包括热河泉在内的几处泉水，其三为

避暑山庄湖泊区航拍图

避暑山庄航拍图

1.丽正门 2.澹泊敬诚 3.烟波致爽 4.云山胜地 5.松鹤斋 6.万壑松风 7.德汇门 8.清音阁 9.卷阿胜境 10.阿哥所 11.绮望楼 12.望鹿亭 13.水心榭 14.文园 15.清舒山馆 16.戒得堂 17.花神庙 18.新所 19.月色江声 20.环碧 21.芝径云堤 22.如意洲 23.烟雨楼 24.金山 25.抱子圈 26.流杯亭门 27.香远益清 28.热河 29.莆田丛樾 30.莺啭乔木 31.绿毯八韵碑 32.濠濮间想 33.水流云在 34.芳渚临流 35.芳园居 36.如意湖 37.千尺雪 38.文津阁 39.春好轩 40.蒙古包 41.乐成阁 42.永佑寺 43.望源亭 44.暖流暄波 45.惠迪吉门 46.宿云檐 47.翠云岩 48.澄观斋 49.泉源石壁 50.北枕双峰 51.斗姆阁 52.青枫绿屿 53.南山积雪 54.瞩朝霞 55.云容水态 56.旷观 57.凌太虚 58.清溪远流 59.林下戏题碑 60.仙苑昭灵 61.水月庵 62.放鹤亭 63.旃檀林 64.山近轩 65.翼然亭 66.广元宫 67.古俱亭 68.敞晴斋 69.含清斋 70.碧静堂 71.玉岑精舍 72.宜照斋 73.西北门 74.放鹤亭 75.创得斋 76.四面云山 77.澄泉绕石 78.梨花伴月 79.清舒山馆 80.珠源寺 81.瀑源亭 82.瀑源碑 83.食蔗居 84.松鹤清越 85.风泉清听 86.锤峰落照 87.碧寺 88.碧峰门 89.新所 90.古栎歌碑 91.有真意轩 92.鹭云寺 93.秀起堂 94.静含太古山房 95.眺远亭 96.龙王庙

避暑山庄总平面图

山岳区的山泉雨水。湖区汇集了七十二景中的大部分景致，所谓"山庄胜处，正在一湖"。湖区洲岛罗列，楼阁相间，植物丰富，是宫殿区、山岳区及平原区的景观中心。湖区东部有水心榭、文园狮子林、戒得堂及金山等建筑群；中部有月色江声、采菱渡、如意洲、烟雨楼等建筑群；西部有芳园居、芳渚临流、长虹饮练、临芳墅、知鱼矶等景致。

平原区开阔平坦，位于湖区北面，主要由万树园及试马埭构成。万树园植物保存完好，草场延绵，绿茵如毯，其间树木葱郁，遮天蔽日，一派草原景象。

避暑山庄如意洲航拍图

避暑山庄下湖区航拍图

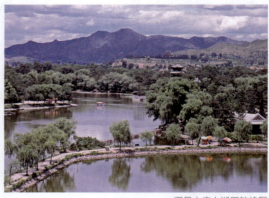

避暑山庄上湖区航拍图

园内仿照蒙古草原风情搭建帐篷及蒙古包，清帝常在此大宴宾客，举行大型活动，接见少数民族使节。现存建筑主要有永佑寺、文津阁。

避暑山庄西北区为山岳区，面积约占全园面积的五分之四。山峰高度在20～100米，便于登高远眺。设计者充分利用地形优势苦心经营，在山间布置了四十四处园林建筑。可惜大部分建筑惨遭损毁，部分山地园林建筑已经复原。

避暑山庄号称七十二景，其中康熙于康熙五十年（1711）首提三十六景，景皆四字，并作序题诗为《御制避暑山庄记》，分别是：

烟波致爽、芝径云堤、无暑清凉、延薰山馆、水芳岩秀、万壑松风、松鹤清樾、云山胜地、四面云山、北枕双峰、西岭晨霞、锤峰落照、南山积雪、梨花伴月、曲水荷香、风泉清听、濠濮间想、天宇咸畅、暖流暄波、泉源石壁、青枫绿屿、莺啭乔木、香远益清、金莲映日、远近泉声、云帆月舫、芳渚临流、云容水态、澄泉绕石、澄波叠翠、石矶观鱼、镜水云岑、双湖夹镜、长虹饮练、甫田丛樾、水流云在。

乾隆在此基础上又有发展，增赋三十六景，并于乾隆五十五年（1782）撰写《御制避暑山庄后序》，均以三字为名，分别是：

丽正门、勤政殿、松鹤斋、如意湖、青雀舫、绮望楼、驯鹿坡、水心榭、颐志堂、畅远台、静好堂、冷香亭、采菱渡、观莲所、清晖亭、般若相、沧浪屿、一片云、萍香泮、万树园、试马埭、嘉树轩、乐成阁、宿云檐、澄观斋、翠云岩、罨画窗、凌太虚、千尺雪、宁静斋、玉琴轩、临芳墅、知鱼矶、涌翠岩、素尚斋、永恬居。

避暑山庄之名为康熙皇帝于康熙四十七年（1708）题定。山庄兴建前后，北京至木兰围场之间沿御道修建了20余处行宫。通常认为，避暑山庄的兴建与康乾时期的北巡制度及民族政策有着密切的关系。康熙二十二年（1683）收复台湾，国家南部基本统一，随之而来的则是北方日益尖锐的民族冲突与国家矛盾。沙俄势力向南扩张直至黑龙江下游；西北准噶尔蒙古占领了天山南北，控制了西藏青海宁夏等地区。康熙二十二年，建立木兰围场，举行"秋狝大典"，整军经武修练军队。"据天下之脊，控华夏之防""东西千里，山峻相连，近在都畿，易于据守"，承德就成了北方政治军事活动的枢纽。

避暑山庄的选址是经过康熙皇帝反复考察研究后确定的。当时的承德地区"名号不掌于职方，形胜无闻于地志"，但历史地理位置极为优越，"北压蒙古，右引回部，左通辽沈，南制天下"。

坝上高原和七老图山是两道天然屏障，既阻挡了西伯利亚寒流对坝下的影响，又将沿滦河潮河流域上溯的海洋性季风阻挡于坝下，使坝下雨量充沛，气候湿润，植物繁茂。市区周围遍布原始森林，"黄叶数十万株，交枝接干，无复罅隙，翘首望之，如海日韧出，一派金光，目为之夺。数万骑缘崖而上，恍如仙子行金云中，人马俱作黄色，虽邓尉之梅花，富阳之枫叶，不能与之伯仲。"承德东南宽城境内，西南兴隆县雾灵山，正南滦平境内，原始森林覆盖率均较高。这里气候凉爽，环境舒适，远胜于北京，因此也是清代贵族"避痘"（躲避天花）之地。

在《月夜游湖作歌》一诗中，康熙皇帝总结了避暑山庄选址的几大优势：

天下不少名山与名水，二者兼之应鲜矣。
即有兼者路途遥，无因游奕而往就之理。
塞外避暑斯山庄，去京不过四百里。
山明水秀萃美善，况逢佳夕中旬始。
傍晚暑退爽风来，轻霞影缀月轮绮。
……

康熙皇帝在塞外建立避暑山庄，是为加强多民族统一、怀柔蒙古各部的边防政策产物。更因承德是北京通往木兰围场之必经之地，加之这里山明水秀，气候适宜，自然资源丰富，此地便是不二之选。乾隆时期大规模扩建避暑山庄及外八庙，也是贯彻康熙北部边防政策的结果。避暑山庄见证了清代诸多外交历史事件。清帝在这里接见了朝鲜、缅甸、暹罗及安南国王，会见英国使节马戛尔尼，并于此迎接土尔扈特部族回归，接见三策凌、六世班禅等，可谓是清朝政府的第二政治中心。

避暑山庄也是我国园林建筑史上的典范之作。避暑山庄作为皇家宫殿园林，全面地继承和发展了古典园林艺术，融合南北风格，兼具多种功能，将天然山水与人文建筑相结合，可谓中国园林艺术集大成者。首先，避暑山庄用地极佳，有山林之原形，又能借四方景象。《园冶》："园地惟山林最胜。有高有凹，有曲有深，有峻而悬，有平而坦，自成天然之趣，不烦人事之工。"避暑山庄场地内有高山、草原、湖泊、河流，其地势走向形似中国河山，仿佛中国版图的缩影。在丰富的地形资源之上，四周又有奇峰异石借位佳景。立于四面云山亭中，磬锤峰、天桥山、僧冠峰、罗汉山等尽收眼底。此外，避暑山庄的规划思想主要体现于：一是崇尚自然、尽天然之趣；二是反对奢华、推崇朴素雅致的品位；三是博采名园、集中国园林之大成。综上，避暑山庄是中国古典园林艺术的集锦，代表了清代皇家园林极高的艺术水平。

宫门

山庄共设宫门9座，分别为丽正门、城关门、德汇门、流杯亭门、惠迪吉门、西北门、碧峰门、坦坦荡荡门和仓门。丽正门为清代避暑山庄宫殿区正宫正门，面南而设，重台城门设三门。"丽正门"三字的门额是以满、藏、汉、维、蒙5种文字书刻。丽正门建于康熙四十八年至五十二年间（1709—1713），乾隆十九年（1754）重修。门前设照壁一座，卷棚歇山顶，翼角翘起饰以吻兽。照壁两侧各有下马碑一块，另有堆拨房2座8间，门前有石狮一对。进入丽正门即为面阔五间的大宫门，前出廊，亦称外午门，两边腰墙各辟有一掖门。进入大宫门即二宫门，又称午门，即避暑山庄门。

正宫

由丽正门进入，便是正宫，即现在的避暑山庄博物馆。建筑群落按九进制规模修建，由26座单体建筑构成，分为9个院落。布局依照宫殿建筑规制，前朝后寝，中轴对称。其入口处为"午门"，上悬康熙亲题"避暑山庄"匾额，两侧有铜狮。向北依次为澹泊敬诚殿，依清旷殿（四知书屋）、十九间房（万岁照房），后寝门殿、烟波致爽殿、云山胜地楼、岫云门等。澹泊敬诚殿为正殿，殿内木作全部以楠木制作，因而又称"楠木殿"。十九间房之后为寝区，是清代皇帝居住休息的地方。烟波致爽殿面阔七间，两侧有书房及院落，列为康熙三十六景之首，咸丰皇帝正是驾崩于此。云山胜地楼位于其后，上下各五开间，楼前设叠石以作楼梯可登至二层。

丽正门 1

丽正门 2

丽正门旧影

丽正门东侧下马碑

康熙御笔"避暑山庄"

承德市

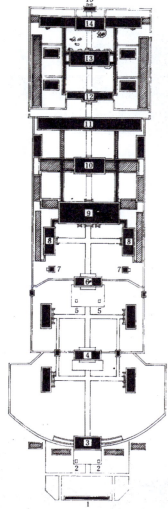

1. 照　　壁
2. 石　　狮
3. 丽　正　门
4. 午　　门
5. 铜　　狮
6. 宫　　门
7. 乐　　亭
8. 配　　殿
9. 澹泊敬诚殿
10. 依清旷殿
11. 十九间房
12. 门　　殿
13. 烟波致爽殿
14. 云山胜地楼
15. 岫　云　门

正宫总平面图

澹泊敬诚殿

澹泊敬诚殿室内

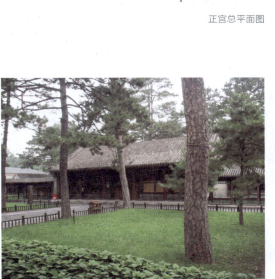

依清旷殿

澹泊敬诚殿廊下

十九间房

云山胜地楼

松鹤斋

松鹤斋位于正宫东侧与之平行，乾隆十四年（1749）修建，供皇太后及妃嫔居住。松鹤斋布局与正宫相似，规模略小，共有八组院落。由南向北依次为：松鹤斋（含辉堂），绥成殿、照房15间，门殿3间，大殿7间，堂后有畅远楼。

在松鹤斋南面，有钟楼一座。

万壑松风

该建筑群位于松鹤斋北侧，是康熙读书、办公、召见官吏的地方。乾隆11岁时被康熙召入宫内并亲自教诲，每至避暑山庄，便于此处读书学习。因此，乾隆将主殿更名为"纪恩堂"并撰写《避暑山庄纪恩堂记》。

东宫

东宫位于松鹤斋之东，南侧正对德汇门，后端直达湖区。主要建筑依次为门殿、前殿、清音阁、福寿阁、勤政殿、卷阿胜境殿。其中清音阁建筑为一座三层戏楼建筑，其形式功能与颐和园德和园戏楼颇为相像。可惜这组建筑于1945年全部烧毁，现只留建筑基址及复建的卷阿胜境殿。

畅远楼

松鹤斋照房

钟楼

万壑松风

万壑松风桥老照片 1

万壑松风桥老照片 2

东宫遗址

原东宫清音阁

复建后东宫卷阿胜境殿

水心榭

沿东宫一路向北，即现一片开阔湖面，水心榭便立于两湖之间。这组建筑巧妙借用八孔桥闸为基，于桥闸之上竖立三座水榭，中间一座为重檐卷棚歇山顶，南北两座为重檐四角攒尖方亭，并于两端设立木制牌坊。水闸、桥与亭融为一体，凌于水面，十分巧妙。行至水心榭顿觉豁然开朗，宫殿区景观也自然过渡为湖泊区自然的田野意趣。

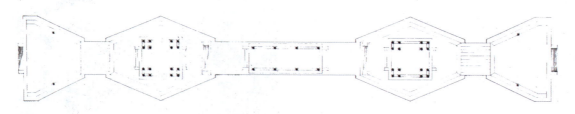
水心榭平面图

水心榭老照片

水心榭

文园狮子林

这座园中之园为乾隆四十三年（1778）兴建，位于水心榭东北侧，南北临水，仿倪瓒《狮子林园图》设计经营。可惜大部分建筑损毁，只存留假山残石。后依照资料对建筑进行复原。

戒得堂

戒得堂有镜香亭、问月楼、群玉亭等建筑，为乾隆70岁时兴建。现仅存遗址。

金山岛

金山岛为如意洲东侧的一个小岛，岛上的园林建筑使用爬山廊连接，颇具江南园林意味，包括康熙三十六景的第十景"天宇咸畅"和第十二景"镜水云岑"。康熙帝南巡，欣赏江苏镇江金山景物，便于山庄内仿造此景，筑亭台楼阁于怪石之间，山石堆砌而成"金山"，三面临湖，一面溪涧，峻崖峭壁，湖水环抱。门殿位于西侧的码头附近，拾级而上，可见镜水云岑大殿及天宇咸畅殿，最高处为玉皇阁，俗称金山亭。阁为三层六角形楼阁建筑，首层匾额为"皇穹永佑"，二层供奉真武大帝，额曰"元武威灵"，三层供奉玉皇大帝，额曰"天高听卑"，均为康熙御笔。

环碧岛

沿芝径云堤漫步，可见堤西侧有一小岛，岛上有一组庭院，中间主殿三间，并用连廊四面连接。岛北侧有一圆顶草亭名曰采菱渡，是后妃游湖时登舟之所。

如意洲

如意洲是湖区最大的岛，因形似如意而得名。这是正宫落成前康熙处理朝政并居住的地方，洲上

文园狮子林远景

文园狮子林1

文园狮子林2

承德市

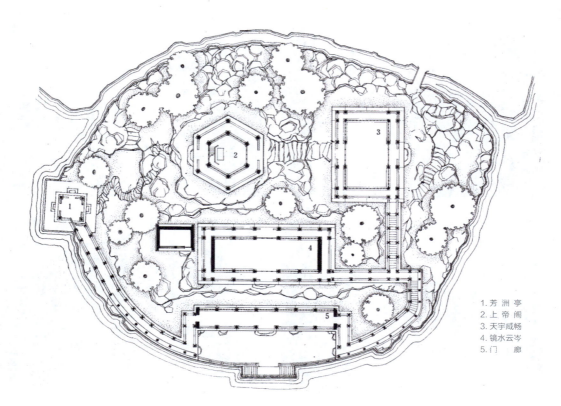

1. 芳洲亭
2. 上帝阁
3. 天宇咸畅
4. 镜水云岑
5. 门　廊

金山岛平面图

金山岛远景1

金山岛远景2

金山亭

金山亭转角

金山岛爬山廊

环碧岛远景

从环碧岛望芝径云堤

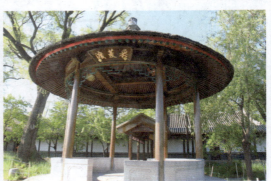
采菱渡

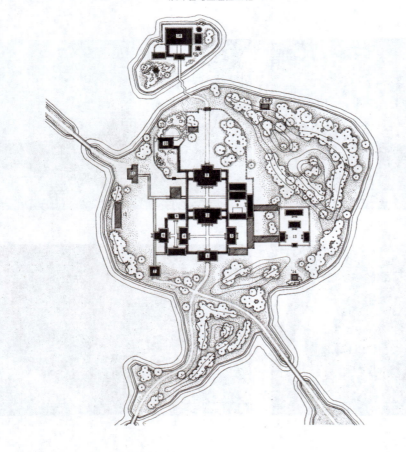

1. 无暑清凉
2. 延薰山馆
3. 乐寿堂
4. 西配殿
5. 东配殿
6. 金莲映日
7. 观莲所
8. 川岩明秀
9. 一片云
10. 沧浪屿
11. 西岭晨霞
12. 云帆月舫
13. 般若相
14. 清晖亭
15. 澄波叠翠
16. 烟雨楼

如意洲总平面图

如意洲垂花门

延薰山馆室内

水芳岩秀

水芳岩秀室内

一片云

戏楼

沧浪屿

沧浪屿门

法林寺般若相远景

般若相正殿

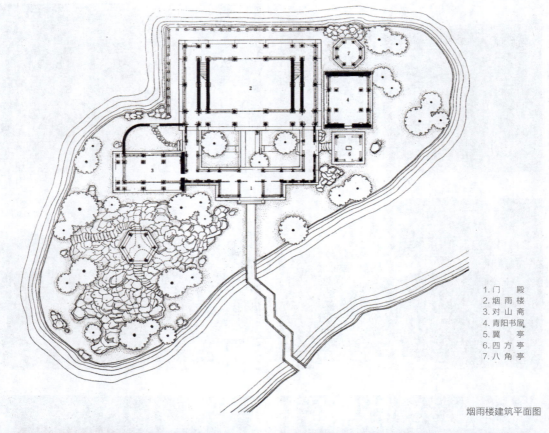

1. 门　　殿
2. 烟 雨 楼
3. 对 山 斋
4. 青阳书屋
5. 翼　　亭
6. 四 方 亭
7. 八 角 亭

烟雨楼建筑平面图

青莲岛烟雨楼1

青莲岛烟雨楼2

烟雨楼建筑

烟雨楼建筑细部

有延薰山馆及多组分散的园林建筑，多采用合院形式。延薰山馆为岛上主殿，面阔七间，进深两间，前后出廊、中间五开间出前抱厦，是皇帝批阅奏章的地方。其后为水芳岩秀殿，悬山顶，前出五间抱厦，后出三间抱厦。出此殿经垂花门即可到达青莲岛烟雨楼。般若相为法林寺正殿，是康熙时期修建的小型寺庙。沧浪屿用围墙辟出院落，内设假山水池。一片云是延薰山馆东侧的一组建筑，北楼为二层建筑，对面有一座戏楼。

青莲岛

青莲岛在如意洲北侧，为乾隆四十六年（1781）仿浙江嘉兴南湖烟雨楼意境修建。每当山雨朦胧，便可登楼远眺。烟雨楼位于庭院北侧，上下两层各五开间，周围设连廊。与其他殿阁的淡雅格调有所不同，此楼遍施彩画装饰，鲜艳华丽。楼前有假山，山上为翼亭；楼西为对山斋，东侧有青杨书屋三间，南设方亭，北作八角亭。整组建筑布局紧凑合理，廊殿参差，无论从哪个角度欣赏都是一幅优美的画卷。

烟雨楼北侧回廊

烟雨楼西侧月亮门

月色江声岛

此岛为湖泊区第二大岛。过水心榭向前，有一组三进院落的四合院式建筑，正是取其意境而建。门殿为"月色江声"，主殿为静寄山房，面阔七间设前后廊。其北为正殿，名"莹心堂"，后殿五开间，名"湖山罨画"，东西设配房。建筑四周以游廊连接，西南有一方亭名为"冷香亭"，取秋日荷香之意趣。

文津阁

文津阁位于万树园西侧山脚下，为清代藏书七阁之一，坐北朝南，设有门殿、假山、水池、文津阁及班房等。乾隆三十九年（1774）仿宁波天一阁修建。

月色江声岛远景

月色江声正殿

月色江声岛回廊

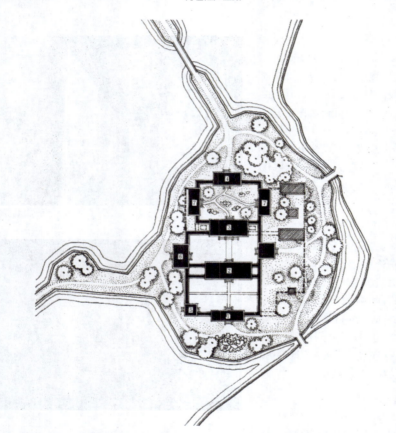

1. 月色江声　　5. 冷香亭
2. 静寄山房　　6. 峡琴轩
3. 莹心堂　　　7. 配　殿
4. 湖山罨画

月色江声岛总平面图

文津阁雪景

文津阁垂花琉璃装饰

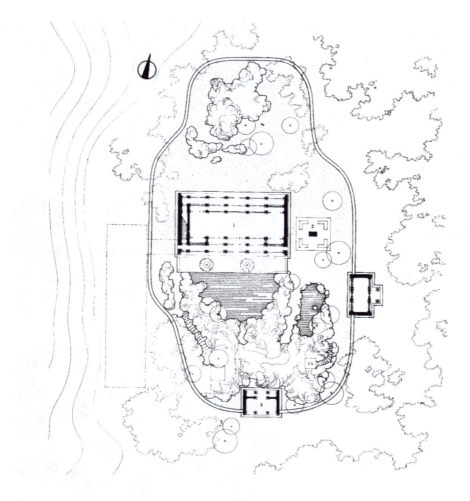

1. 文津阁
2. 碑　亭
3. 院　门

文津阁平面图

文津阁为面阔六间的楼阁建筑，单檐卷棚硬山顶，外观两层，内部三层，中间暗层藏书，曾存《古今图书集成》《四库全书》各一部。阁前设半圆水池，周围假山环绕，假山隧洞倒映水中构成"日月同辉"的神奇景象。

永佑寺

永佑寺位于园区东北隅，是一组寺庙建筑群落，建于乾隆十六年（1751）。建筑坐北朝南，依次为三道牌坊、山门、前殿、宝轮殿、后殿、舍利塔等，寺内建筑大多损毁，仅剩舍利塔保存完好。

文津阁假山及水池

永佑寺远景

此塔仿杭州六和塔，为八角九层楼阁式空心砖塔，塔高约66米。塔基为八角须弥座，上作勾栏平座承托塔身。塔身第一级南北两面作石券拱门，东西做假门，其他四面为盲窗。层间施琉璃瓦屋檐，檐下作砖雕五踩单翘单昂斗拱。

永佑寺共有石碑4座，其中立于前殿丹墀上的碑文为《永佑寺碑文》，分别用满、蒙、汉、藏四种语言镌刻。

万树园

位于平原区，北依青山，南临澄湖。万树园一名始见于乾隆初年，乾隆十九年（1754）正式建碑。前身为武烈河西部的河谷平原，水源充足，土地肥沃，曾经是蒙古人的牧场。康熙帝将其东南辟为瓜圃，西南为马道，其余保留自然原貌，成为康熙三十六景之"甫田丛樾"。乾隆四十六年（1781）六月，弘历在万树园南部试马埭草地上游览休息，见草地开阔，如茵似毯，吟诗一首名为《绿毯八韵》，并镌刻成碑立于湖畔。

万树园是避暑山庄的政治活动中心。据记载，从乾隆十七年（1752）至嘉庆二十四年（1759），这里共举行52次活动。比较重要的事件有乾隆十九年（1754）接见漠西厄鲁特蒙古的杜尔伯特台吉策凌、策凌乌巴仕、策凌孟克，史称"三策凌"；乾隆三十六年（1771），土尔扈特台吉渥巴锡、策伯克多尔济、舍楞等来朝，三次在万树园举行灯宴；乾隆四十五年（1780）七月二十一日，西藏六世班禅额尔德尼到达热河，七月二十四日乾隆皇帝在万树园御幄蒙古包赐宴；乾隆五十八年（1793），英国使节马戛尔尼等觐见。

珠源寺

山门三间，题名"定慧门"。以后顺次为钟鼓楼、天王殿、石牌坊、宗镜阁、重层阁亭（俗称"大须弥山"）和面阔十三间的众香楼（俗称"小西天"）。宗镜阁为重层佛阁，全部用青铜精铸，梁、柱、门、窗、屋顶、匾额、抱柱楹联以及内供佛像全部用青铜铸造，精雕细刻，技艺精湛，艺术价值极高。全阁用铜220余吨，俗称"铜殿"。可惜在1944年被日寇劫掠。现仅有铜匾"海藏持轮"和铜抱柱楹联陈列于避暑山庄博物馆内。珠源寺的红色山门犹存，基址尚在，另有铜钟一口存于钟楼基址之上。

永佑寺塔

万树园

原宗镜阁

珠源寺山门

避暑山庄博物馆内"海藏持轮"铜匾及铜抱柱楹联

珠源寺山门细部1

珠源寺山门细部2

珠源寺铜钟

珠源寺钟细部

珠源寺遗址1

珠源寺遗址2

碧峰寺

碧峰寺建于乾隆二十九年（1764），因与碧峰门相对而得名。该寺是一组寺庙与园林结合一体的汉式佛寺，前寺后院。乾隆诗赞园林小院："山凡一转碧回溪，溪上有亭翼若栖。今日吾心颇悦豫，不妨独处与留题。"现仅存基址，并复建回溪亭。

广元宫

广元宫是山庄内为数不多的道教宫观之一，仿泰山碧霞元君祠而建，以供奉碧霞元君而得名。《热河志》载：庙门南向，恭刻御书"广元宫"额。东西山门各三楹，左右有钟鼓楼。内为仁育门，再内为香亭，重檐复起，额曰"馨德亭"，又曰"灵昭长养"。东西配殿各三楹，东曰"邀山室"，西曰"蕴奇斋"。正殿五楹，额曰"仁育殿"，又曰"普佑资生"。广元宫的建筑布局、形制与泰山碧霞元君祠几无二致。但在屋顶的装饰上显现的却是皇家气度，全部为琉璃覆顶。广元宫的红墙和耀人眼目的琉璃为山区增色不少，成为游人心向往之的胜境。广元宫的建立完备了清代承德府的祭祀制度。同时也是帝王祈请元君护国庇民，特别注重其教化功能的体现。

热河泉

热河泉位于避暑山庄湖区东北隅，是山庄景观的核心要素，一侧有巨石，刻"热河"两字。热河为发源于避暑山庄诸泉的一条涓涓细流，主要水源来自热河泉。它是山庄湖泊的水源之一，冬季水温为8℃。

碧峰寺遗址

碧峰寺遗址

复建的回溪亭

广元宫

热河泉

水流云在亭

水流云在亭

位于芳渚临流之北,与烟雨楼隔湖相望,为"康熙三十六景"最后一景,是一座重檐四角攒顶、四面出卷棚式抱厦的敞亭。此亭形制独具一格,主亭为方亭,题额来源于唐代大诗人杜甫诗"水流心不竞,云在意俱迟"。该亭造型精巧,比例完美,是清代木构建筑不可多得的艺术精品。

知鱼矶

为乾隆三十六景的第三十三景,建于乾隆六年(1741)。因临芳墅岛上环境极佳,乾隆在临芳墅前,临湖续建一景作为垂钓赏鱼之所,并取庄子和惠子在濠梁之上辩论人能否知鱼之乐的故事,题额为"知鱼矶"。此殿非常别致,下为七间敞厅,上为平顶,平顶东西各建一亭。

芳渚临流

南山积雪

青枫绿屿南侧山峰有亭一座,康熙皇帝题曰"南山积雪"。康熙帝曾赋诗:

图画难成丘壑容,浓妆淡抹耐寒松。

水心山骨依然在,不改冰霜积雪冬。

北枕双峰

始建于康熙四十二年(1703)至四十七年(1708),为三开间单檐攒尖顶方亭。方亭以北群山叠嶂,一个枕字,颇为传神。头"枕"黑、金双峰,虽远距数十里,然凭高"借"至身边。登临此亭向北眺望,约百余里处,可见东西两座高峰。西北的叫金山、东北的叫黑山,两山遥遥相对,就像是宫殿门前两侧的望楼。而脚下的山峰像枕在两山之间似的,所以得名"北枕双峰"。

知鱼矶

南山积雪亭

南山积雪亭上远望

在四面云山亭上远望

青枫绿屿

北枕双峰亭与南山积雪亭之间的一组庭园，下为悬崖绝壁。此处多枫树，庭园南部是半圆形的篱笆墙，东侧霞标殿，正对为青枫绿屿殿，过圆洞门为风泉满清听殿。院内有一铁树。

青枫绿屿

四面云山

四面云山位于避暑山庄西北隅最高处，一峰拔地，构亭其上，圣祖题额"四面云山"，为康熙三十六景第九景。

乾隆特别喜欢登四面云山，常率王公大臣到此登高，以狍子肉野宴，曾留四面云山诗五十余首，其一曰：

轩窗彻四面，岩谷俯千重。
奚数荆关迹，堪寻佺羡踪。
林疏为风拂，峰现忽云封。
策骑遵崎栈，时看白鹿逢。

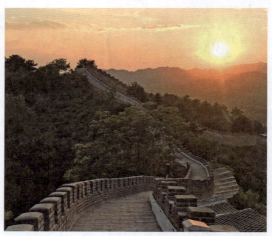

二马道

二马道

承德避暑山庄的宫墙随山势而起伏，因地形而变化，远望酷似"万里长城"，气势恢宏。避暑山庄西北门一带的宫墙雄踞山地最高处，气势最为雄伟，素有"小八达岭"之称。建于城墙内侧的漫坡道被称为"二马道"。登临其上，可俯瞰外八庙，向东遥望棒槌山、蛤蟆石及武烈河水；南望远处承德市区，但见森林之中山庄隐现，西面层峦叠嶂，山峦蔓延不断。这里是总览山庄内外风光的绝佳之处。

梨花伴月

这是一组精巧别致的山林建筑。建筑坐北朝南，前有门殿，后有正殿，康熙题额"永恬居"，再北为后殿"素尚斋"。建筑随地势层层升高，两侧用爬山围廊相连。建筑现已不存。

梨花伴月

2 溥仁寺

Puren Temple

级　别	国家级 / 世界文化遗产 / 国家 AAAAA 级旅游景区
年　代	清
地　址	双桥区环城东路路东
看　点	外八庙中早期寺庙，汉地佛寺布局，糅漆夹纻彩绘佛像
其　他	不开放

溥仁寺建于康熙五十二年（1713），是外八庙中唯一一座康熙时期的寺庙，坐落于武烈河东岸最南端，坐北朝南，地势平坦，南北约 50 米，东西宽约 130 米，占地约 32 500 平方米。

康熙五十二年（1713）恰逢康熙皇帝六十大寿之年，也是避暑山庄兴建十周年。蒙古各部王公贵族前来祝寿并献白银 20 万两。康熙帝用 10 万两白银兴建溥仁寺，俗称前寺，又用其余银两建溥善寺，俗称后寺。溥仁寺的总平面布局，明显继承了汉地佛寺"伽蓝七堂"的传统手法。寺内建筑沿南北中轴线对称，第一进为山门，山门后设钟鼓楼，北为天王殿，第二进院落正殿为慈云普荫殿，第三进院落为后殿宝相长新殿。

山门由正门及东、西掖门组成，正门面阔三间，进深两间，单檐歇山顶，门楣上方嵌康熙帝御书满、汉、蒙三种文字的"溥仁寺"匾，两侧设腰门。与众不同的是寺庙两侧不作石狮，而设圣旨碑。进入山门，两侧矗立幡杆，再侧为钟鼓楼。钟鼓楼均重檐歇山顶，

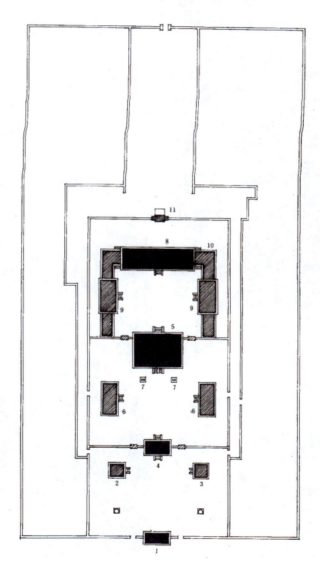

1. 山　　门
2. 鼓　　楼
3. 钟　　楼
4. 天王殿
5. 慈云普荫殿
6. 配　　殿
7. 石　　碑
8. 宝相长新殿
9. 配　　殿
10. 群　　房
11. 后　　门

溥仁寺总平面图

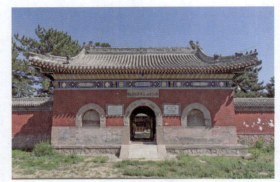

溥仁寺山门

钟楼内有一康熙五十二年所制铜钟。

天王殿面阔三间，正中悬康熙亲题"溥仁寺"云龙陛匾。殿内供奉弥勒佛，背后为韦陀像，两侧为四大金刚像。

慈云普荫殿为寺庙的核心，意为佛祖慈悲心胸广大如云覆盖大千世界。此殿面阔七间，进深五间，四周围廊，檐下设重昂五踩斗拱，单檐歇山黄色琉璃瓦顶。室内设天花吊顶，板壁前并列佛像三尊三世佛，左右山墙设坛供奉"髹漆夹纻彩绘"十八罗汉像。大殿前檐悬有康熙亲题满汉蒙三种文字的"慈云普荫"匾，殿内挂乾隆亲题"具大自在"匾和对联"以清净果证因护持斯万，现广长舌说法声震大千"。大殿前通道两侧各立石碑一座，石碑正面均为康熙御笔亲题《御制溥仁寺碑文》。

后殿宝相长新殿面阔九间，进深三间，中央三间设前廊，硬山屋顶，檐下用三踩单昂斗拱，殿内每间置无量寿佛一尊，共9尊，有"祝康熙皇帝万寿无疆"之意。佛像均高1.5米，结跏趺坐于高大的木雕须弥座之上，采用"髹漆夹纻彩绘"工艺制成，通体饰金。殿两侧各有5间配殿，原藏有《甘珠经》《丹珠经》共256部，现存于国家图书馆。

这座建筑群落除佛像、天花与彩画有明显喇嘛教特色以外，主体建筑形式与汉地佛寺无明显区别，代表了康熙时期寺庙建筑的风格特征。

钟楼

鼓楼

幡杆

天王殿

天王殿室内天花

慈云普荫殿

宝相长新殿

慈云普荫殿三世佛

宝相长新殿立面

慈云普荫殿西侧罗汉像

慈云普荫殿东侧罗汉像

宝相长新殿北侧

3 普乐寺

Pule Temple

级 别	国家级 / 世界文化遗产 / 国家 AAAAA 级旅游景区
年 代	清
地 址	双桥区喇嘛寺村东北 300 米处的山坡
看 点	坛城、旭光阁、宗印殿
其 他	购票参观

普乐寺建于乾隆三十一年（1766），次年八月竣工。位于承德市双桥区喇嘛寺村东北 300 米处的山坡上，占地面积约 2.4 万平方米。

乾隆三十一年平定噶尔丹、达瓦齐、阿睦尔撒纳等部族叛乱后，西北各族重归中央政府。乾隆皇帝为进一步团结前来觐见的各民族首领，达到"人天皈依"的目的，在溥仁寺与安远庙之间修建普乐寺，并采用了章嘉国师提供的寺庙布局。普乐寺因主殿旭光阁采用重檐圆顶攒尖形式，也被俗称为"圆亭子"。

普乐寺取名与普宁寺、安远庙统一的思想脉络，意在普天安宁和乐。乾隆说，"自西人之濒于涂炭也，湫隘阽危，不能终日，朕则为之求宁焉。既宁之后，奔奏偕徕，室家还定，朕则为之计安焉。既宁且安，其乐斯在。"不同于其他寺庙，普乐寺坐东朝西，西向避暑山庄永佑寺塔，东向直指磬锤峰主峰，有强烈的轴线关系。整体建筑布局前部为汉式传统的"伽蓝七堂"式，后半部采用喇嘛教建筑布局手法。建筑群落东西长 195 米，南北宽 93 米。自西向东建有山门、钟鼓楼、天王殿、宗印殿、旭光阁等。

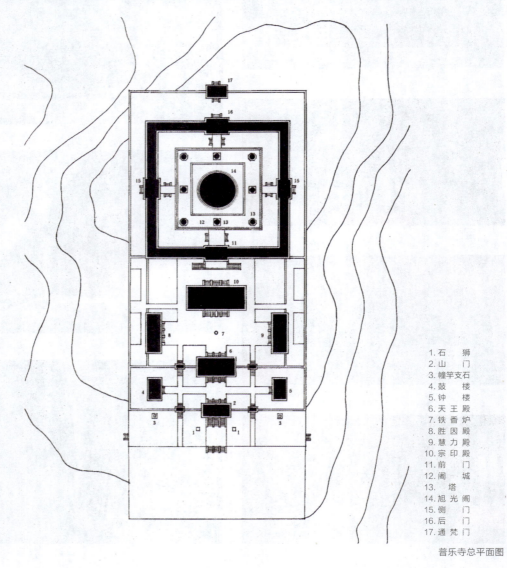

1. 石　狮
2. 山　门
3. 幢竿支石
4. 鼓　楼
5. 钟　楼
6. 天王殿
7. 铁香炉
8. 胜因殿
9. 慧力殿
10. 宗印殿
11. 前　门
12. 阇城
13. 塔
14. 旭光阁
15. 侧　门
16. 后　门
17. 通梵门

普乐寺总平面图

山门面阔三间，进深二间，单檐歇山顶，檐下施三踩单昂斗拱，券门上方嵌乾隆御书"普乐寺"汉、满、蒙、藏四种文字石匾。门前置石狮一对，幡杆两根。广场散植油松，设棂星门（现无存）。进山门左右为钟鼓楼，各三间，呈矩形，上覆黄琉璃瓦绿剪边。钟楼内有明万历年间铸造铜钟。

进山门后可见天王殿，面阔五间，进深三间，单檐歇山绿琉璃瓦顶，两侧设腰墙、腰门与二进院落隔开，正中悬乾隆御书"天王殿"匾。殿内供奉弥勒佛，两侧供四大天王像，背面为韦陀塑像，身披甲胄，手持金刚杵。

第二进院落正中为宗印殿，"宗印"意为时时印证佛法。此殿立于1.4米台基之上，面阔七间，进深五间，重檐歇山琉璃瓦顶，下檐施五踩单昂斗拱，上檐施七踩双昂斗拱。正面石阶中央置汉白玉雕龙御阶。殿内供横三世佛和木雕菩萨8尊。建筑屋顶正脊中间作黄色琉璃喇嘛塔，两侧用8条行龙驮负佛家八宝。宗印殿两侧各建硬山琉璃瓦顶配殿五间，北名胜因殿，南名慧力殿，殿内各供喇嘛教护法金刚三尊。

阇城亦称坛城，为巨大的方形三层高台，采用曼

普乐寺旧影

普乐寺远景

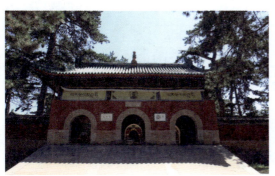
普乐寺山门

山门檐下斗拱

山门室内

山门室内转角

鼓楼

天王殿韦陀像

钟楼

天王殿室内斗拱及梁架

天王殿

天王殿弥勒像

天王殿室内梁架

宗印殿1

宗印殿室内梁架与彩画

宗印殿2

坛城西门

陀罗布局形式，是喇嘛教密宗修炼、观摩、传授秘法的道场。第一层台边长70米，四面正中各建单檐歇山琉璃瓦顶门殿三间，西门（正门）内立《普乐寺碑记》。四门之间原有廊房84间现已毁。两侧各有20级台阶可达第二层。

第二层石台，边长44.4米，高7.2米，四面正中辟券门，西券门上方镶嵌乾隆御书"舍卫现祥"石匾一方。台周建五色琉璃喇嘛塔共8座。

第三层石台边长32.8米，高6.6米，四面正中辟券门。台顶周施汉白玉栏杆，正中为主体建筑旭光阁。建筑仿北京天坛祈年殿所建，平面为圆形，重檐黄琉璃瓦攒尖顶，施金柱、檐柱各12根，代表12地支及不同时间方位，直径21米，通高24米，檐下施镏金斗拱。阁顶施龙凤天花和云龙戏珠藻井，藻井采用三层重翘重昂九踩斗拱形式，由外向里推进，藻井中心雕口衔宝珠的团龙。阁内中央为大型木制曼陀罗坛，为我国最大曼陀罗实体，用37块木头构成。坛顶中央供上乐天佛双身欢喜佛铜像。上乐王佛是欢喜佛中一尊。男像上乐王佛是大日如来的法身像，三面十二臂，正面直对磬锤峰，代表智慧；女像明妃一面双臂，遥对永佑寺舍利塔，代表禅定。这是藏传佛教密宗最高修炼形式。

旭光阁

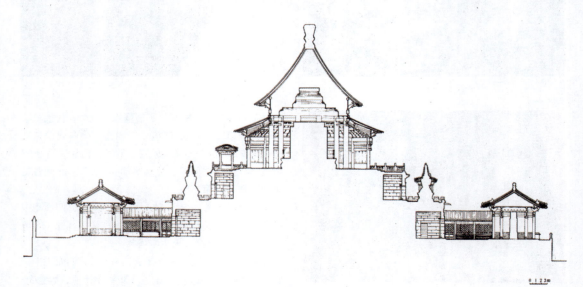

旭光阁及坛城剖面

旭光阁室内

旭光阁外檐斗拱

旭光阁曼陀罗

从旭光阁向北望磬锤峰

五色琉璃喇嘛塔

五色琉璃喇嘛塔

4 安远庙

Anyuan Temple

级 别	国家级
年 代	清
地 址	双桥区狮子沟镇喇嘛寺村北
看 点	普渡殿
其 他	购票参观

安远庙，亦称伊犁庙，位于双桥区狮子沟镇喇嘛寺村北，建于清乾隆二十九年（1764）。

乾隆十年（1745），准噶尔噶尔丹策凌病故，各大贵族为夺取汗位发生叛乱。阿睦尔撒纳带兵占领伊犁烧杀抢掠，宗教圣地"固尔扎庙"也惨遭焚毁。乾隆二十四年（1759），厄鲁特蒙古准噶尔部达什达瓦部离开生活多年的家园，从伊犁不远万里投奔清廷，迁居热河。乾隆帝为了"柔怀远人"，下令仿照新疆伊犁的固尔扎庙建造安远庙，作为他们从事宗教活动的场所。"安远"有安定、安抚边远之意。

安远庙坐东北朝西南，面向避暑山庄。平面呈矩形，占地面积约 2.75 万平方米，总建筑面积约 1.16 万平方米。设双重围墙，庙内共有三进院落，主要建筑集中在后部并沿轴线纵深布局。其中有棂星门 3 座（已毁）、山门、配殿、台门、回廊、碑亭、普渡殿和门楼殿。

山门为砖石结构三券门，重檐歇山琉璃瓦顶，中券上方嵌乾隆御书"安远庙"匾额。南北两侧原有 5 间配殿，可存放仪仗经卷等物品。其后为大型砖石平台式城门，台面墙壁饰藏式盲窗。后院为一组由单层裙房围合的正方形院落，南面中部建门殿 3 间，内置《安远庙瞻礼书事》碑，记述了建庙的经过。院落原有东西两侧各十七开间，南北两侧各十八开间。这种用房间围合组成院落的形式为藏传佛教中最常见的"嘛呢噶拉廊"。可惜廊房已毁坏，仅存门殿。

廊房正中为主体建筑普渡殿，平面呈正方形，为重檐三滴水歇山顶建筑，面阔七间，进深七间，通高 27 米。下檐、腰檐施五踩单翘单昂斗拱，上檐施七踩重昂斗拱。底层以砖石砌筑，正面辟三座圆券门，后面辟一座圆券门，各墙饰藏式方形盲窗。外观四层，实际三层，二、三层为汉式楼阁，装木制菱花隔扇。普渡殿与四周廊庑呈"回"字形平面，即"都纲法式"布局。普渡殿一、二层平面房七间，檐柱、老檐柱、金柱环布四周。三层正、侧面仍七开间，尽间收进半步架。殿内四周设走马廊两层，围以栏杆，将大殿内

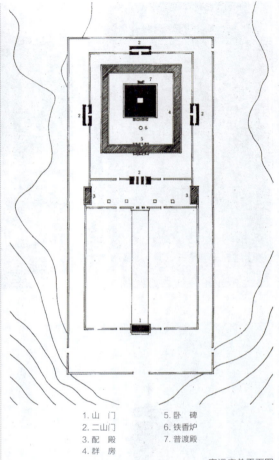

1. 山 门   5. 卧 碑
2. 二山门   6. 铁香炉
3. 配 殿   7. 普渡殿
4. 群 房

安远庙总平面图

《安远庙瞻礼书事》碑

安远庙山门

安远庙甬道

承德市

安远庙城门

安远庙门殿

普渡殿

里隔成三层。外观的第四层（实际为屋顶的重檐结构）收成五间。大屋顶高达 8.8 米，稍大于整个建筑立面的三分之一。普渡殿屋顶施以黑色琉璃瓦，较为罕见。新疆固尔扎庙毁于大火，安远庙黑瓦着顶，意在以水克火。

殿内四壁一、二、三层分别以白、绿、红色为主调，画满了以《佛国流源》和神佛战胜"八可畏"为主要内容的壁画。一层画幅高 3 米，二层画幅高 1.5 米。画面有佛国净土的琼楼玉宇，有清代城市、村落风貌、寺塔、山水、人物、花鸟。人物画中有庄严具足的佛、清秀柔丽的菩萨、粗犷凶猛的天王……线条流畅，造型生动，富有生活气息，具有很高的艺术价值，现已严重破损。一层供奉主尊绿度母，木雕，头戴宝冠，凝神垂目，神态安详。像前金柱面北挂条幅"竺乾云护三摩峙，朔漠风同万里绥"。二楼供三世佛和六大菩萨。顶部为八角形藻井，中塑盘龙衔珠图案。

安远庙集蒙古族与汉式建筑风格于一体，在建筑艺术上有较高价值。

普渡殿内绿度母

普渡殿山墙

普渡殿室内

5 普宁寺

Puning Temple

级　别	国家级
年　代	清
地　址	双桥区普宁路 1 号
看　点	前汉后藏式布局、大乘阁、世界上最大的金漆木雕大佛
其　他	购票参观

普宁寺位于双桥区狮子沟镇二道河村西，因寺内供奉着一尊世界上最大的金漆木雕大佛，又被称为"大佛寺"。普宁寺始建于清乾隆二十年（1755），是乾隆皇帝两次平定准噶尔叛乱后，取"臣庶咸愿安其居，乐其业，永永普宁"之意，仿西藏桑鸢寺建造的一座黄教寺庙。此庙是乾隆时期在承德修建的外八庙中最早的一座。

普宁寺坐北朝南，南北通长 390 米、东西通宽 315 米，总占地面积 10.2 公顷。寺庙主体建筑沿南北中轴线分布，呈对称格局，以大雄宝殿为界，寺分前后两部分。前半部为汉式"伽蓝七堂"布局，置有三座牌坊（已毁）、山门、御碑亭、钟鼓楼、天王殿、东西配殿及大雄宝殿，南北长 155 米。后部为藏式建筑，系仿西藏山南桑鸢寺建造，南北长 100 米，建于大雄宝殿后 8.92 米的金刚山上，依山布置。这部分以大乘之阁为中心，分别置有四大部洲、白台、四智塔、日月殿、妙严室、讲经堂等建筑。

山门面阔五间，进深二间，单檐歇山黄色琉璃瓦顶绿剪边，居中三间开石拱券门，两稍间作石拱窗，中门上方悬乾隆御书"普宁寺"云龙陛匾。山门前原有三座汉式木牌坊，正中一座曰"胜缘""法护"，东面牌坊为"金界""宝林"，西面牌坊为"福田""觉海"。三座牌坊围合成寺庙前广场，是宗教活动的场所。现牌坊已无存。

御碑亭方形，面阔进深各三间，重檐歇山琉璃瓦顶，内置乾隆御制碑三通。石碑南面均为满文，东西两侧为蒙文及藏文，北面用汉文书写。正中为《普宁寺碑记》，东侧为《平定准噶尔勒铭伊犁之碑》，西侧为《平定准噶尔后勒铭伊犁之碑》。碑亭两侧为钟鼓楼。

天王殿面阔五间，进深三间，单檐歇山琉璃瓦顶，

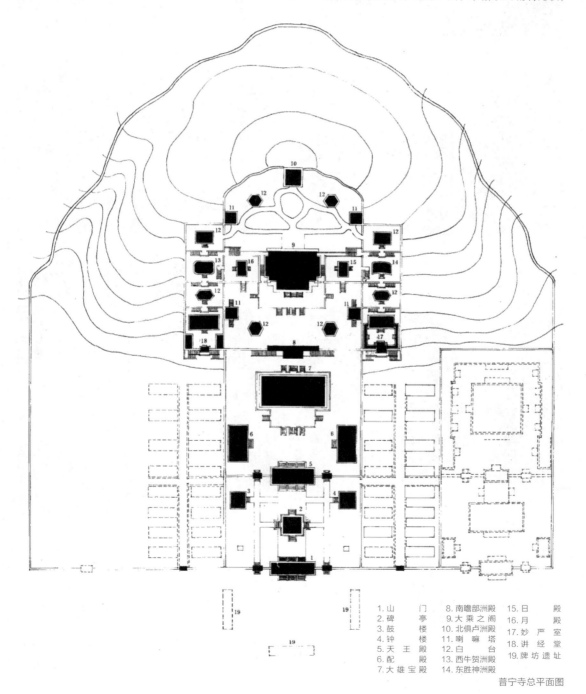

1. 山　　门　　8. 南瞻部洲殿　　15. 日　　殿
2. 碑　　亭　　9. 大乘之阁　　　16. 月　　殿
3. 鼓　　楼　　10. 北俱卢洲殿　　17. 妙 严 室
4. 钟　　楼　　11. 喇嘛塔　　　　18. 讲 经 堂
5. 天 王 殿　　12. 白　台　　　　19. 牌坊遗址
6. 配　　殿　　13. 西牛贺洲殿
7. 大雄宝殿　　14. 东胜神洲殿

普宁寺总平面图

普宁寺旧影

普宁寺山门

普宁寺转角

普宁寺室内梁架

普宁寺碑亭

普宁寺碑

内供四大天王、弥勒、韦陀等像。东西配殿供三尊木雕佛，为1992年重制。东配殿供降阎魔尊、大黑天、吉祥天母，西配殿供文殊、观音、普贤三大士。

大雄宝殿面阔七间，进深五间，重檐歇山琉璃瓦顶，正脊中央置铜镏金喇嘛塔，上檐施七踩单翘双昂斗拱，下檐施五踩单翘单昂斗拱。殿内供木雕三世佛，法相庄严。三世佛上正中匾额为"仁祐大千"，意为佛以仁德普祐大千世界。两侧须弥座上有十八罗汉塑像，壁面绘罗汉、菩萨等。

大雄宝殿之后，地势陡然升起，以条石砌筑挡土墙，两侧蹬道可达台顶。此部分建筑是依据桑鸢寺形制设计建造的藏式建筑曼陀罗，以藏传佛教密宗的宇宙观形象为蓝图。根据喇嘛教教义，需以须弥山为吉祥山，山下有四大部洲及八小部洲。区域内的小型建筑均用藏式，以白台或红台为底，上建不同形式的小殿、白台或喇嘛塔。

钟楼

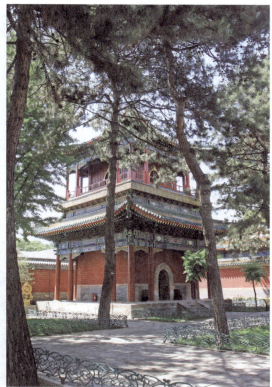
鼓楼

天王殿

大雄宝殿

大雄宝殿檐下转角斗拱

大雄宝殿室内

大乘之阁的南面为南瞻部洲殿，平面奇特，呈梯形布局，又称三角殿；大乘殿北侧山坡上的藏式方台之上，建北俱卢洲殿，内供财宝天王，又称方殿；西侧有四角圆弧状白台为西牛贺洲殿；阁东是建在弯月状白台上的东胜神洲殿。

大乘之阁的南北又设正六边形双层白台四座，其中东北、西北设矩形白台，东南、西南设扁六边形双层白台，分别象征着八小部洲。东西两侧的矩形白台上建有黄琉璃瓦小殿，分别为日殿、月殿。大乘之阁按照桑鸢寺形制也在四角布置了红绿黑白四座喇嘛塔，每座喇嘛塔分为基座、塔身、相轮三个部分，四座塔形状各不相同，装饰以不同琉璃花饰，设计精巧别致，很有特点。

后半部主体建筑——大乘之阁为整个寺院的核心，面阔七间，进深五间，建筑面积1310平方米，通高37.4米。南面出檐六层，北面依地势减为四层，东西两面下出抱厦各五层檐。前后檐依汉式做法，装三角六椀菱花窗；东西两山下檐实封，上开藏式方窗。阁身逐层内收，上起四角攒尖琉璃顶，除主顶外，第五层四角各出小攒尖顶一个。大乘之阁正面檐下悬有乾隆御笔"大乘之阁"及"鸿庥普荫"云龙陛匾。

阁内实为三层，中部上下贯通，内供金漆木雕千手观音像，高22.28米，立于1.22米高的汉白玉须弥座上，重达110吨，是佛像雕塑中的精品。大佛共有

大乘之阁

大乘之阁南立面

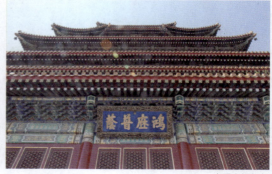

大乘之阁细部

大乘之阁立面图

大乘之阁剖面图

南瞻部洲殿

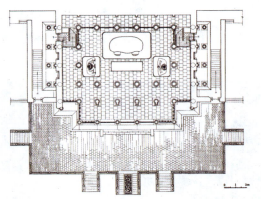
大乘之阁首层平面图

东配殿

西配殿

42 只手臂，43 只眼睛，头顶宝冠上置有一尊高大 1.53 米的无量寿佛。大佛工艺精良，造型优美，结构复杂，其悬挑手臂的制作工艺与技艺至今不能破解。这尊大佛于 1999 年被载入世界吉尼斯纪录。大佛两侧善财、龙女木雕像各高 15.6 米。两山墙作万佛龛，龛内各置金漆藏泥无量寿佛一尊，计 10090 尊。阁内二层供金漆木雕三世佛及不同形状宝塔共 8 座。大乘之阁最上层悬乾隆御笔"真如圆满"，对联为"传大千法宝，阐第一宗风"，二层对联为"半满真言参不漏，色空妙谛证无遮"。

阁东西两侧建妙严室、讲经堂各一院，分别为乾隆皇帝礼佛休息之所和国师章嘉活佛讲经之处。

普宁寺建筑群在汉式建筑基调上融合了大量藏式建筑手法，有取有舍。大乘之阁没有直接借用西藏桑鸢寺乌策殿五顶分离的都纲法式原型，而是改为了五顶相连的汉式楼阁形式，形成中心突出建筑整体。四大部洲和日月两殿将藏式平顶建筑作为基座，上作汉式木作建筑。建筑整体设计主次有序，充分结合了汉式藏式建筑特征，并达到美学上的高度和谐统一，代表了清代鼎盛时期建筑的最高水平。

大乘之阁前

红喇嘛塔及妙严室侧墙

大乘之阁东侧日殿、东胜神洲殿、白台及黑喇嘛塔

大乘之阁西侧月殿、西牛贺洲殿、白台及白喇嘛塔

绿喇嘛塔

从高台望红喇嘛塔

东胜神洲殿

北俱卢洲殿

6 普佑寺

Puyou Temple

级　别	国家级
年　代	清
地　址	双桥区普宁路普宁寺东
看　点	法轮殿基址，配殿内罗汉
其　他	购票参观，与普宁寺联票

普佑寺位于普宁寺东，建于清乾隆二十五年（1760）。该年适逢乾隆皇帝50寿辰，其母皇太后70寿辰，此外清朝又一次平定回部大小和卓部的叛乱，彻底结束西北边疆90年分裂割据的混乱局面。准噶尔部达什达瓦部为平叛做出巨大牺牲，并将烧毁的固尔扎庙残留铜像及残片献给乾隆皇帝。乾隆命将其熔化重新铸造一尊释迦牟尼像，并供奉在新建普佑寺的主体建筑法轮殿内。这座寺院同时还是藏传佛教的经学院，是除北京雍和宫外的又一座喇嘛经学院。

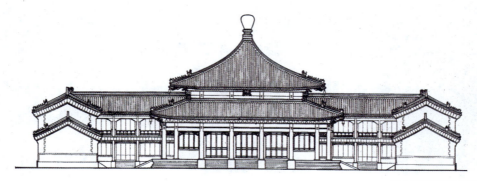

普佑寺法轮殿及群楼原立面图

普佑寺坐北朝南，南北长 116 米、东西宽 59.3 米，占地面积 9000 平方米，建筑面积 2762 平方米。由南至北依次有山门、大方广殿、天王殿、法轮殿、后经楼及东西配殿各二座。天王殿两侧建腰墙，辟披门将全寺分为前后两部分。

山门面阔五间，进深三间，单檐歇山黄琉璃绿剪边瓦顶，檐下施单翘单昂五踩斗拱，木构架为五架梁。明间、次间前后檐辟石券门，前后稍间饰石雕拱窗。梁架大木、天花板等处绘旋子、金线点金及梵文六字真言彩画。券门上方嵌乾隆帝御书"普佑寺"石匾。

大方广殿位于山门北侧，面阔七间，进深五间，建于高 1 米的石砌台基之上，单檐庑殿顶，檐下悬乾隆御书"大方广殿"云龙匾额。东西两侧各有面阔三间，进深一间的配殿，为歇山布瓦顶，砖木结构。现只存基址。

天王殿位于大方广殿北侧，面阔三间，进深一间，建于石砌台基上，为单檐歇山绿剪边琉璃瓦顶，殿内供四大天王及韦陀像。

主体建筑法轮殿平面呈正方形，面阔、进深皆为七间，建于高 1 米、雕刻精美的石砌须弥座台基之上，重檐四角攒尖黄琉璃瓦顶，殿内供铜镏金释迦牟尼像一尊。现只存基址。法轮殿东西两侧有配殿，均建于高 0.56 米的台基之上，平面呈矩形，面阔五间，进深一间，前出廊，为单檐硬山黄剪边绿琉璃瓦顶。斗拱为一斗二升交麻叶头，梁架结构为六架梁前单步梁。现只存基址。

另有东西禅房（又称顺山房），平面呈矩形，面阔九间，进深一间，单檐硬山布瓦顶，砖木结构。东西禅房内供奉原罗汉堂的八百罗汉像。

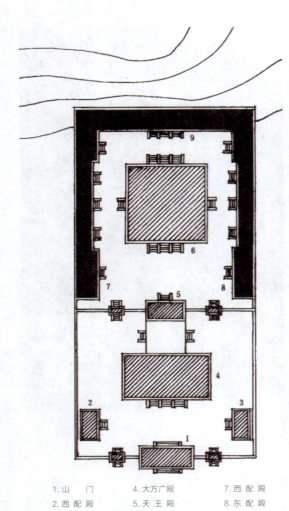

1. 山　门　　4. 大方广殿　　7. 西配殿
2. 西配殿　　5. 天王殿　　　8. 东配殿
3. 东配殿　　6. 法轮殿　　　9. 经楼

普佑寺总平面图

普佑寺山门

经楼平面呈"凹"字形,二层,每层计21间,进深二间,正面为16间,两侧各5间。楼内供大日如来等藏式佛像。现只存基址。

普佑寺原为外八庙喇嘛的经学院,藏语称"扎桑"。清朝鼎盛时期,全国仅有两所喇嘛经学院,一所在北京雍和宫,另一所就设在承德普佑寺。当时外八庙及蒙古各部的喇嘛来此学经深造者甚多。1964年普佑寺遭雷击起火,寺内大部分建筑和文物被烧毁,现已部分修复。

普佑寺山门细部

法轮殿配殿

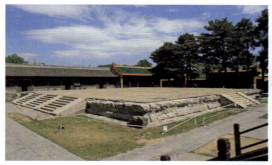

法轮殿遗址

原普佑寺鸟瞰

7 须弥福寿之庙

Xumi Fushou Temple

级 别	国家级
年 代	清
地 址	双桥区狮子沟北侧北环路
看 点	妙高庄严殿、琉璃万寿塔、布局形式
其 他	购票参观

须弥福寿之庙位于双桥区狮子沟镇狮子沟村。清乾隆四十四年(1779),乾隆帝为迎接为其祝寿的六世班禅,仿西藏日喀则扎什伦布寺所建的喇嘛庙,又称"班禅行宫",次年(1780)建成。

须弥福寿之庙依山而建,坐北朝南,占地面积3.79万平方米,建筑面积1.176万平方米。总平面不严格对称,但又呈纵深的均衡布局。由南至北主要有五孔石拱桥、山门、碑亭、石雕象、琉璃牌坊、大红台、妙高庄严殿群楼、御座楼、吉祥法喜殿、生欢喜心殿、假山磴道、万法宗源殿、大小白台及琉璃万寿塔等。

寺庙自五孔石桥开始,桥北为山门,门前设石狮子一对。山门下为墩台,开三券门,上建面阔三间的单檐歇山琉璃瓦顶门楼。进入山门,院内正中设碑亭。碑亭施重檐歇山黄琉璃瓦顶,内置《御制须弥福寿之庙》碑一通,以四种文字记录了建庙的经过。碑亭以北,地势陡然高起,循石阶可达琉璃牌坊。

牌楼为三间四柱七楼形制,通体琉璃镶嵌。牌坊前置石象一对。牌坊以北即为须弥福寿之庙主体建筑——大红台。大红台与东南角的东红台、西北角的吉祥法喜殿组成庞大的建筑群,由三层群楼和三层楼阁妙高庄严殿组成,外观蔚为壮观。平面呈"回"字形,建筑面积3240平方米,是"都纲法式"的一种发展形式。群楼外墙为深红色,各面开三层方窗,每层13个,

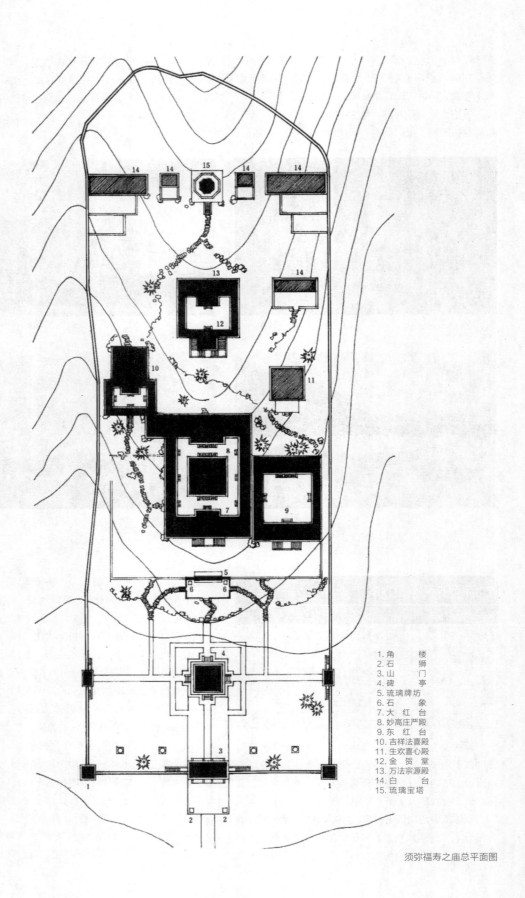

须弥福寿之庙总平面图

1. 角　　楼
2. 石　　狮
3. 山　　门
4. 碑　　亭
5. 琉璃牌坊
6. 石　　象
7. 大 红 台
8. 妙高庄严殿
9. 东 红 台
10. 吉祥法喜殿
11. 生欢喜心殿
12. 金 贺 堂
13. 万法宗源殿
14. 白　　台
15. 琉璃宝塔

须弥福寿之庙老照片

玻璃牌坊及大红台老照片

须弥福寿之庙石桥

须弥福寿之庙门楼

碑亭

《御制须弥福寿之庙》碑

窗楣上嵌琉璃垂花门头。正面底层中央辟方门。东楼、北楼、南楼祀佛；西楼供法器。群楼顶部设女儿墙，四角各建单檐庑殿琉璃瓦顶角亭一座。

群楼正中为主殿妙高庄严殿，为六世班禅法驾承德讲经之所。建筑平面呈方形，各面阔七间，屋面施重檐攒尖顶，上覆鎏金鱼鳞铜瓦，每条脊上各有两条上下相对的行龙，共有8条，每条约一吨。行龙弓身翘尾，鼓目生威，栩栩如生。宝顶为法铃状，造型考究工艺精美。殿内一层供奉释迦牟尼和宗喀巴，东侧为六世班禅讲经的宝座；二层供释迦牟尼及二弟子；三层原供奉密宗佛像，现仅存佛座、背光。

大红台东南角与东红台相接，东红台群楼高二层，

琉璃牌坊

琉璃牌坊细部

大红台

大红台群楼

大红台立面

中央建方形单檐庑殿琉璃瓦顶殿堂一座，每面三间。

吉祥法喜殿接大红台西北角，为班禅驻锡之所，面阔五间，进深三间，高二层，重檐歇山鎏金铜瓦顶。下层中设佛堂，东西稍间为班禅会客厅和寝宫，上层为作佛事的佛堂。班禅在此接受蒙古王公、贵族的礼拜。

红台北侧为金贺堂与万法宗源殿。万法宗源殿面阔九间，进深三间，高二层，单檐歇山琉璃瓦顶。上层为佛堂，下层为班禅随从住所。

最北侧为琉璃万寿塔，塔建于方形石台上，由白石雕砌的八角形须弥座承托。塔身为八角七级实心楼阁式塔，通体用黄绿琉璃砌筑。塔座周圈设宽大的木构回廊，檐柱每面四柱三开间，施五踩单翘单昂鎏金斗拱。塔身各面作拱形佛龛，龛内各置坐佛一尊，周围遍布佛教主题线刻。

须弥福寿之庙是外八庙中最后修建的一座，寺庙化零为整，充分利用连廊组织几组大型建筑群落，布局完整又不拘泥于绝对对称。建筑装饰丰富极具设计感，有效地烘托了建筑恢宏绚丽的气质，并传神地提取了汉藏建筑的装饰精华。它代表着藏汉建筑的艺术结合进入了更为成熟的阶段，具有很高的建筑艺术价值，同时也为维护祖国统一、民族团结发挥了重要作用，具有重要的历史价值。

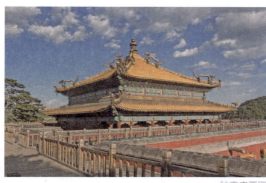
妙高庄严殿

妙高庄严殿金顶

琉璃宝塔

琉璃宝塔老照片

琉璃宝塔底层

琉璃宝塔石雕

琉璃宝塔内檐斗拱

8 普陀宗乘之庙

Putuo Zongcheng Temple

级　别	国家级
年　代	清
地　址	双桥区狮子沟北侧北环路
看　点	大红台、万法归一殿、金顶
其　他	购票参观

普陀宗乘之庙位于双桥区狮子沟镇狮子沟村西，避暑山庄正北。始建于清乾隆三十二年至三十六年（1767—1771），是为祝贺乾隆帝60寿辰和皇太后80寿辰，仿西藏布达拉宫而建。布达拉即普陀山，普陀宗乘也是藏语布达拉的汉译，故此庙又有"小布达拉宫"之称，是外八庙中规模最大的一座喇嘛庙，占地面积为22万平方米。

寺庙的总体布局与西藏布达拉宫相似，坐北朝南，建筑依山势而建，主体建筑由红、白台构成，位于山巅，

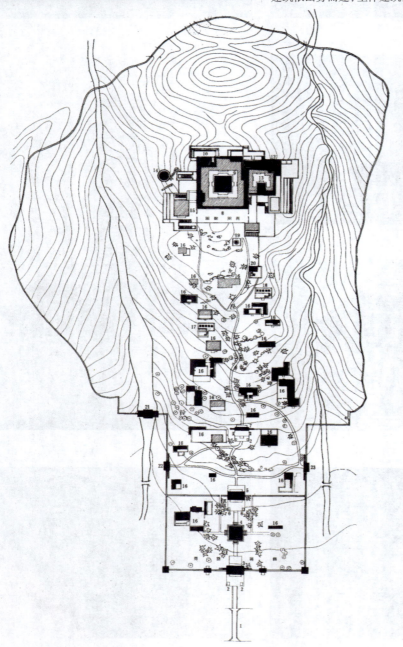

1. 石　　桥
2. 石　　狮
3. 山　　门
4. 碑　　亭
5. 五　塔　门
6. 石　　象
7. 琉璃牌坊
8. 大　红　台
9. 万法归一殿
10. 慈航普度
11. 洛伽胜境殿
12. 权衡三界
13. 戏　　台
14. 圆　　台
15. 千　佛　阁
16. 白　　台
17. 西五塔白台
18. 东五塔白台
19. 单塔白台
20. 白台钟楼
21. 三塔水口门
22. 西　　门
23. 东　　门

普陀宗乘之庙总平面图

普陀宗乘之庙旧影 1

普陀宗乘之庙旧影 2

普陀宗乘之庙鸟瞰

普陀宗乘之庙远景 1

普陀宗乘之庙远景 2

气势雄伟。大量白台碉房建筑依据山势布局，没有明显的中轴线。建筑群落包括近50座佛殿、经堂、僧房、白塔、梵塔等藏式建筑，总建筑面积3.24万平方米。

建筑群整体呈纵向自由式布局，分为前、中、后三部分。前部有五孔石桥、山门、碑亭、五塔门及几处白台。五孔桥长33米，宽5.6米，通体汉白玉砌筑。山门为城门形制，下筑砖砌三孔拱洞门券台，台上建面阔五间、进深二间的单檐庑殿顶门楼。碑亭为方形，面阔进深各三间，单檐歇山琉璃瓦顶，内置乾隆御制碑《普陀宗乘之庙碑记》《土尔扈特全部归顺记》《优恤土尔扈特部众记》共三通，记载了建庙的意图及土尔扈特部重返祖国的始末。五塔门为砖石筑藏式平顶墩台，台高10米，下开拱券门三道，上方作藏式盲窗，台顶建黑、白、黄、绿、红五色喇嘛塔各一座。五塔门两侧各立一只石雕白象。

中部建筑主要为琉璃牌坊和东西五塔、白台及单塔白台等20余处藏式白台。牌坊为三间四柱楼式琉璃牌坊，左右立石狮一对。穿过牌坊地势逐渐升高，大大小小的白台建筑20余座分布左右。白台模仿藏式建筑碉房，通常作为建筑的基座或背景，模仿了西藏布达拉宫山脚下鳞次栉比的僧舍。此外设计者将汉式木构建筑置于白台之上或白台庭院之内，使两种建

普陀宗乘之庙山门

普陀宗乘之庙碑亭

碑亭细部

五塔门前白象

五塔门

筑风格自然结合。

　　普陀宗乘之庙的后部主要为素有小布达拉宫之称的大红台。大红台为普陀宗乘之庙主体建筑，通高43米，是由多组建筑组合的大型建筑群落。中部为万法归一殿及群楼，东部为洛伽胜境殿及群楼，西部为千佛阁。这三组建筑都立于高约17米的白台之上，三组建筑以大红台为中心，连为一体，形制不一，高低不等，增强了整组建筑的立体感。大白台壁面设三层藏式梯形盲窗，东西两侧设入口，可沿室外到达台顶。

　　白台西部为千佛阁，其正面为三座琉璃垂花门，正中门额上有乾隆御笔题写"千佛阁"石匾。当年为乾隆皇帝祝贺60大寿时，蒙古48家王公贵族进奉了千尊无量寿佛，收藏于此阁内。后佛像移至北京，现已不存。

　　白台顶部中央为大红台，大红台南面正中自上而下嵌有六个黄绿色琉璃佛龛，突出了红台中轴线。白台上竖立着四个巨大的嘛呢杆，五彩经幡悬挂其上。大红台内部由边长59.7米的三层方形群楼围合封闭。首层群楼中间设门，南群楼为"秘密胜境"，北群楼题"极乐世界"，东群楼题"皮经之阁"，西群楼题"大乘妙峰"。

　　裙楼中央的万法归一殿平面为正方形，面宽进深均为七间，屋顶为重檐四角攒尖镏金瓦顶。檐下正中悬挂乾隆御笔"万法归一"云龙陛匾。殿顶覆盖铜镏金鱼鳞瓦，宝顶为藏式法铃状，极为绚丽豪华。据记载，

承德市

乾隆御制碑

琉璃牌坊

琉璃牌坊细部1

琉璃牌坊细部2

万法归一、慈航普度、权衡三界的镏金瓦共用头等金叶15000多两。至今屋檐上还留有当年日寇抢盗金顶时的刮痕。

万法归一殿正中为高大的空井，周围环列20根金柱，顶部施斗四套叠八角形方井，中心为金漆蟠龙。殿内正中供奉释迦牟尼像，为站姿旃檀佛像，左手下垂结与愿印，右手屈臂上指施无畏印。两侧为圆底珐琅塔，北面为两座紫檀木万寿塔。佛龛左右各有一红色木珊瑚。佛龛后宝座床是为西藏政教领袖达赖喇嘛而设，但当时八世达赖年仅13岁，未能前来朝觐，因此宝座并未使用。宝座后原有一幅巨大的无量寿佛挂像，后被军阀汤玉麟盗走，至今下落不明。现在陈设的为复制品。

东群楼"庋经之阁"为原收藏经文之地，原有藏经108套，满文般若经18套。南群楼为"秘密胜境"原为传授秘法的道场。东西次间各有一座八边形紫檀木塔，共9层通高19米，通过二、三层直达群楼平台。西群楼题"大乘妙峰"内供奉五尊铜铸绿度母。北群楼题"极乐世界"内供三世佛及九尊无量寿佛。

裙楼顶部西北角建重檐六角亭，名"慈航普度"；南楼顶部建东西两座塔罩亭。大红台东为"东群楼"，由洛伽胜境殿、群楼及戏台组成。群楼顶部东北角建八角重檐镏金铜瓦顶的"权衡三界"亭，亭内供铜镏金吉祥天母像，工艺高超造型优美。

整座寺庙建筑形式大量使用厚墙、小窗、平顶、高台等藏式建筑手法，并进行了艺术加工。主体建筑如万法归一殿、权衡三界殿及慈航普度殿，均采用清官式建筑形式，遍施镏金瓦顶并精心设计构件形式，与红台的藏式元素很好地结合。这座建筑是清代汉藏建筑风格融合于一体的优秀典范。

大红台远景

大红台西侧台阶

大红台

大红台前嘛呢杆

大红台立面细部

大红台群楼

千佛阁

千佛阁内院

权衡三界殿

金顶

权衡三界殿吉祥天母

万法归一殿室内

从大红台俯瞰南方

万法归一殿立面

万法归一殿藻井

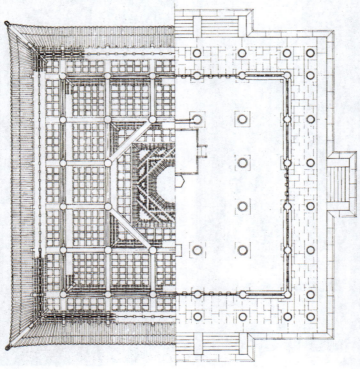

万法归一殿平面图及梁架仰视图

9 殊像寺

Shuxiang Temple

级　别	国家级
年　代	清
地　址	双桥区狮子沟镇殊像寺村避暑山庄之北，普陀宗乘之庙西
看　点	会乘殿
其　他	不开放

外八庙最西北一座寺庙是殊像寺，建于清乾隆三十九年(1774)。因寺内喇嘛全部为满族，也称乾隆家庙。建筑群落东西宽 115 米，南北纵深 200 米，占地约 2.3 公顷。

《高宗殊像寺落成瞻礼即事成什有序》碑中记载，乾隆二十六年（1761），皇太后 70 寿辰，乾隆皇帝上五台山进香，观殿内塑像庄严肃穆，回北京后在香山建"宝相寺"，又于三十九年（1774）于承德建殊像寺。

殊像寺布局依照典型汉传佛教的布置。正南处主

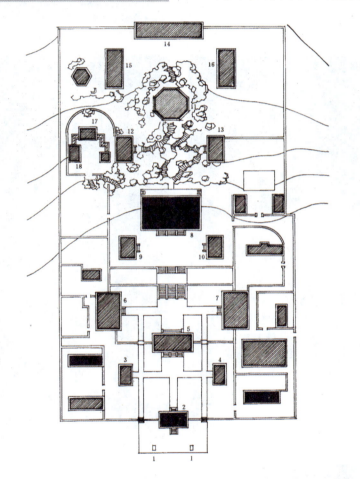

1. 石　狮
2. 山　门
3. 鼓　楼
4. 钟　楼
5. 天王殿
6. 演梵堂
7. 馔香堂
8. 会乘殿
9. 面月殿
10. 指峰殿
11. 宝相阁
12. 雪静阁
13. 云来殿
14. 清凉楼
15. 彗喜殿
16. 吉晖殿
17. 香林室
18. 倚云楼

殊像寺总平面图

殊像寺山门旧影

殊像寺山门

入口为山门。面阔三间,进深一间,单檐歇山顶,内置哼哈二将。原天王殿内弥勒也暂放置于中央。山门前左右设石狮子一对。

第一进院落东西为钟鼓楼,面阔三间,进深一间,单檐歇山顶。正中天王殿仅存基址。第二进院落的东西配殿原有馔香堂及演梵堂,现仅存基址。地势逐渐高起,中央主殿为会乘殿,立于两重台基之上。面阔七间,进深五间,重檐黄琉璃瓦歇山顶,下檐施五踩单翘单昂斗拱。上檐施七踩单翘重昂斗拱。殿内供奉三大士坐像,从左至右依次为骑犼的观音菩萨,骑狮的文殊菩萨,骑象的普贤菩萨。其前左右放置三重塔

殊像寺山门梁架

哼哈二将

原天王殿内弥勒像

钟楼

鼓楼

会乘殿转角斗拱

会乘殿

会乘殿天花及彩画

会乘殿室内

楠木佛龛，两侧墙壁有经橱，上下四层左右各11行。原放置满文《大藏经》108套等多种经文。殿正中悬"会通三际"匾。

会乘殿之后，随地势显现一组气势宏大的假山园林，属园林叠石佳作。假山顶矗立着宝相阁建筑，极具寺庙园林特色。宝相阁根据原有建筑构件复建，最大化还原损毁前的建筑原貌。阁身呈八边形，四正面设门，四斜面设槛窗，屋顶为八角重檐黄色琉璃攒尖顶。阁内石制须弥座上设文殊菩萨骑狮坐像。宝相阁北原有清凉楼，现已损毁，仅存基址。

会乘殿普贤菩萨像1

会乘殿普贤菩萨像2

会乘殿普贤菩萨像3

会乘殿楠木佛龛

修复后的殊像寺文殊像

修复后的殊像寺宝相阁

修复后的殊像寺室内

10 承德城隍庙

Town God's Temple of Chengde

级 别	国家级
年 代	清
地 址	双桥区西大街路北 95 号
看 点	城隍庙大殿
其 他	购票参观

承德城隍庙位于市区，始建于清乾隆四十三年（1778），乾隆皇帝曾亲临"拈香瞻礼"，并亲题"福荫严疆"匾额。现占地面积 3700 平方米，坐北朝南，采用佛教寺院"伽蓝七堂"的布局形式，中轴线上由南至北依次为门殿、前殿、主殿、后殿。

门殿面阔三间，进深一间，后出廊，为硬山黄琉璃瓦顶。东西两侧为钟鼓楼，均面阔一间，进深一间，两层悬山布瓦顶。前殿面阔三间，进深一间，后出廊，单檐硬山布瓦顶。前殿后侧有东西配殿各三间。前殿、

城隍庙山门

城隍庙鼓楼

城隍庙入口

城隍庙山门梁架

城隍庙钟楼

主殿及东西配殿之间设围廊连接，形成封闭式内院。主殿即"福荫严疆"殿，面阔七间，进深三间，建筑面积 207 平方米，重檐歇山黄琉璃瓦顶，前出三间卷棚歇山抱厦。上檐施五踩双昂斗拱，下檐施三踩单昂斗拱。后殿面阔五间，进深两间，内供奉城隍、城隍娘娘及侍女等神像。庙内存乾隆皇帝御制《初建城隍庙拈香瞻礼八韵有序》碑一通。承德城隍庙是研究古代城隍庙建筑形式和建筑艺术的实物资料。

城隍庙前殿

城隍庙前殿梁架

城隍庙主殿

城隍庙主殿梁架

城隍庙抱厦匾额

11 广缘寺
Guangyuan Temple

级 别	市级
年 代	清
地 址	承德市普佑寺东
看 点	外八庙中最小的寺庙
其 他	不开放

广缘寺位于承德市普佑寺东，建筑群落东、南、北三面环墙，北侧以山为屏。乾隆四十五年（1780），普宁寺堪布达喇嘛察鲁克斯为给乾隆皇帝祝寿出资兴建。

建筑群落坐北朝南，占地面积约为2500平方米，是承德山庄外围寺院中最小的一座。建筑依照汉地佛教"伽蓝七堂"布局，由南到北依次为山门、天王殿、大殿、后佛殿。

山门面阔三间，门额石匾内书"广缘寺"。天王殿面阔五间，正殿面阔七间，进深三间，单檐硬山顶。大殿即正殿，也是主殿，两侧有东西配殿各三间。后佛殿已毁。

广缘寺远景

广缘寺山门

广缘寺主殿背面

广缘寺主殿正面

12 热河文庙

Temple of Confucius of Rehe

级　别	市级
年　代	清
地　址	市区北部
看　点	承德中心文庙 建筑
其　他	购票参观

　　热河文庙位于双桥区西大街路北，清乾隆四十一年（1776）诏旨敕建，乾隆四十四年（1779）竣工。文庙坐北朝南，占地面积1.85万平方米。有东西并列三条轴线。中央轴线由南至北有大照壁、东西牌坊、棂星门、泮池石桥、碑亭、大成门、大成殿、崇圣祠及东西廊庑。东侧轴线有门殿、藏经阁及神库、神厨、牺牲亭等。西侧轴线为教授署，俗称"老师衙门"。由南至北有督学门、御碑亭、明伦堂、照厅、正厅及东西斋房等。

文庙棂星门

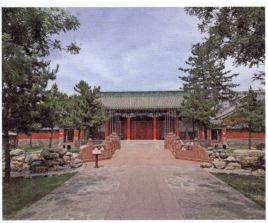
文庙泮池及大成门

大成门梁架1

大成门梁架2

文庙碑亭1

文庙碑亭2

文庙大成殿

大成殿立面细部

东配殿梁架及彩画

13 承德关帝庙
Temple of Guan Yu of Chengde

级　别	市级
年　代	清
地　址	承德市避暑山庄外丽正门大街 22-1 号
看　点	承德中心关帝庙 建筑
其　他	购票参观

承德关帝庙也称"武庙"。始建于雍正十年（1732），乾隆四十二年（1777）重修。

建筑群落坐西朝东，占地面积约为1900平方米，共有两进院落，主体建筑均为单檐硬山黄琉璃瓦顶。山门位于丽正门外大街上，门前有石阶及两根旗杆，中间有门，两侧为腰门。正殿面阔三间，后殿面阔五间。后殿前立乾隆御制《避暑山庄后序》石碑及大学士户部尚书梁国志撰文《重修关帝庙碑记》。

承德关帝庙

承德关帝庙梁架

前殿

前殿梁架

后殿

后殿梁架

14 五窑沟古窑遗址

Temple of Guan Yu of Chengde

级 别	市级
年 代	清
地 址	双桥区磬锤峰脚下
看 点	古窑遗址，避暑山庄及外八庙专用窑址
其 他	不开放

　　五窑沟是承德避暑山庄及外八庙兴建时砖瓦琉璃件的专用窑。五窑沟为东西走向，沿山约为 2～2.5 公里。其北坡均被浅黄色的黏土所覆盖，是制作砖瓦

五窑沟村山神庙

五窑沟窑址 1

五窑沟立窑

五窑沟窑址 2

五窑沟附近民宅墙上构件

五窑沟附近民宅墙基

五窑沟附近民宅墙基构件

的良好原料，故沟内的古窑多分布于此。依据当地习惯和古窑分布特点，五窑沟划分为 7 个窑区。学者兰义和对此进行了长期的调查研究，并发表多部著作。其在调查中发现立窑 23 处，拱窑遗址 3 处。目前大部分古窑已经损毁，亟待保护与研究。

五窑沟古窑遗址对于承德地区的建筑研究具有非常重要的意义。早在 1939 年，日本学者伊东忠太就对五窑沟进行过研究。从学者兰义和搜集的资料了解到，伊东忠太在一幅 20 世纪三四十年代绘制的"热河遗址配置图"中标注了五窑沟古窑的位置。此外，大量实物证据表明，避暑山庄及外八庙的砖瓦琉璃构件均取材于此。

15 磬锤峰摩崖造像

Cliffside Buddhist statues at Qingchui Peak

级　别	市级
年　代	清
地　址	双桥区磬锤峰国家自然公园
看　点	摩崖造像
其　他	购票参观

承德地区地处燕山低山丘陵武烈河与滦河交汇地带，海拔在 320～370 米，大地构造属内蒙古台背斜与燕山沉陷带过渡地带。在漫长的地质年代中，火山爆发岩浆喷流，岩层次序破坏，岩层中的钙质成分经岩浆与二氧化碳作用，形成不规则的造型，再经过长年的自然雕琢，形成千奇百怪的丹霞地貌景观。承德市区周边著名的丹霞地貌有：磬锤峰、蛤蟆石、僧冠峰、罗汉山、朝阳洞、天桥山、鸡冠山、回音谷、双塔山、元宝山、雕硠子、夹墙沟、蛋糕山等。

其中最为著名的当属磬锤峰，俗称"棒槌山"。《水经注·濡水》记载："又东南流迳武列溪，谓之武列水。东南历石挺下，挺在层峦之上，孤山云举，临崖危峻，可高百余仞。"石挺即为承德著名景点棒槌峰。其北部山冈远望似龙形，成为龙脊。东西为绝壁，东壁清末有一座小庙名为宝山寺。殿内石壁有摩崖石刻，共有造像 7 尊，龛为方形或长方形，高 2.5～3 米，均为藏传佛教造像。由南向北依次为：吉祥天母、米拉日巴、不动金刚。第四龛内有三尊造像，中间为黄教始祖宗喀巴，两侧为五世班禅罗桑依西和七世达赖格桑嘉措，第五龛为强巴佛。

吉祥天母像

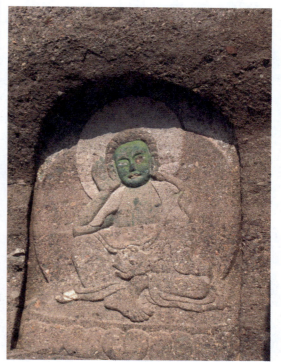

米拉日巴像

16 海云寺

Haiyun Temple

级　别	区级
年　代	清
地　址	双桥区武烈河东会龙山山坡
看　点	承德民间寺庙
其　他	免费参观

海云寺是一座较大型的民间寺庙，占地面积 3200 平方米，寺内供奉多神。建于康熙五十二年 (1713)，依山势而修建。据记载，海云寺原有登山石阶 35 级，可达至平台。正中为山门，自平台登上十二级石阶，上有前殿，面阔三间，进深一间。穿前殿上八级石阶为第二进院落。院内主殿三间，进深一间，前后有廊。殿前立碑两通，石狮一对。主殿两侧各有配殿三间，正殿前东西两侧各有一跨院。自第二层院落经后门为第三进院，有后殿五间，为娘娘殿。2008 年在拆迁过程中，海云寺东西北三面已被挖为陡坎，现仅存第二进院落部分建筑。

海云寺现存部分1

海云寺现存部分3

海云寺现存部分2

海云寺现存部分4

17 九仙庙
Temple of Nine Immortals

级　别	区级
年　代	清
地　址	双桥区医院后山九云顶
看　点	古庙古树
其　他	免费参观

　　清乾隆年间建，坐北朝南，有门楼一间，另有药王殿、娘娘殿、玉皇殿。殿前均有东西配殿，单檐硬山布瓦顶。现已残破。

九仙庙远景1

九仙庙与古树

九仙庙远景2

九仙庙远景3

18 承德老火车站
Old Railway Station of Chengde

级 别	区级
年 代	民国
地 址	双桥区车站路235号
看 点	日伪时期车站
其 他	免费参观

承德老火车站修建于1936年，位于现火车站北侧。整个车站融合了当时蒸汽机车的造型元素，又结合了承德避暑山庄及外八庙建筑中的中国元素。建筑主体为四角攒尖厅大厅，入口开三座拱券门，门券装饰精美。主体两翼建筑做假坡顶，西侧与高塔相连，东侧通过柱廊与另一建筑连接。

1936年承德火车站

承德火车站旧影

双滦区

19 双塔山辽塔
Pagodas of the Liao Dynasty at Mount Shuangta

级 别	市级/国家AAAA级景区
年 代	辽
地 址	双滦区滨河大街98号
看 点	奇峰、丹霞地貌、辽塔
其 他	购票参观

双塔山位于避暑山庄西南10公里处的双滦区，总面积3000公顷，是承德奇山之一，周围山峦奇秀，怪石峥嵘。现已修建为双塔山景区，内含博物馆、双塔山、三仙观、卧佛、骆驼峰、鳄鱼头等多个景点。

双塔山为南北相距8米的两座孤立的柱状石峰，两峰峰顶各有砖塔一座。南峰高30米、周长34米，北峰高35米、周长74米，双峰形态上大下小，绝壁耸立，峭不可攀。北塔为三层方形砖塔，清初时濒临倒塌，现已修复。南塔为方形单层，边长约2.5米。

双塔山辽塔近景

双塔山及辽塔

塔身内部中空,南面辟门,砖砌叠涩塔檐,四角出木角梁,塔顶已毁,残高约5.2米。据砖塔形制及散存的砖瓦构件考证,应为辽代所建。

《承德府志》记载:"东塔(南峰)之巅有古庙,不详何人所建,已就倾圮,旁有一小碑镌'王仙生'三字。"

清纪晓岚所著《阅微草堂笔记》虽为小说,但其中这段关于双塔山的故事确是为其增添了一层神秘的色彩,最为让人津津乐道:

有双塔峰,亭亭对立,远望如两浮图,拔地涌出,无路可上,或夜闻上有钟磬经呗声,昼时有云片往来。乾隆庚戌,命守吏构木为梯,遣人登视,一峰周围一百六步,上有小屋,屋中一几一香炉,中供片石,镌王仙生三字。一峰周围六十二步,上种韭二畦,滕畛方正,如园圃之所筑,是决非人力之所到,不谓之仙踪灵迹不得矣。

现双塔山公园内设立了一座辽文化博物馆,其中一尊辽代罗汉石刻像原位于北峰内,被盗后失而复得收藏于馆内。21世纪初两峰南侧曾建旋梯用以登顶观光,后于2003年拆除。

双塔山远景

20 琳霄观

Linxiao Taoist Temple

级　别	省级
年　代	清
地　址	双滦区滦河镇酒店村南侧铁道南
看　点	清早期建筑
其　他	不开放

琳霄观位于双滦区滦河镇酒店村南侧，建于清康熙四十九年（1710），民国二十四年（1935）重建，占地面积约3200平方米。琳霄观现归属当地粮库管理，当地俗称"娘娘庙"。

此观坐北朝南，布局规整。寺外原有两座木牌坊，自南向北原建有门殿、东西两侧幡杆座、钟鼓楼、灵官殿、东西配殿、月台、圣母殿、火神殿、东耳房等。现仅存灵官殿基址、东西配殿、月台、圣母殿、火神殿、东耳房。

圣母殿前的东西配殿面阔三间，进深三间，前后廊结构，单檐硬山布瓦顶。现前后檐改为现代木门窗，殿内金柱间梁架结构为五架梁。

圣母殿，前有月台，面阔五间，进深三间，前后廊单檐硬山布瓦顶建筑。现前后檐柱间已改为现代木门窗及墙体，殿内金柱间梁架为五架梁，保留有清式木架梁结构，现屋顶有正脊、垂脊。东墙用石堆支撑已濒临坍圮。

火神殿前的配殿面阔三间，进深二间，前出廊，单檐硬山布瓦顶建筑，殿内金柱梁架为五架梁，被改为现代墙体和小木窗，保留有清式木架梁结构。火神殿面阔三间，进深二间，前出廊，单檐硬山布瓦顶建筑，两侧山墙有中柱，殿内前后金柱间为五架梁。

琳霄观是清前期承德地区较早的寺观之一，《敕赐琳霄观》碑碑文为当时工部侍郎兼翰林院学士奉敕撰叙，康熙第三子诚亲王胤祉奉敕书体，碑文阐述了在此建观的思想原由。此观对研究清康熙年间的书法、绘画、道教思想内容及其政治活动都具有很高的历史价值、艺术价值。

琳霄观远景

火神殿配殿

琳霄观圣母殿及东西配房

现存石雕构件

21 穹览寺

Qionglan Temple

级　别	省级
年　代	清
地　址	双滦区滦河镇滦河大街93号
看　点	山门、钟楼
其　他	不开放

穹览寺山门

穹览寺位于双滦区滦河镇滦河村，是康熙喀喇河屯行宫建立之后，在塞外修建的第一座寺庙。在《御制穹览寺碑文》中，康熙提出了修建喀喇河屯行宫的用意："……朕避暑出塞，因土肥水甘，泉清峰秀，故驻跸于此。未尝不饮食倍加精神爽健，所以鸠工此地建离宫数十间，茅茨土阶，不彩不画，但取真容，作避暑之计也。"

"穹览"之名，康熙取南朝诗人沈约"骧首览层穹"之意，"骧"为马首昂举，"穹"是天空，这句诗的含义是昂首仰望无边无际的天空，表达康熙皇帝纵览宇内、胸怀天下的理想。穹览寺建于1704年，建筑面积约3700平方米，后来逐渐成为清代塞外政治宗教中心。

穹览寺山门两侧抱鼓石

穹览寺的建造，早于外八庙之前，为承德早期寺庙之一。全寺布局规整，主次分明，为汉式传统寺庙形式，坐北朝南，中轴对称。中轴线自南向北原先依次建有照壁、门殿、主殿、后殿。现仅存山门、主殿、钟楼、后殿、石碑等。

山门为单开间硬山建筑，正中开有拱券门，并作拱券砖雕，刻卷草纹，雕刻精美，券门上方嵌石匾一块，镌御笔"敕建穹览寺"五个大字，四周配莲花瓣装饰，现仍可辨认。大门两侧设抱鼓石。

穹览寺山门装饰

主殿面阔三间，进深两间，屋面为硬山灰瓦顶，前带卷棚抱厦，正脊前后两面雕有浮雕大势莲花长纹饰，前檐下悬有康熙皇帝御笔"穹览寺"三字匾额，殿内题额"清音贝叶"，乾隆御书匾额"性澄觉海"，现存于滦平博物馆。主殿内供奉狮、象、犼三大士，现已无存。现存钟楼一座，为方形，歇山布瓦顶，下层四面砌石墙，面西开方形门，上层四柱之间置板壁。钟楼内右侧置一石碑，高2米，宽1米，上刻《御制穹览寺碑文》，现存避暑山庄博物馆。后殿面宽三间12米，进深两间9米，前出廊，屋面为硬山布瓦顶，悬有御书"天半香林"木匾额，殿内所供三世佛，现已无存。

穹览寺钟楼

穹览寺正殿

穹览寺后殿

22 滦河清真寺

Mosque at Luanhe Town

级 别	区级
年 代	清
地 址	双滦区滦河镇酒店村
看 点	礼拜殿
其 他	正在维修 免费开放

滦河清真寺始建于清乾隆四十一年（1776）。建筑坐西朝东，分前后两个院落，占地面积1270平方米。

从清初开始，不断有人从关内来喀喇河屯一带定居谋生，随着行宫的兴建，更多的人来此经商务工，定居于此的回族同胞建起了这座清真寺。寺院历经200余年，沿用至今。

前院原有山门，南北配殿各5间，南配殿为会客室、男沐浴室，北配殿为女沐浴室。后院原有南北各5间配房，正中为清真寺主体建筑——礼拜堂。现存古建筑仅有山门及主殿礼拜堂。

山门面阔一间，进深两间，大门安设于金柱间，卷棚屋顶。维修前，大门东面上方挂有"清真寺"匾额一块，两侧山墙东面墀头砖上雕刻有阿拉伯文。大门前两侧有方形门鼓石。

主殿礼拜堂面阔三间，进深三间，屋顶由三个单檐硬山屋面组成勾连搭形式，前两个屋面为卷棚顶，两侧设垂脊，第三个屋面为硬山顶，有正脊垂脊。明间前金柱之间为隔扇，两侧次间为槛窗。主殿前出廊，三面开敞，其上部木梁架为四架梁。前檐柱与前金柱之间原有挂对，右为"鸿慈普施万物同感载"，左为"虔遵圣诲两世被恩荣"。明间金柱之间上方原悬有匾额二面，上部匾额颁书："一中造化"，下部匾额为阿拉伯文，汉意为"奉普慈特慈真主之名"。礼拜堂内，靠近后檐墙设有讲经台，内铺地毯，两侧山墙开有圆窗和长方形窗。

滦河清真寺山门（维修中）

滦河清真寺礼拜殿（维修中）1

滦河清真寺礼拜殿（维修中）2

23 滦河关帝庙
Temple of Guan Yu at Luanhe Town

级 别	区级
年 代	清
地 址	双滦区滦河镇酒店村广场对面
看 点	当地关帝庙
其 他	不开放

滦河关帝庙后院

滦河关帝庙位于滦河西南营村东南，占地面积约为2400平方米，始建于清康熙五十四年（1715）。现存山门、正殿及东西配殿、东西耳房。正殿面阔三间，进深两间，前出卷棚抱厦，单檐硬山顶。

滦河关帝庙现状

24 大庙村炮楼
Cannon tower at Damiao Village

级 别	省级
年 代	民国
地 址	双滦区大庙镇大庙村南的山冈上
看 点	炮楼
其 他	不开放

大庙村炮楼遗址东为群山，南临山谷，西距平安路250米，北侧为山谷及大庙镇政府。

炮楼建于1937年，是侵华日军用于监视大庙铁矿劳工。炮楼为石块混凝土结构，平面呈圆形。通高10米，外直径6米，内直径5米，墙体厚度0.55米。炮楼分上、中、下三层，底层为生活区，中层和上层为战防区。中层有跪姿枪眼11个，立姿枪眼11个；上层有可跪射可立姿射垛口16个。炮楼四周挖有战壕，上层视野开阔，火力可控制西面山下的南北交通要道和北面山下的办公区及住宅区。炮楼隔板原为木质结构，废弃后已被拆卸。

大庙炮楼是抗战时期"热河事变"的实物证据，是日本侵略中国的铁证。民国二十二年（1933）2月21日，日本侵略军以通宁、绥中为根据地，以两个师团、一个混成旅团、一个骑兵旅团及伪军约10万余人，

大庙村炮楼远景

大庙村炮楼

在飞机、坦克、火炮的配合下，集中兵力，分三路向热河进犯。3月4日热河守将汤玉麟弃热河民众于不顾，不战而逃遁入滦平。当日11时50分，日军川原旅团先头部队兵不血刃占领热河省会承德，从此热河锦绣河山沦陷于侵略者手中。

日伪占领大庙村以后，加紧开采掠夺钒钛铁矿资源，奴役百姓为日效劳。在日本统治大庙村的12年里，强迫劳动人民开矿、修路，在每个村落中至少建4座炮楼，村落外围挖设壕沟、围城等防御工事。大庙境内山头、交通要道旁修筑各种明暗堡垒30余个，大庙村炮楼为其中仅存的一个。

鹰手营子矿区

25 四方洞古人类文化遗址
Sifangdong Site of Paleoanthropological Culture

级 别	国家级
年 代	旧石器时代
地 址	鹰手营子矿区营子镇东北1.5公里处山脚洞穴
看 点	旧石器时代洞穴
其 他	免费开放

鹰手营子东北1.5公里的柳河岸边有一座30多米高的陡峭石壁，石壁一侧有一巨大的方形洞口，俗称"四方洞"。洞内即是著名的四方洞古人类文化遗址。

四方洞遗址记录了距今2万~4万年间的古人类活动，是河北省境内发现的第一处旧石器时代洞穴遗址。从洞口向里至10米深的地方十分宽敞方正，随后向南、向东北分为两个支洞。南支洞尽头通向山体背后的出口，东北支洞被土状堆积充填，可入最深处距洞口约45米。目前东北支洞地面可见三个明显的首次发掘探坑。

1988年，中国科学院古脊椎动物与古人类研究所同河北省文物研究所组成联合发掘队，对遗址进行了首次发掘。据有关资料显示，堆积层可分为四层：第

四方洞遗址洞口

四方洞遗址远景

四方洞遗址东北支洞

一层为褐色相当松散的亚砂土,内含现代遗物,最大厚度为 30 厘米;第二层为亚砂土,最大厚度 12 厘米,发现过汉代陶片;第三层为黄白色亚砂夹少量角砾,旧石器文化遗物和哺乳动物的化石均出于该层,中部含有 3~7 厘米的灰烬层,并伴存打击骨片及石制品;第四层为石器时代下层文化,有石质、骨质及动物化石发现;其下为沙砾层。据了解,在这 30 平方米的探方内出土文物标本量达 2000 余件,其中部分为珍贵文物标本。遗址内所发现的汉代遗物有夹砂灰陶、陶盆、环首单直刃铁质削刀;旧石器时代文化遗物多为刮削器,有少量砍砸器发现,其余多为石核、石片,有少量骨质、多刃制品发现。所发现的古生物化石有啮齿类、鹿类、犀牛、鼠狗类、鸟类等十余种,是研究当时人类社会创造活动的重要实物。

四方洞遗址南支洞

承德县

26 汤泉行宫
Imperial Residence for Bathing

级 别	省级
年 代	清
地 址	承德县头沟镇汤泉村
看 点	汤池
其 他	免费开放

汤泉行宫距承德市区 44 公里,是清代皇帝休闲沐浴之所。

康熙皇帝第一次驾临汤山温泉即对这里的环境赞叹有加,康熙四十二年(1703),其在龙尊王佛庙后院建立临时行宫。康熙四十五年(1706)春,汤泉行宫在原佛庙基础上动工兴建增扩为行宫。"爱于泉上,缭以周垣,构行宫数椽,为避暑沐浴之所。"

康熙对汤泉情有独钟,他曾写下了《汤山(承德头沟温泉)龙尊王佛庙碑记》和《温泉行》等文章,其中写道:"……夫君子澡身浴德,如沃盥以去垢。肤于此窃附汤盘之做,其于天下日新,而所以膏泽吾民,以及蒙古诸部落,使咸寿考康宁者,则不能无望佛之庇佑焉。"可见,康熙帝把温泉也看作是除烦恼、治病痛、舒筋骨、去污垢、涵养品德、健身养生、延年益寿的一个非常好的活动方式。康熙一生曾去过 22

汤泉行宫入口

汤泉行宫汤池院落

处温泉，沐浴疗养119次，并修建了4座著名的汤泉行宫，即赤城温泉行宫，小汤山汤泉行宫，遵化汤泉行宫，承德头沟汤泉行宫。

康熙、乾隆二帝曾多次在此避暑沐浴。行宫坐西朝东，占地面积约6000平方米。整体布局为前后两部分，前为龙尊王佛庙（人称"水宫娘娘庙"），后为行宫宫舍，被周长300米的宫墙围护起来。宫舍周围有假山、游廊等。据乾隆七年（1742）热河总管巴图的一份奏折披露，"汤泉行宫大小房连游廊一百八十七间"。

留存至今的古建筑有山门、正殿、汤泉总池、假山和围墙。现存山门殿、正殿各三间，均硬山布瓦顶。院落中间为汤泉总池，池长7.7、宽5.75米。泉眼在池内西北角，直径达0.6米。正殿前有康熙皇帝《御制汤山龙尊王佛庙碑记》一通，另有无字碑一通。汤泉水温在41℃～44℃之间，每小时流量20吨，水中含有钾、钠、钙、镁、硼酸、氟等20多种微量元素，尤其含有放射性氡气，对高血压、皮肤病、关节炎、妇科病等20多种病症有显著疗效，所以它才历经千百年长盛不衰，吸引了全国各地的疗养人群。

康熙辞世后，雍正中辍北巡缩减开支，关外行宫逐渐荒废。乾隆延续雍正时期政策，并裁撤一批关外行宫。乾隆重启北巡后，仍然选择到头沟沐浴休养。

汤泉行宫御制碑

汤泉行宫无字碑

龙尊王佛庙

27 慈云庵
Ciyun Temple

级别	县级
年代	清
地址	承德县两家满族乡两家村山岗上
看点	钟楼
其他	不开放

慈云庵始建于清康熙五十八年（1719），雍正六年(1728)扩修。建筑坐北朝南，占地面积约为1500平方米。现仅存钟鼓楼和戏楼，正殿及东西配殿已毁。

据民间传说，有一名叫李世杰的南方人在村后山干活休息时，暗暗发誓，如果他哪天挖出宝贝发财，一定在此处修建庙宇。没想到他果真挖到了宝贝，但忘了履行诺言。后来李世杰回家探亲渡河遇险，想起还愿之事，便请人建了这座慈云庵。

现存戏楼坐南朝北，面阔三间、进深二间，前卷棚歇山，后硬山，单檐布瓦勾连搭顶。舞台正面施四柱，檐下用一斗二升麻叶斗栱。修整后的戏楼屋脊砖雕生动细腻，具有民间地方特色。戏楼内原存康熙五十八年（1719）立《慈云庵碑记》一通。

钟鼓楼面阔进深各一间，双层单檐歇山布瓦顶楼阁，外墙青砖砌筑，正中辟拱券门。檐下施五踩双昂斗栱，正中施平身科，结构精巧，造型独特，虽经200多年的风雨剥蚀，仍严整如初，建筑内部彩画依稀可见。钟楼内存铜钟一口，通高150厘米，底部直径108厘米，重约200公斤，上部饰蕉叶纹，肩部有对称四孔，上书"风调雨顺国泰民安"八个大字，并有捐款布施人名单。每年农历二月十九庙会，从四面八方前来进香逛庙看戏会友的人人山人海，络绎不绝，成为口外一大盛景。

2003年慈云庵修复前近景

慈云庵远景

慈云庵戏楼修复后

2003年慈云庵修复前远景

钟楼鼓楼远景

戏楼梁架

钟楼檐下斗拱

大钟

钟楼内檐斗拱

钟楼梁架

鼓楼立面

28 头沟镇戏楼

Stage at Tougou Town

级 别	县级
年 代	清
地 址	承德县头沟镇镇政府西南
看 点	承德县戏楼
其 他	免费参观

　　头沟镇戏楼位于承德县头沟镇镇政府西南广场南侧，现有建筑为1934年修建，近年经村委会多方努力，得以整修。戏楼分为前后台两部分，东西长约12米，南北宽约11米，总占地面积约为132平方米。

　　戏楼舞台正面用减柱，仅设两柱，阑额上施一斗二升麻叶拱，重新绘制了精美的旋子彩画。屋顶为卷棚悬山式，东西两侧又出侧台，顶部为单檐坡顶，较为特色。前台与后台屋顶为勾连搭，后台面宽五间，硬山单檐顶，正中一间内凹，两侧山墙开圆窗。

头沟镇戏楼

头沟镇戏楼侧立面

头沟镇戏楼梁架

29 锦承铁路碉堡群
Blockhouses along the Jinzhou-Chengde Railway

级别	县级
年代	民国
地址	承德县下板城镇吉余庆村西
看点	碉堡群
其他	免费参观

锦承铁路，原名锦古铁路，建于1933年至1938年。1945年承德到古北口段线路拆除，锦古铁路只通到承德，故以后改称为锦承线。这段铁路是东北地区通往华北地区的另一重要通道，由锦州向北经义县向西到朝阳，经建平、凌源、平泉到承德，全程437公里，并与北票支线相连。锦承铁路原是日军为侵略我国华北而仓促修筑的，为了控制这条铁路交通线，日军当年同时修筑了许多碉堡。上下板城一带沿铁路线现存砖石水泥结构碉堡8座，均建于1935年。这些碉堡多为圆形或椭圆形，一层或两层，布有射孔。现今仍然保留着几段隧道。这些都是日本侵华的罪证。

锦承铁路碉堡群 1

锦承铁路碉堡群 2

锦承铁路碉堡群 3

锦承铁路碉堡群 4

30 朝阳洞
Chaoyang Cave

级别	县级/2A级景区
年代	清
地址	承德县仓子乡三榆树和墩台两村之间
看点	道教洞窟朝阳洞
其他	购票参观

朝阳洞位于承德县仓子乡境内，是"承德十大景"之一，在承德市区东20公里。据清代志书《承德府志》记载，朝阳洞"在府治东稍南三十七里。石窦嵌空，横贯山腹""晓日初升光射罅漏，隔山可见朝阳。"朝阳洞由此而得名。

朝阳洞的奇特，在于其独特的地理位置，"横贯山腹"位于山腰。主洞全长65米，西口为入口，高3米；东口开阔，高6～10米，宽20余米，被称为中国丹霞第一洞。每当旭日初升，阳光透过洞口射穿了山崖。它在悬崖上拦腰生出一道平台，平台内侧凸出的石檐成为天然的屋顶。

在主洞周围，分布着大小石洞数百个，大者可建庙宇，小者仅可容身。朝阳洞下方的云水洞，有一眼清冽甜爽的清泉，是过去观内道人的取水处。此泉四季不竭，严冬雾气缭绕，盛夏寒气袭人。

朝阳洞原建有道观，名博阅观，始建于清康熙四十年（1701）。正殿三间，供奉观音、关帝和娘娘。左配殿为三官殿，供奉天官、地官、水官，即尧、舜、禹；右配殿为三神殿，供奉火神、药王和财神。沿三官殿北去，有两个供奉玉皇大帝和太上老君的石窟。洞内通道两侧，还塑有十八罗汉佛像，是热河都统汤玉麟于民国十九年（1930）增设的。东洞口外崖壁上有摩崖刻字："名山胜境""洞天福地""大观"，分别为汤玉麟、张贵良、耿世瑞于1930年所题。

朝阳洞周围奇峰耸立，怪石嶙峋。最值得称道的当属远近闻名的天桥山。天桥山在朝阳洞对面，远远望去，气势恢宏。一道石梁长180多米，两端微翘，凌空飞架于山冈绝壁之上，宛如雨后长虹。

朝阳洞半山

朝阳洞 1

从朝阳洞远望天桥山

朝阳洞 2

朝阳洞博阅观

滦平县

31 庆成寺

Qingcheng Temple

级　别	省级
年　代	清
地　址	滦平县金钩屯镇上甸子村
看　点	建筑彩画、壁画
其　他	免费参观

庆成寺坐北朝南，占地面积1008平方米。始建于清乾隆年间，现存东西两个四合院。西院保存较好，东院仅存寺门。

西院由前殿、后殿、耳房和配房组成。前殿是正殿，面宽三间，进深一间，立于台基之上，台基四周围石雕栏杆，雕刻精美，入口两侧望柱上作石狮，台基两侧做螭首。建筑入口辟拱券门，石雕精美，上方石匾题有"南海境"三个大字，殿内供奉观世音等佛像。室内苏式彩画保存完好，东西南三面壁画保存完整。绘画具有中西合璧特色，除保留中国传统绘画技艺外，房梁上部分绘画使用西方透视法绘制。

庆成寺前殿

庆成寺前殿立面细部

庆成寺前殿室内梁架及彩画

庆成寺后殿

庆成寺后殿梁架及彩画

庆成寺后殿壁画

进入第一进院落，东西各有一所配房。后殿供有关公等5尊塑像，两边配有耳房。后殿面阔三间，进深一间，单檐硬山顶，脊檩下角背做成三团卷云的造型。与前殿不同，建筑内部彩画施以官式和玺彩画。此殿东西墙壁画保存较好，壁画内容也取材于历史和民间传说，内容丰富，色彩鲜艳，线条流畅，生动形象。

庆成寺清隶属承德热河厅，所处北上木兰围场的必经之路，位于清代御道上。庆成寺建筑精美，建筑彩画和32幅清代壁画具有很高的研究价值。

庆成寺后殿建筑彩画

庆成寺后殿前廊

庆成寺东院院门

32 兴州行宫
Imperial Residence at Xingzhou Village

级　别	省级
年　代	清
地　址	滦平县大屯乡兴州村
看　点	行宫建筑
其　他	不开放

兴州行宫坐落于大屯乡兴州村中部，西50米为承丰公路，东300米为兴州河。明代以前，这里是塞北政治中心和军事要地。兴州始称于元代，清初，兴州一代为皇家内务府的皇粮庄园，兴州行宫为早期庄头府宅。清康熙年间设为兴州行宫，成为清帝北巡秋狝休憩住宿之所。这座建筑也是古北口外唯一幸存的清代早期行宫，具有很高的历史研究价值。

建筑群坐北朝南，占地面积1万平方米，东南部为宫殿区，西部和北部为花园。宫殿区有二进院落，由南至北有门殿、前垂花门、前殿、后垂花门、后殿，两侧建有配殿、耳房等，四周砌虎皮墙。现仅存前殿、垂花门、后殿及贞节牌坊的4个石雕基座。

前殿面阔五间，进深三间，单檐硬山布瓦顶，建

兴州行宫牌坊基座

基座石雕细部

前殿远景

康熙手植牡丹

筑面积190平方米，室内做楠木隔断。前殿前有两株老牡丹，每当春季绽放，花大色艳，芳香浓郁，富贵端庄，颇具皇家气质。据于司马十二代孙于文义及家人口述记载，康熙皇帝第二次驻跸兴州，与当地于姓姑娘一见钟情。康熙走前留下信物及一杆"盘龙枪"，并与于姑娘一起栽下红、白、黄、粉4株牡丹花。于姑娘再也没能盼来康熙，郁郁而终。乾隆四十九年（1784），乾隆皇帝听闻此事后，亲手题写"石固松青"四字并诏令立贞节牌坊。现其中白牡丹为当年手植，其余三株于"文革"前后被挖走。前殿后用虎皮墙与后院隔开，墙中部有垂花门一座。后殿面阔五间，进深三间，单檐硬山布瓦顶，原设前廊。东耳房为厨房，西耳房供神龛及祖宗牌位。

乾隆年间于行宫东南百米处附建观音寺一座，坐北朝南，前后二进四合院，占地面积约2000平方米。由南向北依次有山门、前殿、关公殿、后殿、观音殿，两侧钟鼓楼已毁。均为小式单檐覆山布瓦顶建筑。

从后殿看垂花门

垂花门细部

后殿

后殿梁架

33 星龛岩寺

Xingkanyan Temple

级　别	县级
年　代	清
地　址	滦平县小营满族乡小营村东北 100 米
看　点	佛像
其　他	免费参观

星龛岩寺建于一座山崖之下，建筑主体早已毁坏，现已修复。寺内供奉三座佛像，由当地手工艺者施以彩绘。建筑南侧留有"应无所住而生其心"题记。现存康熙十二年（1673）御题"敕建星龛岩寺"石匾一方。石匾为横向长方形，周边浮雕云纹。现寺内石匾为复制品。

从星龛岩寺远望村庄

寺侧题刻

寺内佛像 1

寺内佛像 2

寺内佛像 3

修复后的寺庙

石匾复制品

34 大老虎沟天主教堂
Catholic church at Dalaohugou

级 别	县级
年 代	清
地 址	滦平县周应子乡大老虎沟村内
看 点	教堂旧址、神父墓地
其 他	免费参观

大老虎沟天主教堂始建于咸丰六年(1856),后经多次扩建。在此先后传教的有比利时籍神父22人,荷兰籍神父1人,1942年4月始由中国人担任本堂神父。原有经堂7间、更衣所2间、神父住宅2间、婴儿院10间、东西厢房4间、碾道1间、伙房2间、男学校5间、传达处4间等。教堂现存正房5间和西侧人字形房间1间。

此外,院落西侧建有一座仿哥特式天主教堂。平面为L型,长边一端做主立面,两侧做双塔,中间开圆形窗,主祭坛位于室内L型转角处,与一般教堂做法不同。教堂院落中矗立一座南怀义神父雕像。南怀义神父为比利时人,1823年6月12日生于安特卫普。他关心中国大陆的弃婴及贫困人民,于1862年创立圣母圣心会,1865年接受宗座所赐的中国蒙古教区职务,同年冬天带领4位同会来华,并于当年到达西湾子负责教区教务。3年后在一次出巡教区时罹患斑疹伤寒,于1868年2月23日在老虎沟去世,享年45岁。2008年,比利时枢机主教一行到滦平县大老虎沟教堂参观,瞻仰了大老虎沟圣母圣心会墓地,并悼念了圣母圣心会会祖南怀义神父及多位安眠于此的外国传教士。教堂向东150米处即为多位比利时神父的墓地。

教堂旧址

大老虎沟教堂

大老虎沟教堂室内

大老虎沟圣母圣心会墓地

大老虎沟圣母圣心会墓地

35 金山岭长城
Jinshanling Great Wall

级别	国家级 /AAAA 级景区 / 世界文化遗产 / 国家级风景名胜区
年代	明
地址	滦平县巴克什营金山岭长城景区内
看点	长城 / 敌楼
其他	购票参观

金山岭长城横亘在承德市滦平县与北京密云区交界地带的燕山支脉上，东接司马台长城，西连古北口长城，地处京、津、辽、蒙四省市交汇点。金山岭长城地处 101 国道 133 公里处，距北京市区 130 公里，距承德避暑山庄 90 公里。

金山岭长城始建于明洪武元年（1368），为大将徐达主持修建。隆庆元年（1567）抗倭名将蓟镇总兵戚继光、蓟辽总督谭纶在徐达所建长城的基础上续建、改建。《明史·戚继光传》中载："继光在镇十六年，边备修饬，蓟门晏然。继之者，踵其成法，数十年得无事。"

金山岭海拔 700 米，此段长城西起古北口，东至高耸入云的望京楼，全长 10.5 公里，沿线设有关隘 5 处，敌楼 67 座，烽燧 3 座，因其景观奇特、建筑艺术精美、军事防御体系健全、保存完好而著称于世，被称为"明长城之精华"。这里的长城构筑复杂，敌楼密布，一般 50～100 米一座，墙体以巨石为基，高 5～8 米，形式多样，各具特色。有砖木结构的，也有砖石结构的；有单层的，也有双层的；既有平顶，也有穹隆顶、船蓬顶、四角钻天顶和八角藻井顶，可谓一楼一式，被誉为"万里长城，金山独秀"，是八达岭、山海关、嘉峪关等地长城绝难媲美的。

金山岭段长城有几大特点：首先这段长城所处山势险峻，地形丰富多变，所处位置隐蔽。登城后视野豁然开朗，敌楼轮廓清晰可见，山脊层次分明，雄伟壮观。其次，金山岭段长城总结了历代长城丰富的修建经验与教训，其独特的设计大大提高了长城的防

金山岭长城远景 1

御能力。某些段落设置拦马墙设施和重城，即在敌楼外增加围墙。敌楼布置极为密集，一般100米左右一座，某些地段50～60米一座，消除了射击死角。此外，长城布置了各种礌石孔、炮台和瞭望孔、射孔，设置科学合理，符合实际战争需要。此段为万里长城上独有的一段设置障墙的长城。某些重要关口设高约2.5米的横墙，一旦攻方登上城墙，可以凭三障墙继续抵抗。

敌楼一般高10米，多为双层砖混结构，外形丰富，箭窗2～6个不等，兼具通风、采光、瞭望、放箭等功能。敌楼内的竖向交通设计极为复杂。重要地段的敌楼兼有指挥所功能，有仓库，并设影壁墙，供悬挂地图之用。敌楼下层形式别具特色，有平顶、船顶、四角攒尖、八角藻井等多种造型，更加丰富了其建筑艺术价值。

金山岭长城远景2

金山岭长城远景3

金山岭长城远景4

金山岭长城障墙

隆化县

36 台吉营普宁寺
Puning Temple at Taijiying Village

级 别	省级
年 代	清
地 址	隆化县八达营蒙古族自治乡台吉营村
看 点	清早期黄教寺院，建筑彩画
其 他	免费参观

台吉营位于隆化县西北部八达营乡南5公里，是个居民超过2000人的较大行政村，居民多为蒙古族。台吉是清代八旗军队的编制，因这里驻扎着台吉，所以该村命名为台吉营。

台吉和八旗首领为取悦皇帝，并用宗教统一民心，在台吉村修建了一处规模宏大、气势磅礴的佛教场所——普宁寺。台吉营普宁寺始建于清康熙四十四年(1705)，是清室在塞北兴建较早的一座黄教寺院。清帝每年行木兰秋狝之前，在此祭枢神灵，接见蒙古王公。

建筑群落坐北朝南，占地面积2100平方米。由

台吉营普宁寺山门

台吉营普宁寺山门细部

台吉营普宁寺石碑

台吉营普宁寺偏门

台吉营普宁寺关公殿

台吉营普宁寺后院

南向北依次有天王殿、前殿、东西配殿、正殿。天王殿面阔三间，进深一间，单檐硬山布瓦顶，两侧有便门，殿前西侧有乾隆年间石碑两座。天王殿立于石基之上，外立面用青砖砌筑，中开拱券门，两侧开圆窗。天王殿屋顶正脊与垂脊吻兽保存完好，正脊中部设满汉两文"天王宝殿"砖雕，殿内原有雕塑已毁，现有彩塑为后期新作。前殿为关公庙，面阔三间，进深二间，前出廊，单檐卷棚硬山布瓦顶。当心间做隔扇门，两侧做槛窗，两侧廊下设马童彩塑。殿内彩画依稀可见。

关公庙北侧为正殿大雄宝殿，面阔三间，进深两间，前出檐，单檐硬山瓦顶，正脊雕云龙，并于正中作宝象驮塔宝顶，具有佛教建筑特色。殿内供奉三世佛，梁架施沥粉贴金彩画，为蒙古喇嘛庙常用彩绘画谱。彩画呈横向五段式构图，主要使用墨线无金青绿死箍头，素面混金找头，单行龙五色如意吉祥云枋心。三架梁枋心内侧做宝象驮塔图案，与宝顶相互呼应，另侧为雄狮。梁架找心处做佛八宝纹饰。正脊墨书，一侧题"大清康熙岁次乙酉壬午月庚寅立"，另侧书"住持僧人 ** 仝建立"。

另有东院一进，现存有地藏殿及东门。地藏殿面阔三间，进深两间，前出廊，殿内各壁存壁画。

大雄宝殿

大雄宝殿室内

大雄宝殿梁上彩画

大雄宝殿梁架及彩画

大雄宝殿立面细部

大雄宝殿屋脊细部

大雄宝殿东院地藏殿

大雄宝殿前廊壁画

大雄宝殿前廊壁画

大雄宝殿室内彩画

大雄宝殿室内彩画细部

37 十八里汰戏楼

Opera tower at Shibalitai Village

级　别	省级
年　代	清
地　址	隆化县韩麻营镇十八里汰村北
看　点	戏楼
其　他	免费参观

十八里汰戏楼

清兴盛时期，隆化是历代皇帝去木兰围场秋狝的必经之路。从康熙四十二年（1703）到乾隆二十七年（1762）的59年间，清廷在隆化境内建有中关、什巴尔台（今十八里汰）、波罗河屯（今隆化镇）、济尔哈朗图（今牛录）、阿穆呼朗图（今步古沟）、张三营6处行宫。几代皇帝行猎归来，多在这些行宫驻跸并犒赏蒙古王公台吉、土尔扈特台吉及随从众丁。《清升平署志略》中有这样的记载："清代诸帝，自高宗（乾隆）而下，殆无不嗜好戏曲者。除宫中演唱外，对于常驻跸之行宫苑囿，皆筑有戏台，设有储存行头切末库房，其伶人太监，则随时择地安置。"

因清帝北巡及秋狝，皇家戏曲得以流入隆化，戏楼建筑也因此在隆化盛行。十八里汰戏楼正是依托于皇家行宫的一座戏楼建筑。十八里汰，蒙语"什巴尔台"的译音，即沼泽之意，现为隆化县韩麻营镇的一个村。

戏楼于康熙四十二年(1703)建，曾为安禅寺戏楼。康熙五十九年(1720)紧临戏楼建什巴尔台行宫，戏楼成为行宫的附属建筑。现寺、行宫均毁，仅存戏楼。

戏楼坐南朝北，分前后台，建筑面积110平方米，石砌台基高1.5米。后台面阔五间，进深一间，单檐卷棚硬山布瓦顶，两侧山墙开方窗。前台面阔三间，进深一间，单檐歇山卷棚布瓦顶。前、后台间作天沟相连呈勾连搭。前檐台口减檐柱二根，檐下施单踩斗拱。前后台间设板扇隔断。戏楼彩画部分基本采用清式旋子与和玺彩画相结合，局部具有民间装饰特色。

十八里汰戏楼近景

十八里汰戏楼侧立面

十八里汰戏楼檐下细部

十八里汰戏楼内部梁架

十八里汰戏楼前台

38 隆化十字街戏楼
Opera tower on Cross Street

级别	省级
年代	清
地址	隆化县隆化镇西十字街路南
看点	隆化戏楼
其他	免费参观

十字街戏楼

隆化十字街戏楼建于清乾隆十一年（1746），原正对普尊寺（已毁），坐南朝北，前台面阔三间，进深三间，卷棚歇山，后台为卷棚硬山单檐布瓦顶，与前台相连呈勾连搭，两侧山墙开六边形窗。前檐施单踩斗拱，前后台间砖砌隔墙，上辟"出将""入相"两门。建筑面积约63平方米。

十字街戏楼远景

十字街戏楼细部

39 三十家子戏楼

Opera tower at Sanshijiazi Village

级　别	县级
年　代	清
地　址	隆化县七家乡三十家子村小学对面
看　点	内墙壁画题记
其　他	不开放

三十家子戏楼，又叫"遏云楼"，占地面积245平方米。这座戏楼是隆化境内现存的10座戏楼之一，历经百年沧桑，濒临倒塌，亟待维修。

建筑分前台后台，前台面阔三间，进深一间，两侧做砖砌侧台，颇具特色。后台为青砖砌筑，两侧山墙开圆窗，山墙内侧存有题记，记述戏班演出记录及剧目单。题记反映了戏曲流入隆化民间的详细情况，有幸完好保留下来。其中记载有：光绪四年（1878）八月中秋日，丰邑永庆班到此演出；光绪七年（1881）闰七月二十七日，京都顺义县白庙村雨顺和班到此演出；光绪八年（1882），张家口大兴园金玉班到此演出；光绪十二年（1886）九月初一，新春小班到此演出。特别是光绪十六年（1890）七月十一日和八月二十五日相隔仅一个多月的时间，就先后有永和班、德胜和班两个戏班到该村演出。据相关专家考证，各戏班每天都要演出三场，每场三个剧目，一次活动6天，共演出54个剧目。这些戏班表演的都是河北梆子剧种。墙壁上用黑墨题写的剧目有《大赐福》《忠保国》《春秋配》《黄鹤楼》《凤仪亭》《春秋笔》《玉虎坠》等。

据村里老人介绍，清朝年间的三十家子村比较繁华，居住着上千口人，在宫里当差的大家族也到村里安家落户，戏楼是三十家子村的重要活动场所。除了唱大戏外，农历正月十五还要在戏楼前演出花会，前来看会和听大戏的百姓络绎不绝。

遏云楼的内墙题记，反映出当年戏班管理专业化、正规化的程度，也见证了戏曲在隆化民间的持续性和活跃性。

三十家子戏楼侧影1

三十家子戏楼侧影2

三十家子戏楼木构架 1

三十家子戏楼木构架 2

三十家子戏楼内墙壁画 2

三十家子戏楼内墙壁画 1

三十家子戏楼内墙题迹

40 石佛口摩崖造像
Shifokou cliffside statues

级 别	省级
年 代	金
地 址	蓝旗镇少府村北 200 米山崖
看 点	摩崖造像
其 他	免费参观

石佛口摩崖造像位于少府村北 200 米处的崖壁上，其南侧为农田、密林及野草等遮掩，极为隐蔽。

造像作于金天眷年间（1138—1140），崖壁砂岩质。造像面积东西长 26 米，高 1 米。中央雕并坐三世佛，像各高 1 米，东、西两侧各雕坐佛千尊。现东造像全失，西侧仅存坐佛 200 余尊，现存部分东西长 9 米，上下高 1.5～1.8 米。造像东侧环山处的悬崖之上有一凹入石槽，人迹罕至，上有元代石刻题记 5 行，现保存 4 行。在造像的前山脚下，发现较多麻布大瓦，疑为当时寺庙遗物。

现存造像可分为四组：第一组为三尊三世佛，作半浮雕式坐于束腰式须弥座上，面容微笑慈祥，身披通肩大衣，两手平放在盘坐双膝之上。三世佛两侧各站立佛1尊，背面雕出千佛壁；第二、三组均在龛内雕出千佛壁，分上下两层共107尊；第四组有坐佛像20尊，佛头束高髻，垂长耳，面目端庄，神态自然。造像造型朴拙，线条粗犷，表现了北方民族的艺术特点。

石佛口摩崖造像西龛1

石佛口摩崖造像远景

石佛口摩崖造像西龛2

石佛口摩崖造像中部三世佛1

石佛口摩崖造像中部三世佛2

石佛口摩崖造像西龛3

41 隆化土城城址

Site of Tuchengzi ancient city

级别	国家级
年代	北魏—辽
地址	隆化县隆化镇安洲街镇医院北
看点	古城址
其他	免费参观

隆化土城城址呈长方形，南北长 740 米，东西宽 560 米，面积 41 万平方米。城内残存夯土基址，残高 1.5 米，东北角有铸造作坊遗址。采集遗物有北魏、辽、金、元代的陶窑器残片和铁器等，种类有陶罐、铁叉、铜镜、锡壶、板瓦、筒瓦、瓦当、瓷瓶、瓷壶等。

学界一种说法认为，土城古城始建于北魏延和元年（432），初称"益州"，后改称"安州"。隋唐期间一度被废，为奚王西省地，辽圣宗时期为"北安州"，金代改称"兴州"，元代沿袭。自南北朝至辽、金、元时期为四代州城所在，是燕山北麓军事重镇和政治经济中心。城址内发现的大量红烧土说明辽代晚期这里曾有大的战事并引发火灾，使该城毁于一旦。

土城城址 1

土城城址 2

42 荒地戏楼

Opera tower at Huangdi Township

级别	县级
年代	清
地址	隆化县荒地乡荒地村
看点	古城址
其他	免费参观

荒地戏楼建于清康熙五十年（1711），坐南朝北，面阔三间，进深两间。前台为歇山屋顶，后山为硬山屋顶，前后檐呈勾连搭形式。

荒地戏楼梁架

荒地戏楼

荒地戏楼砖雕

平泉县

43 平泉清真寺
Pingquan Mosque

级　别	省级
年　代	清
地　址	平泉县平泉镇南大街
看　点	礼拜殿
其　他	免费参观

平泉清真寺位于平泉镇南大街，紧邻八沟大街，向东110米为南北流向的瀑河。建筑坐东朝西，占地面积约3800平方米，由前后两进院落组成。清真寺始建于清顺治四年（1647），至乾隆七年（1742）由阿訇张宏业及其子张瑾仿北京齐化门（即今朝阳门）外清真寺修建，民国四年（1915）又经修复。"文革"期间大殿宣礼楼、大门二门回廊、南北讲堂、水房沐浴室等处被拆毁，院内古松树惨遭砍伐。现仅存山门、垂花门及礼拜殿。

山门面阔三间，两侧有便门各一间。山门中央设莲瓣拱形门券，两侧做八角形窗洞。一进院落内有讲堂三间，二道门楼内正中为礼拜堂，两侧有配房各五间。礼拜殿面阔五间、进深二间，单檐硬山布瓦顶。前接卷棚歇山布瓦顶抱厦三间，后接面阔三间、单檐卷棚歇山布瓦顶二层楼阁，楼顶中央出四角攒尖布瓦顶望月楼。

清真寺正门

垂花门

清真寺屋脊瓦作

礼拜殿抱厦

礼拜殿 1

礼拜殿 2

44 石羊石虎墓群
Tombs with stone sheep and tigers

级别	国家级
年代	辽
地址	平泉县柳溪乡石虎村
看点	石羊石虎石猴
其他	免费参观

石羊石虎墓群占地面积 26 575 平方米，处该县最高山峰光秃山（海拔 1738 米）脚下。此处为西高东低的浅山区，是老哈河的发源地（辽时称土河）。石羊石虎古墓群就坐落于风景如画的光秃山脚下的石虎村小西梁（主峰三炉香山）坡地上。

墓群地表尚存 13 尊石像生，分五排由东向西依次为：石虎、石猴各 1，石虎、石羊各 1，石虎、石羊各 1，石虎、石羊、石猴、石翁仲各 1，石虎、石羊、石翁仲各 1。第四、五排石翁仲位置有移动，原排列情况不明。石虎蹲踞，石羊呈趴卧状，体形硕大。石翁仲如真人大小，文官执笏板，武官仗剑，头均失。

石虎 5 只，灰岩石质，圆雕，均蹲坐式，前两足着地，昂首，嘴微张露牙齿，头顶竖双耳，双目圆睁，目视

石羊石虎

石虎

石猴正面像

石猴

远方，神态威武，体态健壮。底座为长方形石板，宽102厘米，厚70厘米，座上饰一粗大虎尾从一侧顺后肢伸向足内，尾部似摆动，动感强烈。通高182厘米。其中4只完整，1只残缺。

石羊4只，均完整，青灰石质，圆雕，趴卧于长方石座上。座长150厘米，宽75厘米，厚70厘米。羊头微昂，双目平视前方，嘴角微闭，头顶饰两犄角顺两耳弯下。羊体硕大健壮，肢体肥胖，后饰羊尾，造型逼真形象，雕刻手法粗犷简洁，全长200厘米，高120厘米。

石猴2只，青灰岩石质，蹲坐式，两前足着地，后足半蹲坐式，身后饰一长尾，尾贴于脊部似左右摆动状，动感强烈，残高111厘米，底宽66厘米，厚45厘米。

石翁仲2尊，青灰岩石质，圆雕，一尊为全身立体像，头部残缺，颈下至胸有胡须。男性，身着长袍，宽袖，腰系绦带，左侧身后结一带结，双手握剑，剑锋朝下至两足中间。武官列高160厘米，肩宽74厘米，底座厚50厘米。

石羊正面像

石羊侧面像

石虎头部

泽州园博物馆内石羊石虎原物

45 会州城遗址
Site of Huizhou City

级　别	市级
年　代	辽
地　址	平泉县南五十家子乡会州村
看　点	古城址
其　他	免费参观

会州城东门

会州城始建于辽代，金、元两代沿用，明初废弃。遗址城墙为黏土夯筑，墙外四周壕沟深6米，共设4门。尚存残垣数段。面积0.81平方公里。城址呈"日"字形，城墙残高2～6.6米不等。遗迹显著，遗物丰富，出土辽代器物绿釉鸡腿瓶等，造型别致，制作精良，为学术界所瞩目。曾出土"神山县印""惠州之印"、大陶盆、蟹青釉大缸、石狮子等文物。

会州城北部

会州城城址实景平面图

46 八王沟墓群

Tombs at Bawanggou Village

级　别	省级
年　代	辽
地　址	平泉县蒙合乌苏乡头道营子村北5公里
看　点	泽州园内石棺
其　他	不开放

八王沟公主墓远景

大长公主——辽景宗耶律贤长女，名耶律观音女，其夫为北国宰相、驸马都尉萧继远。重熙元年（1032）晋封为秦晋国大长公主，死于重熙十四年（1045），重熙十六年（1047）葬。此墓位于八王沟西山坡上，早年被盗，据调查为大型多室墓，墓向东，墓室全部为柏木构筑，由墓门、前室及其左右耳室、后室组成。墓门至后室全长约20米。前室平面呈长方形，两耳室和后室为圆形，均为穹隆顶。墓门前原有排水沟，门宽1.64米。后室中央置石棺一具，石棺上浮雕青龙、白虎、朱雀、玄武四神图案。前室内出土墓志一合，盖遗失，志文首题为"大契丹国故雍肃恭寿仁懿秦晋国大长公主墓志铭并序"刻文40行，共1608字。志文内容丰富，为研究契丹社会习俗和补正辽史提供了重要资料。现大部分文物已收藏于泽州园博物馆内。

八王沟公主墓原墓室入口

泽州园内公主墓石棺 1

泽州园内公主墓石棺 2

兴隆县

47 梓木林子古墓
Ancient tombs at Zimulinzi Village

级 别	省级
年 代	辽
地 址	兴隆县蘑菇峪乡梓木林子村
看 点	壁画砖室墓
其 他	不开放

梓木林子古墓是一座辽晚期的大型壁画砖室墓。墓呈南北向，分前、中、后室，墓室四角作仿木结构，设斗拱承托穹隆形室顶，遍布彩绘。前室四壁有各种人物花卉等壁画。墓内发掘契丹文墓志一通，分盖、身两部分，均为正方形。志盖四角阴刻大牡丹花叶、十二辰像、八卦图。志身刻契丹文约 14 280 字，行距清晰，段落分明，为目前中国契丹字文物中字数最多的铭文。该墓对于研究辽金时代的建筑、绘画、文字、书法和历史有着重要价值。

梓木林子古墓 1

梓木林子古墓 2

48 雾灵山清凉界石刻
Stone carvings of "Wu Ling Shan Qing Liang Jie" (Boundary Qingliang on Mount Wuling)

级 别	国家级
年 代	明
地 址	兴隆县雾灵山自然保护区大沟村东南3公里
看 点	摩崖石刻
其 他	购票参观

雾灵山清凉界石刻

雾灵山清凉界石刻位于海拔970米的雾灵山阴坡，是明代摩崖石刻，号称"京东第一碑"。巨石高28.4米，宽30.8米。整个石体呈卵圆形，属天然花岗岩。字石正中镌刻6个大字"雾灵山清凉界"，每字约4平方米，豪放洒脱，苍劲有力。6个大字的左侧，竖刻着93个中号字，每字约45厘米见方，内容是"兵部尚书谭纶，阅视侍郎汪道昆，总督侍郎刘应节，巡抚都御史杨兆，总都督戚继光，兵部郎中左兴，户部郎中侯治国，兵部副史王一鄂，协守都督张臣，分守游击任良相，分守游击李如梗"。现仅有"雾灵山清凉界"6个大字清晰可见。在大字石周围，还分布着"雾灵真境""羊肠鸟道""发""雾灵山"等摩崖石刻群，镌刻年代均属明代。

49 黑谷关长城
Heiguguan Great Wall

级 别	国家级
年 代	明
地 址	兴隆县雾灵山村
看 点	五虎关
其 他	免费参观

黑谷关长城远景

黑谷关又名黑关、大黑关或黑峪关，距密云曹家路8公里，位于雾灵山山麓东北角，地处北京市密云县与河北省承德市兴隆县交界处。长城自此掉头猛拐180度，连续不断地一直向西绵延到古北口。据史料记载，大黑关东、西山皆高且险，唯关口是一道平川，明代在此驻守备，关口处设有关城。黑谷关始建于明洪武年间，关城呈不规则长方形，东墙长208米，西墙长192米，南墙长98米，北墙长133米。如今关城除东侧墙残坍严重外，其余三面尚存残垣。此关处在两山间狭窄的通道上，地理位置十分重要。经黑谷关南至兴隆，东至承德，西至京师，是当时交通要枢之地。清李鸿章《畿辅通志》记载："黑谷关，在古北口东，曹家路东南。县东北一百六十里，有城、水关。旧有守备一人守之，今设把总戍守。"如今关城早毁，北侧悬崖上有敌台数座，保存尚好。

黑谷关长城

五虎关，位于燕山山脉主峰雾灵山北麓，北京东极仙谷自然风景区内，属于黑关长城的一部分，是长城上为数不多的水关之一。五虎关深藏于雾灵山的山谷之中，位置比较隐蔽。五虎水门与一般的小城门很像，但有两个并排的门洞，门洞两侧门楣上各有一虎头雕像，共4个虎头，加上水门卧虎石雕，共计五虎守门，故而得名。整个水门作为明代长城的组成部分，重点在于军事防御。关口闸门采用自上而下的绳索升降，当夏季洪水来临时可保护关内的调水，现在闸门虽无，但还保留着一个用来提拉闸门以控制水流的古老辘轳座驾。

五虎门

五虎门之第五虎——卧虎石雕

丰宁满族自治县

50 凤山关帝庙
Temple of Guan Yu at Fengshan Town

级　别	国家级
年　代	清
地　址	丰宁满族自治县凤山镇中心
看　点	木牌坊，关帝庙大殿建筑
其　他	正在维修免费参观

　　凤山镇位于丰宁满族自治县的东部，距县城60公里，距承德县95公里。南连古北口，北接多伦，东通承德、隆化，西控坝上草原，为历代兵家必争之地。在凤山镇中心，有一座历史悠久的关帝庙，即凤山关帝庙。建筑始建于雍正十年(1732)，光绪十一年(1885)重修，1983年、2006年再次维修。与承德地区其他关帝庙一样，庙宇中轴线正南方向设置戏楼，共同构成一组建筑群体。建筑坐北朝南，南北长62米，东西宽27米，占地约为1674平方米。从南到北依次为幡杆、石狮、木牌坊、山门、大殿及钟鼓楼、东西配殿。

　　木牌坊为四柱三间形式，每柱前后用两根斜撑支撑。牌楼高7.3米，瓦顶分三部分，中间高，两边低。

凤山关帝庙牌坊

凤山关帝庙牌坊

凤山关帝庙石狮

凤山关帝庙牌坊侧立面

凤山关帝庙牌坊细部

凤山关帝庙山门

檐下斗拱出挑深远，装饰繁复。当心间一间的垫板分五格，两侧与正中分别是镂雕圆形喜字，周饰藩草，另两副是宝相花藩草，副梁下施草龙雀替，东西两侧均为花叶纹雀替。斗拱之下原有一竖匾，边饰云龙浮雕，刻有"与天地参"，意为参天地造化人间。一对石狮子分列于牌坊两侧。

山门为一座单檐硬山筒瓦建筑，中间为券门，两侧各有一拱券窗，顶部饰鸱吻玉带脊，脊正中立一铜制宝顶。殿内两侧分置泥马和马童。

过山门即进入关帝庙大殿院落，院中一棵老槐树偏于一隅，葱郁宛如华盖，已有百年历史。院落正中为关帝庙正殿，两侧为配殿及钟鼓楼。东西各有一座青砖楼座歇山顶的钟楼和鼓楼，券门对开。配殿为硬山灰瓦顶三开间建筑，正面作游廊并设坐凳。屋面瓦件制作精美，保存完好。

正殿面阔五间，进深三间，设前廊，前出歇山卷棚顶抱厦三间，前后呈勾连搭结构，平面呈"凸"字形。建筑面积约为 215 平方米。正殿屋顶覆黄绿两色琉璃瓦，正脊中间装宝顶一尊。抱厦卷棚顶施绿色琉璃瓦，六架梁结构，正面只做大阑额，每间分别用三组一斗交麻叶头，各麻叶头中间饰象鼻。殿门上额雕刻云龙戏珠，东西间棂窗之下各饰藩草雀替。整个殿宇装饰精美，既体现皇家庙宇的恢宏气势，又体现了民间建筑的地域特色。

钟楼1

鼓楼2

承德市

西配殿

东配殿

关帝庙院落

关帝庙

关帝庙立面细部

关帝庙室内

关帝庙立面

关帝庙抱厦梁架

关帝庙前廊1

关帝庙前廊2

关帝庙转角细部

从抱厦回望院落

屋顶瓦件细部

东配殿背立面

51 凤山戏楼
Opera tower at Fengshan Town

级　别	省级
年　代	清
地　址	丰宁满族自治县凤山镇中心
看　点	戏楼
其　他	正在维修 免费参观

凤山戏楼矗立在关帝庙南侧，与凤山关帝庙遥相呼应，同为一组建筑群体。《承德府志》中记载着凤山关帝庙"建于清雍正十年（1732）"，因此认为戏楼应是相同年代所建。随着清代经济文化的发展，乾隆四十三年（1778），凤山设丰宁县治所，成为地方政治经济文化中心。光绪年间，凤山商会会长刘雅温向各商号筹集资金，重建原有戏楼，形成了现在凤山戏楼风貌。

凤山戏楼由主楼和配房构成，面宽 12.9 米，南北长 25.5 米，舞台进深 4.1 米，建筑面积 328 平方米，建筑高度约为 12 米。主楼用柱 16 根，前后楼用勾连

凤山戏楼广场

搭结构，前楼为歇山卷棚顶，后楼为悬山挑檐顶。山墙磨砖对缝，装有卍字铁拔吊，端头出坎。正面两侧斜出八字墙，底部为石砌基座，束腰处配精美雕刻，顶部用砖石仿木斗拱，背立面开六角形窗洞。

戏楼木作结构极为精巧。舞台前檐为两根柱的减柱造，大跨度，避免中柱遮挡观众视线。斗拱向内承托一偏置的木结构斗八藻井，藻井为正方形方木交错

而成，上装镂空八卦天花板。藻井之后有一洞口，木屏之上有天门，门上方装木制滑车，这些装置皆为神仙剧中表现从天而降的场面所设。戏楼正面红色圆椽下，装饰有九踩重昂斗拱，昂嘴为象鼻式并作精美装饰。梁架内外饰苏式彩绘，分别绘有花卉、《聊斋》《三国演义》和《千家诗》内容。台口两侧的雀替各装一条腾云驾雾的金龙，与大梁正中的火球构成二龙戏珠式样。舞台东西两侧的雀替用彩带云朵相互盘绕而成，中间用五福捧寿装饰。舞台背面两柱之间用两根垂花隔为三部分，垂花柱间饰以梅兰竹菊木雕，其上画有大幅《白蛇传》"水淹金山寺"。

舞台之后的立面为五柱，中间三柱为舞台背景。正中一间嵌一圆形镂空绿毛金角的怪兽木雕，昂首张口，举头望日，虎视眈眈，有贪天吞日的狂妄之态，当地百姓称其为"贪"。两侧为出将入相处，门楣上书"歌风""奏雅"四个行书金字，苍劲有力。最外两间做木槛窗。

此外在舞台中部，还设有一方池，池上盖木板，池中安放数口大缸。方池用作鬼戏中小鬼上场的通道，大缸则是用于放大演唱者的声音并产生共鸣。

这座凤山戏楼，结构精巧，装饰精美，集建筑、雕刻、书法、绘画艺术于一体，有"口外第一戏楼"之称。

凤山戏楼沿街远景

前台立面

凤山戏楼

藻井

侧立面屋顶

前檐斗拱

东檐细部

斗拱细部

屋角瓦件

转角斗拱做法

槛窗

木雕及彩画 1

木雕及彩画 2

宽城满族自治县

52 黄崖寺塔群
Pagodas in Huangya Temple

级 别	国家级
年 代	清
地 址	宽城县黄崖子村北 300 米
看 点	塔群
其 他	免费开放

黄崖寺始建年代不详,寺院早已损毁,现存辽金时期寺僧灵骨塔 30 余座,分布于黄崖峭壁。现存小型砖塔 24 座、石塔 3 座、石窟 4 处、建筑基址 3 处、残塔基 70 余处。石塔多为单级锥台形式,也有部分为幢式石塔。

万塔黄崖 1

万塔黄崖 2

53 明长城遗址宽城段
Kuancheng section of the Great Wall of the Ming Dynasty

级 别	省级
年 代	清
地 址	宽城县潘家口水库
看 点	水下长城
其 他	免费开放

承德市宽城满族自治县境内的潘家口水库周边,有一段奇特的"水下长城"景观。建于 500 多年前的喜峰口、潘家口是明代长城的两个重要关隘,是当时中原通往北疆和东北边陲的咽喉要道。这一带的长城共有墩台 21 座,敌楼 160 座,长约 50 公里。敌楼由青砖砌筑,平面呈方形或长方形,长约 7~15 米,宽约 7~10 米,高约 5~12 米。

1975 年至 1981 年,政府利用这里的山形地势,在滦河上游宽城、迁西、兴隆三县交界处修建潘家口

潘家口长城远景

水库。历时十年的引滦河水入津工程横切长城,喜峰口、潘家口两座雄关镶入一潭碧波,从而形成万里长城一处绝景——水下长城。

潘家口长城 1

潘家口长城 2

潘家口长城 3

潘家口长城 4

潘家口长城 5

潘家口长城 6

潘家口长城 7

承德市

潘家口长城 8

喜峰口长城 1

喜峰口长城 2

喜峰口长城 3

喜峰口长城 4

喜峰口长城 5

喜峰口水下长城

54 纪氏庄园
Family Ji's Manor

级　别	县级
年　代	清
地　址	宽城县板城镇椴树沟村
看　点	承德民居
其　他	不开放

　　建筑坐北朝南，原有前后四进院落，占地面积7500平方米。现第一进院落已毁。院落布局为，南面正中设门楼，北面建正房五开间，两侧设三间耳房，东西两侧设厢房，均为单檐硬山布瓦顶。

纪氏庄园大门

纪氏庄园大门及抱鼓石

纪氏庄园正房1

纪氏庄园正房2

支摘窗

瓦件

 砖雕1
 砖雕2

 院落

 大门抱鼓石

 屋脊瓦件

 石雕细部

围场满族蒙古族自治县

55 木兰围场

Mulan Paddock

级 别	国家级
年 代	清
地 址	围场满族蒙古族自治县木兰围场
看 点	东西庙宫、御制碑
其 他	维修中购票参观

清代皇家猎苑——木兰围场，位于承德市围场满族蒙古族自治县，与内蒙古乌兰布统草原接壤，这里自古水草丰美，是动物繁衍之地。1681年，清帝康熙为锻炼军队，在这里开辟了一万多平方公里的狩猎场。清朝前半叶，皇帝每年都要率王公大臣、八旗精兵来这里进行射猎，史称"木兰秋狝"。从康熙到嘉庆的140多年里，这里举行木兰秋狝共105次。

东庙宫位于承德市围场县四道沟乡东庙宫村。属木兰围场七十二围中的"塔里雅图伊逊哈巴齐"围场。东庙宫又称"兴安大岭神祠"，建于清嘉庆十六年（1811），作为嘉庆皇帝"拈香小憩"和接见蒙古、新疆、青海各部族首领、随围射猎、赐宴的活动场所。东庙宫总面积2400.5平方米。平面为长方形，坐北向南。山门题额"敕建敦仁镇远神祠"，院内前殿书额"崇镇周陆"，行殿额曰"缵功致祷"。正殿供奉"敦仁镇远神"牌位，后殿是皇帝休息之所。

协义昭灵神祠，俗称西庙宫，位于隆化县城子乡。嘉庆二十二年（1817）行围木兰，始领修建，次年竣工。神祠规制一律仿东庙宫，门额"敕建协义昭灵神祠"，为清帝西道行围途中祭拜之所。

木兰围场内有《于木兰作》《入崖口有作》《虎神枪记》《古长城说》《永安湃围场殪虎》《永安莽喀》《木兰记》等7通碑刻。建于乾隆十六年（1751）至嘉庆十二年（1807），石碑竖于崖口及与碑文内容相关的围场要地，碑文多以满、汉、蒙、藏四体文字镌刻，分别记述清廷开辟木兰围场的原因、经过，描绘行围时蒙古王公贵族云集景从的团结盛况，以及挽弓猎场

东庙宫远景

东庙宫入口

东庙宫前殿

东庙宫后殿

《木兰记》碑

《虎神枪记》碑

的围猎场景。其中有两通碑刻尤为重要。

木兰围场御制碑——《木兰记》碑位于承德市围场县四道沟乡东庙宫村，在伊逊河西岸，面山依水，隔河与乾隆《入崖口有作》碑遥遥相对。木兰记碑建于嘉庆十二年（1807），通高440厘米，碑身高228厘米，宽132厘米，厚62厘米。碑文以满汉两种文字镌刻，为嘉庆皇帝御笔。木兰记碑与入崖口作碑一样完整、精美，也是木兰围场7块御笔碑中唯一一块为嘉庆所立，其余皆为乾隆所立。碑上镌诗9首，主要内容是赞颂木兰盛况，并表述围场狩猎的重要意义。

木兰围场御制碑——《入崖口有作》碑位于承德市围场县四道沟乡东庙宫村。《入崖口有作》碑坐落在东庙宫村伊逊河东南岸的山梁之上，登顶后不仅能看到完整的碑刻，同时这里也是俯瞰整个伊逊河的好地方。《入崖口有作》碑通高495厘米，由碑顶、碑额、碑身、碑座四部分组成。碑顶上雕"四龙戏珠"，碑体雕有双龙，栩栩如生。御碑完全按照纪功碑的形制所建。碑身四面镌刻满、汉、蒙、藏四种文字。碑身正南面汉文为乾隆御书。

《虎神枪记》碑高四五米，乾隆十七年（1752）秋九月立于木兰围场七十二围之第四围——岳乐围场的山坳平坦之处，给这雄浑的塞外山川增添了一丝古朴野趣。碑文用满、汉、蒙、藏四种文字记述了乾隆

乾隆殪虎摩崖石刻

持虎神枪杀虎的经过：

"壬申秋，于岳乐围场中。猎人以有虎告而未之见也。一蒙古云：虎匿隔谷山洞间，彼亲见之，相去盖三百余步。朕约略向山洞施枪，意以惊使出耳。乃正中虎，虎咆哮而出，负隅跳跃者久之。复入。复施一枪，则复中之，遂以毙焉。盖向之发无不中，乃于谿谷丛薄目所能见之地，斯已奇矣。而兹岳乐所中，则隔谷幽洞，并来虎耽耽阚如之形，于揣度无意之间，复焉深入，不移时而毙猛兽，则奇之最奇。其称为神，良有以也。"

此碑东面，便是当年乾隆皇帝殪虎摩崖石刻。

《古长城说》碑碑文，作于乾隆十七年（1752）九月。

《永安湃围场殪虎》碑立于围场半截塔镇要路沟村西北后洞沟以南的沙土山顶上，诗碑由碑顶、碑身、碑额、碑座四部分组成，碑高 5.6 米。碑顶为圆顶四角卧龙式，碑身周边刻有龙岗花纹，碑体正面镌刻诗文《永安湃围场殪虎》，北侧镌刻诗文《永安湃围场作》，皆为乾隆皇帝御笔。

《永安莽喀诗》碑立于清乾隆三十九年（1774）。由四角攒尖式碑顶、碑身及方形须弥座组成，通高 5 米。碑身残，四面分别用汉、满、蒙、藏四种文字镌刻乾隆皇帝七言律诗《永安莽喀》一首。

《于木兰作》碑建于乾隆十六年（1751）。诗碑位于围场县碑梁村交界处。首题五言诗《于木兰作》。碑体两侧加刻《过卜克达坂即事成什》《过卜克达坂叠旧岁韵》五言律诗两首。这两首诗记述了乾隆二十三年至二十五年（1758—1760），清政府两次出兵平定新疆回部大小和卓的战争史实。

56 半截塔
Half Pagoda

级 别	国家级
年 代	清
地 址	围场满族蒙古族自治县半截塔乡半截塔村小学广场
看 点	元塔
其 他	免费参观

围场半截塔为元代白塔，民国时期重修。塔址位于半截塔小学教学楼旁边，塔高 23.8 米，塔座为正方形，边长 10 米，高 8 米。围场半截塔为空心圆形，顶部叠涩。塔正面为圆形拱门，以青灰石精细加工，砌筑而成。塔座上砖砌三层椭圆形塔身。每层正面留拱门，塔身上端置宝珠形塔顶。民国十八年（1929），当地商会出资修缮并增建上部二层塔身及相轮塔刹。

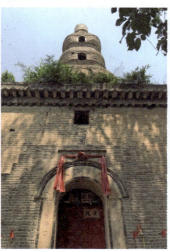

半截塔1　　　　　半截塔2　　　　　半截塔门

57 兴华寺

Xinghua Temple

级　别	省级
年　代	清
地　址	围场满族蒙古族自治县棋盘山镇
看　点	围场县唯一的清代寺院
其　他	免费开放

兴华寺是围场县仅存的一处清代寺院建筑，始建于清宣统二年（1910）。兴华寺原有殿宇6层，殿内中间塑有四大天王泥像。第二层是娘娘殿，殿中间塑有娘娘像，两侧为"山神""土地"像。第三层为老爷殿，殿内塑有关羽、岳飞、刘备、张飞、赵云、关平等像。第四层为"大阁"，遍体木质结构，呈八角形，密檐式（楼阁式），内分6层。"文革"期间，原第五层"内阁"被拆毁。各殿堂的塑像同时遭到毁坏。现在这所寺院建筑前三层殿、后殿及西配殿、东西石亭尚存。

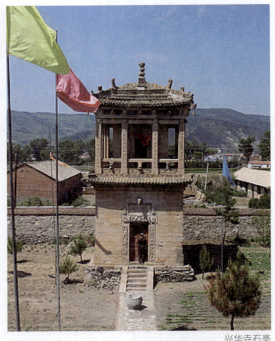

兴华寺石亭

兴华寺远景

承德市其他主要文物保护单位列表

区　县	名　　称	年　代	级　别	地　址
双桥区	罗汉堂	清	省级	双桥区狮子沟镇罗汉堂村
双桥区	热河都统署旧址	清	省级	双桥区都统府大街
承德县	汉长城遗址承德县段	汉	省级	承德县北部
承德县	明长城遗址承德县段	明	省级	承德县东小白旗乡
平泉县	顶子城遗址	新石器时代	国家级	平泉县茅兰沟乡烧锅营子村东
平泉县	化子洞遗址	旧石器时代	国家级	平泉县党坝镇瀑河东岸台地
滦平县	后台遗址	新时期时代	省级	滦平县金沟屯镇西村北
滦平县	小城子城址	战国—汉	省级	滦平县大屯乡小城子村
滦平县	汉长城遗址滦平段	汉	省级	滦平县西北
丰宁县	金界壕	金	省级	丰宁县草原乡村
丰宁县	燕北长城丰宁段	战国、秦、北魏	省级	丰宁县北部
丰宁县	汉长城遗址丰宁段	汉	省级	丰宁县中南部
围场县	城子城址	战国、汉	省级	围场县城子乡城子村
围场县	半截塔城址	战国、汉、辽、元	省级	围场县半截塔镇半截塔村北
围场县	燕北长城遗址围场段	战国、秦、金	省级	围场县西部、中部、东部
围场县	秦始皇长城遗址围场段	秦、金	省级	围场县西部、中部、东部
围场县	金长城遗址围场段	金	省级	围场县东部、中部、西部
围场县	汉长城遗址隆化段	汉	省级	围场县南部、中部、西北部

3 唐山市
TANGSHAN

唐山市古建筑分布图
Historical Architectural Map of Tangshan

1. 开滦唐山矿早期工业遗存
2. 多宝佛塔
3. 寿峰寺
4. 丰润中学校旧址
5. 定慧寺后殿
6. 天宫寺塔
7. 玉煌塔
8. 清东陵
9. 永旺塔
10. 洪山口戏楼
11. 保安塔
12. 明长城遗址遵化段
13. 明长城遗址迁安段
14. 景忠山碧霞元君庙
15. 三屯营城址
16. 明长城遗址迁西段
17. 喜峰口长城
18. 净觉寺
19. 彩亭石桥
20. 达王庄王氏宗祠
21. 李大钊故居
22. 潮音寺
23. 滦河大铁桥（滦河铁桥）

概 述

唐山市位于河北省东部,地处渤海湾中心地带,东隔滦河与秦皇岛市相望,西与天津市毗邻,南临渤海,北依燕山隔长城与承德市相望,东西长约130公里,南北宽约150公里,总面积为13 472平方公里。

唐山历史悠久,早在4万年前就有人类劳作生息,商代属孤竹国,战国为燕地,汉代属幽州,清代分属直隶省永平府和遵化直隶州。民国元年(1912)政区建制均袭清制,1929年,直隶省改称河北省,1946年5月5日,唐山市政府成立。2012年唐山辖区有遵化市、迁安市、滦县、滦南县、乐亭县、迁西县、玉田县、路北区、路南区、古冶区、开平区、丰南区、丰润区、曹妃甸区、芦台经济技术开发区、汉沽管理区。

唐山市已发现的古建筑多为明、清两代所建。明长城遗址横亘在迁西、迁安、遵化北部山区,虽多有破损,但气势犹存。位于遵化市马兰峪镇的清东陵,是全国重点文物保护单位、世界文化遗产。清东陵是我国现存规模最为宏大、体系最为完整、布局最为得体的皇家陵墓群,至今已有300多年的历史。此外,迁西县景忠山碧霞元君庙、丰润区天宫寺塔、车轴山无梁殿、遵化市永旺塔、玉田县净觉寺等,都是各具特色的古建筑。唐山也是中国近代工业的发祥地,始建于1878年的唐山开滦煤矿是中国最早采用西方近代技术开掘的大型煤矿,是中国第一座成功的机械化矿井。中国的第一台蒸汽机车、第一桶机制水泥,第一件卫生陶瓷、第一条标准轨距铁路也都诞生在唐山。

唐山市现存全国重点文物保护单位17处,其中具有代表性的建筑将在下文逐一介绍。

路南区

1 开滦唐山矿早期工业遗存
Early industry heritage of Kailuan-Tangshan Mine

级 别	国家级
年 代	清末
地 址	路南区新华东道54号（开滦唐山矿业公司）
看 点	唐胥铁路肇始之处、中国最早的铁路公路立交桥涵
其 他	购票参观／现为开滦国家矿山公园

开滦唐山矿早期工业遗存由"中国第一佳矿"——唐山矿一号井、中国第一条准轨铁路——唐胥铁路肇始之处、中国最早的铁路公路立交桥涵——"达道"三大矿业遗迹组成，被列入第七批全国重点文物保护单位。

唐山矿一号井位于唐山市新华东道南侧开滦国家矿山公园内。开平矿务局由清直隶总督李鸿章委派轮船招商局总办唐廷枢开办，为官督商办。光绪二年（1876）在开平镇开平矿田选址设局开办，6月2日经李鸿章批准，设局开办，定名为"开平矿务局"，唐廷枢任总办，并在唐山乔屯西开凿唐山矿一、二号矿井。一号井于光绪四年（1878）安装钻探，光绪七年（1881）安装完井架绞车房并开始采煤。一号井为圆形井筒，深183米，直径4.27米，木井架高20余米，天轮直径2米，用自重15吨的三层缸笼提煤。井下为料石和块铁铸造而成的拱形巷道，光绪十年（1884）时已长达10多公里。其中5.63公里铺设小铁道，用马拉车运煤。地面建有锅炉房、绞车房、煤楼等辅助设施。绞车房建于井眼两侧，安装一台功率110.25千瓦的马力蒸汽绞车，用锅炉蒸汽带动矿井绞架提升，日提取煤500吨，后更换为电绞车。建井同时，地面还建有锅炉房、煤楼等辅助生产设施，并在一号井上修筑了中国第一条准轨铁路，与胥各庄至芦台的运煤河相连接，构成了完整的产、运、销系统。1976年的唐山大地震使一号井遭到破坏，矿井被淹，井架歪斜，绞车房倒塌，震后经过修复得以保存并使用至今。

唐胥铁路肇始之处唐胥铁路是为了将开平煤矿运往天津而建，1881年初动工，同年6月9日开始铺轨，11月工程竣工，是我国第一条自建铁路。东起唐山，西南至胥各庄，长约9.7公里。采用由英国进口的每码（1码≈0.9米）30磅（1磅≈0.45公斤）的轻钢轨，轨距也采用英国标准。

达道位于唐山市新华东道路面下。光绪二十三年（1897），为了扩大煤开采量，开平矿务局在唐山矿一号井西北岩石裸露处选址建新井，称西北井，井深125米，光绪二十五年（1899）开始出煤。为使西北井所产之煤能由唐山矿一号井架下之唐胥铁路转运销售，在唐山矿与西北井间修筑了一条1.5公里长的联络铁路支线。因唐山矿一号井与西北井之间当时相隔一条东西向的广东街（为唐山市当时主要街道，今改新华道），故于光绪二十五年（1899），在广东街路基下开凿了这条南北走向的隧道式桥洞，称为"达道"，以使火车可经此直达西北井。达道，取通达之意，由时任中国铁路公司总工程师、开平矿务局总工程师英国人克劳德·威廉·金达（Claude William Kinder, 1852—1936）设计。净高5.7米，宽7.65米，洞长65.1米，为拱形砌券式隧洞结构，洞口上方正中所镶石碑上刻"达道，光绪己亥二十五年四月初四，开平矿务局"。隧洞从地基到券顶全部为条形料石券拱砌筑而成，坚固无比，历经1976年唐山大地震而丝毫无损，时至今日仍下行火车、上行汽车。达道为中国近代工业发展史上最早的铁路、公路立交涵洞之一，

唐山矿一号井

唐胥铁路肇始之处

它记载了中国近代煤炭工业早期发展的历程,也是百年开滦的历史见证。

克劳德·威廉·金达 1878 年来到中国,1882 年至 1896 年任开平矿务局总工程师,曾主持中国第一条标准轨距唐胥铁路的修建和中国第一台"龙号"蒸汽机车的制造工作。1896 年至 1906 年致力于中国铁路修建,先后任开平铁路局和中国铁路公司总工程师。金达长期在清政府部门任职,是为数不多的外籍官员之一。

达道

古冶区

2 多宝佛塔

Pagoda inscribed with "Duo Bao Fo Ta"

级 别	国家级
年 代	金
地 址	古冶区王辇庄乡任庄子村西北 1.5 公里处
看 点	金代佛塔
其 他	免费参观

多宝佛塔西侧原有一座坐北朝南的弥勒寺,后改称"灵云寺"。据《滦县志》记载,该寺始建于金代,寺内有香火地四亩,正殿为满堂佛,供奉佛像几百尊,大者 6 尺许,小者尺余,神态动作各异。弥勒寺的两侧各有一座庙宇,东侧为窑神庙,西侧为关帝庙。多宝佛塔东侧约 50 米处,原有一座丈高 10 余层的砖砌小斜塔,向西北方向倾斜 20 度许。塔身中部镶有一块青石,上有正楷刻字"白云法师墓",当地人称"和尚坟"。斜塔和灵云寺在"文革"中被毁,现仅存多宝佛塔一座。

多宝佛于明代重修,坐北向南,为仿木构密檐实心砖石塔,整体八角七层,由塔基、须弥座、塔身、塔刹四部分组成,通高 13 米。八角塔基由方石垒砌,须弥座下部为砖砌叠,中部砖雕 8 个壶门,上为砖雕斗拱出檐。塔身第一层东、西、南、北四方各置砖券假门,门内砖雕佛像。八角处均砖雕一座小塔,一半镶入塔身,一半露于外表,其形制与主塔相同。一层上部以砖雕五踩斗拱出檐,二层至七层均为砖砌叠涩密檐。在第一层塔身南向假门上镶砌有石匾一块,刻"多宝佛塔"四字,落款为"大明万历甲午(即明万历二十二年,1594)成道日立"。在东、西、北三面的假门上方雕刻有花纹,两侧刻有对联。东侧为"何群震振,持国握乾坤";北侧为"寻声周沙界,慈悲

多宝佛塔

多宝佛塔雕饰

满大干";西侧为"法权超苦海,仙乐引群生"。四斜面素面无雕饰。塔座上沿雕有16个小石佛像,八个角上各有一个小龛洞,内各有一个砖雕小佛像。

多宝佛塔北面的山名为"白云山",因雨后常有白云缭绕而得名,又称"自来峰"。此处清代以前风景优美,夹路长松,四周青障,为"滦州十景"之一——"秋岭松云"所在地。

1984年曾重修塔基;2002年古冶区民众又集资对塔进行了修缮。

丰润区

3 寿峰寺

Shoufeng Temple

级 别	国家级
年 代	辽—民国传统建筑
地 址	丰润区新庄子乡车轴山村东50米(车轴山中学内)
看 点	无梁殿、密檐塔
其 他	免费参观 / 现位于车轴山中学内

寿峰寺

寿峰寺坐落在车轴山上,距离县城10公里,海拔高度58.9米。该寺始建于辽重熙元年(1032),现存无梁阁(万佛阁)、药师灵塔、文昌阁三栋建筑。三栋建筑在车轴山顶面南背北一字排开。

以下略述寿峰寺主要建筑:

无梁阁亦称无量阁,是寿峰寺的主要建筑。始建于辽重熙年间,原为一层,现存为明万历二十六年(1598)重修,增至三层。为砖券无梁殿结构,三重檐歇山琉璃瓦顶,通高28.5米,面阔三间12.5米,进深三间9.9米。各层均南面辟券门,汉白玉券脸,上雕龙凤。各层檐下均施砖仿木七踩斗拱,二层设平座,第一层和第三层内顶为砖砌弧形穹隆顶,二层内顶为木制楼板。一层券顶之上绘有彩画,券门上方作仿木垂花挂檐,两侧上角各辟拱窗一个。

药师灵塔位于无梁阁西侧,始建于辽重熙年间,现存为明万历二十六年(1598)重修。此塔为砖砌密檐实心花塔,通高27米。塔基为八角束腰须弥座式,束腰部分每面砌有壸门两个,壸门内嵌有砖雕人物造像。塔座顶部以三踩斗拱承托勾栏平座,上置仰莲承托塔身。一层塔身高大,四正面设有拱券式假门,四

寿峰寺无梁殿

斜面为高 2.28 米的砖雕佛像，各角砖砌倚柱，上砌砖雕五铺作斗拱承檐。檐上置平座，平座上为圆锥状塔身，雕七层塔形龛。塔顶八角攒尖，上为仰莲承葫芦形塔刹。

文昌阁位于无梁阁东侧，建于1913年，立面为三层。一层面阔三间，进深一间，一层檐为庑殿形式；二层面阔一间，进深一间；三层做塔刹形屋顶。高15.87米，占地面积60.88平方米。

另外，寺内有辽代陀罗尼经幢一座、明代《增修车轴山无梁万佛阁记》碑一通。碑高2.425米、宽0.915米、厚0.22米，为明万历二十六年（1598）大修无梁阁时所刻。承事郎山东黄县知县谷九鼎撰文，总督蓟辽军门赞画官雷时鸣书丹。

1976年唐山大地震中寿峰寺建筑受损严重，无梁阁东半部坍塌，药师灵塔塔身上部震毁，文昌阁全部塌毁。该寺于1985年、1999年分别进行两次大规模测绘，制定修复方案。2000年至2002年在河北省古建筑研究所主持下，进行大规模修复工作。2006年寿峰寺被列为第六批全国重点文物保护单位。

寿峰寺药师灵塔

寿峰寺文昌阁

4 丰润中学校旧址
Former site of Fengrun Middle School

级别	国家级
年代	民国
地址	丰润区新庄子乡车轴山小庄子村
看点	中西合璧式近现代建筑
其他	免费参观 / 现为车轴山中学

丰润中学校旧址位于丰润区新庄子乡车轴山南坡，距离丰润城区10公里，西邻车轴山村，总占地面积约5700平方米，建筑面积1280平方米。始建于1914年至1925年，1951年7月改名为"车轴山中学"。

丰润中学校旧址现存图书馆、阅览室、校史展览馆、杨氏书库、校长室、总务处、牌坊式校园南大门、六角亭及孔壁式院墙等中西合璧式建筑。

车轴山中学大门

以下略述主要建筑：

大门位于山脚下，建于1917年。四柱三门，面阔9.2米。柱为石砌方柱，尖圆柱头；门为铁木制成，中间门为两扇四抹扇，两侧单扇门为三抹扇；中间门楣处雕有时任河北省民政厅厅长孙奂伦书写的校名"丰润中学校"五个大字；门两侧连接抹八角围墙。

总务处室位于大门北面38米处的第一层台地上，建于1919年。平面呈倒"凹"字形，砖石结构，四坡顶。正房坐北朝南，面阔28.46米，进深5.8米。中部一间为穿堂，半圆形拱券大门，内为红砖拱券，地面铺设条石。穿堂两侧各有套间式房间两间，南立面设窗6个，北面各设门一个、窗两个。正房北侧有坐东朝西和坐西朝东的厢房各两间，面阔9.8米，进深6.2米，每间设门、窗各一个。厢房的门、窗上均用尖拱，其余各处门、窗上用弧形拱券。正房南立面顶部设女儿墙，分两层。明间女儿墙下层刻"中学校"三字，上款为"民国三年立"，下款为"新城白宝瑞"，是时任县长白宝瑞于1914年为学校题写的匾额；上层刻篆书"中学"二字组成的警钟图案。

校长室位于总务处室北面的第二级台地上，建于1916年。砖石结构，两坡顶。面阔25.09米，进深6.8米，共5间。中部一间为穿堂，东西两侧各有两间；紧挨穿堂两侧的房间较小，在穿堂东、西两侧墙上设门；其东、西两侧各有一较大房间，于南面设门；室内地面铺设几何图案的瓷砖，窗上均施弧形拱券，中间穿堂用三心圆拱券，拱券中间均置券心石；南侧有台阶可下至总务处室，台阶两侧垂带栏板、栏杆。

会议室现为校史展览室。位于校长室北面，建于1920年。面阔18.74米，进深10.7米，砖石木架结构。中间设门，两边各设四个窄长窗，窗上用平肩券，券脸正中设券心石。会议室内部隔成两间，南面为一大间，北面为一小间，两室间以石砌墙体相隔，墙体中部开半圆形拱门，拱门两侧各设两个小门。东、西两侧山墙南端各开一个侧门，门外各有向上的石质台阶可达图书馆所在的第三级台地。

图书馆位于第三级台地上，建于1922年。为券柱外廊式二层楼房，砖石水泥结构，木质梁架楼顶。面阔18.08米，进深9.50米。一层廊柱为方形石质，柱间用半圆形拱券，两券相交落在方柱上，组成连拱廊；二层廊柱为六边形石质，券石均用浮雕装饰，一层为圆形与四叶草形相间，二层为圆形与四棱形相间，券脸正中均设券心石，各券间填以山花装饰。廊柱间和楼顶部设宝瓶式护栏，楼顶正中设三角形女儿墙，女儿墙正中浮雕一座光芒四射的警钟，旁边填以山花装饰。楼门设在中间，进去即为楼梯间，可登至二层；二楼楼梯间有门可通至前廊。两层左右各有一较大的房间，门开在楼梯间，各有窄窗4个开向前廊；二层向楼后设窄窗10个。

教室与图书馆毗邻的两侧各建有平房，东、西两

丰润中学旧址大门

丰润中学旧址总务处室

丰润中学旧址校长室

丰润中学旧址会议室

侧另有坐东朝西和坐西朝东的厢房，与图书馆一起组成类似四合院结构的平面呈"凹"字形的建筑群组。建筑建于1923年，均为砖石结构，梁架为木质桁架结构，红瓦坡顶。每间教室正面均于前、后各设门一个，两门之间设窗四个；东西坐落的教室北墙均设有窗三个，窗上饰尖拱，上部设有法式牛眼窗。

2006年，丰润中学校旧址被列入第六批全国重点文物保护单位名单。

丰润中学旧址图书馆

丰润中学旧址教室

5 定慧寺后殿

Rear hall of Dinghui Temple

级 别	省级
年 代	金
地 址	丰润区西佑国寺乡西佑国寺村东500米
看 点	古建筑遗址
其 他	免费参观

定慧寺又称佑国寺，俗称"还源寺"，始建于金天会五年（1123），明万历年间重修。据清乾隆《丰润县志》载："松柏阴翳，浮图耸出，规模不亚于天宫寺。而境地幽僻，人迹罕至。其俗名还源者，因还源僧也。"原寺东西宽80米，南北长145米，占地18亩，规模宏大。整体格局坐北朝南，在南北中轴线上分布着前殿（山门）、中殿、后殿。中轴线两侧有配房和钟鼓楼，后殿东西两侧各有铜佛殿一座，后殿西北有一座为纪念寺中名僧还源法师而建的十三层塔，塔旁有一座八角碑亭，上刻还源法师生平和功德。

定慧寺后殿原位于定慧寺北部，重建于明万历年间。坐北朝南，单檐布瓦庑殿顶。面阔、进深各三间；明间北出抱厦一间，为清光绪年间修缮时为避免滴雨损坏佛像添建。檐下周围施七踩如意斗拱。彻上露明造，殿内墙壁及架梁绘有彩绘，脊枋上存有"大明万历庚申年修"等字样。殿顶推山由檐部起始，造成前后檐和两山出檐不一致。

定慧寺后殿原状图

定慧寺后殿现状

定慧寺经历了百年风雨沧桑，寺中大部分建筑毁于"文革"，现后殿仅存柱础遗址和东西山墙，该寺于1982年被列为省级文物保护单位。

6 天宫寺塔
Pagoda in Tiangong Temple

级　别	国家级
年　代	辽
地　址	丰润区天宫寺塔公园内
看　点	辽代古塔
其　他	免费参观／现位于天宫寺塔公园内

天宫寺始建于辽清宁元年（1054），初称南塔院，寿昌三年（1097）改名为极乐院，乾统五年（1105）改为天宫寺，金天会五年（1127）八月敕加大天宫寺。其规模宏大可容僧千人。坐西朝东，由三进院落组成。正殿3间，殿内塑阿弥陀佛像，并置大藏经。南北两侧各建5间配殿，殿内供奉本尊像和四智菩萨。中院为3间正殿，左右两侧建钟鼓楼。外院为两道山门，周围绕以廊庑百间。后又于清宁八年（1062）在寺西北角的高台之上建佛塔一座。并建3间正殿，又筑两所庵堂。天宫寺内的大部分建筑在"文革"期间被拆除，现仅存天宫寺塔。

天宫寺塔为八角形十三层叠涩密檐实心塔，高24.2米，占地面积50.9平方米。塔基为砖砌八角须弥座，束腰部分每面砌有壸门两个，束腰上部为平座斗拱承托几何、花草图案的栏杆、栏板，最上面为三层砖雕仰莲承托一层塔身。一层塔身的四正面设有假门，其余四面平素，转角处为砖雕蟠龙倚柱，普拍枋之上为仿木五铺作砖雕斗拱，二层以上各檐不施斗拱，均用砖叠涩而成。塔刹也是砖叠涩而成。宝顶为红铜渗金，重铸于清康熙十六年（1677）。1987年修缮时出土了一大批珍贵经文、造像和瓷器等文物。

2006年天宫寺塔被列为第六批全国重点文物保护单位。

天宫寺塔

7 玉煌塔
Yuhuang Pagoda

级　别	省级
年　代	明
地　址	丰润区西北6公里压库山村
看　点	明代古塔
其　他	免费参观

玉煌塔位于丰润区西北6公里处压库山村西玉煌山南坡。此塔始建于辽代，山顶曾建有玉煌庙，现仅存孤塔。玉煌塔为八角九级密檐式实心砖塔，通高15.5米。石砌塔基上为八角形砖砌塔座，座顶施砖雕四铺作斗拱承托平盘檐。塔身第一级有花草砖雕7幅，二龙戏珠砖雕1幅，各幅砖雕下面均有一龛。以上各层均为砖砌叠涩密檐。塔顶原有串珠形塔刹，近年毁落。2012年、2013年曾对塔体进行加固维修。玉煌塔于1983年被丰润县人民政府确定为重点文物保护单位。2008年公布为省级文物保护单位。

玉煌塔

遵化市

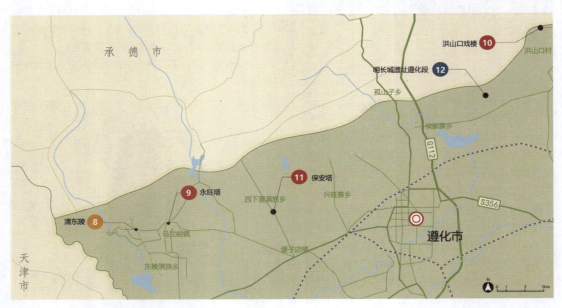

冀测审字（2018）第 10 号

8 清东陵
Eastern Qing Mausoleum

级 别	国家级
年 代	清
地 址	遵化市马兰峪镇昌瑞山下
看 点	清代帝王陵墓建筑群
其 他	免费参观

清东陵西距北京市区 125 公里，是中国现存规模最大、体系最完整的帝王陵墓建筑群。从顺治十八年（1661）首建顺治皇帝孝陵开始，至光绪三十四年（1908）最后建成慈禧皇太后的普陀峪定东陵结束，营建活动延续了 247 年。2000 年 11 月，清东陵与清西陵一起被第 24 届世界遗产委员会列为世界文化遗产。

陵区北倚燕山余脉昌瑞山南麓，东起马兰峪，西至黄花山，南面有天台、烟墩两山相对峙，中间自然形成的出入口称龙门口。南北长 125 公里、宽 20 公里，占地面积 2500 平方公里，内葬有 5 个皇帝、15 个皇后、137 个妃、嫔、福晋、格格等，共 217 座宫殿牌楼，组成大小 15 座陵园。整个陵区以孝陵（顺治）为中心，其他各陵依山势排列于两侧。东侧有孝东陵（顺治皇后）、景陵（康熙）及景陵妃园寝和皇贵妃园寝；西侧有裕陵（乾隆）及裕妃园寝、咸丰皇后普陀峪定东陵（慈禧）和普祥峪定东陵（慈安）及定妃园寝、定陵（咸丰）；东南为惠陵（同治）及惠妃园寝，陵区南面大红门外东侧为昭西陵（孝庄文皇后）。另外在马兰峪东部有公主园寝一座。

孝陵

位于昌瑞山主峰下陵区中部，为清世祖及其二后的陵墓，是清东陵的主陵。清世祖爱新觉罗·福临（1638—1661）为皇太极第九子，清入关后第一位皇帝，1644 年至 1661 年在位，年号顺治。孝陵建于顺治十八年（1661）至康熙二年（1663），占地面积约 73 万余平方米。其轴线长达 5.5 公里，沿 12 米宽神道由南至北排列着石牌坊、大红门、具服殿、神功圣德碑楼及石望柱、18 对石像生群、龙凤门、七孔桥、五孔桥、三路三孔桥、神道碑亭、神厨库、东西朝房、东西值房、隆恩门、隆恩殿、焚帛炉、东西配殿、三座门、二柱门、石五供、方城、明楼及宝城、宝顶等共 28 组建筑。全部建筑层次分明，脉络清楚，高低错落，疏密相间，节奏感极强。其中石像生和石翁仲由南至北依次为卧狮、站狮、卧狻猊、站狻猊、卧骆驼、站骆驼、站象、卧麒麟、站麒麟、卧马、站马各 1 对，武官 3 对、文官 2 对。18 对石像生均用整块巨石雕成，

清东陵总平面图

孝陵鸟瞰图

数量为清代帝陵之最。全陵除东西值房为硬山布瓦顶外，其余建筑和墙顶均为黄琉璃瓦顶，梁柱斗拱均施彩绘。另有大小碑楼及圣德神功碑等石碑3通，下马碑2通、祭台1座、铜缸6口。孝陵经历年多次重修，现除东班房未修复，东、南神厨库仅存遗址外，其余均保存完好。

孝陵石牌坊位于神道最南端，大红门外。为五门六柱十一楼，庑殿顶，全部用巨大的青石料构筑而成，通高12.48米，面阔31.35米。牌坊的脊饰、吻兽、瓦垄、椽飞、斗拱均用巨石雕成，额枋上雕旋子彩画。石柱根部均用夹板石，顶部雕麒麟、卧狮等，四面雕狮子戏球、云龙、异兽等。

孝陵大红门位于陵区正南石牌坊以北，为孝陵的大门，也是清东陵陵区的总门户。面阔38米，进深11.15米。单檐庑殿顶，中设拱券门洞三个。中门洞前设一块浮雕云纹丹陛石。大红门两侧各开便门一座。

孝陵圣德神功碑楼位于大红门以北中轴线上，又称"大碑楼"，康熙七年（1688）立，并撰文。碑楼光绪二年（1876）遭雷击焚毁，光绪三年至五年重修。为重檐九脊歇山黄琉璃瓦顶，面阔、进深各一间，高约30米。上檐为单翘双昂斗拱，下檐为五踩双下昂，内顶作天花板。楼内置汉白玉圣德神功碑一通，通高8.46米，碑高6米、宽2.16米、厚0.74米，碑首雕作六蛟龙。赑屃座，置于长方形石海墁上，海墁雕出海人，四角雕龟鳖虾蟹。碑首书"大清孝陵圣德神功碑"，碑文用满、汉两种文字记叙顺治皇帝功绩。

孝陵明楼位于方城之上。为重檐歇山黄琉璃瓦顶，面宽、进深各三间，上檐为七踩单翘双下昂斗拱，下檐为五踩重昂斗拱，内作天花板。内置汉白玉陵碑一通，

1. 三路桥　　2. 碑亭　　3. 隆恩门
4. 朝房　　　5. 隆恩殿　6. 配殿
7. 琉璃门　　8. 二柱门　9. 石五供
10. 方城、明楼　11. 月牙城
12. 宝顶　　　13. 宝城

清东陵孝陵（顺治）平面图

孝陵石牌坊

孝陵大红门

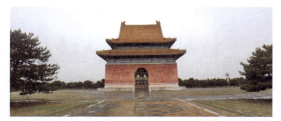

孝陵圣德神功碑楼

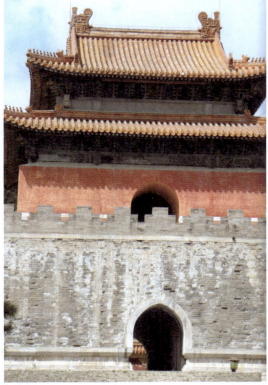

孝陵明楼

孝陵隆恩门

孝陵隆恩殿

通高5.74米、宽1.52米、厚0.72米。碑首前后雕二龙戏珠，长方形须弥座，碑阳用满、蒙、汉三种文字刻写"世祖章皇帝之陵"，康熙二年（1663）玄烨立。

孝陵隆恩门位于隆恩殿前，为单檐歇山黄琉璃瓦顶，七檩中柱式，面阔三间，进深二间，均用三踩单昂斗拱。梁架上绘旋子大金彩画。

孝陵隆恩殿位于隆恩门内。为重檐歇山黄琉璃瓦顶，面阔五间、进深三间，前作宽大月台，围筑栏杆。上檐为单翘双昂斗拱，下檐为五彩双昂斗拱。内作天花。梁枋上绘旋子大点金彩画，金柱上作草龙地仗。

孝陵三座门又称"琉璃门"，位于隆恩殿后。歇山黄琉璃瓦顶，面宽、进深均为一小间，均为单翘单昂斗拱。

孝陵二柱门位于三座门北约10米。汉白玉石柱，柱头雕蹲兽，两柱间以大小额为联络材，上置斗拱承屋檐，饰作歇山顶，枋子上绘旋子彩画。

孝陵龙凤门位于石像生北约50米中轴线上。为

孝陵三座门

孝陵二柱门

六柱三间歇山顶。龙凤门为长方形台基，门两侧作1.25米高的石须弥座，上置抱鼓石夹石柱，其上作额枋、垫板、大额枋，枋与石柱相连，柱头作云板，上置坐兽。须弥座正中砌黄琉璃瓦照壁。

孝陵神道碑楼位于龙凤门北。重檐歇山黄琉璃瓦顶，面阔、进深均为一间。上檐为单翘双昂斗拱，下檐为五踩双下昂。内顶作天花板，梁枋绘旋子大点金彩画。内置汉白玉神道碑1通，通高6.59米，螭首，赑屃座。碑阳用满、蒙、汉三种文字刻写"世祖体天隆运英睿钦文显武大德弘功至仁纯孝章皇帝之陵"。康熙二年（1663）玄烨立。

孝东陵

位于孝陵东150米，顺治皇帝孝惠皇后及妃嫔陵寝。创建于康熙五年（1666），占地约10万平方米。建筑布局由南至北依次为：三孔石拱桥及石平桥、东西朝房、东西值房、隆恩门、东西燎炉、东西配殿、隆恩殿、三座门、石五供、方城明楼、宝城、皇后宝顶及两侧妃嫔宝顶共29个。其主殿隆恩殿面阔五间、进深三间，重檐歇山黄琉璃瓦顶。东西配殿、隆恩门为单檐歇山黄琉璃瓦顶，东西朝房为硬山黄琉璃瓦顶，神厨库为悬山黄琉璃瓦顶，班房为硬山布瓦顶。神道与孝陵神道相连，外环红墙。明楼面阔、进深各一间，重檐歇山黄琉璃瓦顶，内有满、汉两种文字刻"孝惠章皇后之陵"碑一通。

裕陵

在孝陵以西约800米的胜水峪，是清高宗及其二后三妃的陵墓。清高宗爱新觉罗·弘历（1711—1799），年号乾隆，1736—1795年在位。裕陵始建于乾隆八年（1743），乾隆十七年（1752）主体建筑竣工。占地面积45万平方米，坐北朝南，建筑群以神道贯穿，由南至北有圣德神功碑楼、4座华表、五孔石拱桥、石望柱、石像生、五门六柱石牌坊、神道碑楼（小碑楼）、神厨库、东西朝房、东西班房、三路三孔石拱桥、隆恩门、东西配殿、隆恩殿、玉带桥、三座门、二柱门、方城、明楼、宝顶、地宫等主体建筑以及石桥、祭坛、铜缸等设施。石像生由南而北为石狮、石虎、石骆驼、石象、石麒麟、石马、武官、文官各1对，分列神道两侧。

裕陵隆恩殿位于隆恩门内中轴线上。为重檐歇山黄琉璃瓦顶。面阔五间、进深三间，前作宽大月台，周作望柱、栏板。上檐为单翘七踩重昂斗拱，下为五踩重昂斗拱。内顶作天花，梁枋上绘旋子彩画。大殿

孝陵龙凤门

孝陵神道碑楼

孝东陵隆恩门与东西朝房

孝东陵隆恩殿与明楼

裕陵鸟瞰

裕陵隆恩殿

裕陵圣德神功碑楼

内有暖阁三间，东暖阁内设佛楼，中、西暖阁供奉神牌。

裕陵圣德神功碑楼位于隆恩门前中轴线上。重檐九脊歇山黄琉璃瓦顶。面阔、进深皆三大间，四正面作券门。斗拱均为七踩单翘双下昂，内作天花。内置汉白玉圣德神功碑2通，通高8米、宽3.32米、厚0.77米。碑首雕作六蛟龙，赑屃座，座下石海墁。两碑分别用满、汉两种文字镌刻碑文。碑首题"大清裕陵圣德神功碑"，碑文4300余字，记叙乾隆皇帝功德。嘉庆皇帝撰文，嘉庆七年（1802）立。

裕陵神道碑楼位于神厨库以西约100米中轴线上。重檐歇山琉璃瓦顶。面阔、进深皆一间，六攒重昂斗拱，内作天花。内置汉白玉神道碑一通，通高6.95米，碑首雕作六蛟龙，赑屃座，座下石海墁。额题"大清"二字，碑阳用满、汉、蒙三种文字书写"高宗法天隆运至诚先觉体元立极敷文奋武孝慈神圣纯皇帝之陵"。乾隆十年（1745）立。

裕陵神道碑楼

裕陵明楼位于中轴线后方城之上。重檐歇山黄琉璃瓦顶。面宽、进深皆三间，斗拱均为七踩单翘重昂，内作天花。内置汉白玉陵碑一通，碑首刻二龙戏珠，须弥座。通高6.08米、宽1.64米、厚0.7米。碑阳用满、汉、蒙三种文字镌刻"高宗纯皇帝之陵"，乾隆十年（1745）立。

裕陵地宫位于宝顶之下。石拱券结构，进深54米，面积372平方米。由四道石门和三个堂（明堂、穿堂、金堂）组成，平面呈"主"字形。各石门、堂券的四壁及券顶都有浮雕、佛像、图案和经文。经文以梵（古印度文字）、蕃（藏）两种文字阴刻，多达3万余字。门楼上也雕出檐、瓦垄、鸱吻、斗拱等仿木构件。罩门两侧有4尊石雕天王坐像，大小与真人相仿，形态逼真。乾隆及两位皇后、三位贵妃灵柩置于金堂内汉白玉石床上。裕陵地宫是一座地下石雕艺术宝库。1928年军阀孙殿英将地宫盗掘一空，后于1975年清理，1978年对外开放。

裕陵明楼

裕陵地宫

裕陵妃园寝

位于裕陵以西约 500 米。乾隆皇帝妃园寝。占地约 6 万平方米。创建于乾隆十年（1745），内葬皇后嫔妃等 36 人。主要建筑自南至北为单孔石拱桥、三孔石拱桥、东西朝房、东西班房、宫门、焚帛炉、东西配殿、隆恩殿、二座门、方城、明楼、宝顶等。其主体建筑隆恩殿为单檐歇山顶，面阔五间、进深三间。除班房、朝房覆以布瓦外，其于建筑均为绿琉璃瓦顶。方城明楼内有纯惠皇贵妃园寝碑一通。

景陵

在孝东陵东南约 500 米。清圣祖及其四后一妃的陵墓。清圣祖爱新觉罗·玄烨（1654—1722）年号康熙，1662—1722 年在位。始建于康熙六十一年（1722），占地 15 万平方米。陵寝坐北朝南，以神道为中轴线，神道由孝陵神道分出，神道碑亭（小碑楼）以北的建筑与孝陵大体相同，以南有圣德神功碑亭、五孔神道拱桥、石望柱、石像生、牌楼门等。石像生、石翁仲由南至北依次为石狮、石象、石马、武官、文官各 1 对，间距约 30 米，均为立像。除东西值房班房为布瓦顶外，

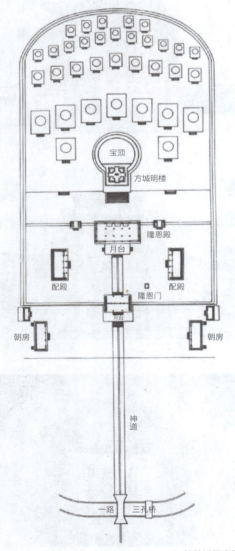

裕陵妃园寝平面图

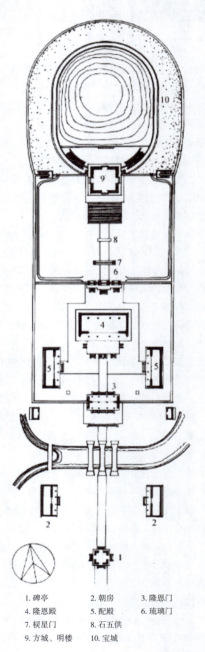

1. 碑亭　　2. 朝房　　3. 隆恩门
4. 隆恩殿　5. 配殿　　6. 琉璃门
7. 棂星门　8. 石五供
9. 方城、明楼　10. 宝城

景陵平面图

其余建筑及墙顶均用黄琉璃瓦顶，殿内均绘旋子点金彩画。建筑群布局严谨、体系完备，首创功德碑双碑、石像生5对、碑匾用宝之制，并首建牌楼门及首创皇帝御书碑、匾等，对后世清陵影响较大。

景陵隆恩殿位于中轴线隆恩门内，为陵内主要建筑，面阔五间、进深三间，重檐歇山琉璃瓦顶，九檩前后出廊，斗拱为五踩重昂，内顶天花，金柱贴金作莲花纹地仗。殿前有宽大月台，周围作栏杆。

景陵圣德神功碑楼位于五孔神道桥南。雍正三年（1725）谕旨为康熙帝立双碑并建圣德神功碑楼，雍正五年（1727）建成。为重檐歇山黄琉璃瓦，面宽、进深均为三间。碑楼四角各立1华表。楼内置汉白玉神功圣德碑2通，通高8.01米。碑首雕作六蛟龙，赑屃座，座下石海墁。左碑刻满文，右碑刻汉文。碑首题"大清景陵圣德神功碑"，碑文由雍正帝亲笔撰写，记叙康熙帝功德。自景陵始，清帝陵立双碑成为圣制。景陵大碑楼于1952年被雷击起火焚毁。

景陵神道碑楼位于三路三孔石桥南，又称"小碑楼"。单檐歇山黄琉璃瓦顶。面阔、进深皆一间，上檐为七踩单翘重昂斗拱，下檐为五踩双昂斗拱。内顶天花，绘旋子点金彩画。内置汉白玉神道碑1通，通高7.22米。碑首雕作六蛟龙，赑屃座，座下石海墁，雕海水及鱼鳖虾蟹等。碑首刻御书"大清"二字，碑阳用满、汉、蒙三种文字刻写。汉文为雍正御书"圣祖合天弘运文武睿哲恭俭宽裕孝敬诚信功德大成仁皇帝之陵"。雍正五年（1727）立。

景陵明楼位于中轴线后部方城之上。面阔、进深皆三间，重檐歇山黄琉璃瓦顶。内置汉白玉康熙陵碑1通，通高5.84米，碑阳用满、汉、蒙三种文字刻写，御书汉文为"圣祖仁皇帝之陵"。雍正五年（1727）立。

景陵妃园寝

位于景陵东约300米，是康熙皇帝妃园寝，占地面积6.2万平方米，约建于康熙十五年到二十年（1676—1681）。建筑布局为标准的妃园寝规制，最南端为单孔石拱桥1座、石平桥1座，往北依次是单檐硬山顶东西朝房各5间，单檐卷棚顶东西班房各3间，正中单檐歇山顶宫门3间。宫内有燎炉1座、单檐歇山顶享殿5间，其后是园寝门，中门有门楼，前有月台，两侧角门为随墙门。其后是妃嫔宝顶共50座。除朝房、班房为布瓦顶外，其余建筑均为绿琉璃瓦顶。从宫门两旁伸出的红墙将燎炉、享殿、园寝门、宝顶围合，形成前方后圆的两进院落。现享殿、班房、朝房均毁，仅存园门、单孔石拱桥和围墙。

景陵隆恩殿

景陵圣德神功碑楼

景陵神道碑楼

景陵明楼

景陵妃园寝

景陵皇贵妃园寝

景陵皇贵妃园寝

位于景陵妃园寝东南约 500 米。康熙皇帝悫（què）惠、惇（dūn）怡妃园寝。始建于乾隆四年（1739），占地面积 8.7 万平方米。由南至北依次为：正中单孔石拱桥，东侧为两孔石拱桥，桥北东西朝房各 5 间、东西班房各 3 间，宫门 3 间。宫门内分两院，前院有焚帛炉 1 座，东西配殿各 5 间，单檐歇山顶五间享殿 1 座。其后有园寝门 3 座。后院有东西并列的两座规制相同的方城，方城上各建单檐歇山顶明楼 1 座。明楼内各竖碑 1 通。碑文用满、汉两种文字刻写，碑额题"大清"二字。东碑汉文为"悫惠皇贵妃园寝"，西碑为"惇怡皇贵妃园寝"。四周有围墙。除班房、值房用布瓦外，其余建筑及墙顶均用绿琉璃瓦顶。

定陵

位于陵区最西端，为清文宗及其皇后的陵墓。清文宗爱新觉罗·奕詝（1831—1861），年号咸丰，1851—1861 年在位。始建于咸丰九年（1859），同治四年（1865）完工。占地 10.5 万平方米。定陵之建筑群由一条长达 3658.55 米的神道贯穿，神道南端与孝陵神道相接。由南至北依次为五孔平桥、一孔涵洞 1 座、五孔神道桥及东西各一座五孔平桥，再往北有石望柱 1 对，石像生 5 对，分别为象、狮、马、武官、文官。五门六柱石牌坊 1 座、下马碑 1 对、神道碑亭 1 座及三路三孔桥、东西朝房、东西班房、隆恩门、燎炉、东西配殿、隆恩殿、陵寝门、石祭台和方城、明楼、宝城、宝顶等。其建筑布局与景陵基本相同，只是没有圣德神功碑楼（大碑楼）。隆恩殿与明楼、神道碑楼、省牲亭等均为重檐歇山黄琉璃瓦顶，东西配殿、陵寝门、隆恩门为单檐歇山黄琉璃瓦顶，神库内南北房、东房为悬山黄琉璃瓦顶。东西班房为硬山布瓦顶。另外有神道碑、陵碑、下马石及铜缸等设施。

定陵隆恩殿位于隆恩门内中轴线上。重檐歇山黄琉璃瓦，面阔五间，进深三间，上檐为单翘重昂七踩斗拱，下檐为五踩重昂，内作天花。

定陵神道碑楼位于三路三孔石桥前。重檐歇山黄琉璃瓦，面阔、进深皆一间，上檐为单翘重昂七踩斗拱，下檐为五踩重昂。碑楼内有汉白玉神道碑 1 通，通高 6.885 米。碑首雕作六蛟龙，赑屃座，碑阳用满、汉、

定陵鸟瞰图

定陵隆恩殿

定陵神道碑楼

定陵明楼

定陵妃园寝

蒙三种文字刻写。汉文为御书"文宗协天翊运执中垂谟懋德振武圣孝渊恭端仁宽敏显皇帝之陵"。同治二年（1863）立。

定陵明楼位于中轴线后部方城之上。重檐歇山黄琉璃瓦，面阔、进深皆三间。上檐为单翘重昂七踩斗拱，下檐为五踩重昂，内作天花。内有汉白玉咸丰陵碑一通，通高5.12米。碑首雕作二龙戏珠，须弥座，碑阳用满、汉、蒙三种文字刻写"文宗显皇帝之陵"。同治二年（1863）立。

定陵妃园寝

位于孝陵东约450米，咸丰皇帝妃园寝。占地约2万平方米，建于同治元年（1862），是清代第一座规制标准的妃园寝。内葬有咸丰皇帝妃嫔15人。主要建筑有单孔石拱桥和三孔平桥、东西朝房、东西班房、园门、焚帛炉、享殿等。其中享殿在园内中轴线上，面阔五间、进深三间，单檐歇山绿琉璃瓦顶。后部有宝顶15座，前后分三排排列。

慈禧陵

普陀峪定东陵——慈禧陵位于孝东陵西侧1300米，系咸丰皇帝孝钦慈禧皇后的陵寝。慈禧（1834—1908），满族叶赫那拉氏，同治、光绪两朝的实际统治者。慈禧与慈安陵东西并列，规制相同。均始建于同治十二年（1873），光绪五年（1879）竣工，耗费白银227万两。慈禧陵占地约6250平方米。由南至北依次为神道碑亭、神厨库、省牲亭、石拱桥和石平桥、东西朝房、东西值房、隆恩门、焚帛炉、东西配殿、隆恩殿、三座门、石五供、方城、明楼、宝城、宝顶、地宫等。除石桥外，均为砖木石混合结构。其中隆恩殿为重檐歇山黄琉璃瓦顶，建筑工艺水平为诸陵之最，耗费巨大。慈禧曾于光绪二十一年（1895）借口其年久失修，将隆恩殿和东西配殿拆除重修。重修后的隆恩殿和东西配殿内壁全用中间五福捧寿、四角环卍字不到头的雕砖装饰。斗拱、梁枋、天花板的彩绘及雕砖部位全部贴金，仅此一项就耗费黄金4590余两。殿内明柱皆以半立体金龙蟠绕，为一般陵寝建筑所未见。其四周用汉白玉石栏板和透雕的龙凤台阶。此外还有孝钦显皇后之陵碑1通、神道碑1通、下马碑2通。1928年7月遭军阀孙殿英盗掘，1979年清理。地宫进深24.81米，除第二道石门雕有图案，其余皆由未经雕刻的汉白玉筑成。

慈禧陵神道碑楼位于神道南端中轴线上。重檐歇

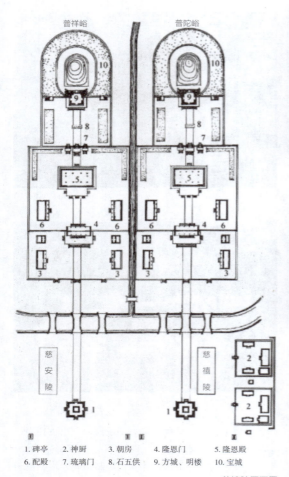

1. 碑亭　2. 神厨　3. 朝房　4. 隆恩门　5. 隆恩殿
6. 配殿　7. 琉璃门　8. 石五供　9. 方城、明楼　10. 宝城

慈禧陵平面图

慈禧陵神道碑楼

慈禧陵明楼

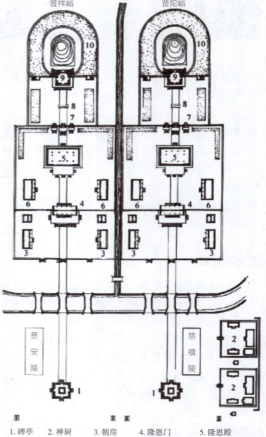

1. 碑亭　2. 神厨　3. 朝房　4. 隆恩门　5. 隆恩殿
6. 配殿　7. 琉璃门　8. 石五供　9. 方城、明楼　10. 宝城

慈安陵平面图

山黄琉璃瓦顶，面阔、进深皆一间。上檐为单翘重昂七踩斗拱，下檐为五踩重昂，内顶天花。碑楼内有汉白玉神道碑1通，通高6.945米。碑首雕作六蛟龙，赑屃座，额题"大清"二字，碑阳用满、汉、蒙三种文字刻写。汉文为御书"孝钦慈禧端佑康颐昭豫庄诚寿恭钦献崇熙配天兴圣显皇后之陵"。光绪元年（1875）立。

慈禧陵明楼位于中轴线最后部方城之上。重檐歇山黄琉璃瓦顶，面阔、进深皆一间，上檐为单翘重昂七踩斗拱，下檐为五踩重昂，内顶天花。明楼内有汉白玉陵碑一通，通高5.11米，碑首雕作二龙戏珠，须弥座，碑阳用满、汉、蒙三种文字刻写"孝钦显皇后之陵"。光绪元年（1875）立。

慈安陵

普祥峪定东陵——慈安陵位于慈禧陵西侧，与之并置。为咸丰皇帝皇后慈安的陵寝。慈安（1837—1881），镶黄旗钮钴禄氏。在同治初年和光绪年间曾两度与慈禧共同"垂帘听政"。慈安陵与慈禧陵同时修建，占地6250平方米，规制与规模与慈禧陵同。神道接于定陵神道之上。

惠陵

位于孝陵东南约3500米，为清穆宗及其皇后陵墓。清穆宗爱新觉罗·载淳（1856—1874），年号同治，1862—1874年在位。始建于同治十三年（1875），占地面积1.5万平方米。主要建筑由南至北依次为：五孔石拱桥和两侧石平桥、望柱、五门六柱石牌坊、神道碑楼、神厨库、三路三孔石拱桥、东西朝房、东西班房、宫门、焚帛炉、东西配殿、隆恩殿、陵寝门、石五供、方城、明楼、宝城、宝顶及地宫。除东西朝房为硬山布瓦顶外，其余均为单檐或重檐黄琉璃瓦顶。主体建筑隆恩殿，为单檐歇山黄琉璃瓦顶，面阔五间、进深三间。殿前作宽大月台，月台围筑栏杆。另有石碑四通。惠陵是清东陵五座帝陵中规制最低的一座，除不设二柱门和圣德神功碑楼外，还裁撤了通往孝陵的神道和石像生。但各建筑木构均用珍贵的"铜铁木"（椴楠木）制作，称为"铜梁铁柱"，坚固异常，为清代前朝各陵所未有。

惠陵神道碑楼位于石牌坊以北中轴线上。重檐歇山黄琉璃瓦顶，面阔、进深皆一间。碑楼内有汉白玉神道碑1通，通高6.81米。碑首雕作六蛟龙，赑屃座，额题"大清"二字，碑阳用满、汉、蒙三种文字刻写。汉文为御书"穆宗继天开运受中居正保大定功圣智诚孝信敏恭宽毅皇帝之陵"，光绪二年（1876）立。

惠陵明楼位于中轴线最后部方城之上。重檐歇山黄琉璃瓦顶，面阔、进深皆三间。明楼内有汉白玉陵碑一通，通高5.22米，碑首雕作二龙戏珠，须弥座，碑阳用满、汉、蒙三种文字刻写"穆宗毅皇帝之陵"。光绪二年（1876）立。

惠陵妃园寝

位于惠陵西侧，为同治皇帝妃园寝。创建于光绪元年（1875），内葬皇贵妃4人，占地约5万平方米。规制与定妃园寝相同，由南往北依次是单孔石拱桥及东侧的三孔石平桥、东西厢房、东西值房；园门内有两进院落，前院有焚帛炉和享殿，入园寝门为后院，有4座宝顶。主殿享殿面阔五间、进深三间，单檐歇山绿琉璃瓦顶。

惠陵鸟瞰

惠陵神道碑楼

惠陵明楼

惠陵妃园寝

昭西陵

位于陵区大红门东 100 米，为太祖皇太极皇后、顺治皇帝生母孝庄文皇后的陵寝。占地约 20 万平方米，创建于雍正二年（1724），次年完工。昭西陵的规模较小，在不长的神道上，原有神道碑亭、神厨库、东西班房和厢房、隆恩门、隆恩殿及东西配殿、祭台、省牲亭、神厨库、方城明楼、宝城宝顶等，全部用黄琉璃瓦。外有围墙两道。主殿隆恩殿面阔五间、进深三间，重檐庑殿顶，前作宽大月台，周围筑栏杆。现明楼尚存，其他建筑均毁。明楼为重檐歇山黄琉璃瓦顶，面阔、进深均一间。明楼内有"孝庄文皇后之陵"碑一通，通高 6.17 米，雍正三年（1725）立。神道碑亭遗址内存神道碑一通，通高 6.56 米。碑首雕作六蛟龙，赑屃座，额题"大清"二字，碑阳用满、汉、蒙三种文字刻写。汉文为御书"孝庄仁宣诚宪恭懿至德纯徽翊天启圣文皇后之陵"，雍正三年（1725）立。另存下马碑 2 通，祭台 2 座。

端悯固伦公主园寝

位于马兰峪镇东 1500 米处路北，系清东陵唯一的一座公主园寝。端悯固伦公主（1813—1819）为道光帝长女。园寝建于道光元年（1821），道光七年（1827）竣工，占地 7942 平方米，内葬道光子女 4 人。主要建筑有享殿、园门、茶饭房等，外有围墙。享殿面阔三间、进深一间，有前廊，单檐歇山绿琉璃瓦顶。

昭西陵明楼

端悯固伦公主园寝

9 永旺塔

Yongwang Pagoda

级 别	省级
年 代	明
地 址	遵化市马兰峪村南堂子山上
看 点	明代古塔
其 他	免费参观

永旺塔明万历十年（1582）由戚继光督建，为祈愿永久兴旺，故名永旺塔。塔为八角七级密檐实心砖塔，通高 17.5 米。塔由塔基、塔身、塔刹三部分组成。塔基分上下两层，下层用方石砌成，上层为束腰须弥座，束腰部有砖雕 32 块，其上施斗拱承托平座。第一级塔身高约 6 米，底部 32 块砖雕多为五谷丰登、安居乐业图案，其上八角均做塔式倚柱，南北面各辟拱形龛两个，每龛内雕佛像一尊，其他各面分饰方形直棂盲窗一个。南面龛顶之上刻有碑记。上款记："钦

永旺塔

差总理练兵事务兼镇蓟州、永平、山海等地方总兵官、少保兼太子太保、中军都督府左都督、定远戚继光";下款是:"岁万历十年仲秋吉日立";中刻"永旺塔"三个行书大字。塔的第二级以上为7级重檐,逐级收缩,各层檐下均施砖雕斗拱,在56个翘起的檐角上各挂一方形风铃。塔刹为宝珠形。

此塔在1976年唐山大地震中被震斜。

10 洪山口戏楼

Opera tower at Hongshankou Village

级　别	省级
年　代	明
地　址	遵化市小厂乡洪山口村南北大街东侧
看　点	明代戏楼
其　他	免费参观

洪山口戏楼据传始建于唐代,明代改建,楼坐南朝北,平面呈"L"形,占地面积58平方米,通高7.6米。主体建筑建在1.1米高的砖石台基上,面阔一间6.2米,进深两间9.4米。北部戏台用四根明柱,不设墙体与装修;后台东、西、南三面以墙体围护,东西墙上辟圆窗,南侧设隔扇门窗,隔扇上绘仕女和戏曲脸谱,两侧为出入门,上首分别写有"阳春""白雪"字样。戏楼梁架用六架梁,纵向檩枋两件。该建筑南侧屋顶为卷棚歇山顶,北侧为卷棚硬山顶,南北不对称,形式独特。戏楼东侧与戏楼南侧一间相连,建有附属用房一间,硬山瓦顶,结构简单。

洪山口戏楼

11 保安塔

Bao'an Pagoda

级　别	省级
年　代	辽
地　址	遵化市西北塔头寺村东南山上
看　点	辽代古塔
其　他	免费参观

保安塔始建于辽代。据传建此塔为保安防灾之用,故取名"保安"。塔旁村庄取名"保安庄",后改为塔头寺村。

塔为八角三层楼阁式实心砖塔,通高13米,直径1.5米。由塔基、塔身、塔刹三部分组成。塔基为方形,青石砌筑,上置八角形石砌塔座,其上为砖砌八角束腰须弥座承托塔身。塔身第一级正面辟拱券假门,其余各面素平无装饰;顶部各角出砖雕圆形倚柱,柱间砖雕阑额、普拍枋,上施五铺作砖雕斗拱承托塔檐;塔檐上出叠涩承托第二层塔檐,上为三层仰莲承托第二级塔身。塔身第二级也为八角形,正面辟拱券

保安塔

佛龛，其余各面素平无装饰，各角设通高倚柱，柱间砖雕阑额、普拍枋，不施斗拱出叠涩承托塔檐；塔身第三层体积骤减，为八角形素平砖柱，上出两层仰莲承托葫芦形塔刹。此塔于1959年曾遭雷劈，击裂东南角，现已用水泥和红砖修补。

12 明长城遗址遵化段

Zunhua section of the Great Wall of the Ming Dynasty

级 别	省级
年 代	明
地 址	东起洪山口，西至清东陵
看 点	长城、关口
其 他	免费参观

遵化市境内的长城基本呈东西走向，沿山巅蜿蜒起伏构筑，东起洪山口，西至清东陵，中间经马蹄峪、秋科峪、罗文峪、口门子、沙坡峪、冷咀头、大安口、上关、马兰峪（马兰关）等，绵亘约74公里。

现境内长城初为燕国所筑，后经历代修葺，现存均为明代长城，明代长城是在北齐长城的基础上加宽加固的。明代为保卫北京曾两度大修长城，第一次明太祖派大将徐达修筑长城，沿长城各关口筑城屯兵；第二次为明隆庆五年（1571），蓟镇总兵戚继光将东起山海关、西至昌平居庸关的全线长城加高加厚，并增建了敌台（城楼）和传烽台。遵化市内长城关口有洪山口、活口、马蹄峪口、蔡家峪口、秋科峪口、罗文峪口、甘渣峪口（即干家峪）、沙坡峪口、冷咀头口、大安口、鲇鱼池口、马兰关口、龙洞峪口、券门子口。1979年，政府组织普查遵化市境内长城，西半部大部分已被拆毁，东半部约有7.5公里较完整，前后杖子段长城保存最好。县内长城原有240个城楼，现存完好的15个，残缺的25个，传烽台原有54个，遗址只存5个。为加强长城保护，除召开专门会议外，还分段建立了长城保护组织。

明代修筑长城时，留下许多长城碑刻，其中保存价值较高的有鲇鱼池（即鲇鱼石正关）长城碑。该碑是万历十三年（1585）四月修建鲇鱼石正关边墙时所立。由于拆建这段边墙中克服了诸疑难问题，又采取了新的施工措施，保证了工程质量，故刻石以记其事。碑为青石，宽1米，高0.7米，厚0.15米，还有明代爱国名将戚继光登舍身台碑，碑上刻有《舍身歌》诗。此二碑均保存于遵化市文物管理所。

马蹄峪关位于遵化城东北11.7公里，今属侯家寨乡所辖，东与洪山口关相接，西与罗文峪关相连，向南遥对禅林寺。据明代学者刘效祖撰写的《四镇三关志》载："马蹄峪关，洪武年建正关，稍城俱通骑，极冲。"如今正关已毁，城址处为马蹄峪村。

马蹄峪村，是南北走向长1公里的山间谷地，马蹄峪关口位于峡谷北端。关口东西相距仅20余米。关口两侧山崖耸立如壁，壁上敌台对峙，边墙蜿蜒。

距马蹄峪关口南1公里处，靠河西有一块较大的山间盆地，依盆地西北隅建有马蹄峪关城。关城四周的城墙呈不规则正方形。因城墙西北角与东北角不是直角而略呈弧形，正如马蹄踩下的痕迹，马蹄峪关因此命名。

现关城内的古建筑已全部被毁，关城大部分城墙于20世纪六七十年代被拆毁，但东门往北至东北角一段石墙主体尚在。东北角城墙倒塌较早，据说清光绪二十一年（1895）发大水时，因大水漫进关城东门，将这段墙泡塌。北墙虽被拆，但墙基尚存。北山角下的石砌墩台也被拆，现仅剩一堆碎石。

罗文峪关位于遵化城正北10公里，今属侯家寨乡所辖，是蓟镇长城中的重要关隘。相传，初建关寨时，曾由一位叫罗文的武将镇守，后来此关就用罗文来命名。

关口地势险要，堪称遵化城北大门。发源于兴隆县高岭子与榆木岭的两条河流顺势流向关内，关口东侧耸立着边墙，有一座敌台与河西关城上的敌台遥相对峙。

据明代学者刘效祖《四镇三关志》载，罗文峪关建于明代洪武年间。驻扎官军304员，马6匹，军器320件。城内地势西北高，东南低，关城随山依势而筑，

马蹄峪关

周长约 600 米，墙高 5 米，底宽近 3 米，上宽 2.5 米。有南门和北门，门上用多层拱砖砌成。除南门附近由青砖砌成外，城东、南、西三面的其他部分皆由桌面大的巨石砌成。关城内街道纵横，以南、北街为主。有衙门 1 座，已废。城内外古建筑较多。南门外西侧 40 米处有药王庙 1 座，内供药王孙思邈；由此往西南 100 米的高坎上有 1 座火神庙，内供人首龙身的神像 1 尊；城内西北坡上有座关帝庙、东北有座观音堂，城北关内侧有座大寺庙。

城内建有大小不等、规模各异的戏楼 4 座。除一座较大的建在城内今小广场南端外，其余分别建在关帝庙、药王庙和火神庙前。

如今所有的古建筑均已被毁，关城的城墙大部分毁于"文革"期间，现只有城西南角部分尚可寻觅到由巨石砌成的墙体残迹。关城北与关城东的沿河大道已拓宽至 8 米，是唐山至兴隆的 112 国道必经之处。

罗文峪关

迁安市

13 明长城遗址迁安段

Qian'an section of the Great Wall of the Ming Dynasty

级 别	省级
年 代	明—清
地 址	东起徐流口，途经河流口、冷口、白羊峪，西至红峪口
看 点	长城、关口
其 他	免费参观

迁安市境内的长城修建于明代，东起徐流口，途经河流口、冷口、白羊峪，西至红峪口，总长 44.9 公里，其中主长城 36.8 公里，支长城 6.5 公里，分为石砌长城、砖包长城两种（其中砖包城墙 11.4 公里，石砌城墙 25.4 公里）。沿线建有城堡、敌台、烽火台等附属设施。在关隘处建有城堡、营城、路城 12 座，大部分已毁，现存冷口关、白羊峪关 2 处城堡；建有 3 座谎城（月城、马圈、阅兵城）和 2 座套城（两道城墙合拢为一个口袋状）及挡马墙。自东向西分别有徐流口、河流口、新开岭、红峪口 4 个便门及河流口、冷口、白羊峪口 3 座水门楼（均已毁）。境内共建有敌楼 160 座，烽火台 11 座，战台 19 座。在西部的马井子村有一段大理石长城，依山就势建于海拔 500 米以上的山巅之上，蔚为壮观。

白羊峪关

白羊峪长城东起大庄（村）交界的大凹楼，西至四道沟村的老墩台，全长 4.552 公里，共有城楼 21 座，比较完整的有 6 座。其中建于明万历年间的神威楼造型别致，保存完好，是敌楼中的精品。白羊峪关海拔约 70 米，两侧主峰达 500 米，以雄伟壮观而闻名，被称为"雄关险口"，是集水关、城堡、烽火台、城墙、敌楼、偏坡和壕堑为一体的古代军事防御体系。这里保存有明代蓟镇东协、中协两路修城驻守的界碑；有明代将领张世忠题写的"神威楼"匾额；有各地将军协力建城的记事碑；有士兵"王大力背石三块，登空而死"的摩崖记事石刻。

冷口关

冷口东山阳坡处，有一座占地约 50 余亩规格特殊的圆形城池，就是当年作战防御的"谎城"（也叫"月城"），多用于迷惑敌兵。该城建筑位于冷口关东高

白羊峪长城神威楼

山险要处，南有冷口关、建昌营、东堡子城堡、河流关口，形成扇面弦形防御体。自古以来当地居民称之为"马圈""火龙城""八面金斗城"等。但从建筑结构来看，此城并非养马之处，实为冷口关防御体系一建筑。此城所在山恰似一条卧龙，头朝东匍匐前行，直奔冷口河中，宛似巨龙戏水。故当地众人又称之为"火龙城"。冷口西南山有座马驹楼，又说叫墩台，孤立于长城南约300米处，向北与谎城相对，正好似金马驹对金斗。而谎城八面八角为八卦，有压邪扶正、辅佐龙山之意。所以又叫"八面金斗城"。

冷口关长城谎城

迁西县

14 景忠山碧霞元君庙

Temple of Bixia Yuanjun (Goddess of Mount Tai) at Mount Jingzhong

级　别	省级
年　代	明—清
地　址	迁西县三屯营镇三屯营村南景忠山顶
看　点	山地古建筑群
其　他	购票参观

景忠山位于迁西县城北15公里处的三屯营城南，海拔610米。此山孤峰独秀，苍松蔽日，峡谷清幽，风光绮丽，旧时建有三忠祠。碧霞元君庙位于景忠山顶。始建于明嘉靖二年（1523），由蓟镇总兵马永所建。万历辛丑（1601）蓟镇总兵尤继先重修。崇祯乙亥（1635）毁于火灾。清顺治十八年（1661）又重修，道光乙巳又毁于火，重修后赐金佛一尊，同时赐藏经一堂。康熙十六年（1677）康熙帝御驾此山，题匾多方。原有碧霞元君殿、三忠祠、后殿、望海楼、配殿、朝仙门等建筑，布局顺应山势，无明显轴线。山路上建有一、二、三道茶棚、署院、四帅殿等建筑。在1976年唐山大地震中大部分建筑均已坍塌，仅存主体建筑碧霞元君殿及明清碑刻9通。1990年以来逐步恢复重建了部分坍塌建筑。

碧霞元君殿建于清顺治十八年（1661），是山上的主体建筑，此殿坐北朝南，面阔五间12.7米，进深四间8.7米，重檐歇山琉璃瓦顶，通高15米，总面积为235.41平方米。梁架构造为七架梁，前后插金挑尖梁，两山面用大扒梁。上下檐均五踩双下昂斗拱。梁架及斗拱均施彩画。檐下每个椽头上都有一个惊鸟铃。殿前石柱上镌刻着咸丰五年（1855）姚光弼敬题的对联：上联为"圣功无量圣寿无疆惟圣降神牵尊圣母"，下联为："元妙莫名元机莫测因元入道厥仰元君"。殿内壁画多为碧霞元君的生平为题材，图像栩栩如生，五彩缤纷，琳琅满目，引人入胜。大殿正中曾有"天仙玉女碧霞元君"塑像。1982年9月，碧霞元君殿及其附属文物被列为河北省重点文物保护单位。

景忠山碧霞元君庙

15 三屯营城址

Site of Santunying ancient city

级　别	省级
年　代	明
地　址	迁西县三屯营镇
看　点	古城遗址、格局
其　他	购票参观

三屯营城址位于迁西县西北14公里与遵化县交界处，现为三屯营镇。"三屯"，因明初有三百屯田军户而得名，故初名"三屯忠卫"。这里地势平坦，土地广阔，东临滦河，水路北至潘家口、喜峰口、龙井关，南达渤海，陆路北去内蒙古，东达山海关，西通北京，南到天津，是"内护京师，外控夷寡"的交通枢纽。明天顺二年（1458），蓟镇治所由狮子峪迁至此地，总兵胡镛辟建城池。万历二年至五年（1574—1577），蓟镇总兵戚继光大规模扩建，重修镇府。重建后的三屯营城"周七里，高三丈。设三门，南曰景忠，东曰宾日，西曰巩京"；有二便门，俗称小东门、小西门。城上建有5座角楼，9座敌台和两处水关；城北无门，城台上建有紫极宫，极为壮丽；城内钟鼓二楼屹立，官府民房参差错落，通衢小巷纵横交织。蓟镇府雄居城中。戚继光《重修三屯营镇府记》载：

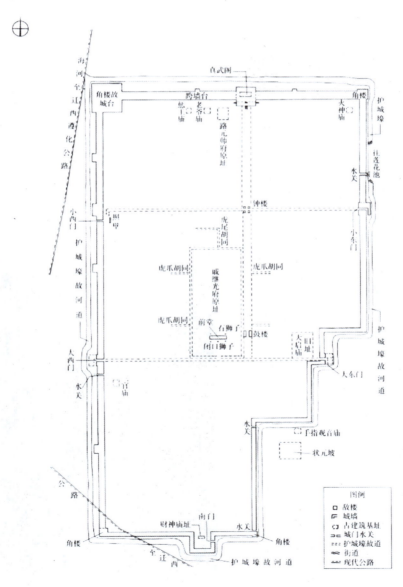

迁西三屯营城平面图

镇府"堂列五楹,衡高台广,台下可容数千卒……后为中雷,当皇为止止堂……后为牙舍,护以层楼,堂左有五六区如肆……"整个镇府,雄伟壮观。城外护城河环绕,东有震湖、孟堤、宛在亭,西有演武厅、旗纛庙,北有聚星堂。此时的三屯营城可谓恢宏至极。戚继光在此抵御寇虏,苦心经营16载,立下了汗马功劳。明代200多年间,曾有75任总兵镇守于此,涌现出了一大批功德卓越的边城名将。

清顺治四年(1647),三屯营蓟镇总兵设置被裁,汉儿庄参将移至此地,隶属于山海关管辖。顺治六年(1649)隶属于天津镇管辖。雍正年间,三屯营所辖各路各关口逐渐裁员,道光年间,三屯协镇副将移至大沽口。1945—1948年三屯营城内古代建筑损毁殆尽,但三屯营城西北角墙址、西墙南段墙址依稀可见,蓟州镇府旧址依存。旧址内有《重建三屯营镇府记》《总兵官都督李公边政记》《旗纛庙记》《戚少保功德记》等重要明代刻石及三屯营城西门石质门额,额文正中有"巩京门"三字,右侧有"明万历三年"等小字。

现城内街道布局基本保留了明代风格,现存镇府基址、地道、部分城墙,大批"万历三年左造""万历三年右营造"等铭文城砖、石材,以及戚继光、杨兆等撰文的刻石、雕石等大批文物,为研究明代九边之首蓟镇镇史,特别是军事史,提供了宝贵资料。

16 明长城遗址迁西段

Qianxi section of the Great Wall of the Ming Dynasty

级 别	省级
年 代	明
地 址	迁西县东北部、北部、西北部
看 点	长城、关口
其 他	免费参观

迁西县境内的长城,始筑于战国时期,后历代均有修缮,至今保存较为完整的均为明长城。明代长城在境内总长86.9公里,最高处海拔821米,最低处海拔170米。现存完整城墙4公里,自然倒塌61.5公里,拆毁21.4公里。境内共有关口10个,敌楼203个(其中较完整的103个,自然倒塌的58个,拆毁的42个),墩台23个(其中完整的1个,自然倒塌的22个),城堡18个(完整的1个,拆毁的17个),水门5个(其中青山口关水门保存完好,为现存明长城水门中最大的一个),点将台2个,火药局及马圈各1个。

明代长城在境内的10个关口是:擦崖子关、城子玲口、大岭寨口、榆木岭口、青山关、董家口关、铁门关、喜峰口关、潘家口关、龙井关。其中潘家口关和喜峰口关已被潘家口水库淹没,青山口城堡现基本完好,其余7个关口的城堡均已被拆毁。

青山关是迁西县长城中保存最好,最具有代表性的一段,位于距离县城40公里的上营乡青山口村。青山关始建于明洪武年间,因地处燕山余脉大青山而得名。作为当时拱卫京师,防范北部蒙古部落侵扰的重要关口,青山关建成后,曾多次进行修整建设。

青山关现存七十二券楼、月亮城、监狱楼等独具特色的敌楼,长城沿线现存的唯一一座提吊式水门,以及青山关长城古堡等特色建筑。

七十二券楼位于青山关南侧山顶,为明代蓟镇总兵戚继光所建。此楼门、窗、梯、瞭望孔等共计72个拱券,故此得名。七十二券楼的砖券和石券,巧妙结合,别具一格。

月亮城位于青山关北面海拔800多米的峰顶,北临万丈深渊,危岩绝壁,直上如削。整座城楼呈方形,高15米,东西长10米,南北宽10米,条石青砖结构,基石雕琢精巧,最大的有1米长,33厘米宽,67厘米厚,

青山关长城水门遗址

重约 0.8 吨。

监狱楼为古代囚禁战俘的堡垒，建于青山关关城东南山半腰之处，此楼仅有一石门，在楼上方留有几眼通气孔，距离地面达 6 米，楼内约 30 平方米，可以并排站立约 40 人。

青山关水门是万里长城沿线保存最完整的水门之一，始建于明万历十二年（1584）十月，位于古堡东侧，以山崖为基，上砌条石五层，条石上垒方砖 55 行，成拱形。门洞宽八尺（约 2.7 米），高一丈四尺（约 4.7 米），简洁疏朗，朴实大方。虽经战火洗礼，风雨剥蚀，水门仍坚实如铁，巍然屹立。

青山关长城古堡，修建于明万历年间，是一座依靠边墙建起的小城堡，城墙周长 366 米，高 4 米。关城设南北两门，南为正门，从长城上俯视此城，南北略扁，东西突起，好像一个元宝，当地人称为"元宝城"。古堡现存的建筑布局，基本保留建成时的原貌。古堡内一条主街横贯南北，沿途分布着钱庄、把总署、驿站等建筑和院落。主街旁还有 8 条胡同，胡同间相互通连，过去还在古堡内发现过直通城外的运兵地道。这样设计既便于行走联系，每到战时又便于灵活调动，可以运送武器或粮草等重要物资。青山关的现有格局，与戚继光率部在青山关击退蒙古朵颜部落的进犯有关，而当时的战斗，也是青山关发生的著名战役之一。古堡内曾专门立碑记载。

17 喜峰口长城
Xifengkou Great Wall

级 别	国家级
年 代	明
地 址	喜峰口长城自然峡谷风景区
看 点	水下长城、关口
其 他	免费参观

喜峰口是燕山山脉东段的隘口，古称卢龙塞，路通南北。汉代曾在此设松亭关，历史悠久。东汉末曹操与辽西乌桓作战，东晋时前燕慕容儁进兵中原，都经由此塞。后易名喜逢口。相传古时有人久戍不归，其父四处询问，千里来会，父子相逢于山下，相抱大笑，喜极而死，葬于此处，因有此称。约至明永乐后，讹传为喜峰口。明景泰三年 (1452) 筑城置关，称喜峰口关。今通称为喜峰口。

喜峰口长城位于河北省迁西县城西北 60 余公里，是明洪武初年大将军徐达在燕山山脉首建的 32 座重要关隘之一，是明长城蓟镇的重要关隘。喜峰口雄踞在滦河河谷，左右高山对拱，地势十分险要，易守难攻，自古为兵家必争之地。抗日战争时期的喜峰口战役，即发生于此。

喜峰口关建筑结构十分独特，关有三重，三道关门之间由坚固的基砖墙连接成一体。城墙有六个接触点均有空心敌楼，西城墙与长城主体相连。出于军事上的考虑，喜峰口分为关城和城堡两个部分，城堡坐落在群山包围的盆地里，四面用条石砌成，非常坚固，城墙有两丈多高，关门上建有 13 米高的镇远楼。关城建在城堡北面，三面临山一面靠河，由日字形的三道套城组成，关与关之间由坚固的石基砌墙连成一体。古时无论是车马、行人，入关城都要通过三道门，可说是戒备森严，确是金汤之固。

由于修建潘家口水库的原因，现喜峰口长城的一部分已淹没入水下，水下部分墙体隐约可见，形成万里长城中独有的一处景观。

1933 年 3 月在喜峰口爆发了轰动国内外的长城抗战，国民革命军第 29 军军长宋哲元、前敌总指挥赵登禹、38 师师长张自忠、37 师师长冯治安等将士同仇敌忾，浴血奋战，抵抗日军。士兵们身背大刀，与敌人展开肉搏，夜袭敌营，攻其不备。日军的几次增兵总数均被守军成功抑制，粉碎了敌人两天内占领长城的计划。在顽强抵抗 28 天后，日军改变战略，从滦东打开缺口，4 月 7 日再次攻打喜峰口，头两天的进攻均被宋哲元部击退，11 日喜峰口腹背受敌，孤立无援，13 日宋部奉何应钦之命放弃喜峰口。闻名于世的《大刀进行曲》即诞生于此。昔日的喜峰口战役今天已经被写入世界军事史册。

喜峰口长城

玉田县

18 净觉寺
Jingjue Temple

级　别	国家级
年　代	清
地　址	玉田县蛮子营村东
看　点	清代佛教建筑群、香阜宫
其　他	购票参观

净觉寺

净觉寺位于玉田县蛮子营村东，还乡河与沙流河交汇处。据寺内《重修碑记》载："惟兹净觉寺，僧众师祖居于此，传始于唐阅乎五代炎宋，历元明而底于今"，可知该寺历史悠久，始建于唐代，寺内现存主要建筑重修于清代。该寺坐北朝南，南北长152米、东西宽125米，占地面积18450平方米。全寺总体布局呈中心环绕式，主体建筑集中于中院，由南向北依次为山门殿、碑楼、钟鼓楼、香阜宫、大雄宝殿、东西配殿、碑亭等。北端后院内有智然墓碑亭、古井等。寺内存有清代碑刻6通。

净觉寺山门

山门位于主轴线最南端，建于清代。砖筑无梁殿结构形式，面阔三间11.2米，进深一间8.2米，为单檐歇山琉璃瓦顶建筑，殿高9.2米，建筑面积约92平方米。前后明间置砖石拱券门，次间为圆形窗，檐下施砖雕七踩斗拱。拱眼壁内有砖雕坐佛96尊。全殿除门窗外，没有任何木制品。门前原置石狮一对。殿内有泥塑哼哈二将、木雕弥勒佛。

正殿位于主轴线中部，建于清代，又名香阜宫。是净觉寺内最为壮观的建筑，重檐歇山琉璃瓦顶，彻上露明造。面阔三间14米，进深三间12.4米，高16米。清道光二十九年（1849）于殿前加建面阔三间、进深两间的单檐卷棚歇山顶抱厦，前后檐用8根石柱。总建筑面积约为175平方米。内有两根中柱通柱，其余五架梁。内檐大点金彩画，四壁遍布雕塑和彩绘。殿内塑有十八罗汉像及佛祖释迦牟尼、天王、韦陀、观音等6尊佛像。前檐檐下施五踩单昂斗拱，每个斗拱的端头均雕琢成龙、虎、鼠、兔等生肖。雀替上还镶嵌有红木精雕而成的佛门八宝（轮、罗、伞、盖、花、罐、鱼、长）。地面上立有高约1米的大理石制成的雕花栏板。该殿采用"悬梁吊柱"的结构形式，即上檐柱架悬于下檐内挑枋额之间。

后殿位于主轴线中部，建于清代，现为大雄宝殿。面阔三间11.5米，进深两间9米，高13米，建筑面

净觉寺正殿

积106平方米。重檐歇山琉璃瓦顶，檐下施五踩单昂斗拱。前接单檐硬山单坡抱厦三间，由4根石柱支撑，明间二柱雕刻形态逼真的盘龙。六架梁，内部结构保留了明永乐年间的建筑风格，12根柱或吊或沉，上下错落有致，左右明暗相宜。

钟鼓楼位于正殿前东、西两侧，形制相同。面阔、进深皆为一间，建筑面积均为22平方米。单檐二层

十字脊布瓦顶，十字脊交接处施宝顶，歇山上嵌有四龙戏珠的砖雕，檐下施三踩重昂斗拱。钟楼上有一铁钟，重达一千二百斤，为清道光八年（1828）铸造，同治元年（1862）重铸。

碑楼位于山门内，清代修建。歇山绿琉璃瓦顶。明间为两层，两次间均为一层。碑楼高9.6米、东西11米、南北4.9米，建筑面积54平方米。碑楼用方形石柱支撑。檐下斗拱多达6层。部分斗拱的端头还雕刻有栩栩如生的佛像。碑楼内有石碑6通，其中有清代著名书法家王敬德书写的草书《续修净觉寺碑记》，这不仅为研究净觉寺的历史提供了宝贵资料，而且具有珍贵的艺术价值。

净觉寺规模宏伟，结构新奇，各式彩绘雕刻让人目不暇接。净觉寺的建筑特点体现出中国建筑在结构和形式构思上的灵活性和多样性。2006年，净觉寺被列为第六批全国重点文物保护单位。

净觉寺后殿

净觉寺鼓楼

净觉寺钟楼

净觉寺碑楼

19 彩亭石桥

Caiting Stone Bridge

级别	省级
年代	金
地址	玉田县彩亭桥镇彩亭桥村西
看点	金代石桥
其他	免费参观

彩亭石桥始建于金代，距今已有800多年的历史，1960年以前此桥是京沈公路上一座重要桥梁。据清代当地学者李琮撰写的碑文《彩亭桥记》载"……去村舍南二百米为西连京都、东通辽海之孔道，远近行人往来如织……几阅日而桥以成。长数，广容并轨，极坚好可久远，其势若垂虹……"可知彩亭桥建成时气势恢宏，是西连京都、东通辽海的必经之道。

彩亭桥为金代学士杨彩亭所建，故以此为名。据清光绪十年（1884）《玉田县志》记载，"杨绘，号彩亭官学士，退老卜居蓝水滨建长桥于舍南以济行者，至今赖之。"关于此桥的概况在明朝《顺天府志》《遵化州志》等书中多有记载，它和金朝明昌三年（1192）建成的北京卢沟桥同载于《大明一统志》顺天府关桥部分的13座古桥之中。

此桥为三孔石拱桥，长19米，宽6.1米，桥面宽6米呈弧线形。桥面条石铺砌，桥两侧各有石栏板13块，望柱14柱，柱头分为桃、莲、狮等形状，栏板浮雕犀牛望月、莲荷等图。三孔之间壁面上镶龙头一个，券面锁口石无水兽。清代曾做过局部维修，现石桥的形式和规模仍保持着金代的风格。2001年2月7日被列为河北省重点文物保护单位。

彩亭石桥

20 达王庄王氏宗祠

Family Wang's Ancestral Hall at Dawangzhuang Village

级 别	省级
年 代	清
地 址	玉田县杨家套乡达王庄
看 点	清代建筑、碑刻
其 他	免费参观

达王庄王氏宗祠位于玉田县城东南偏北13公里，杨家套乡政府南1500米的达王庄。建于清代光绪四年（1878），由王氏第十六代孙王敬德修建。占地约858.9平方米，南北长40.9米，东西宽21米。建筑面积约为360平方米。建筑布局为中轴对称形式，由南至北依次为门楼、东西耳房、东西厢房、垂花门和秩祐堂。正房秩祐堂为宗祠内主体建筑，面阔三开间，单檐硬山顶，建筑面积85平方米。堂前有廊，青石柱。檐下施以彩绘，明窗隔扇。宗祠门前建有影壁，上面所书"子孙保之"四字，出自《中庸》，意为子孙后代要按时祭祀，永远保护祖先的崇高声誉、至尊地位。

秩祐堂前檐下嵌有达官显贵题赠的8块金字匾额，堂内按辈份排列着数百个神主牌位，悬挂着写有"康熙赐"字样的龙头拐杖，还置有专门用来惩罚违反族规者的红漆木棍。秩祐堂两侧建有东西耳房，各两开间，东耳房为义行祠，西耳房为节孝祠，用以祭祀本族中那些忠义之士以及节妇、孝子。东西厢房各三开间，单檐硬山顶，为本族子弟习文练武之所，东为文，西为武。现西厢房、垂花门已不存，东耳房毁坏严重。院内还存有清光绪四年建祠碑、宗支图谱碑及捐款题名碑等共4通。

达王庄王氏宗祠

乐亭县

21 李大钊故居
Former residence of Li Dazhao

级 别	国家级
年 代	清
地 址	乐亭县大黑坨村
看 点	民居建筑
其 他	免费参观

李大钊故居位于乐亭县，由其祖父始建于清光绪七年（1881），为冀东农村典型的穿堂式平顶建筑。故居为砖木结构，坐北朝南，平面格局为长方形，占地约1000平方米，分三进院落，周围有砖墙环绕，共有房21间。

三进院落分为前院、中院和后院，自中院往北至后院，又分为东西两个半院，李大钊住东半院，西半院是其三祖父李如璧的住宅。前院东侧三间厢房是李大钊的伯父李任元教学馆旧址，中院有东厢房三间，李大钊就诞生在此房的最北一间，屋内陈列李大钊母亲的遗物。东厢房北面是三间正房，西边一间是从中院到后院的穿堂屋，另外两间为住室。室内的陈设是李大钊夫妇及其祖先的遗物。李大钊幼年时期及结婚以后，曾长期在这里居住。后院东边有两间厢房和棚子，厢房原来是家里存放粮食的地方，李大钊经常到这里读书、习字、写文章。1958年7月1日，在李大钊故居建立了李大钊故居纪念馆。故居西院是李大钊革命事迹陈列室，陈列李大钊生平照片、手稿、书刊、遗物及有关资料，再现了李大钊毕生为中国革命事业英勇奋斗的大无畏精神。1958年、1978年、1988年对故居进行三次大规模维修，保持了故居原貌。1988年，李大钊故居被列为第三批全国重点文物保护单位。现为全国爱国主义教育基地。

李大钊(1889—1927)，字守常，河北乐亭人。"五四运动"的领导者和中国共产党的创始人之一。中国共产党成立以后，李大钊代表党中央负责北方区的工作。在国共合作时期，帮助孙中山确定联俄、联共、扶助农工三大政策和参与改组国民党的工作。1924—1925年，先后发动、领导了开滦煤矿工人大罢工、"二七"京汉铁路工人大罢工和北方反帝反军阀运动。1927年4月6日，被军阀张作霖逮捕，4月28日，在北京英勇就义。

李大钊故居

22 潮音寺
Chaoyin Temple

级 别	省级
年 代	清
地 址	乐亭县曹庄西乡石臼坨岛中心
看 点	清代佛教建筑
其 他	免费参观

潮音寺位于乐亭县北港码头以南2.4海里处的石臼坨岛上，距县城约39公里。石臼坨是渤海湾内的一处小岛，四周海水环抱，岛上无常住居民，2000年更名为"菩提岛"。据民国时期的《河北乐亭县志》载："岛上旧有古寺。名曰朝阳庵，始建于唐"，又载"明万历初年僧显光上人重建，乾隆二十四年（1759）其八代徒孙智原建大殿两座，……光绪十五年（1889）僧法本于坨正中募修新寺，易名潮音寺""至民国二十二年（1933）乃成"，可略知潮音寺的历史沿革。

整座寺庙占地约30亩，坐北朝南，南北长约120米，东西宽约76米，原在寺院中轴线上布置有金刚殿（山门）三间，榜曰"大海潮音"；天王殿面阔三间，内塑十八罗汉像；后殿面阔五间，石壁镌刻五百罗汉像，两侧布置有东西配殿6间、僧房各8间、经堂、客舍，两旁院内为附属生活用房。现仅存后殿，为清末建造。2009年唐山湾国际旅游岛管委会在原址基础上重建部分建筑。

后殿，现名"舍利殿"，位于寺的最北部，小式硬山布瓦顶建筑，面阔三间18.3米，进深三间10.8米，高约9米。屋面起正脊，两山铃铛排山。屋内梁架为明栿造，用七架梁对前后单步梁。8根前檐柱均为方形石柱，柱上刻有楹联。前檐金步装修，明间、次间均设六抹隔扇门4扇，两稍间用石坎墙，上方固定方格窗，石坎墙当中刻有鸟兽、植物、博古等。殿内后墙为条石砌筑，通壁浮雕佛像共504尊，中央为坐佛、菩萨各两尊，左右刻五百罗汉像。殿前立光绪四年（1878）永平知府游智开撰书《石臼坨记》碑一通。寺内还有四天王浮雕造像、碑刻等。

该寺在所处环境、建筑手法及塑像处理上都有独到之处。2001年被列为河北省文物保护单位。

潮音寺山门

潮音寺后殿（舍利殿）

滦县

23 滦河大铁桥（滦河铁桥）

Railway Bridge over the Luan River

级别	国家级
年代	清
地址	滦县老站村东滦河主河道上
看点	桥梁结构
其他	免费参观

滦河大铁桥系清光绪十八年（1892）所修的北宁铁路（含京沈线）线上的一座重要铁路桥。由中国铁路工程师詹天佑在英、德、日等国工程师先后施工失败后接手设计建造。詹天佑重新选择桥址，在桥墩基础施工中首次采用了"气压沉箱法"建造技术，沉箱刃脚嵌入岩盘，两岸桥台均为沉井基础。基础全部采用混凝土浇筑，墩身用石砌。修建此桥工程量浩大，前后历经32个月完成。大桥全长655.2米，共17孔，其中上承式桁架钢梁9孔，每孔跨度31米，下承式桁架钢梁5孔，每孔跨度64米，风雷式梁1孔，孔跨度322米，工字梁2孔，每孔跨度12米。大桥桥面净宽3.27～4.5米不等，总面积13906.7平方米。桥头两侧雕有云、龙、太极图案。大桥于1894年2月竣工。

滦河大桥是中国铁路史上最先采用气压沉箱法施工的铁路桥，在中国桥梁史上占有重要地位。大桥自建成后一直为关内通向东北的咽喉要道，1949年5月改为公路桥，1973年进行大修后即停止使用。在1976年的唐山大地震中，老铁桥安然无恙。现整个大桥保存基本完好，仅桥梁头为断通行拆除一孔。2013年滦河大铁桥被列为第七批全国重点文物保护单位。

滦河大桥

唐山市其他主要文物保护单位列表

区 县	名 称	年 代	级 别	地 址
唐山市路南区	原唐山十中地震遗址	1976年	国家级	复兴路58号
唐山市路南区	原唐山机车车辆厂地震遗迹	1976年	国家级	唐山地震遗址纪念公园内
唐山市路北区	唐山钢铁公司俱乐部地震遗址	1976年	国家级	唐山钢铁公司院内
唐山市路北区	唐山陶瓷厂办公楼地震遗迹	1976年	省级	大城山南麓的草场街社区西北部的原唐山陶瓷厂
唐山市路南区	河北矿冶学院原图书馆楼地震遗迹	1976年	国家级	河北理工大学校园内
唐山市玉田县	江浩故居	1880—1930	省级	散水头镇北刘家桥村西侧

4
秦皇岛市
QINHUANGDAO

秦皇岛市古建筑分布图
Historical Architectural Map of Qinhuangdao

1. 北戴河近代建筑群
2. 北戴河秦行宫遗址
3. 北戴河观音寺
4. 耀华玻璃厂旧址
5. 秦皇岛港口近代建筑群
6. 板厂峪塔
7. 板厂峪窑址群遗址
8. 白云山庆福寺遗址
9. 万里长城九门口
10. 万里长城——山海关
11. 山海关八国联军军营旧址
12. 先师庙
13. 孟姜女庙
14. 山海关近现代铁路附属建筑
15. 南大街绸布庄
16. 宝峰禅寺
17. 清河塔寺
18. 背牛顶太清观
19. 西山场赵家老宅
20. 贵贞女学馆贵贞楼
21. 源影寺塔
22. 韩文公祠
23. 卢龙陀罗尼经幢
24. 白衣庵
25. 永平府城墙
26. 天主教永平主教区修道院

概 述

秦皇岛简称"秦",又称港城,河北省省辖市,位于河北省东北部,南临渤海,北依燕山,东接辽宁,西接京津。秦皇岛是国家历史文化名城,蕴涵古都风韵。公元前215年,秦始皇东巡"碣石",刻《碣石门辞》,并派燕人卢生入海求仙。秦皇岛现辖4个市辖区(海港区、山海关区、北戴河区、抚宁区)、2个县(昌黎县、卢龙县)、1个自治县(青龙满族自治县)。

秦皇岛共登记不可移动文物619处,其中全国重点文化保护单位11处,省级重点文物保护单位22处。历史文化丰富,包括山海文化、长城文化、旅游文化、民俗文化等,中西文化交融汇聚。秦皇岛市拥有在册非物质文化遗产97项,其中国家级5项,文物藏品5000多件。长城博物馆、玻璃博物馆、港口博物馆、北戴河博物馆、轮滑博物馆、青龙民族博物馆等12个博物馆承载了城市的历史文化。

秦皇岛的文化旅游资源丰富,汇集山、河、湖、泉、瀑、洞、沙、海、关、城、寺、庙、园、别墅于一体,历史文物保护单位蕴含浓郁的地方文化。

秦皇岛融合山、海、河、长城等多元文化的城市。优越的地理区位和深厚的文物资源是秦皇岛独特的旅游资源。秦皇岛的文化旅游分布主要呈两条相对平行的带状,在滨海带上有老龙头、天下第一关、孟姜女庙、北戴河名人别墅、联峰山;在中北部山地丘陵带上,有三道关、九门口、义院口、界岭口、桃林口、冷口、城子岭口长城和沿长城一线的各处文物古迹,以及角山、背牛顶、天马山、碣石山等文化遗址。

北戴河区

1 北戴河近代建筑群
Modern architectural complex at Beidaihe

级　别	国家级
年　代	近代
地　址	北戴河区
看　点	近代别墅造型、西式风格
其　他	免费参观

北戴河近代建筑群位于秦皇岛市的北戴河区。北戴河与江西庐山、河南鸡公山、浙江莫干山齐名，是中国近代四大避暑胜地之一，也是仅次于庐山的第二大别墅区。北戴河从清末开始作为避暑度假区。1893年，在修建天津至山海关（也称"榆关"）的津榆铁路时，英国籍铁路工程师金达发现铁路附近北戴河村南面不远的海滨，景色秀丽、沙滩平软，适合休闲避暑。当年，金达在海边高地建起木屋避暑办公，建议在北戴河村西设立火车站，并在北京、天津广泛宣传，吸引了不少中外人士来避暑度假。1893年英国传教士史德华开启北戴河近代建筑之端。1898年清政府将北戴河的海滨区开辟为"允中外人士杂居"的避暑地，之后外国的传教士、外国人、中国政界和富商纷纷来此购建别墅。1917年北戴河修建了中国第一条旅游铁路支线后，带来建设的繁荣。在短短的7年间，增建别墅多达273栋。1924年北戴河海滨有中外风格的别墅526栋。20世纪初，康有为、张学良、周学熙、徐世昌、顾维钧等名人纷纷来此居住，丰富了北戴河的人文色彩。1948年北戴河的海滨区别墅共有719栋，包含美国、英国、法国、德国、俄国、意大利、比利时、加拿大、奥地利、西班牙、希腊等20多个国家的482栋，中国236栋，无国籍1栋。直到1955年，各级人民政府接收和代管的别墅尚有528栋。这些别墅占地面积比较大，从几十亩到上百亩不等，周边有绿地花草掩映，形成建筑与景观的融合。别墅建筑总面积多达29万多平方米，主要分布在北戴河的海滨区，从西联峰山到鸽子窝的沿海，总面积18平方公里的区域内。北戴河的建筑类型丰富，除了住宅，还有学校、医院、教堂、邮政大楼和火车站等公共建筑，不同时代的建筑体现了当时的经济发展水平和文化艺术特色。到2013年为止，近代别墅剩余110余栋。

2006年5月，国务院公布北戴河近代建筑群为第六批全国重点文物保护单位。乔和别墅、东岭会教堂、汉纳根别墅、布吉瑞别墅、五凤楼、王振民别墅、东金草燕别墅、徐世章别墅、白兰士别墅、张学良别墅、常德立别墅、吴鼎昌别墅、来牧师别墅、海关楼、段芝贵别墅、八贝楼等建筑保存比较完好。北戴河的别墅大多为西式建筑，是根据当地的气候条件、居住习惯，结合地域建筑形式建成的。别墅保持良好的通风，半开放的长廊适合欣赏风景、感受户外新鲜空气。

北戴河近代建筑群以蓝天绿水为背景，红色的屋顶、素墙和大回廊构成欧美风格。屋顶以欧式建筑的坡屋顶为主，上面覆盖红漆的铁皮瓦，被称为"红顶"，红色瓦顶或铁皮瓦顶色彩鲜明，融合了多种建筑形式。素墙指的是老别墅以石木结构为主，别墅的表面大多以花岗岩粗毛石为墙体，自然朴素、典雅大方、和谐鲜亮。回廊有单面廊、两面廊和四面廊，是别墅居住者休闲、赏景和接触自然的场所。北戴河在中国近代史上曾是中外达官显贵和西方传教士云集的地方，留下了风格不同的名人别墅。别墅体现了世界各国的建筑风格，并融入中国的建筑文化元素，别具特色。这些别墅是北戴河乃至中国近代史的见证，具有很高的历史文化价值、艺术价值和科学价值。

1949年后，北戴河部分区域被国家确定为模范人物和外国专家休疗养区，老别墅分别由各休疗单位使用。北戴河的名人别墅可供参观的有8栋，50家可以接待住宿，但多半是单间租用，按床位收费，价格有高有低。

1.1 乔和别墅
Chowa's Villa

级　别	国家级
年　代	清末民初
地　址	北戴河区安二路5号
看　点	近代别墅、三面大回廊、西式风格
其　他	不开放

乔和别墅原为英国商人别墅，建于清末民初，后被瑞士驻华领事乔和购置。1897年瑞士驻华领事乔和在女儿过8岁生日前，专程来到北戴河。乔和走遍北戴河的山山水水，最后相中了别墅所在的地址。乔和别墅作为送给女儿的生日礼物，被称为"瑞士小姐楼"。乔和别墅坐北向南，是一栋花岗岩结构的二层小楼，乔和别墅现位于水利部北戴河疗养院内，占地面积有6000多平方米，建筑面积1062平方米。别墅为欧式风格的堡垒建筑，地下有一层，地上有两层，以毛石为基础，墙体为砖砌水刷石贴面素墙，局部为毛石垒砌。

别墅以红色的瓦顶，有两层外置的三面大回廊，视界开阔，适合观景。乔和别墅的周边空地多，名贵花草遍植，树木疏置。别墅的房屋共20间，房屋相通，外门设有8个，寓意"四通八达"。别墅的门、窗、墙、顶、台阶等通过造型装饰和艺术点缀，显露异国格调和独特的建筑风格。乔和别墅建筑布局合理、风格优雅、造型独特、坚固优美，附属的花园种植珍奇花木，营造优美的环境。

1949年以后，乔和别墅被国家水利部收管，曾用作办公，也曾作招待处用。近年，主管部门投资700余万元修缮小楼，专门对外出租。租住金额高昂，过去只需数百元，现在旺季一天几万元。

乔和别墅主体建筑

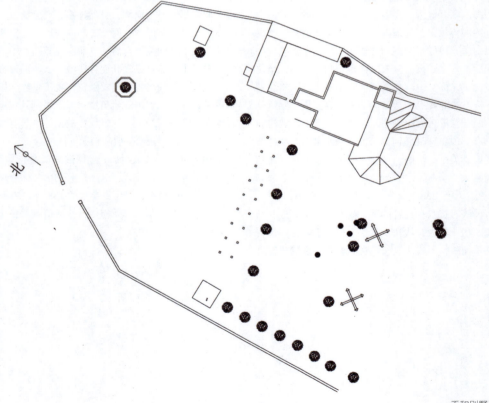

乔和别墅平面图

别墅楼梯和侧面

别墅休息亭

别墅环境

别墅花架

1.2 汉纳根别墅
Hanneken Villa

级 别	国家级
年 代	清末民初
地 址	北戴河区保四路 7 号
看 点	近代别墅、建筑细部、西式风格
其 他	免费参观免费参观＼咖啡厅

汉纳根别墅始建于清末民初期间，建筑面积有 1385 平方米，占地面积约 1100 多平方米。建筑坐北朝南，面向大海，地上有两层、地下有一层，石木混合结构，采用以毛石为基础的墙体材料。绿色的排水管暴露在外面，形成外部的装饰构件。四周廊柱及栏杆为精细加工的花岗岩，暖色与冷色的石头，毛石的接缝形成均匀的线条，巧妙搭配丰富建筑立面。汉纳根别墅比例和谐、色彩淡雅、细部精致，窗户以白色为主，体现德国别墅的严谨精致的风格。

别墅的原主人汉纳根（Von Hanneken，1855—1925）为德国的贵族。1879 年退伍后被中国驻柏林公使馆聘请到华做教官。他曾作为李鸿章的副官训练海军，设计并建造了旅顺口的炮台。1894 年曾参加中日甲午海战，1925 年在天津病逝。

别墅精致的细部

别墅的门窗

汉纳根别墅

1.3 东岭会教堂
East Ridge Church

级　别	国家级
年　代	民国
地　址	北戴河区鹰角路 39 号
看　点	简约的教堂造型、西式风格
其　他	免费参观

东岭会教堂始建于 1898 年，是北戴河最古老的别墅式建筑之一，与秦皇岛开埠于同一个时期。教堂建筑面积 250 平方米，分上下两层楼。该建筑前面有五棵圆柱，屋顶以灰绿色石片铺就，石片完全由天然颜色的石片磨制而成，造型别致、装饰精巧。立柱为轻巧的绿色木柱。东岭会教堂为纯美式的风格，以花岗岩为墙，立面由不同颜色的毛块石组成，有细小的勾缝，建筑立面质地淡雅、选材考究、颜色自然、古朴大方。100 多年过去了，东岭会教堂保护良好，石头楼风貌基本保持原样。该建筑是全国重点文物保护单位，已被改造成咖啡馆，一般在旅游旺季的夏天开放。

教堂大门

教堂屋顶

教堂正面

1.4 五凤楼
Wufeng Villa

级　别	国家级
年　代	民国
地　址	北戴河区草厂西路 15 ~ 19 号
看　点	近代别墅造型、统一风格、外廊建筑
其　他	不开放

　　五凤楼建于 20 世纪 20 年代，是五座风格统一又略有不同的别墅的统称。五座欧式的建筑前面有廊，建筑周围是松树林，古朴幽静，当年可远眺沧海，视野开阔。五凤楼由中华平安公司设计建造，据传当年

五凤楼正面

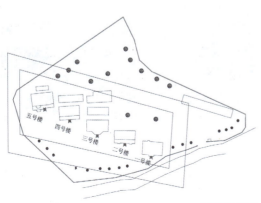

五凤楼平面图

五凤楼柱子细部

是民国实业家周学熙次子周志俊为其5个女儿建造的别墅，共有5幢，被称为"五凤楼"。1号楼的建筑面积大约是389平方米，2号楼的建筑面积大约326平方米，3号楼的建筑面积约505平方米，4号楼的建筑面积约402平方米，5号楼的建筑面积约340平方米。五幢楼的风格相似，建筑形式相差不大，都是单层的坡屋顶，带有地下室，有外廊，传承国外别墅的特征。五凤楼均以毛石为基础，木质的梁架、铁瓦的屋顶，红色柱子、栏杆和窗户细部体现了中西建筑文化，一字排开，形成整齐的效果。在绿荫下，建筑的朝向一致、造型相似、风格统一。目前的使用权归属于多个公司，作为创业基地，平时空闲。

五凤楼侧面

五凤楼外廊

1.5 布吉瑞别墅
Bujiru Villa

级　别	国家级
年　代	民国
地　址	北戴河区康乐路11号
看　点	近代别墅、西式风格、建筑细部
其　他	不开放

布吉瑞别墅又名傅作义别墅，法国人布吉瑞于1941年建造，现在位于专家休养所院内。别墅坐西朝东，距离海边只有200米，以高台建筑适应海边潮湿的气候。别墅为独立庭院，建筑面积692.5平方米，平面为不规则长方形，木质梁架，是区域内保持最为完好、风格明显的老别墅之一。主体建筑的地下有一层、地上主体两层、上有阁楼，局部有3层，面阔九间，进深四间，附属建筑地上一层4间，可容纳12人。别墅建筑表皮以毛石为基础，与墙体构成朴实的建筑立面，形成肌理感。陶瓦屋顶、素墙、独立的围墙营造出质朴舒适的度假空间。建筑的内部结构和细节体现欧洲维多利亚式的建筑风格，拥有北戴河建筑典型的三面回廊。建筑装饰吸收欧洲的风格，门窗带有弧形线条，外装百叶窗，内部设置壁炉和木质的地板，建筑周边环境优美，绿树掩映，前面还有大片的草坪。别墅周边空间通透，园林面积较大，适合赏景，是北

布吉瑞别墅

别墅立面

戴河优秀的近代建筑之一。

1954年由国家出钱从一个外国人手里买回，所有权归北戴河外国专家疗养院。因傅作义将军暑期曾住在这里，故此别墅又称"傅作义别墅"。

别墅的材料

别墅楼梯

1.6 王振民别墅
Wang Zhenmin Villa

级 别	国家级
年 代	民国
地 址	北戴河区东经路 194 号
看 点	近代别墅造型、西式风格
其 他	淡季不开放

　　王振民别墅建于1941年，现位于北京老干部修养所内。别墅坐北朝南，周边古松掩映，一层建筑占地7.33亩，建筑面积有441平方米。别墅的南侧有宽阔的外廊和日光房，东西两侧的墙顶部有垛口装饰。别墅以石木为结构，木质的梁架，铁瓦的屋顶，基础、墙体和外廊柱子都以毛石砌筑而成，建筑立面显得厚重古朴。建筑的柱子、台阶、墙面体现石材朴实的质感。建筑外围规整，内部布局丰富。夏季营业，平时一般不对外开放。

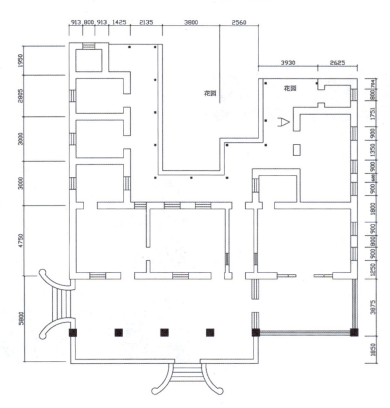
王振民别墅平面图

别墅外廊结构

别墅的材料

别墅环境

别墅侧面

1.7 徐世章别墅
Xu Shizhang Villa

级　别	国家级
年　代	清末民初
地　址	北戴河区北岭路 14 号
看　点	近代别墅造型、西式风格
其　他	不开放

徐世章别墅建于清末民国初期间，别墅的占地面积有 22.72 亩，其中建筑面积 576 平方米。别墅又名晚晴轩，民国时期雍涛（即当年民族资本家雍剑秋，亦是剑秋路的援建者）所建造，后来卖给民国交通部次长徐世章。

建筑坐北朝南，红色陶瓦的屋顶、木质的梁架，檐下以深绿色檐板装饰，墙面饰以白色涂料，显得对比明显。别墅周边有低矮的栏杆，转角用石材堆砌，中间是白色显得优雅简洁。别墅周边有乔木、灌木、草本绿化，地面铺砌红砖。山墙下方有白色的方块装饰。立面还有一个小窗户，建筑的门窗有优美的弧线。别墅目前属于中央直属的疗养院，一般夏季开放，平时游客很难参观。

徐世章别墅

别墅环境

别墅细部

1.8 何香凝别墅
Hexiangning Villa

级　别	国家级
年　代	民国
地　址	北戴河区经路 240 号
看　点	近代别墅造型、西式风格
其　他	不开放

何香凝别墅占地面积 7.33 亩，建筑面积 441 平方米。原主人林伯铸是北戴河风景区管理局的局长，1942 年别墅转给日本人东金草燕，故该别墅又称为"东金草燕别墅"。1949 年以后，何香凝曾在此居住过，又称为"何香凝别墅"。别墅坐北朝南，平面布局对称规整，为典型的仿唐代建筑。整栋别墅以传统的方式构造，完全用木楔搂成，没用一颗金属钉子。建筑为砖木结构，地上有一层、地下有一层。建筑正面的窗户和门都是红色，红柱挑檐青瓦，屋顶以硬山加前卷棚，灰色的筒瓦，屋顶两端有吻兽，充满对称的美感。该别墅传承北京四合院的建筑形式，灰瓦、红色装饰，细部构件采用传统形式，结合现代别墅的生活环境，成为区域内具有中国特色的别墅。

别墅融合了间接的日式风格与中式建筑风格。波浪式的卷棚屋顶和回廊外落地的中式窗棂是最有特色的，使建筑显得新奇俏丽。屋顶有精致的筒瓦、瓦当、花头、吻兽，显得古朴别致。后院比较宽敞，有围墙、楼梯、砖石台阶、小木门、廊架、休息座椅和菜园等。建筑周围绿化较好，前院的绿化比较规整，主要是松树和小叶黄杨。后院有廊架，藤本植物和灌木营造出优美的环境。

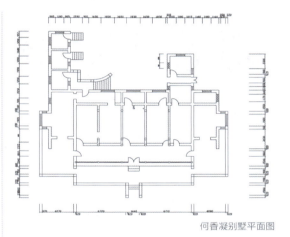
何香凝别墅平面图

何香凝别墅正面

二层别墅背面和花架

别墅屋顶细部

硬山屋顶加前卷棚

1.9 常德立别墅
Changdeli villa

级　别	国家级
年　代	清末民初
地　址	北戴河区鹰角路10号
看　点	近代别墅造型、西式风格
其　他	不开放

　　常德立别墅与来牧师别墅紧密相接，占地面积2.1亩，建筑面积419平方米。建筑坐西朝东，东面大海，门前种植松树。建筑周边有一片小树林，门前有车行道。这里交通方便、环境优雅、闲适唯美。建筑的红顶素墙、大回廊体现欧化的北戴河建筑风格。该建筑的地下有一层，地上有一层，设有阁楼，平面为不规则的长方形。建筑以石木为结构、木质的梁架，红色铁瓦为屋顶，基础及墙体均由毛石砌筑，特别适合北戴河海边潮湿的天气。别墅的窗户内框为深褐色，外框的墙面以蓝灰色砖石装饰。排水管为绿色，形成优雅的线条。东西两侧高台石阶直达地上楼层，欧式的造型显得朴实优雅。

别墅材料

别墅立面

常德立别墅

别墅细部

1.10 来牧师别墅
The priest's villa

级　别	国家级
年　代	清末民初
地　址	北戴河区鹰角路11号
看　点	近代别墅造型、西式风格
其　他	不开放

来牧师别墅占地面积4.9亩，建筑面积473平方米。别墅坐西朝东，地下有一层、地上有一层，平面为不规则的长方形，空间有大有小，平面复杂，布局均衡。从侧面看别墅，为石木结构，木质梁架，红色铁瓦屋顶，基础及墙体均为毛石砌筑，窗户和墙角用灰色的砖。建筑的屋顶丰富，有高有低，檐下用绿色的檐板，里面的石材厚重古朴。建筑周边是松树，绿化比较好。

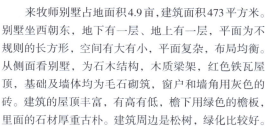

别墅立面

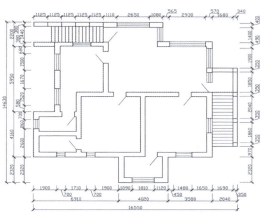

来牧师别墅平面图

别墅侧面

别墅屋顶

1.11 白兰士别墅
Brans Villa

级　别	国家级
年　代	清末民初
地　址	北戴河区安三路1号
看　点	近代别墅造型、西式风格
其　他	不开放

白兰士别墅原为奥地利人白兰士所有，后来由马海德医生居住，故又名为"美国马海德别墅"。别墅现位于友谊宾馆的别墅区内，占地11亩，建筑面积484平方米，保存完好。回廊是北戴河别墅的一大特点，有一面廊、两面廊、三面廊和四面廊之分。白兰士别墅建筑平面布局以对称为主，拥有最为典型的四面环廊结构，在别墅建筑中较少，便于感知大自然的变化。该建筑坐西朝东，地下有一层、地上的主体为一层，局部有两层。主建筑四面有外廊，外廊的檐柱是红色的，纹样带有传统的石柱纹。别墅东侧是方形的二层塔楼与其他部分相接，建筑细部装饰体现中西合璧。回廊的结构是深绿色的廊架，对比明显。附属建筑单面廊，两栋建筑中间用廊道相连，特色鲜明。建筑采用浅粉色的墙面，墨绿色的百叶窗，敞口的四面廊，便于人们欣赏自然风光。别墅卧室的窗户向南开，可

以看见大海。别墅为砖木结构，以毛石为基础，木质的梁架，铁瓦的屋顶。建筑的细部吸收了不少中国传统建筑文化元素，比如回廊的结构类似中国传统建筑的构造，建筑立面带有装饰性文字"寿"，"寿"字纹四周施以蝙蝠纹。建筑的屋顶以"漏明墙"的砖砌成图案，砖墙层层缩进，具有层次感。建筑整体色彩鲜明，底层为黄色，环廊檐下为深绿色檐下和廊架结构，柱子为红色，色彩明快，具有中西结合的建筑审美。建筑周边绿化较好，形成环境的衬托。

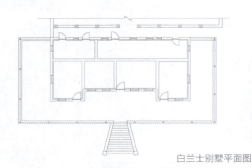

白兰士别墅平面图

别墅四面回廊

二层的别墅立面

别墅立面

别墅回廊结构

别墅细部

1.12 章家楼

Zhang Jia building

级别	国家级
年代	民国
地址	北戴河区海滨西二路4号
看点	近代别墅造型、西式风格
其他	不开放

章家楼的原主人为天津巨商章瑞庭，别墅建于1925年。章瑞庭在天津经营恒记德军衣庄、恒源帆布厂、北洋纱厂等企业，与张作霖关系密切。后来东北军的服装完全由恒记德承做。1929年7月初，张学良将军到北戴河海滨疗养期间曾居住于此，故又名"张学良别墅"。在1930年中原大战期间，张学良将军第二次入住此楼。1932年夏天，这座别墅又见证了国联调查团赴东北调查"九一八"事变真相前的准备工作。

该建筑由奥地利的建筑师罗尔夫·盖苓（Rolf Geyling，1884—1952）设计，共有 46 间房间，北戴河建筑商阚向舞施工。该建筑的占地面积 17 亩，建筑面积 1270 平方米。建筑坐北朝南，地上有两层，地下有一层。该建筑的南面有两扇西式的雕花大铁门，进门后穿过草坪，便可看到这座建筑用蘑菇石砌成的两层别墅。屋顶上有个小阳台，可以远眺大海。建筑外部采用花岗岩，显得庄重典雅、规整古朴。主楼后面是章瑞亭为儿女建造的附属建筑。建筑的色彩明快，红瓦黄墙、绿色的百叶窗户，别墅的门台、柱式、壁炉都用心设计，精致典雅。别墅的主楼和附属建筑以走廊相连，主楼东侧有荷花池，西边有网球场地，前面设置花坛，院内西南角建有一个中式单檐攒尖顶四方亭。别墅外墙采用花岗岩砌筑，门台、柱子、客厅、护墙装饰用菲律宾进口的硬木制作，嵌以大丽花式雕心。壁炉以花岗岩装饰，具有西欧风味。章家楼前的赤松是名贵树种，树皮偏向赤红色，枝叶茂密，观赏价值较高。

章家楼之后几次易主，后来由曾任北戴河海滨自治公益会会长的殷桐所有，抗战胜利后，别墅曾被国民党政府按照汉奸的财产进行没收。1949 年被人民政府接管。1954 年毛泽东主席到北戴河曾经住过，并写下《浪淘沙·北戴河》。别墅目前也是属于中央直属的疗养院，未对外开放，游客很难参观。

1.13 吴鼎昌别墅
Wu Dingchang Villa

级 别	国家级
年 代	民国
地 址	北戴河区西经路 51 号
看 点	近代别墅造型、西式风格
其 他	不开放

吴鼎昌别墅建于 1914 年，由德国工程师魏迪锡设计，原为民国实业资本家吴鼎昌别墅。20 世纪 20 年代，北洋政府的达官显贵建筑的别墅成为北戴河代表性的建筑，其中包含吴鼎昌别墅。别墅的建筑面积约 1534 平方米。别墅坐北朝南，地上有两层，半地下室有一层。以石木为结构，木质梁架、陶瓦屋顶，基础和墙均为毛石砌成。一楼入口处设外廊，二楼除一套主卧外，设有宽大的阳台，可眺望海景。别墅建筑精致典雅、工艺精湛，在民国时期被称为北戴河海

吴昌鼎别墅

滨的"第一楼"。当时民间称"吴家楼，段家墙，霞飞馆的大草房"。吴家楼是指 1916 年时任北洋政府中国银行总裁、财政部次长的吴鼎昌用一晚赌博赢的 3 万大洋建造的别墅，是当时北戴河最豪华的别墅。段家墙是指曾任北洋政府陆军总长的段芝贵的别墅。围墙以花岗岩毛石砌成，绵延数百米，院内油松、侧柏枝繁叶茂，衬托着别墅主楼的富丽堂皇。

1.14 段芝贵别墅
Duanzhigui Villa

级 别	国家级
年 代	民国
地 址	北戴河区西经路 68 号
看 点	近代别墅造型、西式风格
其 他	不开放

段芝贵别墅

段芝贵别墅建于 1924 年，原为北洋政府陆军总长段芝贵别墅。别墅坐北朝南，两层楼，面积约 1349 平方米。别墅是由德国建筑师魏迪锡设计，北戴河建筑商阚向舞施工。别墅以石木为结构，木质屋架，陶瓦屋顶，二层为联拱券廊，基础和墙均为毛石砌筑。

别墅的外墙为北戴河一景，下部用花岗岩石块垒筑，上部砌筑水泥制条形空格，顶上用深红色砖瓦，美观朴实、别致大方。该建筑保护良好，目前没有对普通游客开放。

段芝贵别墅亭子

段芝贵别墅围墙

1.15 海关楼
Customs Building

级别	国家级
年代	清末
地址	北戴河区西海滩路 8 号
看点	度假别墅、西式风格
其他	不开放

海关楼建于清光绪二十九年（1903），有五栋。建筑面积约 624 平方米，坐北朝南，单层，砖木结构，木质梁架，铁瓦屋顶，有宽阔的外廊。该建筑是晚清民国时期海关总税务司度假别墅。当时清朝的税务司是由外国人担任，为了接待各级税务司来北戴河避暑休养而建造的。该建筑保护良好，目前没有对普通游客开放。

1.16 八贝楼
Ba bei building

级别	国家级
年代	民国
地址	北戴河区西三路 18 号
看点	近代别墅造型、西式风格
其他	不开放

八贝楼建于 1919 年，为原法国教会组织"首善堂"所有，后被海关总署德国职员巴贝购得。别墅建筑面积约 1534 平方米。砖木结构，坐北朝南，地上两层，基础和墙体为毛石砌筑，木质梁架，铁瓦屋顶。室外有宽敞的前廊，室内有通高的中庭。该建筑保护良好，目前没有对普通游客开放。

1.17 顾维钧别墅

Gu Weijun's villa

级　别	国家级
年　代	民国
地　址	北戴河区中海滩宾馆中
看　点	近代别墅造型、西式风格
其　他	不开放

北戴河中海滩宾馆中海滩一号的"顾维钧别墅"是欧式建筑风格，临海而建，环境优美，平面呈椭圆形。建筑线条优美、典雅精致。顾维钧别墅原房主为曾任北洋政府外交总长、代理国务总理、南京政府外交部长的顾维钧先生。建筑面积428平方米，有5间平房，看上去古朴淡雅。建筑带一个宽大的走廊，与周边的苍松翠柏、绿草相协调。建筑以红色的屋顶，红色的墙面，白色的窗框，绿色的窗户，宽大的台阶凸出入口。屋顶的细部、檐下、墙基等细节精致。民国时期长期担任外交总长的顾维钧在任20年，每年暑期都到这里休养度假。经过多年风雨剥蚀，这幢别墅早已破败不堪，2002年进行了整修。由于别墅建筑非常典雅精致，前来参观者多于住宿者。

别墅入口

别墅侧面

别墅周边

2 北戴河秦行宫遗址

The ruins of the Qin palace in Beidaihe

级　别	国家级
年　代	秦
地　址	北戴河区海滨金山嘴路8号
看　点	地基遗址
其　他	免费参观

北戴河秦行宫遗址位于北戴河区海滨乡单庄村东南1000米，面积6万平方米，规模宏大，坐北朝南。遗址处于海滨高地，俗称横山，地势较高，周围的地势相对低落。遗址保护面积约10万平方米，包括金山咀、横山和横山北三个南北相间的地点。遗址于1985年被发现，1986—1991年考古队对横山点进行了发掘，发现大型建筑基址和大量的建筑遗迹，以及建筑构件和部分生活用具等。建筑基址的布局紧凑，中央区域由三个大型院落组成，两侧为两个南北狭长的院落。每个组院落的外围都有环绕的院墙，成为独立的建筑群。在夯土为基础的台式建筑上，有排列整齐的石柱础。个别建筑有以空心砖为踏步的台阶。遗址还发现有水井、排水井、排水管道、灶、排烟道等。出土的遗物有陶鉴、筒瓦和瓦当等。秦行宫遗址出土的表面饰绳纹、内窝点纹的井圈及素面方砖，曾见于秦都咸阳一号宫殿建筑遗址。平沿折腹盆、圈足茧形壶与陕西凤翔高庄秦代墓出土的同类器物相似。这些细节印证遗址为秦代建筑。根据基址的规模及硕大的瓦当、筒瓦等建筑构件，证实该遗址为秦代大型宫殿

建筑基址——秦始皇东巡之行宫，与绥中墙子里（即石碑地）同类遗存一样。1996年，北戴河秦行宫遗址被列为第四批全国重点文物保护单位。

秦行宫遗址保护与展示设施工程于2018年底主体完工，基址是在原有的遗址上复建，按照原来的工艺，以夯土构成地基，2019年开始对游客开放，北戴河秦行宫遗址保护与展示设施工程建设内容分为遗址保护区、博物馆及配套服务区等。

秦行宫基址远景

秦行宫基址近景

秦行宫墙基础

秦行宫基址周边

3 北戴河观音寺

Beidaihe Guanyin Temple

级别	省级
年代	清
地址	北戴河区海滨联峰山公园
看点	近代别墅造型、西式风格
其他	免费参观

北戴河观音寺又名广华寺，始建于明，清乾隆十六年（1795）重修。民国九年（1920），又修复正殿和东西厢房。观音寺坐北朝南，背靠联峰山，面向大海，是四合院式院落，占地面积830平方米，由山门、东配殿、西配殿和正殿组成。山门为面阔、进深各一间的单檐歇山顶，砖木结构，建筑面积26平方米，建筑高度为6.1米。山门的两侧各设置一门，东配殿与南墙间设有一角门，西北角有一个回廊与静修禅院相通。山门的门洞呈拱形，高2.1米，宽1.7米，正中有1尊观音菩萨像。东西配殿面阔三间，进深两间，建筑高度5.86米，建筑面积为80.64平方米，单檐硬山顶，东、西两侧墙壁上绘有壁画，五架梁，以清式彩绘装饰。前出一步廊，砖木结构。正殿为面阔三间的硬山顶建筑，建筑高度6.85米，前部出廊，正殿明间正中神台上有站立木雕观音像1尊，木雕童男童女各一位侍立两侧。正殿寺院内有明嘉靖四十年（1561）铸造的铁钟一口，早年由如来寺迁来，为省级文物保护单位。1979年，观音寺再次进行全面维修。此后多有修缮，最近一次整修是在1991年。观音寺周边绿树成荫，掩映下颇有禅意之趣。寺内有两三百年的老树，如龙爪槐、白果松都是明清时期种植的。

观音寺环境

观音寺山门

海港区

4 耀华玻璃厂旧址
Yao Hua Glass factory site

级 别	国家级
年 代	民国
地 址	海港区文化路44号
看 点	运用玻璃的建筑厂房
其 他	免费参观

耀华玻璃厂建于1922年，1924年8月15日建成投入生产，由周学熙实业集团引进国外制造平板玻璃的先进技术。耀华玻璃厂属于由中国和比利时合资组建的秦皇岛耀华机器制造玻璃股份有限公司。秦皇岛当年被称为"中国玻璃城"，玻璃厂作为重要企业，影响较大，是中国首家大型玻璃制造企业，也是当年中国北方唯一的中外合资企业。耀华玻璃厂从创办到秦皇岛解放，经历中比合办、中日合办和官商合办三个时期。耀华玻璃厂工业遗址由电灯房、水塔、水泵房三部分组成。

秦皇岛市委、市政府决定保留耀华老厂部分历史建筑，建设一座专题性的秦皇岛玻璃博物馆。博物馆项目在2006年底启动，占地总面积11.25亩。2010年在玻璃厂旧址的基础上改造建设成秦皇岛玻璃博物馆，建筑总面积2822平方米，保留电灯房、水塔、水泵房，面积为1556平方米。

秦皇岛市玻璃博物馆于2012年开馆，成为国内首家玻璃专题博物馆。

博物馆依托始建于1922年的耀华玻璃厂遗址建设，建筑遗址为国家级文物保护单位。新建馆区面积

水塔全景

玻璃博物馆入口

1266 平方米，博物馆具有珍藏、研究、教育、展示的社会公益性的功能。玻璃博物馆由馆区、临时展区、文娱服务区、辅助举措措施区四个部门组成。展览内容分成四个部分，分别是古代玻璃及发展、中国玻璃工业的摇篮、中国当代玻璃产业和璀璨神奇的玻璃世界。参观者不仅能了解不同时代的玻璃、古代玻璃制造的工艺、新中国玻璃产业的发展、多品种的现代玻璃，还能观赏玻璃器传统制作工艺演示。玻璃厂的砖是红色的，屋顶和墙面运用玻璃，光线较好。建筑立面以红砖为材质，显得古朴庄重。原有的电灯房、水塔和水泵房构成配套的建筑得到保护。玻璃博物馆一般是周一闭馆，其他时间开放。

电灯房建于 1923 年，由民族资本家周学熙与比利时乌德米财团共同出资建设，是原玻璃厂重要的配套服务设施，为玻璃厂的生产和生活提供电力保障。原建筑的总面积 2822 平方米，共两层，高 13.6 米，具有法国哥特式的建筑风格。建筑经多次修缮后，保存完好，作为研究中国近现代工业历史的重要案例。2008 年，秦皇岛市政府对其进行整体修缮加固，并作为玻璃博物馆的主展厅。

水塔于 1923 年建成，位于玻璃厂的南门。原塔的高度为 16.7 米，以砖石砌筑，与玻璃厂的材质、风格一致。水塔的占地面积 42.5 平方米，储水容量 95.69 立方米。1977 年对塔身进行了加固，并将高度提升至 23.15 米。2001 年，随着耀华厂"退城进郊"工程的启动，水塔失去原有功能。水塔在区域内，形成一个较高的景观遗址。

水泵房于 1923 年建成，是水塔的配套设施，位于玻璃厂的西南方向。由比利时设计师设计，具有欧式的风格。水泵房也在水塔旁边，是一个一层的圆形红砖建筑，拥有精致的门窗，与玻璃厂和水塔风格呼应。水泵房总占地面积 260 平方米，控制室为单层圆形结构，占地 61.34 平方米；蓄水池为长方体结构，下有深水井，形成场地的景观建筑。

水塔局部

电灯房

水泵房

5 秦皇岛港口近代建筑群
Modern architecture of Qinhuangdao port

级　别	国家级
年　代	清末
地　址	海港区
看　点	近代别墅造型、西式风格
其　他	免费参观

秦皇岛港口近代建筑群，始建于19世纪末，包括码头、防波堤、装卸机具设备及各级管理人员工作生活场所等。港口建筑大多保存较好，目前有17处被列为省级文物保护单位，其中13处属于秦皇岛港。

5.1 开滦矿务局秦皇岛电厂
Kailuan Mining Bureau Qinhuangdao Power Plant

级　别	国家级
年　代	民国
地　址	海港区
看　点	近代工业建筑、西式风格
其　他	免费参观

该建筑建于民国十七年（1928）8月，是当时开滦矿务局的秦皇岛电厂。电厂位于秦皇岛南山北坡脚下，被称为南山电厂。当年由中英合办，为满足港口电力机车的运输和玻璃厂扩建用电需要而建。工程分为二期，民国二十年（1931）底竣工。据统计，1935年时投资总额为84.9万元，发电度数为3487千度。1951年11月与道北电厂合并为秦皇岛发电厂。后来逐渐失去原有功能，成为空置厂房。2013年5月，包括南山电厂在内的秦皇岛港口近代建筑群被列为全国第七批重点文物保护单位。2015年秦皇岛电力公司对其进行抢救性修缮，将其改建为电力博物馆，成为中国第一家依托发电厂房建立的电力主题博物馆，也是河北省第一家电力博物馆。电厂建筑的体量较大，厂房的东侧有高大的山墙，墙面穿插着弧形的窗框。山墙的造型方正，窗户细部为弧线造型。建筑群的屋顶丰富变化，有高有低，形成体量庞大，变化丰富的红砖建筑。建筑北面的空地修建了廊架、小路等景观。电厂南面的入口是六道缩进的红砖拱门，门上面镶嵌彩色玻璃。南面的台阶分为左右两侧，对称有气势。建筑的东面整齐排列方窗，每个窗户有拱形的窗框，两个窗户连成一组，用弧线拱联系。博物馆展示包含6个展区：中国电力发展史、京津唐发展史、秦皇岛电力发展史、全球能源互联网展区、社会责任展区、老照片展区。通过展示清末、民国、中华人民共和国成立初期等不同时期的电力图书、实物和地图等1000余件珍贵文物，系统地展现我国电力发展历程。东面设置停车场，整个场地开阔，可接待不少游人参观。

电厂建筑群

秦皇岛电厂侧面

电厂细部

电厂楼梯

秦皇岛电厂正立面

5.2 开滦矿物局车务处办公楼
Kailuan Mineral Bureau Vehicle Office Office Building

级别	国家级
年代	1923年
地址	海港区港务局机厂院内
看点	近代建筑风格
其他	不开放\海港区办公场所

原秦皇岛开滦矿务局办公楼为英国人建造。建筑为砖木结构，面积258平方米，地上三层，地下一层，面阔三间，进深三间。建筑原是铁瓦顶，修复改造为现浇的屋顶。一层有四面环廊，二层有四面凉台，三层有突出的小阳台，内有木制楼梯。建筑具有英格兰的建筑风格，周边环境优美。1959年为"一条龙"路港协作联合办公室，后改为港口调度室，现为港口铁运分公司开滦路港站调度楼。该建筑保护良好，作为文物保护单位后，对其进行合理修缮，保持了原有的建筑风貌。现建筑作为海港区的办公场所，没有对外开放。

开滦矿务局车务处办公楼立面

开滦矿务局车务处办公楼侧面

开滦矿务局车务处办公楼细部

开滦矿务局车务处办公楼周边环境

5.3 日本三菱、松昌洋行秦皇岛办事处及开滦矿务局办公楼

Japan Mitsubishi, Songchang Corp. Qinhuangdao office and Kailuan Mining Bureau office Building

级　别	国家级
年　代	民国
地　址	海港区
看　点	近代办公楼、西式风格
其　他	不开放＼外理分公司办公场所

矿务局办公楼

　　日本三菱、松昌洋行秦皇岛办事处及开滦矿务局办公楼为砖木结构，建筑面积 292.6 平方米。1918 年，随着中日贸易的增加，日本三菱洋行、松昌洋行在秦皇岛南山租用开滦土地 3 亩设办事处，经销开滦煤炭，办理银行业务。1930 年洋行将房屋转给开滦矿务局作经理办公室。建筑以红砖作为外立面，屋顶是坡屋顶，檐下是绿色的木质和铁质构造，建筑的门窗为深红色，窗框和门框采用花岗岩。现秦皇岛外理分公司在此办公。

办公楼入口

办公楼侧面

办公楼背面

5.4 老港站磅房

Old Port Station pound room

级　别	国家级
年　代	民国
地　址	海港区开滦路
看　点	近代工业建筑造型、圆形磅房结构
其　他	免费参观＼现空置

　　老港站磅房位于海港区开滦路废弃的老铁路旁边。1917 年，为运煤车过磅而修建，建有最大可称重 40 吨的轨道衡一台，当时是港口唯一的计量中心。磅房早已废弃，窗户大门用水泥砌严，使人无法进入，但从外部看，主体结构保存完好。设立保护区之后，保护范围以墙基四周外围墙为基线，向外扩 5 米。该区域场景基本保持良好，后续可以转换成旅游资源。

磅房及周边

5.5 南山信号台
Nanshan Signal Station

级 别	国家级
年 代	1940 年
地 址	海港区港务局南山山崖
看 点	海边风景、高塔式的信号台、周边的民居
其 他	免费参观 \ 现空置

南山信号台为港务局南山山崖上的六角形二层小楼，又称"打旗房"。当年白天挂信号旗，夜间挂信号灯，并对进出港口船舶提供天气状况等信号。该建筑建于 1940 年，当时为秦皇岛港形象建筑，为进出港的船舶起到助航指泊作用，1949 年后仍发挥着很大的作用。20 世纪 70 年代，因现代化的通信导航设施的启用，信号台失去原有功能被废弃。南山信号台列入文物保护单位后，保护范围以墙基四周外围墙为基线，向外扩 5 米。南山信号台废弃后，原有的门窗被盗。自 2017 年开始对其进行全面修缮，加固结构，并增加门窗。信号台距离海边很近，风很大，登上信号台，视野开阔，在三层的阳台处可以看东西南北各角度的海景和周边楼房的屋顶。

南山信号台远景

5.6 津榆铁路基址
Jinyu Railway Base

级 别	国家级
年 代	清
地 址	海港区
看 点	近代铁路造型
其 他	免费参观

津榆铁路建于 1881 年，是秦皇岛港煤炭运输专用线。1891 年清政府在山海关设立了北洋官办铁路局，并于 1893 年将铁路展至秦皇岛汤河和山海关，目前尚有 100 余米保存完好。当时在此铁路段运营的"龙号"机车是我国较早的蒸汽机车。津榆铁路为港口发展创造了条件，在中国铁路建设史上占有重要的地位，具有里程碑的历史意义。

津榆铁路基址位于公路干道旁边，与其他的文物保护单位距离较远。该处目前改造成铁路基址公园，在基址处设置了一个旧式的火车头，周边用金属围栏围合，火车头后方恢复了一段铁路基址的铺装，营造当年的场所感。由于场地落差较大，基址由几段花岗岩台阶和防护坡构成。场地绿化较好，基址下方形成一个绿荫下公共活动的小公园。

铁路基址及火车头

路基铁路

5.7 南山特等一号房

Nanshan Principal number one room

级 别	国家级
年 代	清
地 址	海港区
看 点	近代别墅
其 他	不开放

南山特等一号房由英国人建于1909年,位于南山头岸壁之上,靠近海边,独立静谧,建筑是欧式的风格,砖木结构,建筑面积750平方米。建筑分布相对集中,体现了房屋主人对周围环境的用心选择。由半露木、茅草小屋和英式园艺三元素组成英格兰古镇风情集中体现在南山的建筑上。一号房内部有客厅、餐厅和卧室等,功能齐全。原为历任总经理的寓所,在居室内便于瞭望码头和锚地,作业现场情况一览无遗。周边的绿化是典型英式园艺,属自然风格式园林建筑。南山特等一号房和南山高级员司俱乐部则是英式园林风格的缩影。特等一号房目前在港务局区域内,保护良好,没有对外开放参观。

5.8 南山高级引水员住房

Nanshan Senior Pilot Housing

级 别	国家级
年 代	民国
地 址	海港区
看 点	近代别墅造型
其 他	不开放、办公场所

南山高级引水员住房位于秦皇岛港务局院内,为时任引水员的副港务监督寇恩登、道乃侯和齐尔顿的住宅。1926年,齐尔顿被任命为副经理后,即不再兼做引航工作。1942年后,日本人荒木忠次郎等高级职员在此居住,1949年后,仍为一些高级引水员的住宅。列入文物保护单位后,保护范围以墙基四周外围墙为基线,向外扩5米。建设控制地带以保护范围外缘为基线,向四周外扩10米。目前建筑和周边保护良好,建筑作为办公场所仍在使用中;没有开放参观。

高级引水员住宅建筑

住宅细部

5.9 开滦矿务局外籍高级员司特等房

Kailuan Mining Bureau Foreign senior member tranilast and other rooms

级 别	国家级
年 代	1920年左右
地 址	海港区
看 点	简洁别墅式住宅
其 他	不开放

特等房侧面

当年，秦皇岛开滦矿务局经理处为经理和高级员司兴建了许多别墅式的住宅。现存的特等房共有6处，它们大都建造在比较凸显的山崖上，显得雄伟壮观；还有的位于树林之中，或滨海大道旁，显得十分清静。其中一处的建筑位于海港区海滨路16号、27号、海港区港务局院内。建筑为砖木结构，建筑面积253.5平方米。平面呈长方形的大跨度房，坡面铁瓦顶，前有明廊后加封，木制玻璃门窗，坐南向北。建筑的色彩鲜明，红色的瓦顶，黄色的建筑立面，红色柱子，造型简洁，装饰很少。

矿务局外籍高级员司特等房远观

特等房细部

特等房现状

特等房围墙

5.10 南山高级员司俱乐部

Nanshan Senior Staff Entertainment Department

级 别	国家级
年 代	清末和民国时期
地 址	海港区南山街2号
看 点	简洁住宿区
其 他	免费参观

南山高级员司俱乐部建于1911年，是专门供给秦皇岛工作的开滦中外高级员司休闲娱乐场所。建筑外观用红砖砌成，呈现了不加粉刷的"红屋"外观，大胆摒弃传统贴面的装饰，表现出材料本身的质感。在外部施工中普遍采用"石头勾缝"和"甩毛"的建筑工艺。柱式建筑风格在开滦路两侧充分体现。俱乐部内部有舞厅、酒吧、电影院、台球室、会客厅等设施，场外有网球场、露天舞池和花园。开滦路老区两侧房屋属英式的连排式住宅建筑，其表面廊道为古典柱式建筑风格。其中以多立克和爱奥尼柱式为主，但也有一些塔司干柱式，还有一段拱券结构结合的柱式。这种建筑形式在南山高级员司俱乐部、秦皇岛开滦矿

俱乐部远景

务局车务处办公楼和开滦路两侧的欧式建筑上广泛采用。原俱乐部的栏杆、楼梯、立柱等都用红砖砌成，红砖的质感让建筑显得古朴坚固。

南山街的原开滦矿务局秦皇岛高级员司俱乐部旧址，如今已被建成秦皇岛港口博物馆。该博物馆已成为公众了解港口历史变迁的窗口。一进博物馆大院，除了一辆巨大的蒸汽火车头外，地面上铺满了缸砖。开滦缸砖具有百年的历史，是中国近代工业文物，开滦缸砖质地坚硬，有极好的耐水和耐腐蚀性能，当时天津英法租界的不少房子也运用这种缸砖。砖面上刻的"KMA"是开滦矿务总局的英文缩写，目前建筑场地内暗红色的缸砖依然崭新。

俱乐部入口

俱乐部栏杆

俱乐部照壁

5.11 锅伙

Canteen

级　别	国家级
年　代	民国
地　址	海港区港务局
看　点	近代食堂、建筑立面、材料肌理
其　他	免费参观

"锅伙"是1949年以前把头们用来管理码头工人的一种组织形式。锅伙建筑位于海港区港务局煤场院内。1917年开滦矿务局在煤厂始建，1940年全部建成，石墙、炉渣石灰顶，能容纳6000名单身装卸工。

锅伙建筑为一层楼的平房，建筑立面以毛石堆砌，色彩包含土黄、褐色的矿物石，当地人称之为"虎皮墙"。这些石墙、炉渣石灰顶的锅伙房是秦皇岛港现存最古老、最简陋的食堂。锅伙建筑目前没有得到很好的修缮，不过建筑结构保持较好，石材肌理明显，质感古朴。从东侧看，可以看清整排的"虎皮墙"立面。

锅伙建筑

锅伙建筑"虎皮墙"

6 板厂峪塔

Ban changyu tower

级　别	省级
年　代	明
地　址	海港区义院口乡板厂峪村南 500 米处的山谷中
看　点	密檐实心砖塔、细部装饰
其　他	免费参观

塔基

　　板厂峪塔建于明代，高 15 米，六角七级密檐实心砖塔。塔坐落于 1.5 米高的六边形石砌台基上，边长 4 米。台上为砖砌六边形须弥座，须弥座高 1.04 米，边长 2.3 米。须弥座上有七级塔身，每层的束腰部每面皆有佛龛，有砖雕的纹饰装饰，外部装饰飞天。塔身呈黄灰色，色彩古朴，成为独立的景致。第一层的塔身比较高大，每个边长 2.32 米，高 4 米，六个面都辟拱券和假门。门顶镶砖雕飞天，角部有倚柱，檐部有砖砌四铺作斗拱。每面平身科两攒，转角处一攒，斗拱上承檐。第二层至第七层的塔身较矮，每层的高度基本相等，但边长逐层收分，顶部均为叠涩砖檐。塔顶做布瓦顶，塔顶有铁制的宝珠和铁铸刹杆。塔身以淡黄色粉饰，在葱绿的树林中，显得格外醒目。板厂峪塔旁边是一个新修建的寺院。板厂峪塔所在区域原属抚宁县管辖，后划归海港区。

塔身

塔身细部

板厂峪塔全景

塔顶

7 板厂峪窑址群遗址

The ruins of brick kiln group in the Ban changyu

级　别	国家级
年　代	明
地　址	海港区板厂峪村北 300 米处
看　点	砖窑造型，明代长城砖
其　他	购票参观

板厂峪窑址群位于秦皇岛海港区驻操营镇板厂峪村，距离长城仅仅500米。该区域原属于抚宁县管辖，后划归海港区。板厂峪村是山海关附近的一段十分重要的长城关隘，村的北峰上有3.5公里长明代长城，至今保存比较完好。据《临榆县志》记载，这段长城始建于明洪武十四年（1381），隆庆五年（1571）戚继光任蓟镇总兵后，派中军门谭纶再次重修，在石筑长城的基础上加砖修复，并增修砖质敌楼50座。砖窑群2002年被发现并挖掘，截至2013年8月11日，共发现存有长城砖的砖窑66座，占地面积约27万平方米。河北省文物部门对其中的两座完整砖窑做了考古发掘。

砖窑依地势而修建，沿土坎一字排开。窑形分为龙窑、马蹄窑和牛角尖窑等。这些是备用的长城砖窑藏。砖窑遗址中有80%的窑有砖，仅2号砖窑就摆放了20层共计5000多块砖。这些砖与目前长城使用的砖在形状和大小上完全吻合。窑口直径为3.5～6米不等，窑深3.5～4.5米。根据功能，这些出土的明长城砖包含标准砖、马鞍砖、地幔砖、滚水砖、垛口砖、异形砖等10多种，分别产于明弘治、正德、嘉靖、隆庆、万历等不同年代。根据地形设窑门和堆柴处，砖窑里面大都保存着当时烧好的筑长城用的青砖，砖长36厘米，宽17厘米，厚9厘米，重10.5公斤左右。有的窑内砖已全部取走，有的原封未动。满砖的每座砖窑里码砖20层，存砖5000余块。两窑之间相距1米、2.5米、4米不等，有的窑壁相连。每座窑一次烧砖5000块。有一处窑的砖坯遗址完整展示窑的四壁，砖坯经过风化之后，有些化为灰尘。另一处窑址是烧好的砖，原封未动，这些砖块以灰砖为主，尺寸较大。2013年5月，板厂峪窑址群遗址被国务院列入第七批全国重点文物保护单位。板厂峪窑址附近的板厂峪段长城统一并入第五批全国重点文物保护单位长城。

长城砖窑遗址标识

长城砖窑1号遗址

长城砖窑2号遗址

长城砖窑3号遗址

长城砖窑砖坯

长城砖窑遗址砖坯

8 白云山庆福寺遗址
Qing temple ruins of Baiyun Mountain

级 别	省级
年 代	辽
地 址	海港区黄土营乡温庄西北1.5公里处的白云山南麓
看 点	建筑遗址、石碑、石雕构件、露天场景
其 他	免费参观

庆福寺遗址位于海港区白云山南麓，遗址下方2公里处有一个新建的寺庙。庆福寺始建于辽代，在明代和清代都重修过，目前是露天的遗址。遗址依山而建，坐北朝南，建于高台上，通过陡峭的石台阶可至。天气晴朗时可观看远山，站在石台上，看四周的山丘，视野开阔、场景壮观。遗址原占地面积近万平方米，分布在陡峭的三层高台上。建筑原有三进院落，依据地势的烘托，显得气势更加雄伟壮观。遗址隐藏在山中的台地上，自驾到山腰新的寺庙处，需要停车步行。

庆福寺遗址上的建筑早已不复存在，仅留存一些

庆福寺石碑

石雕的构件和石碑。据碑文上记载："修建次第由后而前，其一建于顺治之戊子（1648），其二建于顺治之庚寅（1650），其三建于顺治己亥（1659）"。

原有的山门已经不复存在，但依然保留当年的气势。遗址建造在地形落差较大的台地上，以花岗岩石条为台阶，台阶的宽度约20厘米。每排台阶紧靠平台，呈中轴对称。居中的正殿有五开间，两侧有耳室及东西配庑。不同层的殿之间高差大约有6米，其中以三排的石台阶进行相连。遗址石台阶的两侧配置镂空雕花的栏板。从山底往上看去，一排向上的石阶整体排列。寺院依托山地，周边存有古松树，石碑屹然挺立，显得高大，前方场景视野开阔。

现存遗址的三层高台相对完好，由下而上看，第一层有护基的石墙，共有31级的条形石台阶，碑11通。其中4通高4.78米，都是清顺治乾隆年间修庙的记事碑，碑冠为花岗岩的七眼透龙雕刻。第二层的平台留存护基的砖墙，由28级的台阶组成，两侧有青石雕刻的装饰栏板、望柱和石碑6通。草丛中散落着石雕柱础。第三层在山体的高处，通过陡峭的台阶，远望群组的石块和松树，显得苍茫有力。第三层仍留有石碑，刻"自然碑"三个字，下方有青石碑"白云山岛然碑记"。寺庙前50米处原有塔3座，都毁于"文革"中。遗址的西侧30米处有玉皇大帝殿堂一座，已圮。根据建筑遗址和资料可以推断当年各殿面阔有五至七间，进深为二至四间，两侧建造配房各三间。目前遗址的建筑场所感依然保留，在遗址上能感受到当年的宏伟壮阔，自然与建筑的相互融合。

庆福寺二层台地

庆福寺底层台地

庆福寺《自然》碑及三层台地

庆福寺石碑

庆福寺柱础

9 万里长城九门口

The Great Wall-nine entrance

级　别	国家级
年　代	明
地　址	抚宁县驻操营镇九门口村南
看　点	险峻长城、开阔水面
其　他	购票参观

九门口是明代长城上的著名关口，主要包括长城、城桥、一片石、关城、九门口敌台等。九门口长城地处燕山余脉的峡谷地带，城桥是九门口的主体工程，建于九门河上，九门河穿长城而过，场面显得视野开阔、壮观。"一片石"又称"一片石关"，指的是九门桥下面积7000平方米的石砌河床，由巨大花岗岩条石铺砌，条石间由铸铁榫卯联结。据万历年间《永平府志》记载："一片石关，洪武初为关隘所建，都御史洪锺重修。"天启六年（1626）对九门口城桥进行了一次较大规模的修缮，并创建城桥两端围城。城桥的两端与岸上的围城相连，城桥长约100余米，有九孔八个桥墩，每孔宽5.8米，桥墩通高8.6米，显得坚固结实。

围城由城桥桥头两座小围城及城桥以西、长城内侧的东、西、北三大围城组成。三大围城为驻兵营盘，东围城周长603米，城廓面积21 600平方米；西围城周长980米，城廓面积45 800平方米；北大围城周长1796米。

九门口两翼的长城曲折蜿蜒，有后山楼、青台楼、望海楼等十余座敌台。在九门口内侧开阔平地上有一座形式独特的敌台，当地人称之为"点将台"，又称为"子母台"。子母台由实心圆柱状墩台（即母台）和月牙状子台三部分组成。母台下部用条石砌筑，底径有15米；上部城砖砌筑，顶径有14米；高达12米。北面辟门，门内砌筑台阶登顶。顶部建圆形砖砌铺房，铺房四周为甬道、堞墙，铺房顶部有一株古松，树冠罩住母台。子台位于母台东侧，环住部分母台，高6米，南侧设券门。

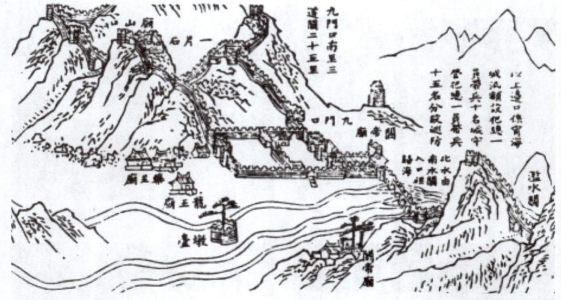

清光绪九门口关城图

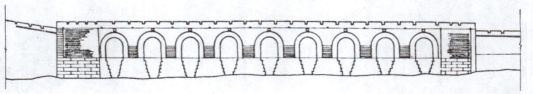

九门口关城桥洞侧立面图

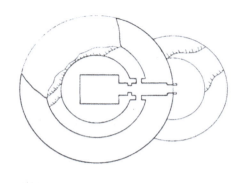
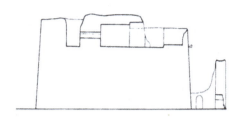

子母台测绘图

九门口远景

九门口水面

九门口近景

九门口长城

山海关区

10 万里长城——山海关
The Great Wall-Shanhaiguan

级　别	国家级
年　代	明
地　址	山海关区
看　点	传统建筑、长城文化
其　他	购票参观

秦皇岛地区的长城遗址较多，有的以夯土层间夹藏木桩、杂草或沙进行夯实，有的用砖。山海关是东北和华北之间的交通要道，是万里长城的入海处，自古以来为兵家必争之地。古诗中描写"两京锁钥无双地，万里长城第一关"，即指山海关重要的地理位置。山海关长城是明代创建"卫所兵制"的产物，长城建于明洪武十四年（1381），大将军徐达建关设卫，关城在山海之间，北踞燕山，南到渤海，故称为山海关。明代的"屯田制"和改革政策对山海关的巩固和发展

起到了重要的作用。

山海关段长城靠近山海关景区，长城高三丈（城高大约11.6米），宽两丈（约6.7米），周长4769米。墙顶的路面平坦宽阔，当年可供5匹马并行驾驶。山海关长城沿交通要道，视野开阔，每隔一段距离便设置一个墩台或烽火台。

山海关长城主要包括：老龙头长城、南翼长城、关城长城、北翼长城、角山长城、三道关长城及九门口长城等地段。

山海关关城由关城、东罗城、西罗城、南翼城、北翼城、威远城和宁海城7大城堡构成。关城平面呈方形，东、西、南、北设置4座城门，东门曰"镇东楼"，西门曰"迎恩楼"，南门曰"望洋楼"，北门曰"威远楼"。各门券台之上高筑城楼，门外各设瓮城一座，墙体坚固高大、气势宏伟。守望的士兵常年在长城的顶部道路上巡逻往来，军事物资运输也在顶部运行。

山海关段长城以威武雄壮的镇东楼箭楼为主体，周边是靖边楼、临闾楼、牧营楼、威远堂、瓮城，东罗城、西罗城等长城建筑。东墙南北两端与长城相接，相接处城东南隅、东北隅各有角楼一座。东南、西南、西北各隅各建水门一座。城中心建有钟鼓楼。

1961年，山海关被列为第一批全国重点文物保护单位。2001年，山海关区被列为国家历史文化名城。2017年，除东门的镇东楼以外，西门、南门、北门都进行全面修缮维护。

目前，秦皇岛的长城遗址每年定期进行部分修缮，整体保护较好。山海关明代长城有完整的瓮城、城墙和城门。城内主要街道和小巷，大部分保留原样，特别是保存众多的四合院民居使古城显得更加典雅古朴。

山海关长城脚下

山海关远眺

山海关筑城复原图

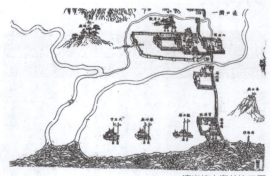

清光绪山海关边口图

直隶长城险要关峪各口山水形势地舆城图——山海关（光绪朝户部主事 崔汝立所绘）

10.1 镇东楼
Zhen Dong building

级　别	国家级
年　代	明
地　址	山海关城东门墩台上
看　点	长城附属建筑，瞭望周围
其　他	购票参观

　　山海关的全城有四座主要城门，并有多种古代的防御建筑，是一座防御体系比较完整的城关，也是长城线之首关，故被称为"天下第一关"。镇东楼建于关城东门（镇东门）的城台上，为明长城关城箭楼的代表作。镇东楼坐东朝西，二层重檐，歇山青板、筒瓦瓦顶，面阔三间，抬梁式砖木结构，彻上明造。镇东楼顶部海拔高 47.13 米，城台高 12 米，楼高 13.68 米，一层面宽 18.88 米，进深 9.3 米，二层面阔 17.3 米，进深 7.7 米，建筑面积 356 平方米。镇东楼的额枋前

山海关镇东楼远景

镇东楼远景

高悬巨匾，上书"天下第一关"五个大字，系明代进士萧显于成化八年（1472）书写，外檐的构件以彩绘装饰。

镇东楼目前保护较好，从镇东楼沿着城墙走，城墙上可见炮台，可观看瓮城城墙，游客可通过城门，经过小道到达瓮城。城楼西面的下层辟有方门，上层三间均为隔扇门，其余三面设有68个箭窗。几百年来虽经多次修葺、重修，但箭楼大部分构件仍为明、清两代所制。1961年3月4日被列为第一批全国重点文物保护单位。

山海关镇东楼旧影

镇东楼匾额

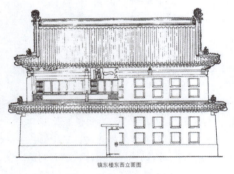
镇东楼东西立面图

镇东楼东西剖面图

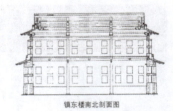
镇东楼南北剖面图

镇东楼测绘图

10.2 靖卤台及入海石城

Jinglu of the Great Wall enemy Units and stone building

级　别	国家级
年　代	明
地　址	山海关区
看　点	长城建筑，壮观海景
其　他	购买参观

靖卤台建于明嘉靖四十四年（1565），筑于海滨沙滩上，涨潮时基部没入水中，为长城东端第一座敌台。明万历七年（1579）蓟镇总兵戚继光于靖卤台南侧增建入海石城。蓟镇长城横跨崇山峻岭，蜿蜒如一

老龙头

条巨龙跃入渤海，故长城之首称"老龙头"。老龙头位于山海关区城南4~5公里处。老龙头由入海石城、靖卤台、南海口关和澄海楼组成。"老龙头"长23米，宽8.3米，高9.2米。台高14米，南北长13米，东西宽11米。基座是实心的，以条石砌筑，上部砖券空心，顶部周砌垛口，中央建木构的望楼一座。台北侧立碑一通，高3.3米，宽1米，上镌刻"天开海岳"。墙体由9层巨石叠砌，顶部周边砖砌垛口。在600余年的变迁中，老龙头见证了历尽沧桑的历史。

从"澄海楼"继续向前，依次经过"遗址洞""靖卤台"，到达入海石城。石城上摆放了几块遗址上的巨石，巨石的边上有几个凹槽，被称为"燕尾槽"。在几块巨石间的槽内浇上铁水、凝固，用这种独特的榫卯工艺，将巨石连成一个整体。

老龙头上还保留了一段"夯土炮台"。据介绍，清道光二十年（1840），海防吃紧，为加强沿海防卫，在这里用三合土夯筑炮台。1987年修复时保留了这一遗址，加铁框和玻璃罩保护。

澄海楼高踞"老龙头"之上，是明代所建，清康熙、乾隆年间重修。楼上有明朝大学士孙承宗所书"雄襟万里"和清乾隆皇帝所书"澄海楼"匾额。楼壁镶嵌有数块历史名人手书的卧碑。清光绪二十六年（1900）毁于八国联军侵华战争，1987年在原址重建。

入海石城

靖卤台与入海石城远景

入海石城周边

入海石城上

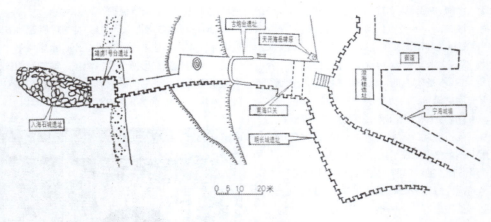

老龙头入海处长城平面图

老龙头入海处长城立面图

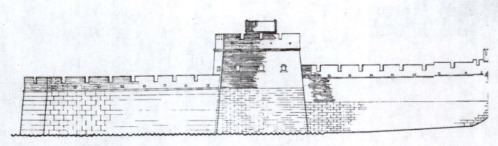

入海石城至南海口关段长城南北立面图

老龙头平面、立面测绘图

10.3 南海口关

Nan haikou gateway

级 别	国家级
年 代	明
地 址	山海关区老龙头城墙的底部
看 点	长城建筑,军事文化
其 他	购买参观

"南海口关"在老龙头城墙的底部,位于宁海城靖卤台北侧,建于明天启二年(1622),是明长城东端的第一个关口。南海口关是当年山海关十大关隘之一,也是万里长城设置在滨海的唯一关口。在长城墙体上辟砖券关门,高 3.7 米,宽 3.2 米,深 14.3 米。券顶上方镶"南海口关"的石匾一方。关城建于关门北长城内侧,周长约 1 公里,西、北两面各辟一门。东南角建城台,上筑望海亭。明万历三十九年(1611)山海关兵部主事王致中改亭为楼,名澄海楼。明崇祯五年(1632)巡抚杨嗣昌重建关城,更名为宁海城。

10.4 南翼城

South Yicheng of military defense building

级　别	国家级
年　代	明
地　址	北戴河山海关区
看　点	军事防御建筑遗址
其　他	免费参观

南翼城位于山海关城南 2 公里，又名南新城。南北翼城分别距关城南、北 1 公里，据《临榆县志》载，南北翼城城墙均高"二丈有奇"，城"周三百七十七丈四尺九寸"，城南北各有一门，为"明巡抚杨嗣昌建"。南北翼城的建筑形制相同，目前两座翼城皆毁，仅存残址。明末崇祯年间巡抚杨嗣昌建。南翼长城是老龙头长城与关城长城连接的纽带。南翼长城沿线的重点防御设施分四部分：城台、铁门关及围城、南翼城、南水关及护城河。东墙附在长城上，南北墙各辟一门，周长 1.48 公里。南翼城的遗址位于公路边，目前为土堆状，已经看不出遗址形态。现外包砖石全无，残存夯土墙基 1～2.5 米，南翼城残存土堆长满杂草，场地需要急救式保护。

南翼城遗址

南翼城遗址仰视

10.5 北翼城

Military defense building on the north side

级　别	国家级
年　代	明
地　址	山海关城北 1.5 公里北营子村
看　点	残存遗址
其　他	免费参观

北翼城又名北新城，明末崇祯年间巡抚杨嗣昌建。北翼长城南起北斗峰，北至角山山麓的旱门 10 号台，全长 3 公里多。东墙附在长城上，南北墙各辟一门，周长 1.23 公里。现北门砖券尚存，墙体残存夯土墙基 1～3 米，南门仅存基址。

北翼城仅存砖券、夯土的墙基，由于没有及时修缮，损毁严重。建议可在旧址上进行保护，定点进行适当复建。

10.6 旱门关
Han men gateway

级 别	国家级
年 代	明
地 址	山海关城北 3.7 公里
看 点	陡峭的长城
其 他	免费参观

旱门关为角山南麓长城上的一个关口，明洪武年间建。旱门关虽然是山前的一座小关口，但地理位置非常险要，战略地位十分重要。它紧扼山前要津，成为历代兵家的必争之地。据《山海关志·山海抵黄花镇图》记载："旱门关，在城北六里"。明初始建关并置要塞驻守。"嘉靖十四年时置官军二十二员，有兵器三十五件"。明末清初时砌塞，由城楼、城台两部分组成，在长城墙体上辟砖券关门城台高8.4米，台面长8.3米，宽与城墙顶面宽相等，中间有砖砌拱门，三网三伏。门洞内高5米，宽3.1米，进深10.8米。洞内有1米高的条石砌筑的壁体，石上是砖砌体。洞内有两扇对开的木质大门，铁皮包镶，向内开，平时可以开放，只通步骑，战事来临即刻关闭。城台之上原建有一座歇山瓦顶的二层箭楼，体量不大，外围有垛墙围护。因废弃年代久远，其基址已无。1985年修复，现城门洞上方有一石匾，上书"旱门关"，这是1986年修复时置放的。

10.7 三道关
Three hurdles

级 别	省级
年 代	明
地 址	山海关区
看 点	长城倒挂景观
其 他	免费参观

三道关位于山海关城东北10公里处，明洪武年间建。三道关的长城主要由城墙、桃园东13号敌台、三道关、烂石关、唐帽16号敌台、尖山西17台、尖山东18台构成。三道关的长城依山就势，沿着绝岭自上而下、自下而上蜿蜒，形态陡峭、非常壮观。远远看去，长城就像倒挂在山脊之上，故该景观被称为"长城倒挂"，堪称万里长城第一道险关，是山海关长城十座关隘之一。三道关由低至高于山涧口、山麓和山岭分设关口三重，故名。关口、关城均用片石垒筑。这里山高谷深，两山间相距68米，山谷呈"V"字形。在这个峡谷共设前、中、后三道关卡，现第一、二道关已坍塌，仅存基址。目前只留下第三道关隘。第三道关现存关门宽2米，进深2.2米，存高2.5米。

三道关侧面

三道关远景

三道关正面

10.8 威远城
Weiyuan building

级 别	省级
年 代	明
地 址	山海关城东 2 里的欢喜岭上
看 点	近代别墅造型、西式风格
其 他	购票参观

威远城为明末辽东总兵吴三桂所建，是山海关现存卫城中最好的一座。据《临榆县志》记载："威远城俗称'呜咽城'，三丈，下以石，四隅起台跺。城上女墙高五尺，周方七十步。正南为城门，上镌'威远'二字。"城南北长 160 米，东西宽 130 米，南面辟门，门匾上刻"威远"二字。

威远城既可瞭望，又可屯兵，在建筑上有独特之处。"城内北面起平台，延袤三丈，台左右蹬道各一，南面东西隅亦各有蹬道，随其形势，于四面城墙上下起大小砖洞二十一。大洞广八尺，小广五尺，高皆丈。"这些砖洞可供藏兵之用。从地理环境来看，威远城是一座军事上的重要建筑，可称为山海关城对外的一座前哨站。城内中心筑方台，高 5 米，边长 33 米。威远城现仅存土墙遗址，城砖无存，城内平台尚可见墙砖碎块，夯土墙及城内夯土台保存完好。遗址早年被村民开垦种植庄稼，现改为果园。经河北省政府确定为重点文物保护单位，2000 年 8 月 12 日由秦皇岛市政府立标志碑。

11 山海关八国联军军营旧址
Former site of barracks of the Eight-power Allied Forces

级 别	国家级
年 代	1902 年以后
地 址	山海关老龙头的西部和北部
看 点	近代别墅造型、西式风格
其 他	不开放

山海关八国联军军营旧址是中国现存最大、最完整的八国联军军营旧址，又称"六国营盘旧址"，位于山海关老龙头的西部和北部。1900 年，英、美、德、意、日、法、俄、奥八国联军侵华，在攻占天津、北京后，分兵 6200 多人进攻、控扼东北、华北要冲山海关。营盘始建于 1902 年，当时入侵山海关的以英、法、德、日、意、俄军队为主，习惯称为"六国营盘"。英国军舰于 1900 年 10 月 1 日从老龙头登陆，占领了军事要塞老龙头和山海关火车站。俄军 3000 余人乘火车于当天到达山海关，占领了铁桥厂和铁路车轮学堂。10 月 2 日，驻防老龙头的清军官兵畏敌逃跑，南海村民全部逃往北山避难。联合舰队先后在老龙头登陆，焚烧了澄海楼，进行烧杀抢掠，老龙头海防设施及沿海一带的民房受到了不同程度的破坏。根据 1901 年 9 月清政府与帝国主义列强签订的丧权辱国的《辛丑条约》第九款之规定，在山海关南部沿海一带为驻扎军队而修建营盘。从 1902 年开始，在山海关南部建立了六国营盘和一处联军接待站，即六国饭店。六国营盘的总占地面积达 9 平方公里，常驻军队达 1500 人左右。军营现存的房屋 40 余栋，建于 1902—1904 年，建筑面积 3 万多平方米。修建军营的主要有英、法、德、意、日五国。俄军的驻扎时间比较短，未建正式的营房。印度属英国的殖民地，也参与了入侵，修建了军营，当地称为"英下帮"。

1928 年 6 月 15 日，国民党南京政府要求与各国终止不平等条约，1928 年 7 月 7 日颁布了《关于重订新约之宣言》。南京国民政府废除了不平等条约，但英、法、意、日等国仍赖在山海关军营内，久不撤兵，直至 1945 年日本投降后才全部撤离。2006 年山海关八国联军军营遗址被列为全国重点文物保护单位。

11.1 英军营盘
The camp of the British Army

级 别	国家级
年 代	清
地 址	山海关区老龙头下的宁海城内外
看 点	英式军营、建筑结构
其 他	不开放

英国营盘建筑外廊

英军营盘始建于1902年，占地2平方公里。英国营盘存留有建筑物10栋，军营内的建筑布局分散，以单层建筑、砖木结构、木制屋架、青砖砌墙、红瓦坡屋顶、百叶门窗和木地板为主，下部为高50厘米左右的平台，有防潮、通风的作用。主体建筑位于宁海城西南侧，靠近海岸，其中三幢前、左、右三面有宽敞外廊，每座房屋后部均建有青砖下房。在列强军营中，英国营盘占地最广。除宁海城全部外，在1914年德军撤走后，还合并了石河口一带的原德国营盘，以及印度营盘（北海神庙为印度营盘）。英国营盘通过不断扩张，占地南至海岸，北至马头庄，东到老龙头下的宁海城，西至石河口，常驻人员400~500人。老龙头上现仍有"英国地界"的桩和残碣块等。第二次世界大战期间，英军撤出，1949年后由驻山海关部队驻防至今。英军营盘旧址中至今仍保存下来十多栋建筑，其中三栋被局部维修、内部改造，其余仍原貌保存。近年出土水泥制地界桩，上刻英文"W↑D"，下部竖刻中文"英国地界"。

景区的仿古建筑和营盘建筑风格相互协调。英国

英国营盘长廊

营盘建筑以木构造为主，经过长时期的风化，一些木料损毁，全面修缮中以原有的工艺将腐坏的木料进行更换。20世纪80年代后期，由疗养单位租用。2017年，英国营盘进行全面修缮。由于英国营盘距离景区比较近，占地较广，计划将来开放参观。

英国营盘建筑

英国营盘细部

11.2 德军营盘

German Army Battalion Plate

级　别	国家级
年　代	清
地　址	山海关区城南 5 公里的老龙头西
看　点	德国军营建筑
其　他	不开放

德国营盘细部

德军营盘位于山海关城南 5 公里老龙头西，石河口东，在印度营盘之西，总占地面积 5.1 公顷，建筑面积 321 平方米，设有地下室。1914 年第一次世界大战爆发后，德军撤走，营址由英国吞并。现存 2 栋房屋建筑，单层、青砖灰瓦坡屋顶，青砖砌筑，共 11 间，原为军械库。建筑整体比较低调，周边的树木比较高，显得朴实。从建筑的侧面看山墙上有两个拱形的小窗，侧面的入口是一个方形的红门。军营的西南部尚存联军打靶场土台遗址。

现德国营盘旧址的产权分给驻军，部队在几百米外设置铁门，游客很难接近场地。营盘前的草地已经改造成塑胶跑道与人工草地，操场上放置大炮等器械，属于军事机密用地。

德国营盘近景

德国营盘远景

11.3 印军营盘遗址

The site of the Indian Barracks

级　别	国家级
年　代	清
地　址	山海关宁海城西侧
看　点	营盘遗址
其　他	不开放

印军营盘建筑比较简陋，原存平房 2 栋共 14 间，占地面积 2000 余平方米。前排正房 7 间，单层建筑，坡屋顶，前设外廊，砖木结构。后排外下房，单层，坡屋顶，砖木结构。营盘建筑现已拆除，仅存遗址。

11.4 法军营盘
French Barracks Plate

级　别	国家级
年　代	清
地　址	山海关区小湾村北
看　点	法国营盘风格
其　他	不开放

法国营盘位于山海关区村庄的至高处的小湾村北，占地面积 6 万余平方米。法国营盘依地形而建、纵横交错、星罗棋布、曲径通幽，建筑带有浓厚的西方建筑色彩，南部连接意军的军营。法国营盘始建于 1902 年，是利用清光绪十年（1884）提督叶志超率练军驻防南海口所建的营盘旧址修建而成。法国营盘常驻人数在 500 人左右，"二战"时撤离。现存原建房屋 18 栋，是各国军营中保存房屋最多的一个；总建筑面积 3025 平方米，也是诸国中之最。营盘分为两个院，东北院是驻军之所，建有将军房、军官房、士兵房、军械库、面包房、禁闭室等，如同建筑聚落。西南院系军官家属住宅区，其中一座前檐上方刻"1904"字样。建筑均为单层，绿瓦坡屋顶，带设外廊，砖木结构，用红砖及花岗岩做装饰。下房均建于最北侧。房屋至今保存基本完整，部分房屋内部做了装修，外观未改，现由一疗养院占用。

法国营盘由多座建筑组成聚落建筑，风格协调。建筑注重山墙造型，山墙有"老虎窗"，檐下装饰窗框，地基材料朴实，运用回廊式。法国营盘的将军房，是 1904 年建立，将军房处于场地的中心地带，四周开敞，其他建筑皆退让成拱卫之势。将军房的屋顶四面坡，红色的金属瓦褪色成油漆桶颜色，圆形的气窗，红色的檐柱显得轻巧，硬山脊下有三角花，水平的抽屉纹，是法国兵营特色的山墙。

军官用房以硬山红瓦的坡屋顶、单面回廊，成排而列。蓝色的檐柱轻巧秀气，镂空的栏杆简洁实用。夏秋时节，建筑周边草木繁茂，与建筑形成色彩衬托和对比。山墙以红砖砌成的线条，具有装饰感和立体感。前檐增加立体感，为使用者提供感受户外空气的休闲空间。建筑以红色的门框和窗框为装饰，造型简洁、色彩对比鲜明。营盘建筑的门口有当年从法国带来的梧桐树，高大繁茂、浓荫蔽日。树木的繁茂衬托老建筑朴实的色彩，营造出震撼人心的苍凉。

法国营盘的面包房，建于 1904 年，山面有两根扁长的砖制烟囱，远处设置圆形的水塔，建筑的黄褐色散发历史的沧桑感。彩钢瓦组成的双面面坡屋顶，均匀布置的门窗，斑斓的线条让这些建筑整体显得协

法军营盘入口

法军营盘山墙

法军营盘屋顶细部

营盘山墙

调统一。建筑的室内用石膏板装饰天花板，因时间长久，有些剥落，留下斑驳的痕迹。

法国的兵营建筑山墙也是十分精致，兵营以双坡的屋顶，两侧山墙封闭，竖向线条以红砖凹凸而处，横向是红砖以抽屉状展开，视觉丰富生动。建筑的窗户采用统一的木质百叶窗，窗户上方带有弧形的拱线。

营房外西北角原名"小营盘"内，设有法驻军高级军官住宅，早已毁坏。

营盘东北原有一座水雷营，为各长50米的方形土城，现已坍毁为农田。当年清军提督叶志超在那里办了一所随军讲武堂。民国初年的王士珍、田中玉、鲍贵卿、卢永祥等军阀，都出自这所学堂。营盘西北角原有一座小营盘，为叶志超的驻地。遗址已荡然无存。向西靠潮河有一座孤山（当地人称小石山，已采平）曾辟为叶的花园。

1949年以后，法国营盘成为北京军区的资产，后来因军队条件改善而撤走。近年来，随着军队的迁移，营盘旧址部分空置，部分被工厂和个人使用。2016年场地闲置，长满枯草，等待修复和开发。

营盘环境

法军营盘建筑

11.5 意军营盘
Camp of the Italian Army

级　别	国家级
年　代	清
地　址	山海关区马头庄乡小湾村南
看　点	意大利建筑风格
其　他	不开放

意军营盘位于老龙头的北侧，始建于1902年，系利用晚清为加强海防所修建的第二炮台营盘旧址修建。营盘占地面积12万平方米，分南北两院。南院现存二层楼房2栋，平房2栋，建筑物为黄色墙面、灰钢板瓦坡屋顶、砖木结构，前设外廊。原系八国联军别墅，由英国工程师设计。东北角的二层楼上有凉亭，供乘凉望海之用。有人这座院为"租借地"，不算营盘。北院原有建筑物已全部改观，建筑多数为青砖绿瓦顶，少数红砖绿瓦顶，主要建筑前后回廊。

北院利用了明代建筑的长城内侧的靖远城，北院营盘依长城围一土城，东西长125米，南北宽110米的夯土城，现在夯土墙全部坍毁，仅存遗址。北院留有传统的城门，保存完整，东距长城45米，门洞长17米，宽5米，高7米，外口宽4.3米。洞道以条石铺砌，两侧水槽宽0.3～0.4米。两边门垛各宽31厘米，距垛30厘米处有圆孔24个，孔深70厘米。拱券外侧上镶嵌卧碑，长1.7米，宽0.6米。门洞外侧上方镶石匾1方，上刻"靖远"二字。城台上东西长7.7米，南北宽11米，高12米。城台两侧各有长8米的土台，高10米。在台上面铁路疗养院建一"望海亭"，长5.5米，宽4.5米，高5米。北门砖墙上有许多意大利文刻字，券门右侧有一方形石碑，刻有意军建营情况。当时常驻人数在200~300人，1942年由日本接收。意军军营旧址自1949年后，由沈阳铁路锦州铁路分局作为疗养院使用至今，意大利营盘位于铁路疗养院内，周边是别墅。意军营盘保护良好，没有对外开放参观。

意军营盘建筑

意军营盘建筑

意军营盘青砖楼

意军营盘侧面建筑

意军营盘靖远城门

11.6 日军营盘
Japanese Army camp

级　别	国家级
年　代	清
地　址	山海关区肖庄村南 2 公里
看　点	日式建筑风格、军房建筑
其　他	免费参观

日军营盘的旧址，当地群众称为"四炮台"。"四炮台"原系清代后期清政府为加强海防而建筑的第四座炮台原址。作为日本营盘始建于 1902 年。整个军营原占地面积约 1.9 万平方米。军营原建有将军楼、军官楼、士兵楼、警卫楼、库房和马厩等建筑，并附设水泥浇注的水牢、旱牢各 1 座，还有高出地面的地道，砖石砌拱（未挖通，不知通向何处）。营内建筑物大部分拆毁，现仅存将军楼一座（两层楼）原系日军少将住所，建筑面积 295 平方米，坡屋顶，有两层的青砖木为结构。将军楼的南北长 15.15 米，东西宽 9.76 米，为典型的日式建筑。"旱牢"保存完整；水牢，结构完好，现已填埋。1980 年曾打开过一次，污水尚

将军楼

水牢和旱牢

存，还有人骨在内。在马厩遗址中，发现铺地墓碑一方，上刻"故陆军步兵少佐""从五勋四"字样，碑长不足1米，宽60厘米。营房四角，原各有炮台一座，称为"四炮台"。现仅存西南角一台，高3.2米，长宽各2米，三合土结构，外围砖石全无，南北长6米，东西宽6米，高2.5米的夯土台。日军营盘曾是1933年日本军国主义侵占山海关，发动"榆关事变"的指挥部。抗日战争全面爆发后，"九一八"事变前，常驻人数在百十人上下，这里曾是日军指挥部，是日本侵略者屠杀爱国志士和中国人民的场所。1945年9月日本无条件投降后，日军才从营盘全部撤出。日军营盘由驻山海关部队驻防，近年来部队搬迁，整个营盘空置。将军楼紧锁，屋顶的木檩条有些损毁，虽然水牢和旱牢建筑结构完整，但是因场地没有围合，附近居民文物保护意识较差，整排的窗户和门都被盗。文物保护需要明确产权，加强保护和监管。

日本营盘细部

11.7 俄军营盘
Russian army camp

级 别	国家级
年 代	清
地 址	山海关区
看 点	近代营盘遗址
其 他	不开放

据当地老人回忆介绍，并参阅了《临榆县志》附图记载：俄国营盘有两处，一处在桥梁厂南，位于赵亭子村西的"绥远城"北侧；一处位于东罗城东南原飞机场附近。由于俄军驻扎时间较短，不足一年，未建正式营房，因此遗址已难以寻觅。

11.8 六国饭店
Six Nation Hotel

级 别	国家级
年 代	清
地 址	山海区铁道南工人街
看 点	建筑造型、多功能的娱乐建筑
其 他	不开放

六国饭店位于山海关区铁道南工人街、山海关火车站东南侧，系八国联军侵华时的接待站，始建于1902年，实属当时英国占有。"六国饭店"是多功能的建筑。当年还修建了由该饭店分别通往英军、意军、法军和日军的营盘的马拉车小铁路，以方便到饭店消遣和运输给养。当时的"六国饭店"，成为六国军人寻欢作乐的综合性娱乐场所。六国饭店的建筑为一栋丁字形的两层楼房，一楼西半部为客房，东半部作为餐厅，二楼设有舞厅和仓库等。建筑内部吸收中式建筑的特色，全部采用木结构。外墙以青砖垒砌，显得古朴，上为人字架梁。东西长61.4米，南北宽11.9米。前有廊，后楼的南北长16.5米，东西宽6.9米，西有走廊。楼后另有5间房，东西长19.3米，南北宽7.7米，前为走廊，原为经理办公室及宿舍。楼的东南角

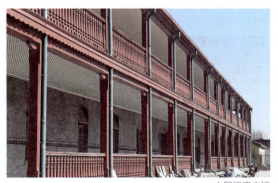

六国饭店主楼

另有楼房一座，原系经理家属住宅，另在楼的东面建有的冷库已拆除。这座当时的"六国饭店"在《临榆县志》的附图上，也有"饭店"的标志，旁为"扶轮学校"，现为铁路小学校址，占地面积约7200平方米。建筑的色彩以深红、灰色为主色调，显得古朴稳重，建筑细部的栏杆、水管、檐下工艺精致。

1949年后，六国饭店归文物部门管理，以原有的建筑方式进行全面修复后，建筑物保存完整。因建筑紧挨着铁路小学，近年来，建筑划拨给铁路小学使用，增加校园的文化氛围。

八国联军军营旧址和六国饭店从建筑本身来说，具有欧洲各国的建筑风格，在山海关区地区显得宝贵。而它的重要价值在于提醒后代"落后就会挨打"的惨痛历史教训。建筑作为物质遗产，记录着清王朝的国力衰败、丧权辱国和腐败无能，旧址可作为教育基地。

六国饭店细部

六国饭店外廊

六国饭店立面

六国饭店建筑细部

六国饭店侧楼

12 先师庙
Temple of Confucius

级　别	省级
年　代	明
地　址	山海关城内西大街中段路北侧
看　点	传统建筑，大型构件
其　他	未开放

先师庙，即孔庙，位于山海关城内西大街中段路北侧，原第三中学院内。先师庙距今已有540多年历史，据史料记载，先师庙明初创建，正统十四年（1449）山海路守备王整鼎重建，原名圣庙、孔庙，明嘉靖十年（1531）改名先师庙，成化至清乾隆年间又多有增建和重修。先师庙坐北朝南，对称式布局，中轴线最前端是大成坊、照壁、大成门、神道、棂星门、泮池、戟门、大成殿、崇圣祠，棂星门两侧有金声门、玉振门及忠孝祠、节烈祠，大成殿前两侧为东西两厢，戟

门两侧建有名宦祠、乡贤祠，组成一组宏伟的儒家建筑群。在先师庙的东侧建有魁星楼、黄公祠、崇官廨，庙西建有山海卫儒学。整座建筑群在京东一带同类建筑中属规模大者。目前庙内的大部分建筑已经损毁，整座建筑仅存大成殿、西配殿和古柏。

大成殿单檐歇山布瓦顶建筑，小式木作，不用斗拱，四角飞檐下悬有挂铃，起风时，发出清脆的声响。殿面阔七间，进深三间，实测东西长26.65米，宽9.5米，建筑面积253.18平方米。屋脊有龙头鸱尾兽4组，正脊为双龙戏珠的砖雕。根据考证，正殿中央门上，悬挂有蓝底金字牌匾，上书"位育中和"，殿当中三间内设有木雕花龛，中间龛内立"大成圣哲先师孔子神位"牌，龛上悬"大成至圣"的横匾；左右两龛内立孟轲、颜渊、孔伋（孔子之孙）、曾参等圣贤牌，左龛上悬"德侔天地"，右龛上悬"道冠古今"横匾。殿内用方砖铺就，墙壁上挂满了名人字画。

山海关的先师庙是古城文化传播和发展的重要文化遗产。2001年2月7日，被列为第四批省级文物保护单位。自2002年起，将投入修缮费用1500万元，依照原工艺和"修旧如旧"的原则，逐步恢复和保护庙内的主要古建筑。

目前，大成殿经过合理修缮后，结构牢固，古香古色。房间内部的文物没有留存，建筑空置。大殿内木构结构粗大，显得高大气派。细部的油漆彩绘经过日晒有些褪色，建筑保持古朴的原貌。大殿平时大门紧闭，还未进行开发利用。殿前原有8座石碑，至今殿前只遗存下3通石碑，建筑周边有古柏九株，生长良好。大成殿距离山海关城内大街比较近，未来可考虑作为博物馆或展览馆，展示建筑模型，并将"泮池"遗址进行修复和围合。

先师庙

先师庙大成殿

大成殿室内梁架

先师庙大成殿室内梁架

先师庙大成殿室内柱础

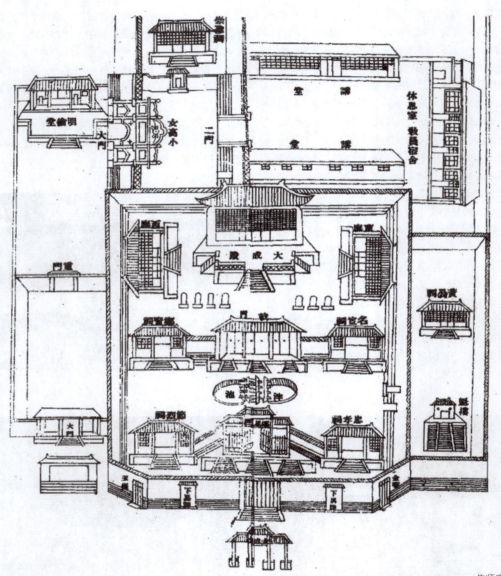

先师庙平面图

13 孟姜女庙

Mengjiang women temple

级别	省级
年代	明
地址	山海关区孟姜镇望夫石村北的凤凰山上
看点	传统建筑、周边风景
其他	购票参观

孟姜女庙亦称贞女祠。孟姜女庙的修建,是民间故事"孟姜女哭长城"的产物,也是迄今为止全国保存最为完整的孟姜女庙。孟姜女庙与凤凰山景区连在一起,庙围墙内占地1.6亩,保护范围占地31.8亩。建筑面积202.7平方米。1985年扩建外侧围墙。后殿原供观音,殿后有"望夫石",石上有坑,传为孟姜女望夫足迹。旁有石台,台后有振衣亭,为孟姜女梳妆更衣处。姜女庙由山门、前殿、后殿、振衣亭、钟亭和"望夫石"石刻组成,现存主要建筑为清代遗存。

孟姜女庙为砖木结构,硬山顶,面阔三间,进深一间,东西长10.2米,宽7米,高6.25米,建筑面积 71.4 平方米。庙内有前后两殿，前殿位于山门右侧，有孟姜女像，左右侍有童男童女。两侧壁上镶有碑刻，其中有乾隆、嘉庆、道光题词。碑刻保持良好，目前在外部加上一层玻璃，透过玻璃，可清晰看到石刻内容和文物。据光绪《永平府志》载，此庙始建于明万历二十二年（1594），由主事张栋修建。明崇祯及民国年间有重修，1949 年后曾先后 8 次修缮。初始占地面积 1046 平方米，庙宇呈长方形，建筑是南向，围以砖石砌筑的红墙。明间立柱上悬挂名联"海水朝朝朝朝朝朝朝落，浮云长长长长长长长消"。殿内正中塑孟姜女坐像，旁塑童男童女站像，泥塑彩绘是 1985 年重塑。孟姜女身着青衫素服，面带愁容，遥望南海。神龛上横额"万古流芳"，两侧对联"秦皇安在哉，万里长城筑怨；姜女未亡也，千秋片石铭贞。"相传为南宋丞相文天祥所题。像后壁画取材于古"榆关八景"之一的"姜坟雁阵"。殿内东、西、北三面墙壁上，镶嵌多方石刻卧碑，东墙"天下第一关"5 字拓自"天下第一关"匾额。西、北墙是清代康熙、乾隆、嘉庆、道光等皇帝及明、清、民国年间的边臣、政客、军阀的题诗。

山门为硬山砖木结构，面阔进深皆为一间，各 2.8 米，高 3.28 米，面积有 7.84 平方米。正面门楣上悬"贞女祠"匾额，是 1979 年刻制。进入景区后，穿过林荫下的古路，山门前设有 108 级石阶，长 46 米，宽 4 米。以轴线对称，钟亭朝东，孟姜女庙在西边。

钟亭位于山门左侧，悬山四方亭，木结构，边长 3.8 米，高 3.28 米，建筑面积 14.4 平方米。内悬铁钟铸于 1924 年，已残。1996 年重铸青铜钟一口。

后殿为硬山砖木结构，面阔三间，进深一间，东西长 11.45 米，宽 8.52 米，高 6.5 米，建筑面积 97.6 平方米，前出廊。殿内原供奉观音、文殊、普贤三菩萨像，两侧各塑童男童女像，东侧塑韦陀站像，西侧塑托塔天王李靖像，1989 年 6 月重塑三菩萨像。

殿后即凤凰山的最高点"望夫石"，相传孟姜女寻夫至此，曾登此石眺望修筑长城的丈夫而得名。面东石壁上刻"望夫石"三字，系清顺治八年（1651）山海关管关通判白辉所题。左侧的石壁上镌刻清乾隆八年（1743）御笔题诗。

振衣亭位于"望夫石"北侧，六角攒尖顶，为 1988 年修复。建筑是木结构，每边长 1.92 米，高 3.7 米，建筑面积 11.5 平方米。

孟姜女庙东南约 5 公里的近海中，有 3 块兀立的礁石，高者 20 余米，低者 10 余米。高者似碑，低者似坟，相依相伴，为传说中的姜女坟。孟姜女庙现已成为著名旅游开放景点。凤凰山下修建了旅游景区建筑，以仿古的风格为主，整体协调。孟姜女庙居于高处，在钟亭朝东看去，从振衣亭可望北侧，往东南看，整个平原低矮整齐。2017 年孟姜女庙进行全面修缮，所有的彩画进行修补和重绘。

孟姜女庙山门和台阶

孟姜女庙后殿

孟姜女庙内长联

孟姜女望夫石

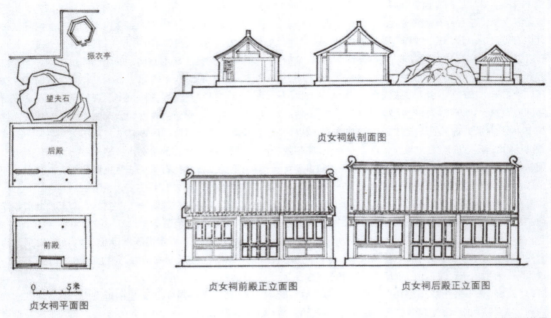

贞女祠测绘图

14 山海关近现代铁路附属建筑
Shanhaiguan near modern railway accessory building

级 别	省级
年 代	近代
地 址	山海关区
看 点	近代铁路的发展历史
其 他	购票参观

山海关扼守着华北通往东北的交通要道,这里是历来的兵家必争之地,也是交通的要塞。山海关火车站的北面,有一条小道路被称为铁路街。近现代铁路附属建筑现保存有英式公寓、日本行车公寓、津榆铁路山海关机务段及山海关车站旧址等,分别建于1894年、1903年、1938年。在近代铁路的附属建筑中,英国人主持了京山铁路的施工,铁路沿线的建筑带有明显的英式风格。

山海关近现代铁路附属建筑一方面体现了修建国家的建筑特色,丰富了秦皇岛的建筑文化,是宝贵的建筑文化遗产。另一方面,铁路建筑具有历史价值、社会价值,它们见证了半封建、半殖民地时期帝国主义列强对中国的军事侵略和经济掠夺,对后人有教育和启示作用。

14.1 日本行车公寓
Japanese driving Apartment

级 别	省级
年 代	民国
地 址	山海关区
看 点	近代建筑风格、日式风格公寓
其 他	不开放

日本在近代把铁路作为深入中国腹地的重要工具,通过铁路把日本兵运到中国的各个战场上,铁路成为物资运送和军队调整的工具。在日本修建的铁路的沿线有很多日式风格的建筑,从站房、调度室、公寓和住宅,这些建筑记载着当年沧桑的历史。

日本行车公寓建于1938年,位于山海关南海道北端,现在使用单位是中铁山桥集团。该建筑采用坡屋顶,砖混结构,建筑规整,立面上排列整齐的门窗,装饰很少,整体端正古朴。

日本行车公寓立面

日本行车公寓侧面

14.2 英国铁路工程技术人员公寓
British Railway Engineering Technician apartment

级　别	省级
年　代	近代
地　址	山海关区
看　点	近代建筑风格、英式公寓
其　他	不开放

英国铁路工程技术人员公寓为钢板瓦尖顶式小房，建筑以英式风格为特色。

公寓的屋顶以坡屋顶为主，采用蓝色的钢板，与周围建筑和植物协调，砖砌结构牢固。建筑细部精致，山墙的檐下和转角以砖砌成装饰线条，红砖线条形成多个层次感。窗户、墙基和转角以红砖作为线框，山墙上有个方形或圆形的小窗户，以红砖装饰形成透窗，丰富了建筑形象，凸显了英国的建筑特色。公寓墙面部分运用灰砖，转角、山墙边线和窗檐运用红砖，形成色彩搭配。目前建筑保护良好，依然在使用中。

英国铁路工程技术人员公寓侧面

公寓周边环境

英国铁路工程技术人员公寓山墙和门窗

英国铁路工程技术人员公寓屋顶

14.3 津榆铁路山海关机务段山海关车站旧址

The site of Shanhaiguan locomotive depot of Tianjin-Elm Railway

级　别	省级
年　代	清代
地　址	山海关区
看　点	近代铁路建筑、建筑细部
其　他	免费参观

津榆铁路山海关机务段和英国铁路工程技术人员公寓现在位于沈阳铁路公安局铁警公寓和山海关铁路老干部活动中心院内。1903年英国商人为掠夺开平煤炭，修建津榆铁路山海关机务段和英国铁路工程技术人员公寓。津榆铁路山海关机务段办公楼为二层砖砌小楼。

1938年中国大部分领土沦陷，日本侵略军已完全掌控了津榆及关外的铁路线，并在这里修建铁路行车公寓小楼，主要由铁路行车管理的日本人居住。由于楼体全部为灰砖建筑，人们称它为"小灰楼"。建筑为灰色的坡屋顶，窗框、檐下和转角处都用红砖装饰，檐下由多层的红砖砌成，形成立体感，色彩稳重，对比醒目。

山海关车站旧址老照片

津渝铁路山海关机务段、山海关车站旧址

津渝铁路山海关机务段、山海关车站旧址建筑立面

津渝铁路山海关机务段、山海关车站旧址建筑屋顶

津渝铁路山海关机务段、山海关车站旧址山墙

津渝铁路山海关机务段、山海关车站旧址附属建筑门窗细部

15 南大街绸布庄

Silk cloth shop on South Street

级 别	省级
年 代	清末民初
地 址	山海关城南大街钟鼓楼南侧
看 点	近代中西建筑风格、细部、装饰
其 他	免费参观

南大街绸布庄是山海关的老字号，原名"广福兴"，又称山海关绸缎庄。绸布庄始建于清末民初，是当时山海关规模较大的杂货商店，主营苏杭绸缎，是山海关城内的第一家绸布庄。建筑坐东朝西，砖木结构，南北面阔十间33.5米，东西进深两间13米，青砖墙，木屋架，囤顶。临街的立面高达6.91米。绸布庄的建筑是中西合璧风格，仿西方建筑形制，结合了中西建筑特色和装饰艺术，以青白石装饰立面，门窗全用拱形石构件装饰。正面的装饰细部丰富，雕刻精美、做工精致、栩栩如生，建筑布局完整。石窗框借鉴西方建筑式样，下方两个圆构件类似北方的"垂花柱"的柱头，窗户之间的立柱以石雕装饰，柱头上方以凸起的浮雕荷叶，下方是蝙蝠纹，象征"福"。石刻的楣联以广告语进行装饰。石框雕刻所经营的货物名称和各种吉祥图案，有4条石雕的广告："本号自运苏杭绸缎、纱罗绫锦花素生纺、泰西各国绒呢哔叽、京津时式仪器便帽。"建筑檐上是"漏明墙"装饰，接下来有一条色彩丰富的带状刻花瓷砖装饰，以琉璃的瓷砖贴面，从色泽到形式，推断是进口的瓷砖。

绸布庄的东家据说是山海关王家大院的王三佛，1949年后官僚资本家产业充公，绸布庄为山海关人民医院所有。该建筑2004年被列为秦皇岛市文物保护单位。2008年被列为河北省文物保护单位，目前建筑被活化利用，室内作为展厅。

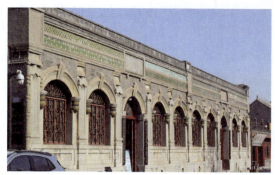

绸布庄立面

立面图

绸布庄石雕

立面细部图

南大街丝绸庄细部

侧面山墙

抚宁区

16 宝峰禅寺
Baofeng Monastery

级　别	省级
年　代	始建不详，明重建
地　址	抚宁区深河乡蚂蚁沟村西北3公里宝石山
看　点	无梁殿的建筑结构、周边的风景
其　他	免费参观

宝峰禅寺周边环境

　　宝峰禅寺位于抚宁区深河乡蚂蚁沟村西北3公里宝石山上，始建年代不详，明弘治十四年（1501）由代景等善男信女捐资重建。寺院坐北朝南，依山而建，院墙南北长30米，东西宽25米，占地面积750平方米，现存正殿和摩崖造像一处，均为明代遗存。正殿为无梁殿，朝南，位于正中，单檐歇山布瓦顶，檐下施砖雕斗拱，面阔6.9米，进深5.6米，高5米。底部基座东西宽7.9米，南北长6.6米，高0.6米。正殿以砖券结构，无窗，正壁中央辟砖券拱门，门两侧嵌石碑2通。殿内板石铺地，四壁镶有27块高0.8米，宽0.6米的石质阴刻着色石像。东、西、南三壁各嵌6幅，北壁嵌9幅。壁画的题材为三世佛、观音、普贤、地藏、文殊四菩萨，阿难、迦叶二弟子、四大天王、十二圆觉菩萨及二金刚。目前石像原物存留在秦皇岛市文物局，寺院展示复制品。宝峰禅寺所在的宝峰山拥有丰富的石材资源，沿着山路看到不少白色的方解石。宝峰禅寺的地基由大小石块叠垒而成，房屋建于山地的平台，在树林的掩映下显得自然，寺庙周边的树木增添了建筑的古朴。

宝峰禅寺

宝峰禅寺室内壁画

宝峰禅寺正殿

宝峰禅寺附属建筑

17 清河塔寺
Qinghe Pagoda Temple

级　别	省级
年　代	元
地　址	抚宁区深河乡蚂蚁沟村西北2.5公里
看　点	无梁殿造型、石建筑特色、险峻山林
其　他	免费参观 \ 冬季封山

清河塔寺位于宝峰禅寺之东北2公里的树林里。始建于元至治元年（1321），正德三年（1508）重修并刻诸神像。现存正殿和西配殿各三间。正殿为砖石结构、单檐歇山布瓦顶、无梁殿式建筑，面阔8米，进深6.25米，高6米。南侧正中辟券门，两侧各镶石碑一通，东侧为明正德三年《重修清河塔寺记》，西侧为功德主题铭记。殿内四壁镶有27块高0.8米，宽0.5米的石质阴刻着色石像。造像内容有佛、菩萨、罗汉、天王等。寺内原有元代经幢一座，现坍塌。构件除塔刹缺失外，圆盘底座、仰莲盘座、六角幢身、六角叠涩檐等均保存完好，南部尚存一处塔基。

该寺的占地面积、建筑形制及殿内阴刻神像数量、式样均与宝峰禅寺基本相同，两寺所用砖石瓦件也基

清河塔寺正面

清河塔寺屋顶

本一致。宝峰禅寺之北 1.5 公里有老来寺遗址。传说有兄弟三人同时出家，各自分头建庙，遂成三寺。

清河塔寺的寺庙已经无人居住，两侧附属建筑残存墙基。因保护文物的考虑，殿内的四面的壁画已经移到文物局保管，保留原样的复制版本。屋顶有砖雕装饰，瓦片有些破损，需要修复。

屋顶砖雕

清河塔寺屋顶细部

18 背牛顶太清观
The temple on the back of the ox-top Mountain

级 别	省级
年 代	辽
地 址	抚宁区平市庄林场背牛顶山峰上
看 点	无梁殿、山石风光、建筑和周边环境
其 他	免费参观\待开发

背牛顶太清观距离抚宁县城 40 多公里。背牛顶太清观原为宏亮寺，创建于辽天庆年间（1111—1115）。明正德十四年（1519）僧佛海带弟子上山凿井建庙，隆庆、万历年间（1567—1619）参将谷永（字承功）修建无梁殿，崇祯五年（1632）僧慧定修金光洞，清代改为太清观。太清观位于背牛顶的错级平台上，坐北朝南，背靠牛顶峰，前面临高差约 70 米的峭壁，原由柏木竖梯上下。现存遗址包含山门、望海观音殿、金光洞、线刻石像、瓮井和碑林等。

山门由花岗岩砌成，造型类似长城的空心敌台，面宽、进深有 4.5 米，高 3 米，当中开拱券门。屋顶为平台，周有围墙，南壁嵌石匾，门外是高 70 米的登山云梯，原有木梯六截，为登上朝拜必经之路，清同治四年（1865）海阳镇袁国任铸铁链两条附于梯两侧。

望海观音殿为砖石结构歇山顶无梁殿，面阔 6 米，进深 5.6 米，高 5 米。前开一门，侧壁开二孔，殿内据传曾有观音三尊，现唯有正面须弥座尚存，别无他物。殿前有云松二株。

无梁殿东南 40 米石壁上有吕祖（吕洞宾）背剑线刻神像。殿西有金光洞，为天然山洞，洞口修抱厦，上嵌青石匾"金光洞"，洞右石壁上有明代万历十八年（1580）所题"海阔天高"摩崖石刻，内有现代制作的铜佛。观内有清代石碑 19 通，大部分为清代功德施主题名碑。碑林东有瓮井数眼。

背牛顶属于国有林场，现有承包户，一年之中 9 月到 5 月底封山防火，山上居住 6 名护林员。从山脚上山大概需要攀登 2 小时到达山顶，中间有几处节点，山石头堆砌，沿路边有明代万历年间的功德碑残片，

太清观环境

太清观无梁殿

数十口石井。登山的云梯原来用木料，1985年修建改成铁质的材料，基本保持牢固。前往山顶有几段比较陡峭，1985年新修一个凉亭，位于无梁殿的东侧，里面有一口钟，可以用木头撞击，声音回荡在山谷中。无梁殿的背后有一片古松树林，高30多米，已经有上百年树龄。2015年的一场火灾烧毁十几株古松树。这些烧死的古树或横倒在路上或原地屹立着，一副大义凛然的样子。

在背牛顶大清观前眺望群山，苍翠多层，山上的古松树形态优美。石头奇异，组成各种形状。山上多处有石刻，基本上是清代时期留下的。1985年，背牛顶作为风景区开发，目前还存有景区废弃的汽车站、售票处、景区建筑依然留存，后续可能重新开放。

太清观侧面

太清观

太清观后面

太清观亭子

太清观金光洞和"海阔天高"石刻

昌黎县

19 西山场赵家老宅
The old house of Zhao in the West Hill field

级 别	省级
年 代	清
地 址	昌黎县十里铺乡西山场村
看 点	传统建筑、朴素民居
其 他	免费参观不开放

赵家老宅建于清代道光、咸丰年间。院落分前、中、后三院，系碣石山区保存完好的典型传统民房。民居以院落为中心，室内开阔，朴素大方。房子采用"五间四架"的典型构架，共计建有5间正房和分列东西的6间厢房、4间耳房，前院辟有2个羊棚，建筑面积229.73平方米。正房为冀东农村常见的穿堂屋，举间较高，冬暖夏凉。居室分别由装饰精美的木雕扇相隔为内外两屋，二正房、厢房、耳房由高到低，错落有致，体现了山区民居的特色。房屋院墙等建筑以河

卵石和山石为主，檩椽笃实，构造别致。宅院建有两道门墙和两座门楼。屋顶为硬山墙，平屋顶，前后出檐。入口的门楼为长方形，柱墙所嵌方石原雕有梅花鹿衔含灵芝草花饰。二道门门楼为由整块山石凿成的梯形顶。钱币纹朝正房一面为缺口，为"脚踏金钱"，二进门的门口内青石道入口处刻有清代圆形方口钱币纹，寓意"招财入室"的内涵。

赵家老宅的大门是黑色的，二道门院内种植葡萄菜地。居室入口中间为石块铺砌，两边厢房的木窗，窗棂为木格，屋顶为弧形顶。整个建筑朴素，运用大量的石块砌成。

赵家老宅大门

赵家老宅二道门

赵家老宅正房

赵家老宅院门背面

赵家老宅外墙

20 贵贞女学馆贵贞楼
The noble building of the Virgin School

级　别	市级
年　代	清
地　址	昌黎县城四街汇文街 21 号县汇文二中
看　点	近代建筑造型、中西融合风格
其　他	不开放

贵贞女学馆始建于清宣统二年（1910），美国基督教美以美会利用"庚子赔款"在昌黎县城东关建立。贵贞楼为砖木结构，长 32.75 米，宽 15.00 米，高 18.75 米，建筑面积 467.74 平方米，坐北朝南，地下一层、地上两层带阁楼，八角尖顶。一层前有带顶的明廊，明廊左处建有凸出于楼梯的花厅。楼内房间布局错落有致，地板楼梯均为最初建筑时的木制原品。贵贞楼外观俊秀典雅，总体体现欧式建筑风格，而明廊圆柱则明显吸收了中国传统建筑风格的元素。

建筑为中西结合的建筑式样，一楼的外廊式，入口的楼梯充分体现西式。屋顶和窗口的细节，可见欧式的风格。室内木地板、窗户、楼梯、木门保存良好，木质的基础上刷暗红色油漆。建筑的立面是灰砖，屋顶采用铁皮瓦，形成高低错落的屋顶，屋顶上还有烟囱，保留着西式建筑特色。建筑群由多个建筑连在一起，材料一致，风格统一、变化丰富。从建筑的细部中看出花岗岩、灰砖、铁皮瓦片的运用，在门框和窗框中，以灰砖砌成的弧形拱，显得建造工艺精致。

1945年12月，贵贞女校与昌黎私立汇文中学合并为一校。1952年12月，改名为"河北省昌黎中学"。1978年，在外侧加固了在唐山地震中被震斜的东墙。

贵贞楼作为一组建筑，后面还有附属建筑，作为女子学校的医务室使用，建筑保存良好，没有对外开放。

贵贞楼入口

贵贞楼侧面及明廊

贵贞楼侧面

贵贞楼回廊

贵贞楼屋顶

21 源影寺塔

Source Shadow Temple Tower

级别	国家级
年代	金
地址	昌黎县城西北
看点	古塔造型、细部丰富
其他	免费参观

源影寺塔因所在地有"源影寺"而得名。寺院早已毁圮，唯有古塔独存。塔为金代所建，明嘉靖二十年（1541）大修，清顺治六年（1649）、乾隆四十一年（1776）也曾进行过维修。1976年唐山大地震时遭受严重破坏，1982—1985年进行了较大规模的修缮。

源影寺塔为砖木混合结构的八角十三层实心密檐塔，高约36.5米。塔基座底部为八角砖雕束腰须弥座，其上端是用五铺作斗拱承托着的平座，平座上有栏板和望柱。上出两层仰莲，承托塔身。首层塔身中下部砖浮雕天宫楼阁，每面当心一座，两角各有一座，共 16 座，均为高台二层结构。当心楼阁与角部楼阁设两层阁道相接。角部楼阁底层高台中央镶嵌一方形五级密檐宝塔。天宫楼阁以上为首层塔身的雕砖圆形倚柱，上为阑额及檐部斗拱。平身斗拱为五铺作出 45 度双斜杪，转角铺作与平身铺作间出华棋一跳，比较特殊，斗拱、檩、枋以上为木质椽飞，上覆布瓦。塔身二至十三层构造相同，檐下砖雕四铺作斗拱，上为木质椽飞、布瓦覆盖。各层高度基本一致，但边长逐层减少。顶部塔刹为砖砌双层仰莲，上覆以铜质相轮、宝珠收尾。

源影寺塔不仅具有金塔的雄壮气势，而且木椽加大了出檐，使其造型优美。首层塔身的天宫楼阁，更是河北省内诸塔中独一无二的造型。周边建筑的高度较低，远远能见到塔的形状，场所精神依然可见，风吹塔的风铃，发出动听的声响。

2001 年，源影寺塔被列为第五批全国重点文物保护单位，目前作为昌黎文保所的工作地点。院内存放的石碑、石雕、水缸等文物，得到了很好的保护。塔的左侧有附属建筑一座。

源影寺塔仰视

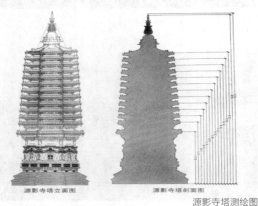
源影寺塔测绘图

20 世纪初源影寺塔旧影

塔身砖雕

塔身细部

22 韩文公祠

Han Ancestral Temple

级　别	省级
年　代	明
地　址	昌黎县两山乡五峰山村西北2公里处的五峰山上
看　点	传统建筑、山地环境
其　他	购票参观

韩文公祠始建于明万历年间，清同治十三年（1874）重修。占地面积1800平方米，现存建筑有正殿、客厅、耳房，并设东西门楼。建筑物坐北朝南，沿山体一字形分布，脚下砌有石堰。正殿硬山布瓦顶，起正脊，面阔三间11米，进深一间6.3米，用五架梁隔扇。客厅面阔三间10.96米，进深一间6.3米，硬山卷棚布瓦顶。耳房二间，硬山卷棚顶建筑。祠内存明崇祯十五年（1642）山海关督师范志完题诗碑，崇祯十五年《修建韩文公祠记》，清顺治年间李颖考、宋琬题诗碑3通及清刻昌黎地图碑2通。祠后岩壁上有明万历三十五年（1607）潭寿撰书摩崖题诗等10余处摩崖题记。韩文公祠的正面是传统建筑形式，建筑的入口布置匾额，写着"韩文公祠"，雕塑正对着门口。从山门往里望去，花岗岩石墙肌理明显，与环境和谐，山门的尺度较窄，营造一种先抑后扬的手法。从韩文公祠的里面往外看去，山门打开时候门框形成景框，将远处的山和房屋形成借景。

韩文公祠与李大钊的革命纪念馆一起，作为爱国主义教育基地。从山脚下出发开车到韩文公祠，山道十八弯，海拔300多米。韩文公祠前种植多株泡桐树，远远望去，高大紫色的泡桐树开花，掩映树下的古朴建筑，显得十分雅致。站在韩文公祠眺望远处的山体，视野开阔，可见远山、湖泊、田野。

韩文公祠

韩文公祠侧面

韩文公祠环境

韩文公祠山门

卢龙县

23 卢龙陀罗尼经幢
Luronta Ronnie Stone Building

级 别	国家级
年 代	唐
地 址	卢龙县城内南门里
看 点	石雕造型、不同年代的风格
其 他	免费参观

卢龙陀罗尼经幢，又名大佛顶尊胜陀罗尼经幢，俗称石塔。经幢始创立于唐代，金正隆四年（1159）被雷电击毁，金大定九年（1169）重修，十一年（1171）落成。经幢为八棱七级，通高11米，坐于方形石砌台基上，四周环以栏板11块，望柱11根，望柱有青石、红砂岩质两种。底部是八角形的须弥座，首层幢身各角上设盘龙柱支撑华盖，上部第二、三、五级幢身构造相同，均为仰莲上承托八角形柱体，周饰栏板、望柱，上顶华盖。第四、六、七级幢身则以八角屋盖取代华盖，第七级顶上以圆形覆莲盘盖葫芦形宝珠收顶。一层幢身刻佛传故事，二层幢身刻《平州石幢记》，三、四层刻画陀罗尼经，五层刻明万历年《重修北平石幢记》，六、七层刻佛像。华盖上分别雕飞天、龙衔帷幔等。不同层具有不同的风格，从石塔的塔身石块还可看出颜色的微差。幢身石料亦有青、红两色的石材，塔身下方以红色石料为主。

陀罗尼经幢现各层莲座上栏板、望柱等装饰构件已失。1976年唐山大地震时幢顶震落，幢身出现倾斜。1980年河北省文物局拨款修葺。1982年被列为省级重点文物保护单位。1984年，文物部门再次拨款，加修外围铁栏杆保护。2001年被列为国家级文物保护单位。经幢周边的民居比较低矮，场地精神尚存。从经幢前行200米，是西城墙，中间有瓮城，城墙外有水渠。

民国时期的卢龙县经幢

经幢全景

经幢塔顶

经幢塔身

塔身雕刻

经幢塔基

24 白衣庵
White Dress Temple

级　别	省级
年　代	不详
地　址	卢龙县刘家营乡桃林口村外
看　点	传统建筑寺庙风格
其　他	免费参观

白衣庵位于卢龙县刘家营乡桃林口村外的一块台地上，其南55米处是明长城桃林口关城北城墙，东200余米是明长城主线。白衣庵始建年代不详，现仅存明代大殿一座。大殿坐北朝南，面阔三间10.35米，进深两间6.42米，高7.26米。建筑的入口是灰色筒瓦的，两边有抱鼓石，门框是红色，从大门往里看，可以看到左右对称的建筑，中间是香炉，正对的是大殿。

大殿的屋顶为单檐歇山布瓦顶，屋面是灰色的筒瓦。屋顶有吻兽和角兽的砖雕构件装饰。檐下施五踩单翘单昂斗拱，正身明间平身科两攒，次间一攒，共22攒。柱头施平板枋、阑额。殿内彻上明造。平面布局上，省去明间两后金柱，为减柱造。室内用五架梁三柱，纵向构件为檩、枋两间，用顺梁承托踩步金，梁架上有旋子金龙彩绘。其瓦当纹饰与长城敌楼望台相同，均为虎头纹，据此推测其可能是明长城的附属建筑。

白衣庵大门

白衣庵正殿

周边环境

正殿大门

屋顶细部

25 永平府城墙

City wall of Yongping mansion

级　别	国家级
年　代	明
地　址	卢龙县卢龙城
看　点	长城、瓮城、古城场景
其　他	免费参观

永平府城又称卢龙城，为明代永平府治。城墙为明洪武四年（1371）在原辽代所建土城基础上扩建并包砌青砖。据考证，永平府城始建于北齐初期（550—577），明代以前为土城。明洪武四年置永平卫，改平滦府为永平府，同居一城，重修府城，向东扩建。整个城池由土城改建为砖石结构，四周修筑城墙。城墙周长4.5公里，高12米，底宽10米，顶宽6.7米。城设四门和水门，门上设城楼。嘉靖四十二年（1563）、万历八年（1580）、万历二十一年（1593）、万历

二十七年（1599）、清乾隆三十一年（1766），先后多次重修。府城四门各有匾额，名称因朝代不同而不断更换，赋予不同寓意。永平府城是根据人口发展逐步扩建而来的，显得不太规整。整个府城将平山、永丰山、阻山三座小山包含在城内。房屋建筑与山浑然一体，所以城中看不到山，故有"三山不显"之说。城门也是依据山势而修建，西门紧靠南门，四门并不对称，有"四门不对"之谣。由于历史久远，人文色彩愈加浓厚。四门各有传说："东门金鸡叫""北门铁棒槌""西门龙虎斗""南门推车换伞"。

现仅存西墙大、小西门和长近千米的西墙。城墙存高 6.5~8 米，顶宽 7 米。城门砖是大块的，城门砖券拱洞，大西门外筑弧形瓮城。西门外泊岸因河水泛滥，淤积为平地，旧貌不见踪迹。2017 年，针对城墙坍塌的部分进行维修。

永平府城墙

城门

城墙细部

城西门

26 天主教永平主教区修道院

Monastery of the Catholic Yongping Episcopal District

级 别	市级
年 代	清
地 址	卢龙县城北街
看 点	建筑造型、修道院文化
其 他	免费参观

清光绪二十四年（1898）至清宣统元年（1909），卢龙县先后建造了大礼拜堂、圣母修女院、小修道院等。天主教永平主教区修道院于清光绪二十八年（1902）由主教武致中创办并兼任院长。院址设在卢龙天主教总堂，学制为 9 年，分初小、初中、高中三个班级。历任院长为荷兰籍魏德治，民国二十年（1931）为杉洪恩司铎。民国三十年（1941）改为陆士元。该修道院自成立后曾有学生数十人。民国三十三年（1944）春该院被日军侵占，所余 12 名学生被迫迁至唐山若瑟孤儿院，由神父王德霖任院长，神父谢博思、兰绍先任教师。民国三十四年（1945）迁至山海关白桥子圣母院，由神父陈文彬任院长。民国三十六年（1947）小修道院撤销。

1976 年，在唐山大地震中教堂房屋大部分被震毁。现存的天主教小修道院，属卢龙天主教堂的附属建筑物，是原天主教内部培养传教士神父的场所。建筑木架砖石结构，硬山尖顶，是典型的哥特式风格，顶部铺波纹形镀锌的薄铁瓦，铁瓦表面遍涂黑色防腐蚀材料，房屋内全部铺设纯木地板。建筑群平面接近正方形，这在天主教建筑布局中被称作"罗马十字"的结构布局。西南角有几间小室向南凸出，总占地面积2968平方米。现存房屋有58间，建筑面积1040平方米。其中东厢房有11间，面朝院内。南厢房15间，面朝南；西厢房14间，面朝院内，其中靠南的5间高于其他房间约有0.8米，室内为较高的券拱形顶，外窗窄又高，窗宽0.6米，高3.16米；北排房15间，朝南面。东、西厢房下各有地下室，面积与东、西厢房的面积相仿，地下室内高1.8米，内有木柱支撑。东、南、西三面房屋连为一体呈"U"形。院内环四周房屋有走廊，宽1.9米，上面有用木架支撑的斜坡状遮雨用的铁瓦顶；南排房的南面也有通长的带有遮雨铁瓦顶的走廊。少量的窗户仍存原来的带有彩花图案的玻璃。院中有百年槐树、百年柏树各一株。

天主教堂侧面

天主教堂室内

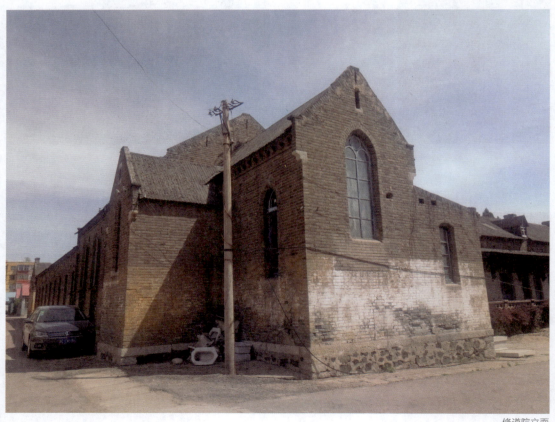

修道院立面

天主教堂南面

秦皇岛市其他主要文物保护单位列表

区　县	名　　称	年　代	级　别	地　　址
山海关区	万里长城—山海关	明	省级	山海关区
山海关区	山海关八国联军军营旧址	1902年	省级	山海关区
山海关区	先师庙	明	省级	山海关区西大街三中
卢龙县	卢龙陀罗尼经幢	金	省级	卢龙县城内
卢龙县	红山长城采石场遗址	明	省级	卢龙县燕窝庄村
卢龙县	白衣庵	明	省级	卢龙县刘家营乡桃林口村
抚宁县	板厂峪塔	明	省级	抚宁县板厂峪
抚宁县	傍水崖古战场碑刻	明	省级	抚宁县小傍水村
抚宁县	宝峰禅寺	明	省级	抚宁县平市庄北
抚宁县	背牛顶太清观	明	省级	抚宁县平市庄林场背牛顶
抚宁县	万里长城—九门口	明	省级	抚宁县驻操营镇
抚宁县	天马山石刻	明	省级	抚宁县白家堡子
昌黎县	源影寺塔	金	省级	昌黎县城内
昌黎县	韩文公祠	明	省级	昌黎县北五峰山
北戴河区	北戴河秦行宫遗址	秦	省级	北戴河区
北戴河区	北戴河观音寺	明	省级	北戴河区联峰山公园内
北戴河区	孟姜女庙	清	省级	北戴河区望夫石村

5
廊坊市
LANGFANG

廊坊市文物建筑分布图
Historical Architectural Map of Langfang

1. 隆福寺长明灯楼
2. 前南庄陀罗尼经幢
3. 王龙村陀罗尼经幢
4. 龙泉寺大殿
5. 胜芳张家大院
6. 胜芳王家大院
7. 灵山塔
8. 边关地道遗址
9. 大辛阁石塔

概 述

廊坊市为河北省省辖市,地处河北省中部偏东,北临首都北京,东与天津交界,南接沧州,西连保定,地处京津两大城市之间,环渤海腹地,享有"京津走廊明珠"和"连京津之廊、环渤海之坊"等美誉。现辖广阳区、安次区两个区,三河市、霸州市两个县级市,大厂、香河、永清、固安、文安、大城六个县,和廊坊经济技术开发区(国家级经济技术开发区)。

廊坊市历史悠久,早在6000多年前就有人类在此聚居。4000年前"黄帝制天下以立万国始经安墟","安墟"即为今天的廊坊市安次区。《廊坊市志》载:"现境域夏商处冀州之地,战国秦汉于蓟燕之野,晋唐属幽州之域,元明清为京畿要冲"。清朝末年,义和团曾在此取得抗击八国联军的"廊坊大捷",打响了中国人民反"八国联军"的第一仗。

廊坊市现有世界文化遗产2处(长城和中国大运河),全国重点文物保护单位2处,省级文保单位19处,市级文保单位9处,县级文保单位190处。本章选取其中9处重点介绍,并选取3处列表介绍。

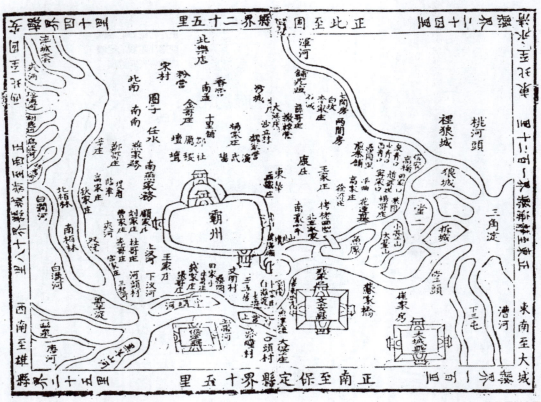

康熙霸州全图

广阳区

1 隆福寺长明灯楼
Tower of Eternal Lamp in Longfu Temple

级　别	省级
年　代	唐
地　址	广阳区和平路 238-1 号廊坊博物馆
看　点	灯幢合体、石雕
其　他	免费参观 / 现为廊坊博物馆镇馆之宝，国家一级文物

　　隆福寺长明灯楼原位于廊坊市安次区古县村隆福寺遗址内，为唐代幽州安次县隆福寺内供具。雕制于垂拱四年（688），汉白玉石质，原由基座、灯柱、灯室组成。现灯室已毁，存高 3.4 米。基座下层方形，边长 136 厘米，高 22 厘米，四面刻壶门；其上为八边形台座，边长 52 厘米，高 4 厘米；台座上雕覆莲座。座上立八棱柱身，高 2.3 米，各面宽 0.235 米；柱身底部每面凿尖拱形龛一个，内各浅浮雕伎乐天一身；柱身中部南面篆书"大唐幽州安次县隆福寺长明灯楼之颂"；西面楷书《般若波罗蜜多心经》；其他各面刻《燃灯偈》《知灯偈》以及施灯功德主姓名、撰文、书丹人及年款等；柱身顶部每面雕双层龛，每龛均有佛像一尊，共计 16 尊，佛座为八角形弥座或圆形弥座，坐姿多为跏趺坐，也有善跏趺座、足踏莲花者，佛像手印各异，有说法、无畏、禅定印等。柱身顶置仰莲石盘盖，顶面錾平，并刻有卯槽两周，中心錾圆形浅洞，原应放置有灯室，早年失逸。长明灯楼是国内现存最早的"灯幢合体"实例，也是已知最早的带有纪年刻铭的唐代石灯。2000 年曾失窃，追回后即迁入廊坊博物馆保存，现保存于廊坊博物馆大厅。

隆福寺长明灯楼

隆福寺长明灯楼基座

隆福寺长明灯楼柱身

隆福寺长明灯楼柱身底部伎乐

隆福寺长明灯楼柱身顶部佛龛

隆福寺长明灯楼石盘盖仰视

隆福寺长明灯楼石盘盖俯视

2 前南庄陀罗尼经幢

Stone pillar inscribed with dharan at Qiannanzhuang Village

级　别	省级
年　代	辽
地　址	广阳区和平路 238-1 号廊坊博物馆碑碣苑内
看　点	石雕、石雕、幢名
其　他	免费参观

前南庄陀罗尼经幢原位于廊坊市安次区前南庄村，建于辽大康七年（1081），为佚名人士（其姓失考）在其家族墓地为其亡父所立，金皇统九年（1149）由其家族后人重立。青石质，由座、身、顶三部分组成，刹已失，存高 3.14 米。基座下原有两层青砖铺砌的方台。幢座为束腰仰覆莲座式，下部为八边形盘状石雕，四面浮雕奔驰状瑞兽，四面浮雕花卉，各面交错排列，顶面雕祥云图案；幢座上部为圆形盘状仰莲石雕，莲瓣重叠向上作盛开状。幢身由大八面柱体、八角形托盘、小八面柱体组成。首层幢身正面刻楷书"奉为考妣特建佛顶尊胜陀罗尼经幢"幢名，其他各面刻《佛

前南庄陀罗尼经幢

顶尊胜陀罗尼经》经文及建幢经过、年代、建造人姓名等。八角形托盘雕饰兽面衔环、幔帐等图案。上节幢身于四大面凿尖拱龛内各雕坐佛一尊，四斜面刻刊佛名及真言。幢顶为八角攒尖屋顶式，上刻瓦垅，檐下刻斗拱。该幢上节幢身被盗，现已移至廊坊市博物馆的碑碣苑，上节幢身用光面八面柱代替。

前南庄陀罗尼经幢基座

前南庄陀罗尼经幢八角形托盘

前南庄陀罗尼经幢幢身

3 王龙村陀罗尼经幢

Stone pillar inscribed with dharan at Wanglong Village

级　别	省级
年　代	辽
地　址	广阳区和平路238-1号廊坊博物馆碑碣苑内
看　点	明代经幢、幢身雕刻及铭文
其　他	免费参观

　　王龙村陀罗尼经幢原位于固安县牛驼镇王龙村，为原大兴寺遗物。据考证，其建于辽圣宗在位后期（1012—1031），明嘉靖十年（1532）和崇祯四年（1631）曾先后重修。1998年曾被盗，现已迁移至廊坊博物馆碑碣苑内保存。青石质，砖砌幢基，幢座为八角石盘盖二重。幢身八角形，共4层，层间石盘盖6件，通高7米。自下而上第一层幢体高1.8米，为小八棱体，各面阴刻楷书《般若波罗蜜多心经》，以及明嘉靖十

王龙村陀罗尼经幢原状照片及测绘图

王龙村陀罗尼经幢现状

幢座

首层幢身上石盘盖

首层幢身

二层幢身

年（1532）和崇祯四年（1631）此幢建造、重修记。其上置八角形石盘盖3重。第二层高0.85米，正面楷书大字"神赞天辅皇帝万岁齐天彰德皇后储君亲王公主千秋特建消灾报国佛顶陀罗尼经幢"，其他各面刻"佛说口若波罗蜜多心经"。上置八角形石盘盖一重。第三层为等边八角形，每面龛内雕手执乐器的乐伎。上为圆形仰莲石盘盖一重。第四层为小八角棱体四大面龛内雕四方佛，四小面雕立供养人。幢顶为八角形仿木屋顶式，上置葫芦形幢刹。

幢顶

霸州市

4 龙泉寺大殿
Main hall of Longquan Temple

级　别	省级
年　代	辽
地　址	霸州市信安镇爱国街路北龙泉寺内
看　点	绿琉璃瓦庑殿顶、木构架及斗拱
其　他	免费参观

据乾隆《霸州志》记载，龙泉寺是历史上著名的禅宗道场，始建于后汉、辽世宗天禄（947—950）年间。宋嘉祐二年（1057）在辽南地震中受损。金大定三年（1163）重修并赐名"普照禅院"；明天顺五年（1461）曾重修；后明崇祯十三年（1634）又大修，并改名为"龙泉禅寺"。寺内有古井两口，出甘泉，可供十方之众，寺因此而得名。寺坐北朝南，原有山门、大殿、后殿及钟鼓楼、伽蓝殿、祖师堂、僧房等建筑，现原构仅存大殿。大殿于清乾隆三十八年（1773）重修，

龙泉寺大殿

龙泉寺大殿转角斗拱

重修龙泉寺碑

建于 0.9 米高的砖筑台基之上，坐北朝南，面阔三间，进深三间，建筑面积约 149 平方米，通高 11.2 米。单檐庑殿绿琉璃瓦剪边顶，檐下施五踩双昂斗拱，角科用三斗。梁架进深六椽，山面以扒梁承托。前后檐明间用六抹头斜棂隔扇门，前檐次间用四抹斜棂坎墙隔扇。1993 年曾落架重修。殿前存明天顺五年（1461）重修龙泉寺碑一通。

龙泉寺大殿内部构架

5 胜芳张家大院

Family Zhang's Compound at Shengfang ancient town

级　别	省级
年　代	清
地　址	霸州市胜芳镇中山街南侧
看　点	西风东渐的近代乡土建筑
其　他	免费参观

胜芳张家大院扩建于清道光十年（1830），宅名"聚兴堂"，为胜芳八大家之一张家故居。总占地面积 1648 平方米，分 4 个四合院，共有房屋 51 间，建筑面积 1015 平方米。主入口位于北侧，西侧两院均为清式木构架硬山建筑，东侧两院则明显受到西式风格影响。四个小院均有小门、回廊连通，宅院四周为封闭砖墙，临街有垛口和女儿墙，房顶四周有更道。主入口为典型的清式门楼，大门两侧为石雕狮子门蹲。西院一进院包括倒座房、东西配房、正厅。正厅正中上悬"聚兴堂"木匾。两侧配房均前出一步廊做平顶，木挂檐精美。西院二进院包括主厅、东西配房。主厅为议事厅。东配房旁边有通往房顶更道的台阶。

东院建于清末民初，比西院稍晚。其建筑风格明

张家大院入口

西院一进院正厅

西院二进院

显受到西方建筑影响。门口和门窗大多发券。屋顶四周多砌冰盘檐。东院中间是穿堂鸳鸯厅，为一厅四室，连接一进院与二进院。其主入口用塔司干壁柱承托半圆拱券线脚作为装饰，拱券内做水泥雕花。

张宅主人张锴，清代附生，曾为官多年，后辞官在天津投身实业，积累了大量财富。张家大院曾作为《小兵张嘎》《血溅津门》《燕子李三》《龙嘴大铜壶》等多部影视剧的拍摄地。

东院一进院

穿堂鸳鸯厅入口

东院二进院

6 胜芳王家大院

Family Wang's Compound at Shengfang ancient town

级 别	省级
年 代	清
地 址	霸州市胜芳镇中山大街
看 点	中西合璧、雕刻精美
其 他	免费参观 / 现为胜芳会馆

王家大院又称"师竹堂"，始建于清光绪六年（1880），原房主为胜芳八大家之一的王家，主人为王子坚。原含有4个小院：东北角小院为欧式建筑，东南角小院为非洲风格建筑，西北角小院为中国传统清式建筑，西南角小院为进大门前院，欧式门窗，四面回廊。唐山大地震后，西南、东南两院及大门、二门、三门均被拆除，现仅存西北、东北两院。宅院大门朝西，

王家大院修复的入口

现存为仿照原样修建而成。门楼上的三方额砖雕刻工精细,中间一方为上海百老汇,左侧一方为天津墙子河,右侧一方为北京白塔寺。门楼之后的影壁亦为重建。经过入口及东南角小院过厅即可进入东北角小院。此院为中西合璧式建筑风格,建筑主体为西式风格,青砖砌墙及壁柱,红砖点缀装饰砌筑。门窗均用砖券。在拱心石、窗下墙等部分均有精美砖雕,雕刻内容为中式风格的花鸟等。西北小院为四周回廊的中式四合院。

东北角院

西北角院

拱心砖雕

三河市

7 灵山塔
Pagoda at Mount Lingshan

级 别	省级
年 代	明
地 址	三河市灵山乡大唐回村灵山顶
看 点	楼阁式砖塔、砖雕仿木结构
其 他	免费参观

灵山塔为原灵山寺内唯一遗存,为原三河八景之一。塔始建于辽代,明代重修,为八角五级楼阁式实心砖塔,通高12米,1998年曾修缮。塔基八角束腰须弥座式,束腰部各面嵌花草砖雕一方。塔身第一级四正面各辟券门一个,均用砖封死,四斜面镶嵌"佛"字。其上各层四正面作拱形盲窗,四斜面亦镶嵌"佛"

塔基及首层

灵山塔

四层、五层及塔顶

层间塔檐

字。层间施砖仿木塔檐，出砖雕仿木檐椽两重，下圆上方，角部用木质角梁上悬风铃，无斗拱。塔顶为八角攒尖琉璃瓦顶，原剥残，现修复，为宝珠三重。

永清县

8 边关地道遗址
Site of tunnels on the border

级 别	国家级
年 代	宋
地 址	永清县瓦屋辛庄等地
看 点	古地道、军事防御工程
其 他	免费参观

边关地道遗址是北宋初年用于抗拒辽国南侵的军事防御工程，主要分布在永清、霸州、文安、固安、雄县等5个县市境内，东西延伸约65公里，南北宽约10~20公里，分布总面积达1300多平方公里。永清县宋辽古战道涉及6个乡镇、11个村街，分布面积300多平方公里。其中，瓦屋辛庄古战道是连接前线古战场与宋军大后方的交通枢纽，具有藏兵、囤粮、了敌、作战等多项功能。

地道多为青条砖垒砌的拱顶结构，大部分地道宽约60厘米、高约160厘米。分布点广，平面布局复杂。地道内部设置有较为宽大的"藏兵室"，又有窄小的"迷魂洞"，有翻眼、掩体、闸门、排气孔、烛台、土炕等。砖券结构，券顶部用特制楔形砖，水井式出入口。

瓦屋辛庄村地道遗址入口

永清县宋辽古战道分布图　　　　　　　　　　瓦屋辛庄村地道内部

9 大辛阁石塔

Stone pagoda at Daxinge Village

级　别	国家级
年　代	辽
地　址	永清县大辛阁乡大辛阁村南 500 米
看　点	密檐石塔、石雕装饰
其　他	免费参观

　　石塔位于永清县大辛阁乡大辛阁村南 500 米，为原龙泉寺遗存，建于辽代。汉白玉质，八角密檐式十三级石雕塔，由塔座、塔身和塔顶组成，塔刹已失，现存高 6 米。塔基为八角形束腰须弥座式，束腰部各面均高浮雕瑞兽一，其上为八角形石盘，各面雕行龙、花卉图案，相间分布，之上是仰莲座承托塔身。首层塔身较高，正南面饰隔扇门，门上雕团龙；门两侧塔身各浮雕力士一尊；正北面为坐佛像；其余各面刻经文，难以辨认。第二层以上为仿木构八角形屋顶状密檐。首层檐下雕仿木铺作、角梁、椽、枋等构件，其余各檐不雕斗拱，各檐上部均雕出瓦垄。

大辛阁石塔

塔基

首层檐下石仿木雕刻

塔身首层南面

首层塔身浮雕力士之一

首层塔身正北佛像

塔身上层密檐

廊坊市其他主要文物保护单位列表

区 县	名 称	年 代	级 别	地 址
安次区	回龙亭碑	清	省级	现移至廊坊市广阳区和平路238-1号廊坊博物馆碑碣苑内
安次区	刘体乾墓	明	市级	现移至廊坊市广阳区和平路238-1号廊坊博物馆碑碣苑内
安次区	张仁宪神道碑	唐	省级	文安县相公庄村北300米

天津市
TIANJIN

天津市古建筑分布图
Historical Architectural Map of Tianjin

1. 梁启超故居
2. 望海楼教堂
3. 马可·波罗广场建筑群
4. 大悲院
5. 李叔同故居
6. 五大道近代建筑群
7. 天津劝业场大楼
8. 盐业银行旧址
9. 利顺德饭店旧址
10. 法国公议局旧址
11. 西开教堂
12. 北洋大学堂旧址
13. 天津西站主楼
14. 义和团吕祖堂坛口遗址
15. 清真大寺
16. 谦祥益绸缎庄旧址
17. 南开学校旧址
18. 天津广东会馆
19. 李纯祠堂
20. 天后宫
21. 文庙
22. 玉皇阁
23. 天津工商学院主楼旧址
24. 天妃宫遗址
25. 石家大院
26. 安氏家祠
27. 安家大院
28. 文昌阁
29. 霍元甲故居
30. 天尊阁
31. 独乐寺
32. 蓟县白塔
33. 千像寺造像
34. 天成寺
35. 定光佛舍利塔
36. 万松寺
37. 多宝佛塔
38. 渔阳鼓楼
39. 鲁班庙
40. 蓟县文庙
41. 明长城遗址蓟县段
42. 大沽口炮台
43. 北洋水师大沽船坞遗址
44. 黄海化学工业研究社旧址
45. 塘沽火车站旧址
46. 宝坻大觉寺
47. 泰山行宫

概 述

曾经被认为"滨海舄壤，无古可考"的天津，随着近期出土文物的发掘及相关文献的积累，已经逐渐展示出其历史全貌。学者从考古记录中发现，距今六千年前已有原始部落从燕山地区下移至滨海平原生活。此外天津境内发现大量战国时期文明遗迹。直到金朝建都北京，天津作为漕运重地、河海枢纽及盐业产地，才逐渐成为一座辉煌的古代都市。

天津位于华北平原海河五大支流汇流处，东临渤海，北依燕山。古黄河曾三次改道，在天津附近入海，3000年前在宁河县附近入海，西汉时期在黄骅县附近入海，北宋时在天津南郊入海。直到金朝时黄河南移夺淮入海，天津海岸线才逐渐固定下来。天津地处海河下游，地跨海河两岸，是北京通往东北、华东地区交通咽喉和远洋航运的港口，有"河海要冲"和"畿辅门户"之称。

天津南北长189公里，东西宽117公里。陆界长1137公里，海岸线长153公里。对内腹地辽阔，辐射华北、东北、西北13个省市，对外面向东北亚，是中国北方最大的沿海开放城市。如今的天津辖16个区（合计16个地市级行政区划单位），分别为：和平区、河东区、河西区、南开区、河北区、红桥区、滨海新区、汉沽区、大港区、东丽区、西青区、津南区、北辰区、武清区、宝坻区、宁河区、静海区、蓟州区。

伴随着文明遗迹的积累和发展，按照现存文明遗迹的多寡为标准来做整个区分，天津历史的发展可以分为三个阶段：古代天津、明清天津、近代天津。

【古代天津】

天津因水而生，说起天津的历史就不得不从其地理条件说起。天津的城市形成首先得益于海河水系——发源于太行山和燕山地区的诸多河流，汇集天津流向渤海形成海河水系，谓之"九河下梢"。同时天津处渤海入海口，具备辽阔的海域及良好的港湾条件。

据考古学家考证，距今六千年前，居住在燕山平原的居民开始下移至天津平原活动，天津境内的新石器时期遗存正是此时期的文化实证。但这个文明随之被全新世海侵淹没，天津北部成为浅海环境，在宁河县、武清县及宝坻境（现为宁河区、武清区、宝坻区）内发现有鲸鱼遗骸。随后黄河的变动进一步塑造了天津平原的轮廓，商周时期的"禹河"制造了张贵庄至军粮城之间的陆地，宋代黄河制造了军粮城至海边的陆地。

战国时期，天津是齐国燕国的产盐基地和渔业基地，也是燕、齐、赵三国争夺的对象。天津境内出土有大量带有明显齐、燕、赵文化特色的货币与器皿。公元前221年，秦始皇统一六国后天津归秦。西汉开始，天津平原纳入我国郡县制行政体制，渔阳郡的泉州和渤海郡的东平舒是天津最早的两个县。公元206年，曹操为讨伐北方乌丸在滨海平原上开凿运河，连接了北方滦河与中原水系，形成了众流归一的海河水系，也为后世京杭大运河的开辟创造了条件。

隋朝修建京杭大运河后，在南运河和北运河的交会处（今金刚桥三岔河口），形成"三会海口"，而军粮城镇则是入海口处。海口附近设有屯粮设施，且出土的大量唐代文物更是隋唐时期此地繁荣发展的佐证。

唐末，契丹民族乘唐朝分裂割据之乱南下进军中原。936年，石敬瑭将燕云十六州拱手割与契丹，天津成为宋辽对峙的边界。辽国占据海河以北，在武清设立了"榷盐院"管理盐务。蓟县独乐寺与白塔正是这一时期的建筑杰作。

金宣宗贞祐二年（1214），三岔口设直沽寨，在今天后宫附近已形成街道。元朝改漕运为海运，改直沽寨为海津镇，这里成为漕粮运输的转运中心，并设立大直沽盐运使司。海运催生出"天后妈祖"信仰，如今位于古文化街上的天后宫正是这一阶段的建筑。

【明清天津】

关于天津的得名，最为广泛的说法即"赐名说"。明建文二年（1400），燕王朱棣在此渡过大运河南下争夺皇位。朱棣成为皇帝后，在永乐二年（1404）十一月二十一日将此地改名为天津，即天子经过的渡口之意。作为军事要地，在三岔河口西南的小直沽一带，天津开始筑城设卫称天津卫，揭开了天津城市发展新的一页。据方志记载，城墙长达九里十三步，高三丈五尺，广二丈五尺。卫城东西长而南北短有如算盘，故俗称为"算盘城"。城垣四周之中各开一门，东曰镇东门，西曰安西门，南曰定南门，北曰拱北门。城门之上和城之四角均建有城楼，以供哨望戍守之用。

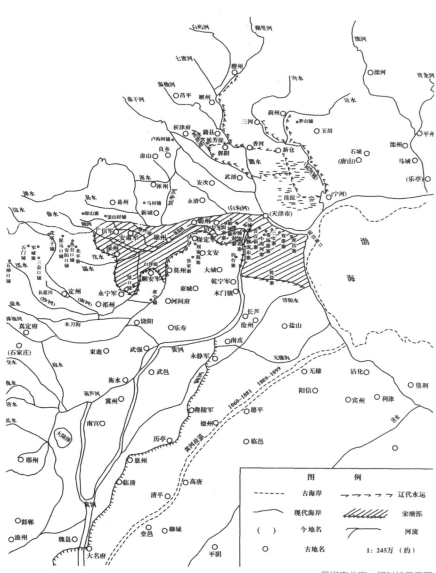

界河南北宋、辽对峙示意图

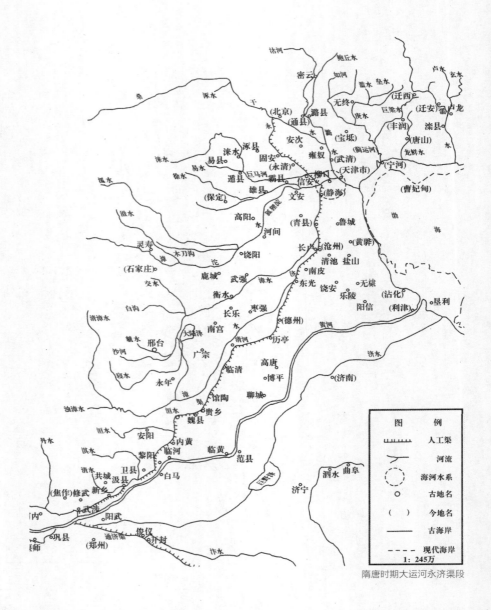

隋唐时期大运河永济渠段

另外，在弘治年间(1488—1505年)复在城内十字街的相交处，下起方城，上建重层歇山式楼屋一座，即为天津鼓楼。

清顺治九年（1652），天津卫、天津左卫和天津右卫三卫合并为天津卫，设立民政、盐运和税收、军事等建置。雍正三年（1725）升天津卫为天津州。雍正九年（1731）升天津州为天津府，辖六县一州即天津、静海、青县、南皮、盐山、庆云和沧州。清末时期，天津作为直隶总督的驻地，也成为兴办洋务和发展北洋势力的主要基地。

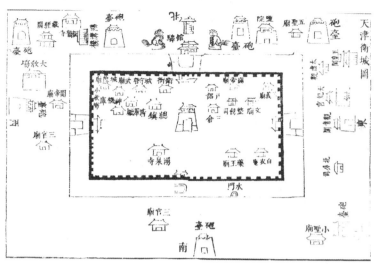

天津卫城图 [清康熙十三年 (1674)]

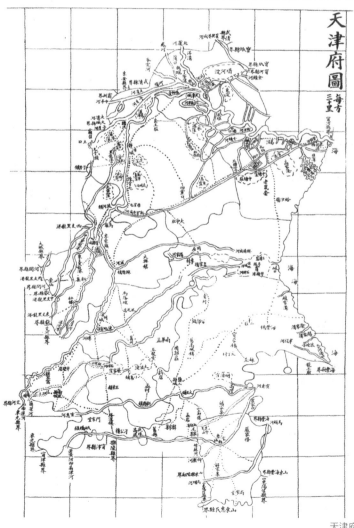

天津府图

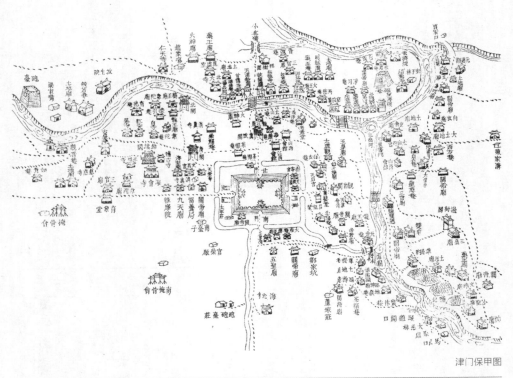

津门保甲图

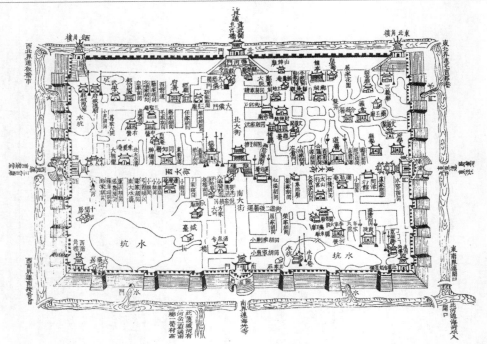

天津城厢图 [清道光十六年 (1846)]

在1840年第一次鸦片战争中，英舰北上引起朝廷恐慌，由此沿海处处设防，遂将全境编以保甲，绘图系说，形成了一部著名的19世纪中叶天津城乡人文地图集。"津门保甲图"系刊行于道光二十六年（1846）的《津门保甲图说》中"总说"所附之图，图中所绘天津的官署、寺庙、会馆、居民点、盐坨地和道路密集情况，反映了当时城厢地区——主要建成区的状况。

【近代天津】

近代天津城市规划始于1860年10月的天津开埠，于1900年至1930年达到前所未有的黄金时期。这段时期的天津城市规划建设主要表现为各国租界区的规划建设及华界的规划建设，逐步形成了八国租界的特定城市肌理与城市风貌。其八国租界的形成可分为三个阶段：

一、清咸丰十年（1860），由于英法联军的入侵，清政府被迫签订了屈辱的《北京条约》，天津被迫开埠设为通商口岸；同年，英、法、美三国相继在天津划定租界。

二、清光绪二十年（1894），中国在甲午战争中战败，被迫签定了割地赔款的《马关条约》。德国在天津开辟租界，地点在海河西岸美租界之南；1896年日本也在法租界西北开辟租界，英国于1897年借口"洋行日多，侨民日众，租界不效应用"为由，向西扩张。

三、1900年八国联军入侵，在1900—1902年，俄国首先在海河东岸占地328公顷；比利时在俄租界之南占地44.8公顷，意大利在俄租界北占地46公顷；奥匈帝国在意租界以北占地61.8公顷。与此同时，英、法、日、德等国不断扩大原有租界范围。至此，海河东西两岸有了八国租界。英、法、日、德在海河西岸，俄、比、意、奥在海河东岸，租界地总面积达1399.95公顷，相当于旧城的8倍。

就在这一时期，天津租界区的建筑活动高度发展，这些建筑汇聚各国特色无一雷同，且装饰精美，施工精良，主要可分为：(1) 为帝国主义统治服务的管理性建筑物，如各国领事馆、工部局、兵营等；(2) 早期的银行和洋行等建筑；(3) 住宅别墅；(4) 商店及游乐性建筑；(5) 宗教建筑，如西开教堂。

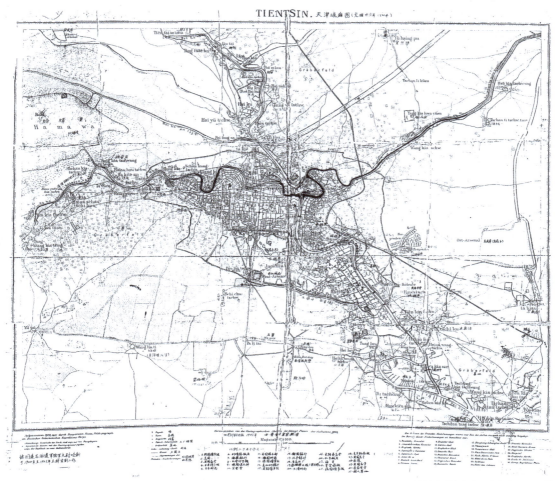

天津地图 [清光绪二十九年 (1903)]

该图是1900年至1901年德国远东派遣军陆军大尉哈斯(Hasee)主持实测后出版的天津地图，为在天津全市范围内用近代测绘技术绘制的一张实测全图，具有历史价值和研究价值。

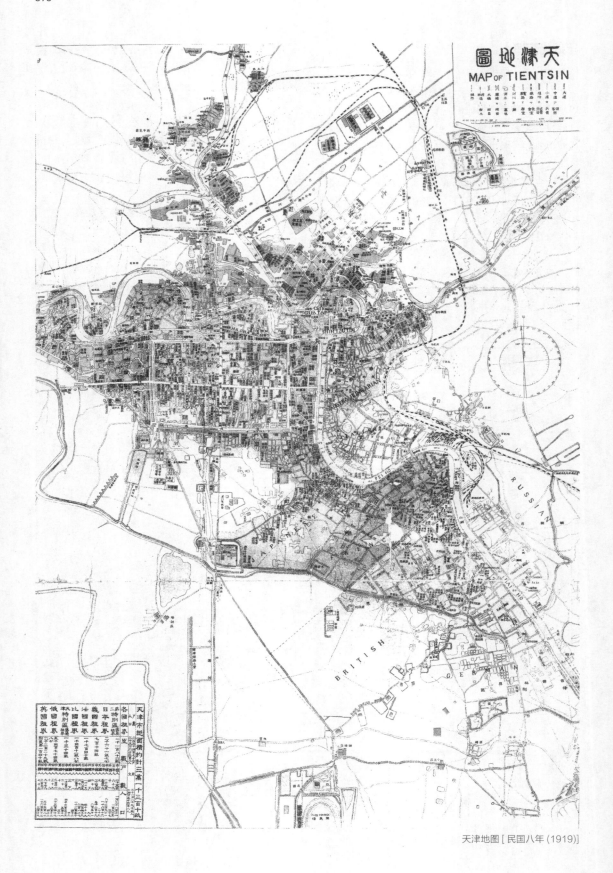

天津地图 [民国八年(1919)]

1949年1月15日凌晨5时,中国人民解放军东西突击集团在金汤桥上胜利会师。17日解放塘沽,天津全境解放。1949年至1958年2月,天津被定为中央直辖市。1958年2月天津划归河北省。1967年1月恢复直辖市。

天津鼓楼旧影

天津天后宫

今日三岔河口

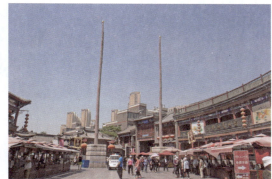
今日天后宫前广场

今日老城厢

今日天津海河

河北区

1 梁启超故居

Former residence of Liang Qichao

级别	国家级
年代	民国
地址	河北区民族路 44—46 号
看点	梁启超故居建筑及生平展览
其他	购票参观

1912 年 10 月梁启超结束了 14 年的流亡生活回到祖国，决定在天津安家。梁启超购买周国贤旧意租界西马路空地，于 1914 年建成一所住宅，俗称"老楼"，也就是"旧居"。寓所为意式两层砖木结构楼房，主楼为水泥外墙，异形红色瓦顶，石砌高台阶，建筑面积 1121 平方米，建筑内部有 50 间房屋。后楼为附属用房，用过街天桥与主楼相连。主楼设有开敞柱廊，东侧转角处设八角形角楼。1915 年夏，袁世凯复辟帝制阴谋暴露，蔡锷以治病就医为名多次来津与梁启超等人共商护国运动。梁启超正是在这座旧居内写下著名的《异哉所谓国体问题者》，并不顾内外压力毅然发表，引起巨大反响。旧居也因此成为护国运动发源地之一。这座旧居现为梁启超纪念馆，其中展示了梁启超的生平经历、重要作品及历史影响。

1924 年，梁启超于用地西侧建一书斋——饮冰室，俗称"新楼"，建筑面积 949.50 平方米。《庄子·人间世》有"今吾朝受命而夕饮冰"一句，梁启超用"饮冰"二字表达他对国家命运的关注与忧虑。书斋"饮冰室"为浅灰色两层洋楼，首层为书房，二楼为卧室和会客。正面入口处设三连拱廊，门前两侧设石台阶，当中为蓄水池，池中雕一座石兽，口中喷水长年不断。一楼正中为大厅，大厅周围共有房子 5 间，其中 1 间为杂房，其余为书房和图书室，也作为梁启超的办公区。房间四周满布书柜，承载了梁启超 3470 多种 4 万余册藏书。二楼靠西北角为大厅，靠东南角的几个房间主要用作卧室或图书资料室，梁启超的后期著述均完成于此。建筑正中设计了一个带封闭罩棚的外廊式天井，罩棚为半球状拱顶，凸出屋面，用彩色玻璃镶嵌而成。"饮冰室"为意大利建筑师白罗尼欧设计，造型别致典雅，并将欧式设计手法与中国传统生活功能紧密融合在一起。

梁启超晚年的大量著作完成于这座著名的饮冰室，如《中国文化史》《儒家哲学》等，他被后人称为中国近百年间不可多得的"百科全书"式学术巨擘。

梁启超旧居

饮冰室书斋

饮冰室书斋前厅

饮冰室书斋会客厅及书房

2 望海楼教堂

Wanghailou Church

级 别	国家级
年 代	清
地 址	河北区狮子林大街 292 号
看 点	天津教案发生地，哥特风格教堂
其 他	免费参观

望海楼教堂位于原海河干流起点、北运河南运河交汇的三岔河口，现址为狮子林大街 292 号狮子林桥旁。始建于清同治八年（1869），由法国天主教会修建。曾在 1870 年反洋教斗争和 1900 年义和团运动中两次被焚毁，是中国近代史上著名的"天津教案"发生地，具有重大历史意义。于清光绪三十年（1904）重建，1976 年地震时受损，1983 年修复。

建筑坐北朝南，占地面积约 877 平方米，建筑面积为 879.73 平方米，建筑立面采用灰色清水砖砌筑。正立面由三座塔楼构成，中间高两侧低呈山字形。立面竖向分为三段，每段间用砖砌线脚分隔，丰富细腻。墙体外砌壁柱，门窗洞口采用尖拱券形式，具有哥特建筑特征。中间塔楼高耸，顶部设十字架。两侧塔楼为八角形平面，外墙设尖拱券竖条窗。教堂平面为长方形巴西利卡式，中厅较宽，正对面设圣母马利亚主祭台。

天津教案：同治九年（1870）四五月间，天津发生多起儿童失踪死亡的事件。民间传言"外国修女以育婴堂为幌子，实则绑架杀死孩童作为药材之用"等荒谬谣言。民情激愤，士绅集会，书院停课，反洋教情绪高涨。数千群众包围了望海楼教堂，民众激愤之下先杀死了法国驻天津领事，又杀死了 10 名修女、2 名神父，以及另外 2 名法国领事馆人员、2 名法国侨民、3 名俄国侨民和 30 多名中国信徒，焚毁瞭望海楼天主堂、仁慈堂，位于教堂旁边的法国领事馆，以及当地英美传教士开办的其他 4 座基督教堂。史称"天津教案"。教案发生后，曾国藩赴津查案处理，最终处死为首杀人的 18 人，充军流放 25 人，并将天津知府张光藻、知县刘杰革职充军发配到黑龙江，赔偿外国人的损失 46 万两白银，并派崇厚出使法国道歉。

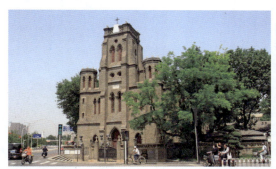
望海楼教堂远景

教堂侧面尖拱券窗

望海楼教堂正立面

望海楼教堂室内

3 马可·波罗广场建筑群

Architectural complex on Marco Polo Square

级 别	国家级
年 代	清末民初
地 址	河北区民族路与自由道交会处
看 点	意式广场街区，城市设计典范
其 他	免费参观

马可·波罗广场建筑群原为意租界区中心建筑群，周围建筑建设于1908年至1916年，广场建于1923年。

自1860年第二次鸦片战争后，清政府先后允许英、法、美、日、德、俄、意、奥、比九国在天津开辟租界。清光绪二十八年（1902）6月，意大利公使嘎里那与天津海关道唐绍仪正式签订《天津意国租界章程合同》，合同中规定了意大利在天津的租界区域，这也是意大利在海外设立的唯一的租界区。意租界是九国租界中较小的一块，南临海河，东邻俄租界，北沿铁路，西与奥租界相接，占地面积约771亩。

意租界区的规划引入了很多欧洲优秀的城市设计手法。工部局公布建筑章程，规定道路两侧建筑样式不准雷同，居住者必须为上等身份，同时强化了公共空间设计及整体景观氛围打造。经过长期建设与不断完善，意租界区内的建筑形式各异且和谐统一，街区尺度宜人，私密性与公共性平衡，形成了如今我们看到的城市风貌。

马可·波罗广场周围的建筑均为二层砖木结构，具有鲜明的意大利风格。其西南侧建筑平面呈矩形，有半地下室，平顶出檐，设瓶式女儿墙，二层设有露台。塔楼立面为矩形，上筑平顶凉亭，采用爱奥尼柱式。东北侧建筑与西南侧相似，平面布局略有区别，塔楼凉亭用圆拱式屋顶。西北侧建筑塔楼为尖拱式。

马可·波罗广场平面为圆形，广场中心为1923年为纪念第一次世界大战胜利而建的和平女神雕塑。雕塑由意大利著名雕塑家朱塞佩博尼设计，建成后由意大利经上海运至天津。雕塑矗立于莲池上，基座四周刻有石像，像下为喷泉。柯林斯柱式立于石基之上，柱顶为和平女神铜像，手持橄榄枝，象征着友谊与和平。

马可·波罗广场

马可·波罗广场西侧建筑

马可·波罗广场东侧建筑

马可·波罗广场东北侧建筑塔楼细部

马可·波罗广场中心雕塑

马可·波罗广场东侧但丁广场

4 大悲院

Dabei Buddhist Temple

级 别	市级 / 特殊保护等级历史风貌建筑
年 代	清
地 址	河北区天纬路 26 号
看 点	大悲禅院建筑
其 他	购票参观

　　大悲院坐落于河北区天纬路步行街东侧，西南向正对海河大悲院码头。大悲禅院始建于清朝顺治年间，几经修葺扩建，因供奉观世音得名，是天津市区年代较早的佛教寺院。

　　清顺治十五年 (1658) 由禅人世高募化，天津卫守备曹斌捐资修建。清康熙八年 (1669) 重修，民国二十九年 (1940) 扩建。后因沧桑变革，唯余现存西院。1942 年天津佛教界邀请近代高僧天台宗四十四世祖倓虚大师来津主修扩建全寺，历时 5 年于寺东侧陆续建成天王殿、大雄宝殿、大悲殿、东西配殿等建筑群，形成东西两院、占地面积 10 600 平方米的建筑规模。

大悲院入口

大悲院天王殿

2003年大悲院继续扩建，形成现在总占地面积4.2万平方米的建筑规模。

大雄宝殿为主体建筑，面阔五间，进深一大间，绿琉璃瓦歇山顶，殿内供奉明代铜铸释迦牟尼像，大雄宝殿正中供奉释迦佛祖金身像为明代铜铸，连同千佛莲花底座通高五米，重约六吨。铜像线条清晰和谐，铸工精细，堪称佛门奇宝，被列为国家二级文物。另有泥塑阿难、迦叶、文殊、普贤和十八罗汉像。

清同治年间，李鸿章率军驻扎大悲院时在寺东修建"镇海楼"，后此楼坍圮，仅存塔刹存于大悲院院内。

大悲院大雄宝殿

原镇海楼塔刹

5 李叔同故居

Former residence of Li Shutong

级　别	市级
年　代	清末
地　址	河北区海河东路与滨海道交口
看　点	李叔同旧居建筑及李叔同在津生活展览
其　他	免费参观

李叔同故居建于清代，为砖木结构，田字形合院式布局，为李叔同青少年时期的居所。建筑群占地面积1400平方米，共有房屋60间，其中洋书房与意园为其留学回国后亲自主持修建。后仅存门楼、书房和会客厅外廊，其余均为后期复建，东侧入口处园林景观为新建。

建筑群分为左、中、右三路院落，整体为灰色青砖朱红色门窗的传统四合院形式。入口处悬挂李鸿章题写的"进士第"匾额。左路第一进院落为存朴堂，是李家人会客之所，也是李叔同青少年接受蒙学的地方，现为《海河之子——李叔同与天津》展厅，展示

李叔同故居入口花园

建筑为北方传统四合院形式，中路走道将建筑群分为东西两组院落

了李叔同在天津的生活经历。第二进院落为起居室与卧室。中路有一座硬山建筑，名为洋书房，是1911年李叔同从日本回国后居住的地方。房间内放置着一架由奥地利驻津领事送给其兄李文熙的钢琴。右路前院为中书房，是李叔同父亲李筱楼的书房。就是在这里李叔同饱览儒学经典，研习金石书画，为其日后在艺术领域的发展奠定了基础。

李叔同，又名李息霜、李岸、李良，谱名文涛，幼名成蹊，学名广侯，字息霜，别号漱筒。1880年10月23日生于天津，1942年10月13日圆寂于福建泉州，终年63年。

李叔同是中国近代文化大师和佛学大师，集诗词、书画、篆刻、音乐、戏剧、文学于一身，在多个领域开中华文化艺术之先河。1918年他在杭州剃度出家，研究律学、弘扬佛法，著有多部佛学著作。赵朴初先生对其礼赞："深悲早现茶花女，胜愿终成苦行僧，无尽奇珍供世眼，一轮圆月耀天心。"林语堂评价他："李叔同是我们时代里最有才华的几位天才之一，也是最奇特的一个人，最遗世而独立的一个人。"

故居大门

存朴堂

西路第二进院落为生活起居厅

中书房

洋书房

和平区

6 五大道近代建筑群
Modern architectural complex in Wudadao (Five Avenues) area

级 别	国家级 /AAAA 级景区
年 代	民国
地 址	和平区重庆道、大理道、常德道、睦南道及马场道
看 点	万国建筑博览,英租界街区
其 他	免费参观

和平区南部并列着以重庆、大理、常德、睦南及马场为名的五条街道,是一组保留非常完整的洋楼建筑群,俗称"五大道"。五大道地区拥有20世纪二三十年代建成的具有不同国家建筑风格的花园式房屋2000多所,建筑面积达到100多万平方米。其中最具典型的300余幢风貌建筑中,英式建筑89所、意式建筑41所、法式建筑6所、德式建筑4所、西班牙建筑3所,被称为万国建筑博览苑。2011年被天津市规划局确定为五大道历史文化街区。

在近代天津民主革命斗争高潮和军阀混战的形势下,一些军阀、买办、官僚及下野的政客纷纷向天津迁移。1903年这个区域被规划为天津英租界推广界后,结合海河流域疏浚工程并填筑原有沼泽洼地,租界内兴建起了大量的独立花园别墅式住宅,形成了由今马场道、睦南道、大理道、常德道、重庆道五条马路组成的英租界"五大道"高级住宅区。

这些别墅住宅的普遍特点是:在一块建筑基地上,部分为房屋,部分为庭院。庭院景观设计丰富,院内建有水池、花架、假山等建筑小品,再以配套的围墙相隔,形成一组独立的建筑,建筑层数一般不超过三层。平面布置较为灵活,分设起居室、大小卧室、客厅、书房、餐厅、厨房、卫生间等房间。建筑构造多为砖石承重墙,外墙多为清水砖墙,并用浅色水泥点缀,丰富多样富于整体感。这些"小洋楼"在建筑样式、建筑技术及房屋设备上,较多地吸收了当时西方较为先进的设计理念,而在平面布置、装修、庭院绿化等方面则更多保存着中国传统的习俗。天津五大道近代建筑群的建筑式样涵盖了古典主义、中世纪、巴洛克、折中主义、现代建筑等多种风格。五大道现存具有代表性的建筑39处,其中列入全国重点文物保护单位的建筑择要介绍如下:

卞氏旧居:位于睦南道79号。卞家为津门"八大家"之一,旧居为砖木结构四层建筑,建筑面积

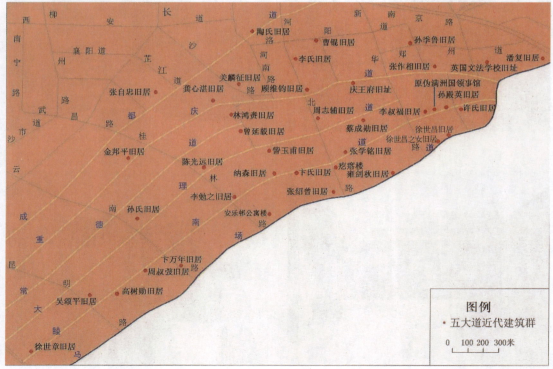

五大道名人故居分布图

五大道街景

民园体育场

3600平方米。通体使用清水砖墙面，二层中部设置了半圆形阳台，朴素简洁。

蔡成勋旧居：位于大理道3号。蔡成勋（1871—1946），天津人，曾任陆军总长及江西督军。旧居为砖混结构，三层西式建筑，建筑面积约2100平方米。

高树勋旧居：位于和平区睦南道141号。高树勋（1898—1972），著名爱国将领，脱离国民党军队到天津寓居。旧居为砖混结构，主体三层带地下室，红瓦坡屋顶。

顾维钧旧居：位于河北路267号。顾维钧（1888—1985），著名外交家，曾任袁世凯秘书，1919年出席巴黎和会，1956年任海牙国际法院法官。旧居为砖木结构英式住宅，建筑面积为1573平方米，主体以红砖砌筑，入口设拱券门。

顾维钧旧居

关麟征旧居：位于长沙路97号。关麟征（1905—1980），国民政府陆军总司令，部将杜聿明、郑洞国、刘玉章、覃异之、张耀明皆一时之名将。1924年到广东投考黄埔军官学校，1937年抗日战争爆发，任第五十二军军长，参加台儿庄大战，重创敌军，升任第三十二集团军团长；1939年任第十五集团军总司令，1947年任陆军军官学校校长，1949年任国民党陆军总司令，后移居香港。旧居为砖木结构，主楼三层，立面为清水砖墙砌筑，三层外檐为疙瘩砖饰面。

李叔福旧居：位于睦南道28号。为李叔福之父李赞臣的住所。李赞臣为天津"八大家"之一"李善人"李春城的后代，20世纪20年代任长芦纲总，天津殖业银行经理。旧居为混合结构，三层建筑带地下室，采用对称布局。

孙殿英旧居：位于睦南道20号。孙殿英（1989—1947），行伍出身，1928年投靠国民党，任第六军团第十二军军长，因在河北马兰峪盗掘清东陵而闻名。1930年参加中原大战反蒋，失败后为张学良收编。抗战爆发后，1943年在河南对日作战时被俘，旋投汪伪

李叔福旧居

任"豫北剿共军总司令"。抗日战争结束后又追随蒋介石反共。1947年终于被解放军生擒,后病逝于战犯收留所。旧居建于1930年,为三层带半地下室建筑,主体为砖混结构,清水砖墙砌筑。立面采用对称构图,可分为左、中、右三段式及上、中、下三段式构图,中部采用偶数开间,首层设柱廊,二层为阳台及拱券门。整体建筑装饰语汇丰富,带有折中主义色彩。

陶氏旧居:位于成都道14号,为陶湘及其子陶祖椿旧居。陶湘(1870—1940),为中国近代藏书家与版本目录学家,曾校勘《营造法式》,于1925年刊行,成为"陶本",并与朱启钤等人发起中国营造学社。旧居建于1933年,为荷兰建筑师勒伦森设计。清华大学建筑学院已故教授汪坦先生认为,这座旧宅是迄今为止全国唯一的"立体主义"建筑,其设计时间仅比柯布西耶的萨伏伊别墅晚一年,是非常珍贵的现代主义建筑标本。

徐世昌旧居:位于马场道42号,为北洋总统徐世昌旧居。徐世昌(1855—1939),字卜五,号菊人,又号弢斋、东海、涛斋,天津人。民国五年(1916)3月袁世凯被迫取消帝制,起用他为国务卿(内阁总理)。民国七年(1918)10月,徐世昌被国会选为民国大总统。民国十一年(1922)6月通电辞职,退隐天津租界以书画自娱。旧居为二层砖木结构,为一座西欧乡村别墅式建筑,采用"人"字红瓦屋顶,精巧别致。徐世昌女旧居:位于马场道44号、26号。建筑与徐世昌旧居风格相似,为二层砖木结构建筑。

许氏旧居:位于睦南道11号,为许氏(张作霖三姨太)寓所。建筑建于20世纪30年代,建筑面积约1330平方米,砖木结构红砖清水墙,具有19世纪英式建筑特点。訾玉甫旧居:位于大理道37号。訾玉甫为永发顺木器行经理。建筑为二层砖混结构,总平面呈L形布局,中央顶部设计了曲线型阁楼及天窗。

雍剑秋旧居:位于马场道60号、62号。雍剑秋(1875—1948),1911年任天津造币总厂副厂长,后任德商礼和及捷成洋行军火买办。于1918年移居天津,开始经营房地产并创办学校,先后任江苏会馆、广仁堂、天津基督教青年会、汇文中学董事长、南开中学董事。建筑为三层砖木结构,建筑面积1728平方米,外立面采用水泥抹灰饰面。

曾延毅旧居:位于常德道1号,曾延毅(1893—1965),曾任天津特别市公安局长,后任第三十五军副军长。这座建筑为对称式布局三层砖木结构,红砖清水墙面,使用方形门窗,设计简洁大方。门厅居中,外设半圆形柱廊,柱廊上部为阳台。

金邦平旧居:位于重庆道114号。金邦平(1881—

孙殿英旧居

陶氏旧居

1946)早年曾赴日本早稻田大学学习,1906年清政府成立天津自治局,任督理,不久又任资政院秘书长,1912年任中国银行筹备处总办,1914年任政事堂参议。1916年任北洋政府农商部总长。1927年去职来天津英租界居住,期间主要致力于实业活动。1938年任耀华学校校长。其旧居独自成院,建筑面积1134平方米,砖木结构二层西式楼房,局部三层带有阁楼,二层中部设弧形阳台,法国孟莎式屋顶,清水外墙。

徐世章旧居:位于睦南道126号。徐世章(1889—1954),天津人,著名的文物鉴赏家,中华民国总统徐世昌的堂弟。这座建筑为三层砖木结构,立面材质较为独特,外墙主体采用水泥抹灰饰面,中部窗间墙用红砖点缀。

张绍曾旧居:位于河北路334号。张绍曾(1879—1928),1913年被袁世凯任命为绥远将军。1916年任北洋政府陆军训练总监。1922年任陆军次长,次年任国务总理,主张迎孙中山入京协商南北统一,为总统曹锟所忌,不久去职退居天津,1928年遇刺身亡。这座建筑为两层砖木结构,带有巴洛克装饰特色。

陈光远旧居:位于大理道48号。陈光远(1873—1939),北洋将领、将军府鉴威将军。直系军阀冯国璋的嫡系,曾被任命为江西督军,与江苏督军李纯、湖北督军王占元合称"长江三督"。1922年第二次护法战争抵抗南军不力,被曹锟免职。后移居天津英租界,在北洋企业中大量投资,购买了启新洋灰公司、开滦矿务公司、华新纱厂、耀华玻璃厂等企业的股票。这座建筑为三层别墅式楼房，具有一定现代感。入口上方设大跨度转角，顶层设八角亭，巧妙结合中式建筑特色。

庆王府旧址：位于重庆道55号。末代庆亲王爱新觉罗·载振（1876—1947），字育周，满洲镶黄旗人。1902年曾代表清朝廷赴英参加英国国王爱德华七世加冕典礼，1903年赴日本考察第五届劝业博览会。回国后积极参与新政。辛亥革命后一度躲避上海，后返回北京。1924年迁入天津庆王府，从事工商投资活动。这座建筑原为一太监住宅，1925年载振购买后改为"庆王府"。建筑为砖木结构三层公馆，设有地下室，为天井围合式建筑。首层二层设有回廊，整体建筑适应当时的西化生活，并结合了中国传统文化意象，是五大道洋楼之中西风东渐的典型建筑。

庆王府旧址

龚心湛旧居：位于重庆道64号。龚心湛（1871—1943），监生，金陵同文馆毕业后任驻英、日、美、法、比等国使馆随员多年，是民国初期皖系政治人物。1919年秋在财政总长任上代理国务总理三个月。后退出政界来津致力于兴办实业。旧居建筑面积936平方米，砖木结构三层楼房。

英国文法学校旧址：位于湖北路59号。英国文法学校创始于19世纪末，校址设于马场道南安立甘教会内。建于1927年，为三层西式砖木结构建筑，建筑面积3800平方米，具有古典主义建筑特征。

曹锟旧居：位于南海路2号。曹锟（1862—1938），字仲珊，是民国初年直系军阀的首领，曾贿选而成为第五任中华民国大总统。旧居为二层带地下室建筑，立面中部前凸，造型方正稳重。

庆王府室内

纳森旧居：位于睦南道70号。纳森曾任开滦矿务局英籍领事，建筑建于1928年，为三层砖木结构建筑，红砖清水墙面。

潘复旧居：位于马场道2号。潘复（1883—1936），清末举人，1928年奉系失败后移居天津，投资边业银行、德兴公司，把持长芦盐销售。旧居建筑主体二层局部三层，立面简洁。

张学铭旧居：位于睦南道50号。张学铭（1908—1983），张作霖次子、张学良胞弟，爱国民主人士，中国国民党陆军中将。1929年从日本回国，任天津市警察局局长，天津市市长。"七七事变"后旅居欧、美及中国香港。1949年后任天津市建设局副局长，天津市市政工程局副局长、顾问，民革第五届中央委员。旧居为庭院式二层砖木结构建筑，红瓦坡屋顶，立面采用清水砖墙。主立面中心对称，入口设门廊，二层为阳台。

纳森旧居

孙氏旧居：位于大理道66号。孙震方为民国初期孙氏财团创始人孙多森长子，曾任通德公司总经理。旧居建筑建于1931年，为二层砖木结构建筑。立面采用

张学铭旧居

水泥抹灰饰面，造型丰富多变，具有一定现代建筑特色。

安乐邨公寓楼：位于马场道98—110号（双号）。原为英国教会首善堂所建，公寓楼呈品字形布局，为四层西式公寓建筑。

周志辅旧居：位于河北路227号。周志辅（1896—1994）为中国近代实业家周学熙长子。旧居为华信工程公司建筑师沈理源设计，为三层砖混结构庭院式住宅。

张作相旧居：位于重庆道4号。张作相（1881—1949），爱国民主人士，奉系重要成员，1933年寓居天津。旧居为二层砖木结构建筑带半地下室，立面采用米色水泥抹灰墙面。

吴颂平旧居：位于昆明路117号。吴颂平（1882—1966），曾任山西教育厅厅长，曾在日军侵华期间与日方勾结。旧居为其本人设计，建筑平面呈"八"字形，为二层砖木结构。外立面将砖墙与水泥抹灰搭配使用，现代简洁。

林鸿赉旧居：位于常德道2号。林鸿赉（1900—1981）为原天津中国银行副经理。旧居建于1935年，主体建筑为二层英式别墅，带半地下室。建筑使用红色砖墙与红瓦坡屋顶。立面中部前凸，入口设弧顶前廊。

张自忠旧居：位于成都道60号。张自忠（1891—1940），山东省临清人，第五战区右翼集团军兼第三十三集团军总司令，中国国民党上将衔陆军中将，追授二级上将衔，著名抗日将领、民族英雄。1937年至1940年先后参与临沂战斗、徐州会战、武汉会战、随枣会战与枣宜会战等，1940年在襄阳与日军战斗中，不幸牺牲。这座张氏建筑为二层砖木结构，呈对称形式布局，两侧外凸呈多边形，中部设两层柱廊。

李氏旧居：位于河北路239号。旧居主人为李吉甫之子，建于1937年，由建筑家齐玉舒设计。建筑为二层现代风格砖混结构住宅。

李勉之旧居：位于睦南道74号。李勉之（1898—1976），爱国商人，先后在华新纺织厂、中天电机厂等企业任职。旧居由奥地利工程师盖玲设计，1937年建成，由四栋二层别墅构成。

疙瘩楼：位于河北路279—293号（单号）。原为英国先农公司建造的商品住宅，为意大利建筑师鲍乃弟设计。建筑立面采用的疙瘩砖为天津本地砖窑生产的一种过火砖，极具装饰特色。

卞万年旧居：位于云南路57号。卞万年（1904—1992）为恩光医院首任院长。旧居建于1937年，是华裔建筑大师贝聿铭的早期作品。建筑坐西朝东，西面为三层人字形坡屋顶组合，建筑层次分明，形式富于变化，风格独特。

周叔弢旧居：位于睦南道129号。周叔弢（1891—1984），中国古籍收藏家、文物鉴赏家，中国北方民族工商业代表人物。建筑为砖木结构红瓦顶清水砖墙二层小楼，造型精巧别致。

孙季鲁旧居：位于郑州道20号。孙季鲁（1878—1950）曾为天津裕季盐务公司经理。这座建筑建于1939年，由雍惠民设计，为三层砖混结构，平面呈L形布局，中间转角处设三层弧形平面塔楼。

伪满洲国领事馆旧址：位于睦南道26号。这座建筑原为颜惠庆旧居，1931年"九一八"事变后，此楼转给大连永源轮船公司经理李学孟，1943年李学孟将其租给伪满洲国作为其驻天津领事馆。建筑为三层砖木结构，对称式布局。二层中间部位设置一四联拱阳台，阳台凸出呈半圆形，并采用瓶式护栏。

疙瘩楼

卞万年旧居

伪满洲国领事馆旧址

7 天津劝业场大楼

Quanyechang (Bazaar) Building

级 别	国家级
年 代	民国
地 址	和平区和平路280-290号、滨江道152-166号
看 点	近代商业综合体
其 他	免费参观

天津劝业场大楼位于原天津法租界杜总领事路和福煦将军路交叉的十字路口，今和平路280—290号、滨江道152—166号。大楼由井陉煤矿买办高星桥集股资，法籍工程师穆勒设计，由法商永和营造公司建造。大楼于1928年落成开业时曾轰动了整个天津城。

大楼得名于开业建成时一个贺礼——银盾，其上有诗为："劝我胞舆，业精于勤，商务发达，场益增新"。场主认为诗句寓意深刻，具有振兴商业、警世激励的效用，就以冠顶四字"劝业商场"命名。

整座建筑为框架结构，建筑面积21000平方米，主体五层，转角部位八层，并由五层起每三段逐节收分。内部平面为上海大世界式的采光天井布局，中间为楼梯，四面设走道，周边为商业柜台。天津劝业场是当时规模最大的综合体百货商场，建成后有大大小小三百多家商铺在此经营。商铺经营服装百货、钟表眼镜、珠宝、古籍、乐器、邮票、照相、画像等，五花八门。此外场内还设有天华景戏院、天宫电影院、天纬台球社、天露清茶社、天乐评剧院、天会轩曲艺场、天纬地球社、天外天电影院8个娱乐场所，合称"八大天"。

建筑立面设计颇具法国折中主义色彩。临街首层上部出挑大挑檐，与入口处拱形门廊贯通。建筑转角处设置高耸的塔楼，极具标志性。五层外挑阳台下使用类似牛腿的斜撑构件。立面阳台凹凸相间，并使用宝瓶栏杆。建筑以石材为饰面，穿插设置方窗及拱券窗，丰富多变。

室内匾额由晚清翰林、津门著名书法家"天津第一笔"华世奎书写，其字走笔取颜字之骨，气魄雄伟，骨力开张。现原匾额放置于顶层作为文物收藏。

天津劝业场

天津劝业场沿和平路入口

天津劝业场

天津劝业场牌匾复制品，原匾额为津门著名书法家华世奎书写

8 盐业银行旧址

Former site of Yien Yieh Commercial Bank

级 别	国家级
年 代	民国
地 址	和平区赤峰道12号
看 点	手法主义建筑立面
其 他	免费参观，现为中国工商银行

盐业银行创办于1915年，总行设于北京，天津分行由张松泉主持。以经理盐务收支为主，故名为盐业银行。北洋政务以盐务署名义投资官股10万元，其余为北洋军阀与官僚私股。曾任江北镇抚使、江苏都督的张勋投资10万元。长芦盐务史、河南都督、坝城人张镇芳任总经理，张勋任协理。

1925年华信工程司沈理源设计了这座建筑。大楼占地面积3174平方米，建筑面积6244平方米，为三层混合结构。建筑采用古典主义手法，整体矗立于台基之上，立面主要采用古希腊建筑柱式母题。沿街立面由6根爱奥尼巨柱组成柱廊，气势雄伟，廊内立面设计一组拱券高窗。主入口采用古希腊山门手法，顶部为三角形山花，两侧为壁柱，中间设两根爱奥尼巨柱。两柱中间内凹，底部入口再次使用山花加壁柱的形式，强化中心形象。建筑中的手法主义特征及独特的构图语言烘托出银行建筑典雅的调性及宏伟的气势，增添建筑艺术魅力。

首层八角形营业大厅内部可谓富丽堂皇。内廊为深色大理石贴面柯林斯柱式，顶棚采用黄金等材料贴绘"蓝天飞风满天星"艺术图案。室内装饰多采用意大利大理石制作镶嵌，窗户上的彩绘刻画的是由比利时彩色玻璃拼成的"盐滩晒盐"画面，图案精美并呼应了盐业主题。

盐业银行见证了中国近代史上几件重大事件。1917年7月1日张勋导演了拥戴溥仪复辟帝制的丑剧，而其活动的经济基础正是盐业银行。复辟失败后盐业银行上演了一番权力争夺闹剧：吴鼎昌以请查复辟用款名义当上了盐业银行总经理，张镇芳以5万股款为筹码请奉天督军张作霖为其夺回总经理职位。吴不甘示弱又请张勋调解，最终张任董事长，吴仍为总经理。

另外，1922年溥仪大婚时以16个金编钟为抵押向北京盐业银行贷款，后北京盐业银行将其转至天津妥善保存。1941年太平洋战争爆发后日本人接管英法租界，设法查找这批稀世珍宝。幸而盐业银行将其藏在"四行储蓄会"地下室，躲过日军搜查。1949年1月15日天津解放后，"四行储蓄会"经理将其交给军管金融处。这批国宝现由北京故宫博物院收藏。

盐业银行旧址远景

盐业银行旧址立面

盐业银行旧址入口

盐业银行旧址立面细部

盐业银行一层室内天花

9 利顺德饭店旧址

Former site of Lishunde Hotel

级　别	国家级 /AAA 级旅游景区
年　代	清
地　址	解放北路 199 号
看　点	手法主义建筑立面
其　他	曾经的最高端饭店，利顺德博物馆，英式建筑立面特征

利顺德饭店（ASTOR HOTEL）是中国近代首家外商开办的大饭店。它地处当时英租界中街，面对戈登花园，毗邻花旗银行和汇丰银行，是当时天津最为高端繁华的场所。1863 年英国圣道堂牧师约翰·殷森德创建这座酒店，并命名"利顺德"。这个名称源于儒家经典之言"利顺以德"，意思是想要获得"利"，惟当以品德、德性为本才能求利求顺。

始建时为砖木结构瓦棱铁顶英式平房。1886 年英商对这座饭店进行了较大的改造，建成一座占地面积约为 3200 平方米，建筑面积约为 6200 平方米的三层砖木结构宾馆。英租界工部局董事长德崔琳为酬谢时任直隶总督李鸿章的知遇之恩，以"ASTOR HOUSE HOTEL"命名，即总督府饭店。自此两个名称并行并使用延续至今。1924 年在老楼北侧增建欧洲风格四层建筑，总建筑面积达 12610 平方米，加建后的建筑总平面布局为 E 形。

利顺德饭店旧址远景

建筑形式具有英国浪漫主义建筑风格特征。其外形追随内部功能，自由灵活，富于新颖奇特的异国情调。此建筑并未采用古典主义的中心对称及三段式构图等手法，也没有使用柱式母题，从而制造出自由轻松亲切浪漫的调性。建筑沿英租界中街即解放北路展开，入口处位于三个拱廊之中。首层设凉台，二、三层设木制外廊，可供客人休息远眺对面花园，颇具英国乡村气息。在主楼转角处设置了一座青砖砌筑的塔楼，其底部环绕木制外廊，二至五层分别设置不等量的拱券窗，具有哥特建筑特征。

这座饭店保存有文艺复兴式的雕花古典沙发，中国最早电梯——"奥迪斯"等文物。许多名人如孙中山、黄兴、宋教仁、溥仪、袁世凯、段祺瑞、蔡锷、梁启超、张学良等都曾在此下榻，美国前总统胡佛亦曾长期住在此处。该店至今保存有孙中山用过的银质烟碟，溥仪用过的餐具，张学良听过的留声机，以及当年宋庆龄、末代皇后婉容和赵四小姐等在饭店弹奏过的老式钢琴。《中国丹麦条约》《中国荷兰条约》先后在此签署。1954年12月，西藏同胞观光团200余人来到天津，为了尊重藏族同胞的信仰，饭店专门在423房间设立讲经诵经之所，期间十世班禅大师也曾来此诵经。

1984年在原利顺德饭店旧址相邻东侧，一座现代化的七层豪华酒店破土动工，新建酒店面朝海河入口位于台儿庄路，而利顺德饭店旧址则被精心保留并进行改造。改造后的饭店恢复了其原有英式建筑风格，木制长廊、雕花拱窗、花园中庭，同时还新建了全国第一家酒店博物馆，珍藏了该饭店历史上珍贵的文物史料。饭店设有152间客房与套房，拥有3个精致餐厅、大堂酒廊、英式酒吧、商务中心、健身中心及利顺德大饭店纪念品博物馆。天津利顺德饭店是全国酒店业中唯一的国家级文物保护单位，成为天津乃至中国近代史的见证。

利顺德饭店旧址塔楼

利顺德饭店旧址立面

饭店前厅

饭店客房走廊

利顺德饭店旧址入口

饭店走廊

中国最早的电梯——"奥迪斯"电梯

10 法国公议局旧址
Former site of the Council of Municipal Administration of French Concession

级　别	国家级
年　代	民国
地　址	和平区承德道 12 号
看　点	法国古典主义建筑特征
其　他	免费参观

法国公议局旧址坐落在近代天津高度繁荣的承德道上，1931 年建造，由义品公司工程师满德森设计，为典型法国古典主义风格建筑。建筑原为租界内管理行政事务的机构，设董事会长，下置总务处、巡警局、工务处、卫生处、教育处等。

建筑共三层，建筑面积约为 4700 平方米，外观为典型法国古典主义三段式作品，横纵各三段，底部采用花岗石高基座，稳重的承托上部建筑。建筑中部采用通高的大柱廊，整体构图带有卢浮宫东立面的影子。建筑师运用了严谨的古典构图方式，中央凸出两翼平展。首层使用并列的 5 个拱券门，周边配以金属花饰典雅精致。二层虚实相间，采用爱奥尼柱式，立面简洁明快层次丰富。正门大厅使用彩色大理石地面，汉白玉扶手，井字梁带花饰线条顶棚。厅内安装有各式吊灯、壁灯及铜座台灯。

在战火纷飞的近代天津，这座建筑几易其主，历经沧桑。这里曾是日伪"天津市特别政府"，抗战后为美国第三军团司令罗基的司令部，并单独在这座大楼举行过驻津日军的受降仪式。

法国公议局旧址主楼 1

法国公议局旧址主楼 2

11 西开教堂
St. Joseph's Cathedral

级 别	国家级
年 代	市级文物保护单位
地 址	和平区西宁道11号
看 点	罗马风教堂
其 他	免费参观

1912年，天津天主教区建立，首任主教杜保禄（法国遣使会会士）认为望海楼教堂地处天津旧市区，不便于今后扩展，于是在紧邻天津法租界西南面的老西开购买三十亩土地。于1915年兴建新的主教座堂——西开教堂，并在教堂附近陆续开办了西开小学、若瑟小学、圣功小学、若瑟会修女院法汉学校（今21中学）和天主教医院（今妇产科医院），形成教会建筑群。教堂因其地处西开故称"西开教堂"，成为天津教会的中心。

教堂立于石砌台基之上，墙体以红、黄两色缸砖砌筑而成。长50米，宽38米，高42米，建筑面积1585平方米，平面为拉丁十字形式。教堂大厅由7组双向柱支撑，成通廊式布局，两端分设主祭台及唱诗台。立面筑有3栋用铜片镶包的穹隆顶塔楼，塔楼顶端竖十字架标志，仰视呈"品"字形。整体建筑具有罗马风建筑特征，庄重典雅。

西开教堂正立面

西开教堂远景

西开教堂正立面细部

西开教堂远景侧立面

西开教堂唱诗台

西开教堂室内空间

西开教堂旁天主教西开总堂

红桥区

12 北洋大学堂旧址
Former site of Peiyang University

级　别	国家级
年　代	民国
地　址	红桥区光荣道河北工业大学内
看　点	中国第一所现代大学
其　他	免费参观

中国第一所现代大学是清光绪二十一年（1895）由天津海关道盛宣怀创办的北洋大学。学校北依桃花堤、东临北运河，也是"西沽武库"遗址。初名"天津北洋西学堂"，后改名为"北洋大学校""国立北洋大学"，也是天津大学的前身。学校创办之初即聘请美籍教育家丁家立担任总教习，以美国哈佛和耶鲁大学为参照设置学制、教学计划和教科书。学校以兴学救国为教育之本，提倡科学教育，发展与国家实务相关联的学科，如法学、工学、外语等。学校从严治学，因材施教，为国育才，开创中国现代教育之先河。

北洋大学堂旧址保留有三栋建筑，分别为南楼、北楼及团城。南楼建于1933年，占地面积2336平方米，砖混结构三层建筑，平面采用对称式布局，立面采用德国进口清水红砖砌筑，北面正中入口设门廊。建筑造型简洁、朴素大方，工艺精致。北楼建于1937年，占地面积约为2315平方米，亦为三层砖混建筑。

东侧保留的团城建筑，为砖木结构青砖砌筑的单层院落，曾为北洋大学办公地。院落内向围合，南侧设拱券门，院内房间均向院落内部设置门窗，内部设有壁炉。桥梁专家茅以升1945年8月任北洋大学校长时曾在此居住、办公。

北洋大学堂南楼北立面

北洋大学堂南楼南立面

北洋大学堂团城

北洋大学堂团城

北洋大学堂北楼入口

北洋大学堂北楼

13 天津西站主楼
Main building of Tianjin West Station

级　别	国家级
年　代	民国
地　址	红桥区西站前街
看　点	铁路博物馆，德国古典主义风格
其　他	不开放

天津西站主楼是原天津西站的候车室，建于1902年，原位于天津老城城西第三区子牙河与南运河之间的河北赵家场。2009年9月24日，天津西站主楼采用滑动摩擦平移方法平移至新址，这是天津市首例砖混结构建筑的平移工程。天津西站主楼作为铁路博物馆被永久保留，与背后天津新西站交相辉映，成为天津西站地区城市副中心的标志性建筑之一。

天津西站主楼为二层砖混建筑，带半地下室，建筑面积约为1900平方米。建筑坐北朝南，可分为左

天津西站主楼远景

天津西站主楼入口

中右三段。正立面中段前凸，底层设塔斯干壁柱，入口突出做三角形山花。入口两侧为阶梯走道，设瓶式护栏。阶梯下的底部基座使用蘑菇石外墙，中间为拱形门洞，两侧设双壁柱。建筑墙体以红砖砌筑，设长方形窗洞，洞口上部有人字形或连弧线脚花饰。屋顶为红色舌形瓦大坡顶，设两折，并于下段开方形老虎窗。屋顶中部筑二层方形"塔楼"，具有德国新古典主义建筑风貌。

天津西站主楼正立面

14 义和团吕祖堂坛口遗址

Site of Hall of Lv Dongbin of Boxers

级　别	国家级
年　代	清
地　址	红桥区如意庵大街吕祖堂胡同16号
看　点	义和团纪念馆
其　他	免费参观

吕祖堂始建于明宣德八年(1433)，清康熙、乾隆和道光年间重修，原是供奉仙人吕洞宾的道观。吕祖堂由山门、前殿、后殿和西侧殿（五仙堂）组成。砖木结构，占地面积约1300平方米，建筑面积约600平方米。

清光绪二十六年（1900），义和团运动兴起并涌入天津。义和团乾字团著名首领曹福田率团民数千人进津，于吕祖堂设立总坛口，并在五仙堂设立拳场。义和团首领刘呈祥、林黑儿、张德成等人在此拜坛议事，与曹福田共商反帝退敌大计。鏖战老龙头车站、攻打紫竹林租界等许多战斗决策，都是在此坛口制定的。

山门坐北朝南，面阔三间，进深一间，青瓦悬山卷棚顶。建筑外立面为青砖砌筑，中间开设拱形门洞。前殿面阔三间，进深二间，殿中供奉吕祖。明间立隔扇门，两侧为槛窗。后殿面阔五间，进深二间，硬山瓦顶，前接卷棚作勾连搭式。殿前月台宽敞，是当时团民练拳习武的场地，现为义和团纪念馆。义和团坛场设于西侧殿——五仙堂，面阔三间，进深一间，平面为"锁头"式硬山人字脊。另有吕祖堂重修碑嵌于廊壁，碑文楷书共30行每行15字，记载了吕祖堂在康熙乾隆年间的修缮状况。

吕祖堂前殿

吕祖堂远景

吕祖堂后殿

吕祖堂西侧殿

15 清真大寺
Grand Mosque

级 别	市级
年 代	清
地 址	红桥区大丰路23号
看 点	清真寺建筑
其 他	免费参观

清真大寺西立面

清真大寺建于康熙四十二年（1703），坐西朝东，占地面积5000多平方米，建筑面积约2200平方米。历经多次修缮，由门厅、礼拜殿、讲堂和沐浴室组成，是天津现存规模最大的清真寺。改造后的主入口位于大丰路23号。

门厅照壁以砖石砌筑。壁面汉白玉石匾"化肇无极"四字，为清肃亲王手书。门厅明、次间各设砖雕拱券门，面阔、进深各三间，硬山顶后接卷棚廊厦。廊柱间置坐凳栏杆，两侧廊庑与配殿相连接。

礼拜殿为寺内主体建筑，以四组建筑勾连搭构成，建筑面积约为890平方米可容千人同时礼拜。前殿为卷棚歇山顶抱厦，面阔三间，进深一间，廊柱间置坐凳栏杆。中部为两座庑殿顶大殿，面阔五间，进深六间。门外以石筑望柱栏板围绕。后面大殿面阔七间，进深三间，殿顶立亭式阁楼5座。中间阁楼最高，青瓦八角攒尖顶。两旁阁楼较低，均为六角形。南、北两端阁楼檐下悬"望月""喧时"匾额。讲堂设于南、北厢房，面阔各三间，进深一间；各附耳房，面阔各三间，进深一间；北跨院为沐浴室。

伊斯兰教传入我国后，与我国本土文化不断融合。中国匠人运用自己的智慧将伊斯兰教文化特征与我国传统建筑形式高度结合，创造了我国传统清真寺建筑

清真大寺礼拜殿

清真大寺院内

的经典范式。天津清真大寺正是我国传统清真寺建筑的优秀典范。清真寺是礼拜之所，是伊斯兰教最为重要的宗教场所之一，对功能有着严格的研究。首先，礼拜必须朝向麦加的方向，并且建筑内该方向设有拱形壁龛"米哈拉布"，左侧设讲经台。中国传统清真寺往往将这里赋予最精美的木作装饰。这些装饰往往以植物或者经文为母题创作，高度几何化，表达出匠人高超的技艺和艺术水准。其次，建筑中需设置高台"邦克楼"，用以呼唤远方。并且设望月亭向西观望，并根据历法确定节日。中国传统清真寺往往将其设计为多边形多层楼阁，成为建筑的独特的天际线。此外，穆斯林信徒会在特定时日同时祭拜，礼拜大殿需要容纳多人。中国传统建筑多采用勾连搭方式将多组建筑屋顶纵向串联形成大空间，室内空间不突显高度，却呈现出水平纵深均匀无限展开的空间效果。

清真大寺礼拜殿室内

清真大寺望月亭

16 谦祥益绸缎庄旧址
Former site of Qianxiangyi Silk Shop

级 别	国家级
年 代	民国
地 址	红桥区估衣街94号
看 点	近代传统商业建筑
其 他	正在维修 免费开放

谦祥益绸缎庄由山东人孟养轩于清朝道光年间（1840）开办，京津"八大祥"之一，为中国历史悠久的老字号丝绸专营店。后经过全面维修，改为谦祥益文苑茶艺楼，成为天津最受欢迎的曲艺表演中心之一。

建筑坐落在天津著名的"估衣街"上，坐北朝南，平面为四合院式，分为东西两部分，占地面积2246平方米，建筑面积4100平方米。砖砌大门入口为西式圆形立柱，上承连弧拱券。两侧墙面装饰巨幅浮雕仙鹤图。墙沿上装饰宝瓶、铁花栏杆。店内为二层外廊式营业大厅，楼上中部空间设大罩棚。装饰精致细腻。内外装修讲究，具有中国传统商业建筑特色。

谦祥益绸缎庄旧址立面

谦祥益绸缎庄旧址内景

南开区

17 南开学校旧址
Former site of Nankai School

级　别	国家级
年　代	清末民初
地　址	南开区南开四马路20号22号
看　点	南开学校建筑，周恩来总理母校
其　他	现为天津南开中学

天津南开中学建校初期老照片

美丽的渤海之滨、海河之畔有一座著名的学府——天津南开学校。学校始建于清光绪三十年（1904），创办人为著名教育家严修、张伯苓，初名"私立中学堂"，又改为"敬业中学堂"。光绪三十一年（1905）改名为"私立第一中学堂"。后来邑绅郑菊如捐赠10亩南开田地，严修、徐菊人、卢木斋及严子均等人捐赠26000两白银，将校址迁于现南开四马路。光绪三十三年（1907）新校舍建成，改名为私立南开中学堂。

南开中学是天津最早的私立中学，是南开系列学校（包括南开大学、南开大学附属小学、南开大学附属中学、天津市南开中学、天津市第二南开中学、重庆南开中学、自贡市蜀光中学、南开大学滨海学院、天津市南开翔宇学校、天津市兴南中学、重庆南开（融侨）中学）的发源地。学校以"允公允能，日新月异"为校训，历史悠久，学风优良，培养出一代又一代的优秀校友：开国总理周恩来为南开中学1917届校友，温家宝总理为1960届校友；在学术界南开中学培养了以三任清华大学校长为代表的一批教育家、以曹禺为代表的一批知名文化界人士及以吴阶平、叶笃正、吴大猷为代表的科学家。

南开中学伯苓楼

南开中学旧址现存有伯苓楼、北楼、范孙楼及瑞廷礼堂4栋建筑。伯苓楼始建于1906年，为当时南开学校的中心建筑，是当时的教学楼及张伯苓的办公室。建筑为砖木混合结构，共二层，建筑面积952平方米。建筑立面采用清水灰砖，局部采用中式装饰，造型庄重典雅，具有中西合璧的近代建筑特色。平面呈对称式布局，主入口位于正中拱券门廊内，拱券内部采用爱奥尼柱式支撑，拱心石凸出，拱券上部两侧做浮雕装饰，具有折中主义特点。二层立面主要采用连续拱窗，正中入口上方设置了3个小拱券窗，窗口上部为"天津南开学校"石匾，顶部用断山花凸显旗杆的标志性。建筑屋顶采用中式灰瓦屋面，并沿檐口

南开中学伯苓楼门廊

南开中学伯苓楼入口

上部做卍字装饰，使建筑形象具有中式特色并与立面融为一体。建筑室内保留原貌，入口处为容止格言及衣帽镜。周恩来青年时期曾在此楼东四教室读书学习。该建筑于1976年地震时遭严重损坏，1977年天津市政府拨款并要求按原貌予以重建修复。现作为天津南开中学校史馆及周恩来中学时代纪念馆。

与伯苓楼北侧相连接的建筑为北楼，建于1913年，为两层通高砖木结构，首层设置拱廊，二层处为窗，两层中间用中式装饰分隔。该楼现在为学生活动教室。北楼南侧为瑞廷礼堂，建于1934年，由天津实业家章瑞庭捐建，主入口朝东，舞台位于西端，西立面首层采用拱窗，入口上方题有"思敏"二字。建筑立面采用清水灰砖，体量厚重，局部突出砖砌壁柱，造型简洁端庄。两座建筑之间植有杨树数棵，与建筑一起构成舒适人性化的景观空间。徘徊其间，但见青砖历历，芳草依依，书声朗朗，琴声悠扬，正是旧日南开学校"场所"精神的体现。

范孙楼始建于1929年，由我国著名建筑师阎子亨设计，是为纪念严修先生并由海内外校友捐资修建，现为南开中学图书馆。建筑占地1568平方米，建筑面积4649平方米，砖混结构，主体三层局部四层，带地下室。建筑平面呈王字形，门前设爱奥尼柱廊，

南开中学伯苓楼门厅

南开中学北楼

南开中学伯苓楼西立面

北楼与瑞廷礼堂

瑞廷礼堂

西斋

也是现南开中学主楼翔宇楼的设计母题来源。

　　翔宇楼西侧现存有两排砖木结构平房，名为"西斋"。每排十间，外筑檐廊，其中二排九室、四排二室、四排三室、四排五室曾为周恩来求学和革命活动时的宿舍。

范孙楼

周恩来总理雕塑

18 天津广东会馆
Guangdong Guild Hall

级　别	国家级
年　代	清
地　址	南开区南门里大街 31 号
看　点	戏楼建筑，戏剧博物馆
其　他	免费开放

　　在天津市老城厢街区鼓楼东南侧，有一座沉静古朴不为外人所知的院落，这就是广东会馆。

　　随着大运河的开凿，天津成为华北地区最重要的码头，商贾云集货栈林立。同省同乡之人往往聚集一起，在异乡聚会、联络、办理事务，会馆建筑应运而生。清光绪年间，在津广帮商人不断发展壮大，在政治经济各方面形成洋务官僚体系。唐绍仪、凌润苔、梁炎卿、冯商盘、陈子珍等44名旅津粤籍人士捐资购置城内归云使署土地23亩，修建在津广东同乡会馆，历时四年，1907年广东会馆落成。

　　这座建筑群坐北朝南，由南部四合院、北部戏楼，东西两侧箭道组成。总平面为长方形，占地面积约2708平方米，是天津现存规模最大、保存最完整的会馆建筑，也是北方地区罕见的木作建筑珍品。

　　会馆正门南侧为砖砌照壁，正门为高大门厅，采用四合院砖木结构体系，面阔三间，进深两间，硬山顶前接卷棚廊，廊下用仿木构的石作构件。瓦顶和墙体具有北方民居特色，内部装饰具有广东潮州特色。厅中设木制屏门，木雕精美细腻。墙壁上存有四幅复

天津广东会馆

正门石雕

制的大型戏曲壁画。两侧耳房山墙不做封护檐墙，砌作岭南"五岳朝天"山墙。

　　正房面阔三间，进深三间，硬山顶前接卷棚廊厦。院内四面廊厦环绕，木作苏式彩画，具有南方民居特色。

　　戏楼是会馆的主体建筑，为二层大空间布局。南房为戏台，其他各面均为观众席，二层为包厢围绕中

正门石狮

门厅内壁画1

门厅内壁画2

正房建筑

正房建筑柱础细部

正房建筑木雕

戏楼建筑室内

戏楼建筑戏台

戏台鸡笼顶

央天井布置。戏楼建筑没有采用传统抬梁穿斗木作结构，其内部柱网根据功能精心设计，空间跨度极大，可容纳台下观众400人。南房戏楼后台，面阔五间，进深一大间。舞台向北突出，台宽9米台深8米，下设一根柱支撑，舞台中心上部做悬臂结构的鸡笼状圆形藻井，不仅在形式上精美丰富具有视觉刺激性，同时具有一定声学效果。戏台正面悬挂"熏风南来"匾额。北房和东西房面阔各五间，进深一间，为观众席。二楼为包厢，按每个柱跨隔开设置，沿天井设美人靠。中部天井两层通高，天井顶部设坡屋顶，四周设玻璃天窗。

广东会馆是近代天津知名的戏剧演出场所，著名戏剧艺术家梅兰芳、谭富英、尚小云都曾在此演出。1912年孙中山先生北上途中，曾在此发表演讲。

院内东侧走廊

戏楼北立面

19 李纯祠堂
Ancestral Hall of Li Chun

级 别	国家级
年 代	民国
地 址	南开区白堤路82号
看 点	形制极高的古建筑群
其 他	免费开放

1900年清庄亲王载勋在王府设义和拳坛，后遭到八国联军纵火焚烧，大部分建筑焚毁。1913年江西都督李纯及其弟李馨买下残毁的庄亲王府拆运至天津，于1914年至1924年建成自宅，为避人耳目称其为李纯家祠。

李纯祠堂由三进院落组成，占地约2.4公顷，建筑面积4081平方米，是天津市区规模最大的古建筑群。这座祠堂布局颇为奇特，其一，花园在前，建筑在后，与其他王府住宅在前花园在后的布局相反。其二，形制极高，富丽堂皇。祠前设砖砌照壁、石砌牌坊、八角形华表、神道碑、单孔拱桥等，屋顶覆彩色琉璃瓦，重檐斗拱雕梁画栋。均为帝王宫殿建筑的缩小版，远远超过私家祠堂应有的形制要求。

穿过石牌坊与花园，有座面阔三间、绿瓦歇山顶的建筑位于拱桥一端，其檐下匾额题为"妙觉院"。穿过此院，可见三开间绿瓦硬山顶的前殿。中殿面阔五间，前筑月台，背面伸出戏台，戏台面阔三间，绿瓦卷棚歇山勾连搭屋顶。两旁设二道门楼，垂花门样式。正殿东侧为东宫门，第三进院落正中为后殿。

李纯祠堂花园

入口影壁

石牌坊

无字碑

妙觉院前石狮

华表

妙觉院

前殿

中殿

中殿背后戏台

正殿

后殿

20 天后宫
Mazu Temple

级 别	国家级
年 代	元—清
地 址	古文化街80号
看 点	元代建筑
其 他	购票参观

"晓日三汊口，连樯集万艘。普天均雨露，大海静波涛。入庙灵风肃，焚香瑞气高。使臣三奠毕，喜色满宫袍。"元代张翥这首《代祀天妃角次直沽作》描写的是元代拜谒天后之盛况。天后宫坐落在"津门十景"之一的古文化步行街80号，原名天妃宫，俗称"娘娘庙"。始建于元泰定三年（1326），后经多次重修，是中国现存最早的天妃宫之一。在津门素有"先有天后宫后有天津卫"之说。建筑坐西朝东，面向海河，占地面积约为5350平方米，建筑面积1734平方米，

热闹的古文化街

供奉天宫娘娘。天后在古时被人们称为护海女神，传说她原为福建莆田人，通晓天文气象、熟习水性，常于海上搭救遇难的捕鱼者，被后人敬为女神。现存的古文化街包括天后宫及宫南、宫北大街，全长580米，宽7米。如今的天后宫已成为天津民俗博物馆，介绍天津的历史沿革，陈列着各种民俗风情实物。

天后宫山门坐落在热闹繁华的古文化街西侧，正对广场。山门两侧幡杆高耸，从南北向街道即可远望，具有强烈的视觉标志性。其北侧设过街楼"张仙阁"与北街相连。东侧为戏楼，二层为戏台，首层设拱门，可直通至海河边。广场四面围合，以天后宫为视觉中心，形成山门—幡杆—戏楼的视觉轴线。广场四周设多处开口，四通八达，可将各个街巷的人流汇聚于此。每逢农历三月二十三，天后宝诞之日，天后宫都会举行天津皇会，表演龙灯、高跷和旱船等民俗艺术。广场设计与意大利锡耶纳坎波广场异曲同工，是我国古代城市设计的典范。

天后宫总平面图布局规整，沿中轴对称，坐西朝东。山门为歇山顶砖木结构，中设石拱门，上书"敕建天后宫"匾额；之后为木牌坊，两侧为钟鼓楼。第一进为前殿，面阔三间歇山顶，砖墙立面，中间设拱券门，匾额上书"三津福主"，门前有石碑石兽。第

天后宫前广场

天后宫山门

牌坊

钟楼

二进大殿为宫内核心建筑，矗立于砖石台基之上，平面呈长方形，东西长 25.7 米，南北宽 20 米。大殿为砖木结构，由三座建筑勾连搭组成，平面呈凸字形。中间大殿面阔三间，进深三间，七檩单檐庑殿顶，前后出卷棚抱厦，正面三间背面一间，称为凤尾殿。大殿内梁架和斗拱为明代原构，非常珍贵。大殿之后为藏经阁及启圣祠。

天后宫前殿

天后宫大殿

天后宫大殿室内梁架

天后宫大殿北侧抱厦

天后宫藏经楼

天后宫前幡杆石雕

21 文庙
Temple of Confucius

级 别	市级
年 代	明—清
地 址	南开区东马路东门里2号
看 点	清代建筑群
其 他	购票参观

天津文庙始建于明正统元年（1436），并经后世多次修缮及扩建。清雍正十二年（1734）府学西侧增建县学，形成府、县学宫并列的格局，之后府学东侧扩建明伦堂，自此天津文庙整体形成三个部分。西路为县学文庙，中央为府学文庙，东路为明伦堂。府学文庙从南至北由万仞宫墙（照壁）、泮池、棂星门、大成门、大成殿、崇圣祠以及东西配殿组成，县学文庙在布局上与府学文庙相似。建筑群占地面积共1.2公顷，建筑面积3243平方米。

文庙门前设二柱三楼庑殿顶过街牌楼2座，为明万历年间所建，是天津地区仅存的木结构过街牌楼。牌楼横额上嵌有镏金雕龙华板，精巧的斗拱支撑3座"五脊六兽"庑殿顶。一座牌楼上书"德配天地"，另一座书"道冠古今"。

由文庙入口进入，可达府学文庙的第一进院落。东西两侧为礼门，均为四柱三楼的木牌坊。南面背靠万仞宫墙，正前方是泮池拱桥。过桥后，又可见一座极为精美的金色琉璃瓦顶四柱三楼牌楼——棂星门。

"孔子之谓集大成"，大成，是孟子对孔子的礼赞，赞颂了孔子"祖述尧舜宪章文武"，达到了集古圣先贤之大成的至高境界。过大成门，即可见文庙主殿——大成殿。主殿面阔七间，进深三间，单檐歇山顶，覆黄色琉璃瓦，檐下为五踩双昂斗拱。正立面采

文庙"德配天地"牌坊

入口西侧义路

府学文庙泮池

府学文庙棂星门

府学文庙大成殿

府学文庙大成殿转角细部

府学文庙大成殿室内空间

用隔扇门,清砖墙山面。殿前设月台与丹陛石,台上设望柱栏板,气度恢宏。殿内正中供奉孔子塑像及牌位。孔子塑像天子形制,头戴十二旒冕,身穿十二章衮服。手执玉圭。像前置一"至圣先师孔子"牌位,神位上方高悬"万世师表""生民未有""与天地参"三块匾额,大殿两侧为四配及十二哲,亦封公侯爵位。

县学文庙位于府学文庙西侧,整体布局与府学文庙相似,建筑等级均低一等。文昌祠位于明伦堂东侧,内供文昌帝君。

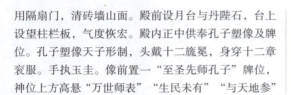

县学文庙大成殿

东路崇圣祠

府学文庙牌坊

22 玉皇阁

Jade Emperor Tower

级 别	市级
年 代	明
地 址	南开区通北路与东马路交口附近
看 点	楼阁建筑
其 他	购票参观

玉皇阁始建于明初,宣德二年(1427)重建。建筑坐西朝东,面朝海河,俯瞰津城。玉皇阁濒临三岔河口,视野开阔,是明清两代重要集会场所与民俗活动中心。原建筑群包括旗杆、山门、钟鼓楼、前殿、八卦亭、清虚阁、南斗楼、北斗楼及三清殿等建筑,现仅存主体建筑清虚阁一处。

清虚阁占地面积约为 297 平方米,建筑面积 285 平方米,是天津市区现存年代最早的木结构楼阁。共有两层,覆歇山顶。台基高 1.35 米,以砖石砌筑。底层面阔五间,进深四间,上层面阔三间进深两间,外围设环廊,方形檐柱宝瓶栏杆,梁架具有显著明代风格。殿顶覆黄色琉璃瓦,绿剪边,山花饰脊,翼角飞椽。

阁内原供奉道教神祇牌位,现仅存明代玉皇铜像一尊。

玉皇阁远景

玉皇阁正立面

玉皇阁立面细部

玉皇阁石狮

河西区

23 天津工商学院主楼旧址

Former site of the main building of Tianjin College of Industry and Commerc

级 别	国家级
年 代	民国
地 址	河西区马场道117号
看 点	法式立面,早期法国天主教大学,钟楼,北疆博物馆
其 他	免费参观

天津工商学院是法国天主教会在天津创办的中国第二所天主教大学,学校使用英语和法语授课,任教老师主要邀请法国传教士或其他国籍学者。1922年学校开始建设,至1933年陆续建成主楼、宿舍楼、实验楼、办公楼,以及北疆博物馆,现为天津外国语大学使用。

1937年抗日战争爆发后,地处租界范围内的天津工商学院不但没有遭到破坏,反而吸引了大批的师生。1937年夏学院正式开设建筑系,从这里走出了中国近代建筑教育的先驱者和实践者,如沈理源、陈炎仲、华南圭、高镜莹等。抗日战争爆发后,天津大部分高校南迁,一些留津知名学者如物理学家马沣、地理学家侯仁之、语言学家朱星等应聘来此校任教。

天津工商学院主楼建于1924年,由罗马耶稣会批准,法国永和建筑承建,耗资30万元,是当时华北地区的著名建筑。1927年标准大钟安装完毕,成为学校的标志。

学院主楼面朝马场道,平面呈"工"字形展开,两翼外伸,构图对称均匀。建筑为三层砖混结构,带

天津工商学院主楼

天津工商学院主楼屋顶

天津工商学院主楼入口设计

天津工商学院主楼西翼教堂入口

天津工商学院主楼西侧

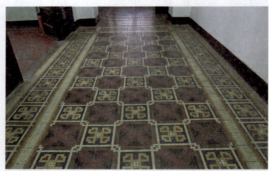
天津工商学院主楼室内铺装

地下室，建筑面积4917平方米。二楼有观景平台，主门厅居于正中，东南北三面另设次门厅。立面设计比例协调，细节考究，手法丰富，既有法国建筑特色又融合了近代建筑手法。建筑首层采用蘑菇石外墙、弧券窗洞，二、三层采用清水砖墙、矩形窗洞。建筑整体立面由西向东被分为五部分，中部和东西凸出部分以及二者的连接部分，其高宽比（在高度不包括顶部的情况下）成1.5∶1的比例关系。正中屋顶采用孟莎式，前后各设大圆钟一座，并用巴洛克券罩和断山花加以防护，造型凸出，很有特色，因此这座建筑又称为"钟楼"。

天津工商学院主楼铁艺楼梯

天津工商学院主楼西翼南侧立面

天津工商学院主楼东翼南侧

建筑两侧并不完全对称，西翼设单独出入的教堂，做法罕见，体现了教会学校特征。西翼南立面追随建筑功能也做了独特的形式处理。

建筑室内设计典雅细腻，门厅走廊地面采用彩色马赛克拼贴图案。廊道一端有铁艺楼梯直通顶层。

北疆博物馆旧址：天津市市级文物保护单位，由法国天主教神甫桑志华于1914年主持创建，用于收藏研究黄河海河流域的地质和动植物资料，是我国早期博物馆之一。

馆内分博物馆和实验馆两部分，建筑面积约1640平方米，北楼三层南楼二层，二者间以封闭天桥连接。陈列室采用中心牛腿柱框架结构，具有罗马式建筑风格。建筑立面采用清水砖墙，风格简洁。馆内珍藏大量旧石器时代遗物及华北西北地区哺乳动物标本。

天津工商学院北疆博物馆

天津工商学院原校门柱础

天津工商学院图书馆

原天津工商学院预科大楼，现办公楼 1

原天津工商学院预科大楼，现办公楼 2

河东区

24 天妃宫遗址
Site of Mazu Temple

级 别	国家级
年 代	元—清
地 址	河东区大直沽中路 51 号
看 点	天妃宫遗址
其 他	正在维修

天妃宫始建于元初至元八年（1271），又称"东庙"或"天妃灵慈宫"，为海运漕粮祈求妈祖保佑而建，原占地约 4 公顷。明弘治、万历年间重修，清代历经多次重修，光绪二十六年（1900）毁于战争。1998 年 12 月，天津市考古工作者对遗址进行了发掘，并首次在天津市区范围内发现明确的元代遗存。根据学者考证，天妃宫遗址内容清晰丰富，证明天妃宫为等级较高的官庙，该遗址为天津城市的发源地。2002 年天津市政府设立元明清天妃宫遗址博物馆对其进行保护。

天妃宫遗址博物馆陈列

天妃宫遗址博物馆广场上雕塑

天妃宫遗址博物馆内景

西青区

25 石家大院

Family Shi's Compound

级别	国家级
年代	清
地址	西青区杨柳青估衣街47号
看点	戏楼建筑，天津第一家
其他	购票参观

石家大院位于西青区古镇杨柳青镇中心、南运河北岸，始建于清光绪初年，由津西首富石元仕及其兄石元俊经营打造。石家原籍山东，祖辈漕运发家后在清乾隆年间定居杨柳青。石家大院原包括福善堂、正廉堂、天锡堂、尊美堂，曾有"天津第一家""华北第一宅"之称。现仅存"尊美堂"宅第。

石家大院坐北朝南，占地7500平方米，是一座非常典型的北方传统四合院民居建筑。其平面为矩形，由三组院落构成，其间由箭道分开。箭道东侧为五进四合院的居住区，现主要作为天津杨柳青博物馆使用；箭道西侧为一组院落，包括了书房、戏楼和佛堂等最

石家大院入口

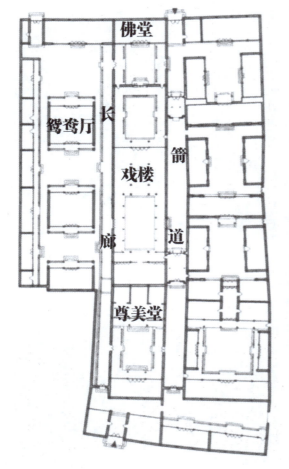

石家大院总平面图

入口影壁

石家大院花园

水局建筑

箭道及西洋牌楼

石家大院佛堂

佛堂院落垂花门

为重要的建筑。一进入口，迎面为照壁，壁身设置凤戏牡丹等图案的砖雕，壁下设雕有"五福临门"图案的须弥座。入口往西便进入一处园林，园内东侧为通长走廊，廊外为花园区与水局，可谓院中之园，颇具特色。

戏楼位于院落的核心，也是整座建筑群落中保存最为完好的单体建筑。戏楼正北有穿山游廊和佛堂院贯通相连，正南接南花厅院。戏楼为砖木抬梁式结构，正门上悬有"厚德载福"匾额，南北两个双脊厅与中央盝顶连接。建筑面积为410平方米，长33.3米，宽12.3米，最高处9米。戏台有20平方米，台口6.5米。

戏楼北立面

戏楼内景

戏台

戏楼内景

戏楼侧廊

戏楼匾额

戏楼屋顶梁架

戏楼西侧回廊

天津市

后台 57 平方米，供演员化妆休息。大戏楼宽敞华丽，可供 200 人在此听戏饮宴。戏楼内花棂隔扇全部是楠木原色，精雕细刻，极为华贵。京剧名家孙菊仙、谭鑫培、余叔岩等都曾在此献艺。

这组建筑东侧为 100 余米长的甬道，方砖铺地，贯穿 3 座门楼，尽头为大院后门。甬道是大院内部重要的交通及消防通道，并与戏楼、内宅等建筑相通。第一座门楼为砖石门楼，两侧戗檐砖"万福"砖雕精美细腻，第二座门楼为虎座门楼，第三座门楼为西洋门楼，也是全院中唯一一座中西合璧式建筑。此门楼为青砖砌筑，门柱上刻的精美砖雕，圆券门上方设链锁如意图案。

东院住宅院 1

石家大院砖雕细部

东院住宅院 2

戏楼内柱础 1

东院住宅院室内陈设

戏楼内柱础 2

26 安氏家祠

Family An's Ancestral Hall

级　别	市级
年　代	清
地　址	西青区杨柳青御河道 a109 号
看　点	杨柳青年画展览，大院民居
其　他	购票参观

安氏为杨柳青镇八大家之一，清光绪年间（1875—1908）以经商于新疆而致富。安氏家祠正是杨柳青人"赶西大营"创始人安文忠的家祠。建筑占地 631 平方米，为两进四合院。中间一穿堂将整座建筑分为南北二座院落，皆四合院式，东西厢房面阔五间，抬梁式，硬山人字脊。现作为杨柳青年画馆使用。

杨柳青年画，全称"杨柳青木版年画"，是著名的中国民间木版年画之一，与苏州桃花坞年画并称"南桃北柳"。杨柳青年画产生于中国明代崇祯年间，继承了宋、元绘画的传统，采用木版套印和手工彩绘相结合的方法，吸收了明代木刻版画、工艺美术、戏剧舞台的形式，创立了鲜明活泼、喜气吉祥的独特风格。2006 年 5 月 20 日，杨柳青年画经国务院批准列入第一批国家级非物质文化遗产名录。

安氏家祠内院

安氏家祠入口

安氏家祠建筑

27 安家大院

Family An's Compound

级　别	市级
年　代	清
地　址	西青区杨柳青镇石家大院后
看　点	保留完好的民居建筑，私人博物馆
其　他	购票参观

安家大院共由 3 个院落组成，南侧经入口进入为第一进院落，再由东侧侧门穿过可达第二进东跨院，其西为西跨院。整组建筑现为私人所有，并改造为近代收藏博物馆，展有大量近代家具及生活物品。

安家大院入口

安家大院影壁

安家大院第一进院落

安家大院偏房

安家大院正厅室内1

安家大院正厅室内2

安家大院正厅梁架

安家大院地窖

安家大院通往后院的大门1

安家大院第二进西院

安家大院第二进东院

安家大院通往后院的大门2

第二进院落侧门

28 文昌阁

Wenchang Tower

级别	市级
年代	清
地址	西青区杨柳青镇文昌阁位于西青区杨柳青镇古运河畔
看点	楼阁建筑
其他	不开放

文昌阁位于古运河畔，砖木结构，三层六角，通高 15 米。与其他建筑不同，建筑并非坐北朝南而是面向北侧。文昌阁底层为砖砌基座，第一层阁做封闭砖墙，仅入口设拱券门，两旁开洞口。第二层正面设木隔扇门，其他面以砖墙封护，木构回廊外檐。第三层每面外墙均为木隔扇门做法。屋顶为六角攒尖顶，六龙头各出一脊，正中为一球形宝珠，设计精巧。六面檐角悬铃铎，风吹铃摇，为运河一景。阁楼上层祭祀魁星，中层祭祀文昌帝君，下层祭祀孔子。

文昌阁于明万历四年（1576）始建，崇祯七年（1634）、康熙四十八年（1709）、咸丰十年（1860）、民国三十年（1941）重修，至今已是"第四版"。明万历四年初建的"第一代"文昌阁并不在现今位置。天启二年（1622）白莲教造反失败，从山东流窜至杨柳青，临逃离前纵火将可供明军瞭望的文昌阁焚毁。12 年后的崇祯七年（1634），"第二代"文昌阁被重建。康熙四十八年（1709）将文昌阁"改建斯壤"（即今址），是为"第三代"。延至道光二十八年（1848）"因阁被风雨凋残，同人不忍坐视，请出阖镇士商合力捐资重修"，"又新建东西配房六楹，大门楼一座"。不幸的是，"第三代"文昌阁于咸丰三年（1853）被太平军"逆匪用火焚烧"。咸丰十年（1860）乡人再次捐资重建，也就是现存的"第四代"文昌阁。作于民国三十年（1941）的《劝募监修文昌》中记载："自民国肇建以来，内乱不已，迭起纷争，阁内驻扎军队，破坏摧毁不堪言状"。这是文昌阁在 1949 年前有明确记录的最后一次维修。

文昌阁远景

文昌阁顶层细部

文昌阁正立面

文昌阁侧影

29 霍元甲故居

Former residence of Huo Yuanjia

级 别	市级
年 代	清
地 址	西青区南河镇幸福大街
看 点	霍元甲故居，南侧霍元甲墓及纪念馆
其 他	不开放

霍元甲故居仅存一进院落，占地面积120平方米。正中一间正房，两侧为偏房，均为青砖硬山灰瓦顶，其南侧不远处为霍元甲墓。

霍元甲故居

霍元甲故居山墙

霍元甲墓

宁河区

30 天尊阁

Tianzun Tower

级 别	国家级
年 代	清
地 址	宁河区丰台镇南村
看 点	楼阁建筑
其 他	免费参观

这座建筑曾为供奉元始天尊、西天王母和紫微大帝等神祇的道教场所，又名太乙观。天尊阁建造在高大的台基之上，通高17.4米，三层木结构，面阔五间，往上逐层收进，覆歇山屋顶。阁内有8根由平地直达阁顶的金柱，高12.07米。楼阁结构严密合理，装饰美观大方。

天尊阁位于宁河区丰台镇南村，是一座巍峨挺拔、气势恢宏的高大木结构建筑，是天津历史上道教三大阁之一。

天尊阁坐落于还乡河南岸，建筑占地6000平方米，原由山门、配殿和楼阁组成。创建年代不详，清康熙年间重修，咸丰八年（1858）作油漆彩塑。1976年在唐山地震中山门、东西配殿坍塌，但楼阁建筑安然无恙。

天尊阁立面

蓟州区

蓟州区中心

31 独乐寺

Dule Temple

级 别	国家级
年 代	辽
地 址	蓟州区城内武定街41号
看 点	辽代建筑,十一面观音像,壁画
其 他	购票参观

蓟县地处盘山之麓,京、津、唐、承四市之腹心,自古就是北方重镇。唐开元十八年(730),置蓟州,相当于现地级市,领渔阳、三河、玉田三县,治所在渔阳县。公元936年,后晋开国皇帝石敬瑭(后唐河东节度使)反唐自立,向契丹求援,并把燕云十六州割让给契丹。辽天赞元年(922),契丹进入蓟州,开始了对这里的行政统治及城市建设。独乐寺即属这一历史时期的建筑杰作。

独乐寺坐北朝南,分为东、中、西三路。主体建筑的山门、观音阁位于中轴之上,据记载为辽统和二年(1052)重建;其余建筑包括位于东路的独乐寺行宫、西路的现游客中心,均为清代修建。除了两座惊世绝伦的辽代木构建筑,独乐寺还存有辽代泥塑、金代游人题记与石幢、元代壁画与明代壁画,每一件都具有极高的历史价值与艺术价值。

梁思成先生在《蓟县独乐寺观音阁山门考》一文中这样评价:

蓟县独乐寺观音阁及山门,皆辽圣宗统合二年重建,去今已九百四十八年,盖我国木建筑中已发现之最古者。以时代论,则上承唐代遗风,下启宋史营造,实研究我国建筑蜕变上重要资料,罕有之实物也。

陈明达先生也对两座建筑给予极高的评价：

独乐寺两建筑，按现存古建筑年代排列，名居第七，但若论技术之精湛、艺术之品第，均应推为第一，可以说是现存古建筑中的上上品，最佳的范例。（《独乐寺观音阁、山门的大木制度》）

尽管独乐寺两座建筑在中国建筑史中具有无可替代的地位，但历史文献对其记载却寥寥无几：

独乐寺，不知创自何代，至辽时重修，有翰林院学士奉旨刘成碑，统合四年孟夏立石，其文略曰故尚父秦王请谈真大师入独乐寺，修观音阁，以统和二年冬十月再建，上下两级，东西五间，南北八架，大阁一所，重塑十一面观世音菩萨像。……（《日下旧闻》引自《盘山志》）

刘成与谈真大师已不可考，但文中记载与建筑实物相差无几，可以判定独乐寺观音阁为统和二年重建。自此之后数百年来，独乐寺一直是蓟州人民宗教生活的中心。

元明时期，方志记载独乐寺历经几次修葺，均未涉及大木结构。清乾隆十八年(1753)，高宗乾隆于"寺内东偏"建立行宫，寺中原有东西廊被拆除，并于寺前改立栅栏照壁，独乐寺的平面布局大为改观。此外乾隆时期观音阁四角檐下加设角柱，用以支撑已经下沉的屋檐。

1961年，独乐寺由国务院公布为第一批全国重点文物保护单位。1976年唐山大地震，独乐寺院墙倒塌，观音阁墙皮部分脱落，梁架未见歪闪，十一面观音像胸部铁箍震断。1980年独乐寺正式对外开放。

独乐寺对于中国建筑史研究有着特殊的意义。1932年6月，《中国营造学社汇刊》第三卷第二期，梁思成先生发表《蓟县独乐寺观音阁山门考》，标志着中国建筑史学的诞生。在这篇文章中，梁先生首次使用田野调研测绘与文史记载相结合的研究方法，揭开了中国古建筑技艺的奥秘。梁先生研究了唐辽宋时代的建筑风格与形制特点，认为与北宋毗邻的辽王朝在建筑方面与北宋大致相同，但在艺术风格上又承袭唐代遗风，雄健豪迈大气磅礴。

观音阁及山门最大之特征，而在形制上最重要之点，则为其与敦煌壁画中所见唐代建筑之相似。壁画所见殿阁，或单层或重层，檐出如翼，斗拱雄大。……熟悉敦煌壁画中净土图（第二十三图）者，若骤见此阁，必疑身之已入西方极乐世界。（《蓟县独乐寺观音阁山门考》）

此外，梁先生将理论《营造法式》与实物测绘相结合，揭示了中国古建筑木材标准化系统"材分制"，详细论述了"斗拱"在中国古建筑中的意义。

独乐寺山门

站在武定街上，我们即可看到一座紧邻大门的庑殿顶建筑，它坐落在石基之上，面阔三间，进深两间，平面为分心槽，殿身外转五铺作出双杪，偷心造，里转出两跳。山门共有12根直柱，有明显侧脚。抬头所见，山门为彻上露明造，五架椽三架椽上可见叉手托脚及

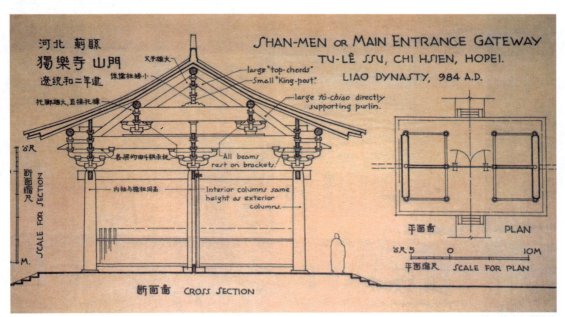

独乐寺山门测绘稿

独乐寺山门正立面

独乐寺山门北立面

独乐寺牌匾

自山门内望观音阁立面

侏儒柱的做法,具有早期木构建筑特征。屋顶上瓦作为后世重修,但尤为可贵的是,鸱尾自脊端翘起,尾端向内曲,是较为罕见的辽代做法。

山门南侧匾额据说为明朝严嵩手书。山门两侧伫立哼哈二将,东立者闭口握拳,为"哼",西立者开口伸掌,为"哈"。二将身体前倾,造型夸张,均为辽代泥塑。北侧稍间山墙的四天王像为清代绘制。

观音阁

穿过山门,即可看到中国现存最早的高层木结构楼阁——独乐寺观音阁。据记载,观音阁为辽统和二年(984)修建,其平面为五间八架椽,身内金厢斗底槽。外观三层,实为两层,中间为平座层,屋顶为歇山形式。殿身下屋外转七铺作出四杪,里转两跳;平座外转六铺作出双杪;上屋外转七铺作双杪双下昂,里转出一跳。观音阁创造了许多中国古建筑之最,如最早的木结构楼阁建筑,最早的叉柱造,最早使用普拍枋,最早的木藻井等。

阁内有三块匾额,下层设一块"具足圆成",内有"普门香界",均为乾隆御笔;上层匾额"观音之阁",笔法古拙,多传为李白手书。

阁中为辽代泥塑十一面观音,立于须弥坛上,旁边伫立二胁侍菩萨。观音长目细眉,微微含笑,腹部微凸,体态前倾,具有早期塑像风范。胁侍菩萨亦身体前倾,姿态手法精妙。阁底层四壁布满壁画,画幅高3.15米,全长约35米,为元代始画,明代重新描绘。

观音阁北面,有一座清代八角小亭,亭内立韦陀铜像。一位甲胄武士合掌而立,雕刻精致,类似明代中期手法。

观音像

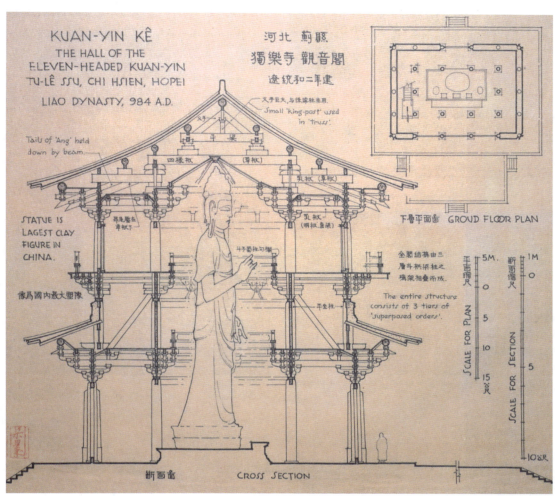

观音阁测绘稿

观音阁

观音阁

观音阁牌匾

观音阁转角铺作

站在观音阁俯瞰寺院

32 蓟县白塔

White Pagoda of Jixian County

级　别	国家级
年　代	辽
地　址	蓟州区城白塔寺街
看　点	辽代白塔
其　他	购票参观

　　蓟县白塔坐落于蓟县城西南隅，独乐寺正南 300 米。白塔亦为辽代建筑，与独乐寺建筑一起规划，并与其构成良好的城市空间关系。如梁思成先生在《蓟县观音寺白塔记》中描述：

　　游人随菩萨目光之所至，则南方里许，巍然耸起，高冠全城，千年来作菩萨目光之焦点者，观音寺塔也。塔之位置，以目测之，似正在独乐寺之南北中线上，自阁远望，则不偏不倚，适当菩萨之前。故其建造，必因寺而定，可谓独乐寺平面配置中之一部分……

　　白塔位于现观音寺后院，为印度窣堵坡和中国楼阁式建筑相结合的仿木结构砖塔。造型也颇为复杂，塔高 30.6 米，由塔基、塔身、塔顶组成。塔基为须弥

蓟县白塔

座形式，由砖砌混枭线脚与其他线脚构成，上部为栏杆及莲座；塔身三层，为八角亭式，四面刻假门，唯南门为真门，另外四面刻偈语，转角处砌砖雕幢形倚柱；塔身之上为塔顶，包括覆钵、十三天相轮和塔刹。值得注意的是，塔基之上与第一层塔身之间的部分，用砖模仿木构，而其斗拱做法形式与观音阁斗拱相似，这更加说明白塔寺与独乐寺观音阁建筑的密切联系。覆钵内曾出土100多件辽清宁四年（1058）的珍贵文物。

塔前正中，有一座八面体经幢残石立于石座之上。石座八面，各有一字，为"塔前供养金炉宝鼎"；石座上的经幢亦为八面体，四面刻佛像；再上面的经幢各面刻佛像，各持乐器吹拉弹唱，精美绝伦。

白塔立面细部

观音寺

白塔砖斗拱细部

白塔前经幢

经幢雕刻1

经幢雕刻2

33 千像寺造像

Statues in the Thousand-statue Temple

级 别	国家级
年 代	唐—清
地 址	蓟州区盘山风景区盘山东麓官庄镇联合村北
看 点	辽代线刻像
其 他	暂不开放

千像寺石刻位于盘山风景区东麓官庄镇联合村北，依照山势地形修建。原有建筑全部毁于日本侵略军战火，现仅存建筑基石、石碑、摩崖线刻像及千像寺石幢等文物。

千像寺初名"祐唐寺"，其历史可追溯到唐开元年间（713—741），唐末毁于兵火，辽代明代均有重修。碑文记载，千佛像起源于这样一段故事：

自昔相传有尊者挈杖远至，求植足之所。僧室东北隅岩下有澄泉，恍惚之间见千僧洗钵，瞬间而泯，因兹构精舍宴坐矣。其后于溪谷响石之面，刻千佛之像，而以显其殊胜也。虽雨渍苔斑，眷仪相而犹在。（《盘山千像祐唐寺创建讲堂碑》）

千像寺石刻散落分布在范围近万平方米的山石中，主要刊刻于辽代，共 535 尊，有单尊佛像，也有 2 尊或 4 尊一组排列。造像大小不一，立姿高度一般为 1.1~1.5 米，最大者 2.2 米，坐姿高度一般为 0.9 米，最小者 0.6 米。佛像大部分背托佛光，脚踏仰俯莲花。衣着多开领左大襟袈裟，右肩袒露，仪态端庄，体态丰盈。线刻佛像造型简洁，线条概括凝练。可惜随岁月流逝，很多石刻漫灭不清难以辨认。千像寺造像是我国目前分布最广的辽代民间石刻造像群，是蓟州区及盘山地区佛教文化的重要见证，是研究佛教历史考古的珍贵实物资料。千像寺空地内保留了辽代两个八边形石幢残体。其一面刻梵文经文，另一面刻梵文与汉语经文。

沿山往上，可见一"契真洞"洞口。这是一座明代凿刻的无量寿佛石窟，洞深 4 米，高 2.2 米，宽 1.5 米，洞口上方隐约可见"无量寿佛"篆书，洞内石壁上浮雕菩萨坐像，高约 2 米。

保留较好的一组线刻

千像寺造像入口

千像寺经幢 1

千像寺经幢 2

北山坡上千像寺线刻

契真洞内菩萨坐像

34 天成寺

Statues in the Thousand-statue Temple

级 别	市级
年 代	辽
地 址	蓟州区盘山风景区官庄乡莲花岭村北
看 点	辽代线刻像
其 他	辽塔，元塔

天成寺位于盘山风景区西南，北依翠屏峰，南临"涓涓泉"，是盘山西线路的必经之地，由盘山主入口徒步约60分钟即可到达。天成寺始建于唐代，后历代均有重修。清乾隆帝曾15次游历，并留有诸多题刻。建筑群大部分已经损毁，近年来修复了大殿、"江山一览阁"和长廊，使得游人得以了解天成寺全貌。

建筑群以大殿为中心，依据山势布局，附近有辽代及明清石刻、经幢及石碑等。大殿西侧立有2座古塔：一座为天成寺舍利塔，始建于辽代，明代重修，为八角密檐式实心砖塔，共13层。塔高约22.7米，台基为石砌，须弥座上设三层仰莲承托塔身；塔身为八角亭式，八面刻仿木结构门窗，墙身微向内凹，造型优美秀丽。另一座为彻公和尚塔，建于元代，残高约4米。塔基为花岗岩砌筑须弥座，座上亦有仰莲三层，造型古拙大气；塔身为八面柱式，南面刻"彻公长老和尚灵塔"，塔身上有五层密檐。

天成寺远景

天成寺大殿

天成寺大殿及石碑

天成寺舍利塔细部

天成寺舍利塔远景

天成寺舍利塔

35 定光佛舍利塔
Dingguang pagoda of Buddhist relics

级　别	市级
年　代	唐—明
地　址	蓟州区盘山风景区挂月峰
看　点	明塔
其　他	购票参观

定光佛舍利塔远景

定光佛舍利塔位于盘山最高峰——挂月峰顶，与云罩寺构成一组建筑群落，是盘山风景区最有代表性的一处景像。主峰挂月峰海拔864.4米，前拥紫盖峰，后依自来峰，东连九华峰，西傍舞剑峰。拾级而上，登临挂月峰顶，可见一塔独立，苍松翠柏相傍，俯首一览众山，如在云端。明代名将戚继光曾登临写下《登盘山绝顶》：

霜角一声草木衰，云头对起石门开。
朝风边酒不成醉，落叶归鸦无数来。
但使雕戈销杀气，何妨白发老边才。
勒名峰上吾谁与，故李将军舞剑台。

定光佛舍利塔始建于唐代，辽、明、清年间均有大修。塔高19米，为密檐实心塔。塔身八角形，中层檐下每面嵌三佛龛，雕刻精细。塔身上起叠涩檐，檐下有仿木作斗拱。古塔遗世独立，直入蓝天，苍劲古松与林立怪石，与宝塔相映成趣，构成盘山挂月峰绝佳景象。

塔西的建筑群为云罩寺，始建于唐代，为唐高僧宝积禅师栖居地。明万历三十年（1602），神宗皇帝赐名"云罩寺"。原有大殿、藏经楼等建筑均毁于抗日战争战火，仅存部分砖墙。现有建筑为近期原址复原。

定光佛舍利塔远景

定光佛舍利塔立面

定光佛舍利塔细部

36 万松寺

Wansong Temple

级别	县级
年代	明
地址	蓟州区盘山风景区西麓
看点	明塔
其他	购票参观

万松寺位于盘山西麓，接近云松索道万松寺站，是盘山寺庙群中最大的一组庙宇。万松寺原名"李靖庵"，据说始建于唐代，曾为唐代卫国公李靖的居所。清初改名"卫公庵"，康熙年间又改成"万松寺"。抗日战争时期，冀东军分区十三团团部驻此。1940年万松寺被日军焚毁，仅存基址及碑刻。1985年依照原址修复大殿、耳房等建筑，形成现在的建筑形制。

由盘山西麓拾级而上，塔林之中，一座古塔立于台基之上，即为太平禅师塔。塔为六角五层仿木构砖塔，通高12米，万历十三年（1615）建造。须弥座塔基，砖雕斗拱、栏板及仰复莲花，并嵌动物花卉浮雕，造型精美别致。塔身前后面做假门，其他四面为直棱窗浮雕。底层六转角外凸，各嵌一五层小塔，非常罕见。塔顶砌斗拱和塔檐，顶部为仰莲宝珠塔刹。

经过"逍遥游"石刻，便可见到万松寺山门。整组万松寺建筑群依山势由北向南沿中轴布置，第一进院落为钟鼓楼及大雄宝殿，第二进院落为玉佛殿，沿石阶向上为最高的千佛殿。由大雄宝殿向东步行几十米,可见一左一右两棵古松,苍翠遒劲,分别为"龙腾松"与"凤翘松",普照禅师塔亦坐落于此。

据《普照大师行实碑》记载,普照禅师讳明空,俗姓宋,因宣扬佛法信者众多,被官府拘禁。后万历皇帝下旨释放,即入盘山居住于此。普照禅师塔为万历二年(1574)建,六角形砖石仿木结构,形式与太平禅师塔相似。

万松寺遗址西侧保存有舞剑台石刻,侧旁崖壁刻有"李从简曾游李靖舞剑台"楷书十字。万松寺南山道旁存有"京东第一山"石刻,刻于40厘米见方的石头上,为盘山标志性石刻。另外道旁刻有乾隆皇帝游山诗作《万松寺》一首清晰可辨:"田盘到处佳,万松我心写。寺楼坐空翠,天籁披潇洒。"

凤翘松

普照禅师塔

万松寺

太平禅师塔

太平禅师塔细部

37 多宝佛塔
Duobao Pagoda

级　别	市级
年　代	明
地　址	蓟州区官庄乡砖瓦窑村
看　点	明塔
其　他	正在维修　购票参观

多宝佛塔又称少林寺塔，位于新建少林寺东部。塔原位于寺中，明崇祯十七年（1644）重建时移至寺东，清顺治九年（1652）竣工。塔基为石砌，塔身为八角密檐式砖塔，高约 26 米。门洞上方嵌"多宝佛塔"石匾，南面设门，内设佛龛，东西北三面为假门，其余雕隔扇窗。

多宝佛塔

多宝佛塔细部

38 渔阳鼓楼
Drum Tower of Yuyang

级　别	市级
年　代	明
地　址	蓟州区城武定街鼓楼广场
看　点	古城楼
其　他	免费参观

渔阳鼓楼坐落于蓟县县城十字街口，始建于明洪武四年（1371），后历代均有重修，为一座坐北朝南的二层砖木结构建筑。建筑底层为砖砌长方形城台，底座约为 23.5 米 × 14.9 米，高约 6 米。正中砌拱形券门，形成通道。台基正中建一座单层歇山顶木构建筑，面阔三间，进深两间，四周开回廊。建筑正中悬匾额，上书"古渔阳"三字，为康熙二十三年（1684）蓟州牧张朝琮题写；后檐匾额上书"畿东锁钥"，为道光十四年（1834）蓟州牧华渚重修时题写。

渔阳鼓楼远景

渔阳鼓楼立面

39 鲁班庙
Temple of Lu Ban

级 别	市级
年 代	清代
地 址	蓟州区城府后街1号
看 点	官式建筑鲁班庙
其 他	购票参观

鲁班庙位于蓟县县城东北隅，为一组由山门、配殿和正殿组成的建筑群落，占地786平方米，是国内供奉鲁班庙宇中少有的官式木构建筑。建筑群坐北朝南，最南端山门为单层硬山砖木混合建筑，面阔三间，中间开门，两侧砖墙开六边形窗。东西各有两个配殿，均为单层硬山建筑。正殿单层歇山顶，面阔三间进深一间，绿瓦琉璃剪边。前出回廊，施一斗三升交麻叶斗拱，角科出单昂。室内供奉鲁班塑像。

鲁班庙远景

鲁班庙山门

鲁班庙院落及大殿

40 蓟县文庙
Temple of Confucius of Jixian County

级 别	县级
年 代	清代
地 址	蓟州区城府后街1号
看 点	文庙建筑
其 他	购票参观

蓟县文庙位于蓟县县城西北隅，由棂星门、登瀛桥泮、戟门、配殿和先师殿组成，占地约1500平方米。蓟县文庙原称宣圣庙，根据庙内《重修宣圣庙学记碑》记载，唐代已有此建筑，金天会年间重修，明清又重修数次。

棂星门

大成殿

41 明长城遗址蓟县段

Jixian County section of the Great Wall of the Ming Dynasty

级 别	市级
年 代	明
地 址	蓟州区下营镇黄崖关村
看 点	黄崖关长城博物馆，水关长城
其 他	购票参观

　　黄崖关，津门十景之一，景名"蓟北雄关"。位于蓟县最北端30公里处的东山上。洪武十四年（1381），黄崖关设兵驻守，永乐年间置关。天顺四年（1460）修关城。清康熙《蓟州志》载："黄崖关边墙九十三里，东起拦马峪，西至松棚顶，楼台四十五座，墩台八座，边储屯粮地三顷四十九亩七分。"这段长城东端起于小港乡赤虾峪村东北老姆顶山，与遵化的马兰峪长城连接；西端止于下营乡黄土梁村西北，与平谷县将军关长城相连，沿线经小港、下台二乡，全长41公里，多数是利用山势修建的"险山墙"，修筑边墙的地段仅有20.5公里，其中砖墙3公里。沿线有关城1座、寨堡6座，水关1座，空心敌楼46座，普通墩台36座，烽燧9组。

　　关城分东西两部分，西部为子城，为衙门所在，东部为外城为营房。此外，还有城墙和东西南北4座城门楼。黄崖关城建筑特色鲜明，构成了完整的防御工事体系。南城门楼上镌"黄崖口关"，门前25米复建木牌坊一座，夹杆石为遗存。北城门楼上书"黄崖正关"，城墙上建有"北极阁"，也叫"玄武庙"，为1986年复建。城台为北极阁遗址，东西长30.5米，南北宽18.34米，高6米。关城内的街道就是著名的"八卦街"，用丁头错位死巷、活巷组合而成，易进而难出。

　　城外东北角设黄崖水关；向西是以长城边墙和王

黄崖关长城牌坊城楼

水关长城

黄崖关长城远景1

黄崖关长城远景2

黄崖关长城远景3

黄崖关长城远景4

峁顶峰燧为主要内容的长城高山游览区；向东则是太平寨长城游览区，仅遗存两岸敌楼遗址，相距 112 米。1986 年清理水关基础时在河床中发现水关遗迹，今按五孔拱形修复。

1986 年 10 月至 1987 年 9 月进行黄崖关第三期修复工程，并以"八卦街"内中央提督公署为基础建成了我国第一座长城博物馆，展出古代兵器、戍卒生活、文物和碑刻等。

黄崖关长城远景 5

滨海新区

42 大沽口炮台

Dagukou Battery

级 别	国家级
年 代	明—清
地 址	滨海新区东炮台路1号（天津大道与海滨大道交口）
看 点	大沽口炮台遗址博物馆，炮台遗址
其 他	购票参观

大沽口炮台遗址博物馆

15 世纪末，随着新航路的开辟，全球航海时代拉开序幕。大沽地区自此开始成为国家海防重地，是 18、19 世纪拱卫京都最为重要的京畿海门。

大沽口在明代开始设防，炮台初建于明代嘉靖年间。为防御倭寇，明朝政府在北塘修建炮台 2 座，有"北塘双垒"之称。雍正四年（1726）初，清政府设立天津水师营，辖水师官兵 2000 人。1793 年，以马戛尔尼为首的英国外交使团从大沽登岸，经海河、北运河前往北京谒见乾隆皇帝。其后大沽口炮台的海防作用愈加凸显。嘉庆二十一年（1816），嘉庆皇帝上谕内阁：

天津为畿辅左腋，大沽等海口，直达外洋，从前曾建设水师驻防，后经裁撤。该处拱卫神京，东接陪都，形势紧要，自应参考旧制复设水师营汛，以重巡防。

鸦片战争前后大沽口炮台地位更加凸显，1858—1860 年三次大沽口之战决定了第二次鸦片战争的结局，影响了中国近代历史进程。

咸丰八年（1858）为加强海防，确保京城安全，清朝政府在南、北两岸修筑"威"字、"镇"字、"海"字、"门"字、"高"字 5 座大炮台和 20 多座小炮台，防务不断加强。第二次鸦片战争中，爱国官兵顽强抗击英法联军，史称"第一次大沽口之战"。到 1858

大沽口炮台遗址 1

大沽口炮台遗址 2

年5月20日,北岸炮台被摧毁,12时南岸炮台失守。大沽失守后,英法联军长驱直入兵临天津城下,经过多次谈判,中俄、中美、中英和中法分别在天津海光寺签订了《天津条约》。

1858年6月僧格林沁授命负责京津一带防御,同年8月他抵达大沽开始重建大沽口炮台。南岸前炮台和中炮台安放铜炮3门,后炮台安放5千斤铜炮1门;北岸前跑台和中炮台设重炮3门。1859年6月25日,英法联军与清军在大沽口炮台发生激烈战斗,英军多个炮艇被击沉,狠狠打击了登陆之敌,并缴获英国铜炮。史称"第二次大沽口之战"。大炮原物在博物馆内均有展示。

1860年8月英法联军为报复失败卷土重来,从北塘炮台登陆。1860年8月21日凌晨5时,英法联军与清军在大沽口发生激烈战斗,双方激战3个小时。史称"第三次大沽口之战"。第二次鸦片战争失败后,清政府于19世纪60年代开始"师夷长技以制夷"的洋务运动,并对大沽口炮台进行了现代化的改造。1901年《辛丑条约》签订后,帝国主义列强为确保他们在中国横行,强行拆去了大多数炮台,后来只残留有南岸的"威"字和"海"字炮台以及北岸的方形炮台。

大沽口炮台是近代中国苦难与屈辱的见证,上演了近代中国抗击列强荡气回肠的历史篇章。

大沽海口布防图

1860年大沽口南侧炮台

1860年8月21日英法联军攻占大沽口炮台

1900年英军主力舰"森特隆"号

日本山梨大学捐赠1900年联军攻占大沽口炮台时照片

43 北洋水师大沽船坞遗址
Site of Dagu Dockyard of Beiyang Fleet

级 别	国家级
年 代	清
地 址	滨海新区塘沽大沽船坞路 27 号
看 点	船坞遗址，厂房遗址
其 他	不开放

清直隶总督李鸿章为修理北洋水师舰船，于 1880 年 3 月在大沽海神庙一带购地创建"北洋水师大沽船坞"，先后建"甲、乙、丙、丁、戊、己"六个船坞，最大的可容 2000 吨船只进坞修理。1890 年以后除修造舰船外，开始制造枪、炮、水雷等军械。1900 年被八国联军侵占，后历经北洋、民国、抗日战争、解放战争，1949 年 1 月大沽船坞回到人民手中。

现存"甲"字坞一处、轮机厂房旧址一处、旧码头一处、建厂初期古杨树二株及海神庙遗址一处。海神庙遗址已遭破坏，目前仅余地下部分。大沽船坞创建至今已有 120 余年，是继福建马尾船政局、上海江南船坞之后，我国第三所近代船舶修造厂，也是我国北方早期的船舶修理厂和重要军火生产基地，是北方近代工业文明的发祥地。

北洋水师大沽船坞遗址

北洋水师大沽造船厂

海神庙遗址

厂房旧址

厂房室内木桁架

大沽船坞遗址纪念馆

44 黄海化学工业研究社旧址
Former site of Huanghai Institute of Chemical Industry

级　别	国家级
年　代	民国
地　址	滨海新区塘沽解放路 338 号
看　点	黄海化学工业研究社纪念馆
其　他	不开放

黄海化学工业研究社旧址是中国第一家私营化工科研机构——黄海化学工业研究社所在地的旧址，该址建于 1922 年 8 月，是中国实业家范旭东在原久大精盐厂化验室的基础上创建的。黄海化工社开创了我国无机应用化学、有机应用化学及细菌化学的研究，打破了英国对盐的垄断，大力发展了我国民族化学工业。该旧址现为黄海化学工业研究社纪念馆。建筑为英式二层砖混结构别墅，占地面积为 440 平方米。

黄海化学工业研究社旧址

黄海化学工业研究社旧址入口

黄海化学工业研究社侧墙

45 塘沽火车站旧址
Former site of Tanggu Railway Station

级　别	国家级
年　代	清
地　址	滨海新区塘沽新华路 128 号
看　点	近代火车站建筑
其　他	免费参观

塘沽火车站旧址隶属北京铁路局塘沽火车站，始建于清光绪十四年（1888），由英国人金达主持完成。这座火车站是开平煤矿和北洋海防线军队军火调运的重要站点。1937 年日军占领该站，用于转运战争物资。塘沽火车站旧址是中国最早自主修建的标准轨距铁路上的车站，见证了中国铁路史的发展，历经中国近代以来多次重大历史事件和社会变革。

塘沽火车站远景

旧址主体建筑占地面积约为 25 930 平方米，为单层砖木结构欧式建筑群，坐东朝西，与铁轨延伸的方向平行排列。南北长 130 米，东西宽 18 米。屋顶原为双坡铁楞瓦顶，现为灰色瓦屋顶，最高点高度约为 15 米。建筑呈现明显欧式风格，墙体用青砖砌造，欧

塘沽火车站建筑

塘沽火车站站台

式木质门窗保存完好。建筑群的中间部位原为旅客候车室，从候车室东门通向月台要经过一段长60米、宽3米的长廊。长廊顶子由17根方形木柱和装在墙上对应位置的17个铸铁承架支撑而成，方柱下有水泥方形柱础。原房间布局中有4个候车室，每个室内面积约200平方米。

距旧址主体建筑群南缘180米处（铁路西侧），有一座砖混结构的二层小楼，层间的东侧水泥圈梁刻有"TANG KU"（塘沽）站名标志。

塘沽火车站

宝坻区

46 宝坻大觉寺

Dajue Temple

级　别	市级
年　代	明
地　址	宝坻区老城区城关镇东街12号
看　点	罗汉堂
其　他	正在维修

宝坻大觉寺，俗称"东大寺"。大觉寺东邻草场街，北靠土山子街，西有云路街。这座寺院始建于辽重熙年间（1032—1054），明、清皆有修葺。据清乾隆《宝坻县志》载："大觉寺，在县东街，亦辽重熙时建，为神僧洪源常住。其法嗣又建弥陀殿与两庑及藏经所。冶钟建楼，工制瑰丽。其钟即囊讹为南海浮来者也。旧志以为金建亦误"。寺院原有山门、钟鼓楼、大雄宝殿、西跨院、配房等，占地面积约3500平方米。现仅存罗汉堂和十间配房。

据推测，罗汉堂仍保留了明代时期建筑梁架，建筑面阔三间，进深三间，抬梁式，庑殿顶，出檐深远。

宝坻大觉寺罗汉堂

现遗石碑两通，一为《重修大觉寺碑》，崇祯二年（1629）立，今仅存碑身，高1.45米，宽0.7米，厚0.2米。题《重修大觉寺碑记》，碑文楷书，略述大觉寺建于宋庆历年间（1041—1048），明天启年间（1621—1627）由住持僧河嵩等殚力营缮，历三年始竣。一为《火德星君接驾碑》，光绪二十五年（1899）立，方首，座佚，高1.34米，宽0.46米，厚0.14米。额题"万古流芳"四字。碑文楷书，记载宝坻民众于大觉寺举行火德星君接驾道场，并集资成立水会，购置器具的情况。

宝坻大觉寺罗汉堂侧影

配房

东丽区

47 泰山行宫
Mountain Taishan Palace

级别	市级
年代	清
地址	东丽区大毕庄村
看点	古建筑
其他	对外开放

　　泰山行宫占地面积约750平方米，坐北朝南，沿轴线布置山门、前殿、后殿和东西两庑等建筑。

　　泰山行宫山门立于台基之上，三开间硬山顶建筑，两侧设耳房。其南部为原行宫广场，现存有幡杆遗迹。由山门而入，前殿面阔五间，进深三间，抬梁式，硬山顶。院内存道光十九年(1839)立《重修碑记》一通，方首，篆额"乐而义捐"四字，记载康熙三十七年(1698)、乾隆三十九年(1774)、道光十年(1830)、道光十七年(1837)四次修葺情况。后殿在原址基础上加高后重建。

泰山行宫幡杆

泰山行宫前殿

泰山行宫后殿

泰山行宫山门

中国大运河——天津段

中国大运河，地跨北京、天津、河北、山东、河南、安徽、江苏、浙江8个省、直辖市，27座城市的27段河道和58个遗产点，全长2700公里（含遗产河道1011公里），是世界上开凿时间较早、规模最大、线路最长、延续时间最久的运河。

天津是中国大运河线路上非常重要的一座城市，民间有"天津是大运河载来的城市"的说法，道出了天津城市的形成和发展与大运河息息相关。现今天津境内的大运河北起武清区，南至静海县，总长约174公里，流经武清区、北辰区、河北区、红桥区、南开区、西青区和静海县共7个区县。大运河天津段包括北运河和南运河两个区段：北运河自北向南流，北起木厂闸，南至三岔河口，全长87.8公里；南运河自南向北流，南起九宣闸，北至三岔河口，全长86.3公里。

南、北运河与海河在天津三岔口相汇。北运河也称白河，由北京通州流至天津，全长186公里，系元朝利用白河下游河道修凿而成，现在已成为排洪和灌溉的输水河道。北运河最早开凿于公元7世纪，是隋代凿成的南北大运河的最北段。南运河也称御河或卫河，由聊城临清流至天津，全长400公里。据《天津通志·水利志》载：东汉建安十一年（206）曹操开凿平房渠，与东汉建安九年（204年）开凿的"引淇水入白沟"共入清河，为后来开凿南运河奠定了基础。隋大业四年（608）重修永济渠，基本上利用了曹魏时期的旧渠。元代，京杭大运河基本沿用了此段河道。

三岔河口位于天津城东北隅（今狮子林桥附近），为海河、南运河和北运河三河交汇处，这里成为南下、北上、东入海河的战略要津，也成为大运河南北漕运的中转码头。早在金代，漕运就使三岔河口诞生了天津最早的军事堡垒直沽寨。元代，大运河裁弯取直，以元大都（今北京）为运河北终点，漕运需求进一步加大。因此，这一时期，海运开始兴起。因而天津也同时开始承载着海运和漕运的功能，从江南来的漕船可从南运河到达三岔河口，也可以通过海运经海河在这里换成小船，经北运河将粮食等货物运往北京，三岔河口一带因此成为了中国北方商品的集散地和销售地。

大运河给天津带来了"五方杂处""南北荟萃"

三岔河口夜景

西青南运河

的鲜明特征,催生了天津开放、包容、多元的文化品格。在三岔河口运河两岸,建于元朝的妈祖天后宫、建于明末清初的大悲禅院以及代表道教的玉皇阁、儒教的文庙、基督教的望海楼如今都依旧屹立。其中,妈祖庙所代表的妈祖文化就是通过大运河,从宁波等南方地区传播而来的。大运河培育的南北漕运、商贸、饮食、民俗、宗教、建筑和旅游等多种文化的繁荣,为天津留下了独特的人文精神和历史积淀。

北营门桥

天津市其他主要文物保护单位列表

区 县	名 称	年 代	级 别	地 址
南开区	基督教青年会旧址	1914 年	市级	南开区东马路 94 号
津南区	周公祠	1890 年	市级	津南区小站镇会馆村
蓟州区	清王陵	清	市级	蓟州区小港乡至孙各庄乡
蓟州区	福山塔	辽	市级	蓟州区五百户乡段庄村东福山顶
武清区	泉州古城	战国、汉	市级	武清区城上村
宝坻区	秦城古城址	战国	市级	宝坻区石桥乡辛务屯村西南 500 米
静海区	西钓台古城址	汉	市级	静海区陈官屯西钓台村西北

参考文献（References）

1. http://www.hebei.sina.com.cn/zjk/focus/2014-10-27/10027429.html
2. http://www.mafengwo.cn/poi/5438547.html
3. 张立柱. 河北省文物保护单位通览 [M]. 北京：科学出版社 ,2003.http://www.10333.com/details/2012/14923.shtml
4. http://blog.sina.com.cn/s/blog_61633ff60102uymx.html；http://travel.hebnews.cn/2013-10/26/content_3564582.htm
5. http://blog.sina.com.cn/s/blog_924a359f010196m9.html
6. 国家文物局. 中国文物地图集：河北分册（中）[M]. 北京：文物出版社，2013.
7. http://blog.sina.com.cn/s/blog_5f557f640102wnm0.html
8. http://blog.sina.com.cn/s/blog_5e0ce0730101ij99.html
9. http://blog.sina.com.cn/s/blog_5f557f640102wn0x.html
10. http://blog.sina.com.cn/s/blog_6471db53010140va.html
11. http://blog.sina.com.cn/s/blog_1027468a0102w5zr.html
12. http://xtmw.mw817.com/system/2012/08/25/010000114.shtml
13. http://www.zjkphoto.net/Picture/ShowArticle.asp?ArticleID=215
14. http://blog.sina.com.cn/s/blog_645a66440101c3zi.html
15. http://blog.sina.com.cn/s/blog_4a154a510102vk71.html
16. http://blog.sina.com.cn/s/blog_51ec9abf0101t8bl.html
17. http://www.bytravel.cn/Landscape/19/sanxingcunyizhi.html
18. http://www.360doc.com/content/17/0711/14/45297297_670556228.shtml
19. http://www.bytravel.cn/Landscape/58/changpingcang.html
20. http://www.sohu.com/a/128839813_170361
21. http://blog.sina.com.cn/s/blog_611a3bcd0100nr3g.html
22. http://www.bytravel.cn/Landscape/62/weixiancaishenmiao.html
23. http://blog.sina.com.cn/s/blog_792f44b50102vzhj.html
24. http://360.mafengwo.cn/travels/info_weibo.php?id=3285842
25. http://photo.poco.cn/lastphoto-htx-id-4131724-p-0.xhtml
26. http://blog.sina.com.cn/s/blog_67dbc2730101azm0.html
27. http://photo.poco.cn/lastphoto-htx-id-4131724-p-0.xhtml
28. 河北省文物局. 河北文化遗产：全国重点文物保护单位 [M]. 北京：文物出版社 ,2010. http://www.sohu.com/a/43478882_319326
29. http://blog.sina.com.cn/s/blog_6460fbaa0102vfke.html
30. http://blog.sina.com.cn/s/blog_4de9e7510102v6vc.html
31. http://blog.sina.com.cn/s/blog_658fbe0a0102v3z0.html
32. http://blog.163.com/zeng_yong_he/blog/static/184541091201642981552782/
33. 张家口文化广电新闻出版局 2013-05-19
34. http://blog.sina.com.cn/s/blog_4de9e7510102v8r3.html
35. http://blog.sina.com.cn/s/blog_6ddbd0b10102vpv0.html
36. http://blog.sina.com.cn/s/blog_4de9e7510102vd86.html
37. http://blog.sina.com.cn/s/blog_6ddbd0b10102wj45.html
38. http://tieba.baidu.com/p/3835467016
39. http://blog.sina.com.cn/s/blog_749560e70102uxyh.html
40. http://blog.sina.com.cn/s/blog_72483acb0102vsfq.html
41. http://blog.sina.com.cn/s/blog_658fbe0a0102vqrb.html；http://www.360doc.com/content/16/1014/08/32773547_598297713.shtml

42. http://blog.sina.com.cn/s/blog_5fe77bee0102e9x2.html
43. http://blog.sina.com.cn/s/blog_5fe77bee0102e9x2.html
44. http://blog.sina.com.cn/s/blog_5079c7b50102wckj.html
45. http://www.cd-pa.com/bbs/thread-232077-1-1.html
46. 参考资料：百度百科
47. http://www.zjkonline.com/News/201305/New492264.html
48. http://blog.sina.com.cn/s/blog_c0d45bed0102wj47.html
49. http://blog.sina.com.cn/s/blog_512f6d690101lt4f.html
50. http://blog.sina.com.cn/s/blog_4e999b260102wkpf.html
51. http://www.baike.com/wiki/长春沟塔群
52. http://blog.sina.com.cn/s/blog_8e77deef0102v243.html
53. http://blog.sina.com.cn/s/blog_5e0ce0730102vz2t.html
54. http://blog.sina.com.cn/s/blog_6f139cda0102ve0d.html
55. http://blog.sina.com.cn/s/blog_50fab7250100ecq0.html
56. http://blog.sina.com.cn/s/blog_573f2cd30101a2a0.html
57. http://www.xtfj.org/siyuan/hebeisiyuan/zhangjiakou/20140211/5508.html
58. http://blog.sina.com.cn/s/blog_71be46a90102uz4m.html
59. http://blog.sina.com.cn/s/blog_72483acb0102vf51.html
60. http://blog.sina.com.cn/s/blog_72483acb0102vfn9.html
61. http://andonglaowang.blog.163.com/blog/static/8448753220122574820269/ 张立柱主编. 河北省文物保护单位通览[M]. 北京：科学出版社，2003.
62. http://blog.sina.com.cn/s/blog_72483acb0102vfoe.html
63. 张家口文化广电新闻出版局 [引用日期2013-05-22]
64. http://www.xtfj.org/siyuan/hebeisiyuan/zhangjiakou/20140211/5514.html
65. 作者：杜向明 李俊文；http://www.szculture.cn/_d276337204.htm
66. http://www.soulu365.com/a/news/9791.html
67. 天津大学建筑系，承德市文物局. 承德古建筑[M]. 天津：天津大学出版社，1982.
68. 孟兆祯. 避暑山庄园林艺术[M]. 北京：紫禁城出版社，1985.
69. 国家文物局. 中国文物地图集：河北分册[M]. 北京：文物出版社，2013.
70. 陈宝森. 承德避暑山庄外八庙[M]. 北京：台海出版社，2012.
71. 避暑山庄研究会. 避暑山庄论丛[M]. 北京：紫禁城出版社，1986.
72. 李景瑞. 承德古代史[M]. 北京：民族出版社，2009.
73. 清乾隆四十六年修. 钦定热河志.
74. 政协唐山市委员会. 唐山名胜[M]. 北京：红旗出版社，1997.
    河北省唐山市地方志编纂委员会. 唐山市志 第1卷[M]. 北京：方志出版社，1999.
75. 唐山地区文化局. 唐山地区文物普查报告[R]. 唐山地区文化局，1981.12.
    遵化县志编纂委员会. 遵化县志[M]. 石家庄：河北人民出版社，1990.
    中共唐山市委党史研究室. 唐山革命遗址通览[M]. 北京：中央文献出版社，2011.
76. 李子春，白宇翔. 唐山明代多宝佛塔[J]. 文物春秋，2007（5）.
77. 陈国莹. 丰润天宫寺塔保护工程及发现的重要辽代文物[J]. 文物春秋，1989（C1）.
78. 傅强. 清景陵圣德神功碑亭修缮研究：兼论清代大碑楼传承与发展[D]. 天津：天津大学硕士学位论文，2014.
79. 康文远. 景忠山古代建筑文化的分类和发展[J]. 文物春秋，1995.
80. 廊坊胜芳古镇张家大院[J]. 新农民（下半月刊），2011.
81. 解丹，舒平，魏文怡. 解读胜芳传统民居：中西交融的四合院[J]. 建筑与文化，2015.
82. 孙建权. 固安王龙村经幢不是金代文物[J]. 文物春秋，2011（6）：68-69.
83. 张晓峰，陈卓然. 固安王龙金代陀罗尼经幢[J]. 北京文博，2002（2）.
84. 郭蕴静，涂宗涛. 天津古代城市发展史[M]. 天津：天津古籍出版社，1989.

85. 罗澎伟. 近代天津城市史 [M]. 北京：中国社会科学出版社，1993.
86. 国家文物局. 中国文物地图集：天津分册 [M]. 北京：中国大百科全书出版社，2002.
87. 天津市文物局. 天津市全国重点文物保护单位概览 [M]. 北京：文物出版社，2016.
88. 大沽口炮台遗址博物馆. 大沽口炮台 [M]. 北京：长城出版社，2013.
89. 梁思成. 蓟县独乐寺观音阁山门考 [J]. 中国营造学社汇刊，1932.
90. 宫桂桐，韩志勇. 杨柳青石家大院 [M]. 天津：新蕾出版社，2007.
91. 林希. 老天津：津门旧事 [M]. 南京：江苏美术出版社，1998.
92. 陈明达. 蓟县独乐寺 [M]. 天津：天津大学出版社，2007.
93. 崔世昌. 天津小洋楼 [M]. 天津：天津科学技术出版社，1995.
94. 刘景樑. 天津建筑图说 [M]. 北京：中国城市出版社，2004.
95. 王越. 美丽天津 [M]. 北京：蓝天出版社，2014.

图片来源（Illustrations）

图片名称	图片来源
河北省	
1 张家口市	
张家口市古建筑地图分布	赵靓璇 绘制
分片图（4-5张）：在交通图标出文物建筑点	赵靓璇 绘制
碑记遗物	网友"大槐树"提供的照片
塔身全景	网友"大槐树"提供的照片
塔身细部	网友"大槐树"提供的照片
塔身与环境	网友"大槐树"提供的照片
镇水塔全景	网友"大槐树"提供的照片
镇水塔正面	网友"大槐树"提供的照片
镇水塔周边环境	网友"大槐树"提供的照片
涿鹿观音寺大殿	网友"大槐树"提供的照片
涿鹿观音寺入口	网友"大槐树"提供的照片
本章其他图片均由作者陈迟摄影并提供	
2 承德市	
承德市古建筑分布图	赵靓璇 绘制
避暑山庄总平面图	贾珺提供
避暑山庄航拍图	胡春芳提供
避暑山庄湖泊区航拍图	胡春芳提供
避暑山庄如意洲航拍图	胡春芳提供
避暑山庄上湖区航拍图	杨利民提供
避暑山庄下湖区航拍图	杨利民提供
丽正门旧影	于广达提供
正宫总平面图	《避暑山庄园林艺术》
原东宫清音阁	于广达提供
万壑松风桥	[日]关野贞、竹岛卓一摄，于广达提供
万壑松风桥老照片	罗江帆提供
水心榭平面图	罗江帆提供
水心榭老照片	罗江帆提供
水心榭	李力摄
金山岛平面图	《承德古建筑》
如意洲总平面图	《承德古建筑》
沧浪屿	安全慧摄
青莲岛烟雨楼1	安全慧摄
青莲岛烟雨楼2	安全慧摄
烟雨楼建筑平面图	《承德古建筑》

续表

图片名称	图片来源
月色江声岛远景	安全慧摄
月色江声岛总平面图	《承德古建筑》
月色江声正殿	高虹摄
月色江声回廊	高虹摄
文津阁平面图	《承德古建筑》
文津阁雪景	杨利民摄
原宗镜阁	于广达提供
碧峰寺遗址	杨利民摄
热河泉	罗江帆提供
芳渚临流	杨利民摄
知鱼矶	杨利民摄
梨花伴月	于广达提供
溥仁寺总平面图	《承德古建筑》
普乐寺总平面图	《承德古建筑》
普乐寺旧影	[日]关野贞、竹岛卓一摄，于广达提供
宗印殿1	《承德古建筑》
旭光阁及坛城剖面	《承德古建筑》
安远庙总平面图	《承德古建筑》
普宁寺总平面图	《承德古建筑》
普宁寺旧影	[日]关野贞、竹岛卓一摄，罗江帆提供
大乘之阁立面图	《承德古建筑》
大乘之阁剖面图	《承德古建筑》
大乘之阁首层平面图	《承德古建筑》
普佑寺总平面图	《承德古建筑》
普佑寺法轮殿及群楼原立面图	《承德古建筑》
原普佑寺鸟瞰	《承德古建筑》
须弥福寿之庙总平面图	《承德古建筑》
须弥福寿之庙老照片	[日]关野贞、竹岛卓一摄，于广达提供
琉璃牌坊及大红台老照片	[日]关野贞、竹岛卓一摄，于广达提供
琉璃宝塔	[日]关野贞、竹岛卓一摄，于广达提供
普陀宗乘之庙总平面图	《承德古建筑》
普陀宗乘之庙旧影1	[日]关野贞、竹岛卓一摄，于广达提供
普陀宗乘之庙旧影2	[日]关野贞、竹岛卓一摄，于广达提供
普陀宗乘之庙鸟瞰	胡春芳提供
五塔门	安全慧摄
万法归一殿平面图及梁架仰视图	《承德古建筑》
殊像寺总平面图	《承德古建筑》
殊像寺山门旧影	[日]关野贞、竹岛卓一摄，罗江帆提供
五窑沟村山神庙	杨利民摄

续表

图片名称	图片来源
五窑沟窑址1	杨利民摄
五窑沟窑址2	杨利民摄
五窑沟立窑	杨利民摄
五窑沟附近村民墙上构件	杨利民摄
五窑沟附近村民墙基	杨利民摄
五窑沟附近村民墙基构件	杨利民摄
吉祥天母像	杨利民摄
米拉日巴像	杨利民摄
海云寺现存部分1	杨利民摄
海云寺现存部分2	杨利民摄
海云寺现存部分3	杨利民摄
海云寺现存部分4	杨利民摄
九仙庙远景1	杨利民摄
九仙庙远景2	杨利民摄
九仙庙远景3	杨利民摄
九仙庙与古树	杨利民摄
1936年承德火车站	罗江帆提供
承德火车站旧影	杨利民提供
穹览寺后殿	杨利民摄
2003年慈云庵修复前远景	杨利民摄
2003年慈云庵	杨利民摄
锦承铁路碉堡群1	杨利民摄
锦承铁路碉堡群2	杨利民摄
锦承铁路碉堡群3	杨利民摄
锦承铁路碉堡群4	杨利民摄
金山岭长城远景1	杨利民摄
金山岭长城远景2	杨利民摄
金山岭长城远景3	杨利民摄
金山岭长城远景4	杨利民摄
金山岭长城障墙	http://blog.sina.com.cn/s/blog_4fddf7af0100oreh.html
荒地戏楼	杨利民摄
荒地戏楼梁架	杨利民摄
荒地戏楼砖雕	杨利民摄
会州城城址实景平面图	百度地图
雾灵山清凉界石刻	http://blog.sina.com.cn/s/blog_3f6c69420102v6dz.html
黑谷关长城远景	杨利民摄
黑谷关长城	杨利民摄
五虎门	http://blog.sina.com.cn/s/blog_cdda6b220102woku.html
五虎门之第五虎,卧虎石雕	http://blog.sina.com.cn/s/blog_cdda6b220102woku.html
凤山关帝庙牌坊	杨利民摄
凤山戏楼广场	杨利民摄
万塔黄崖1	杨利民摄
万塔黄崖2	杨利民摄
潘家口长城远景	杨利民摄

续表

图片名称	图片来源
潘家口长城1	杨利民摄
潘家口长城2	杨利民摄
潘家口长城3	杨利民摄
潘家口长城4	杨利民摄
潘家口长城5	杨利民摄
潘家口长城6	杨利民摄
潘家口长城7	杨利民摄
潘家口长城8	杨利民摄
喜峰口长城1	杨利民摄
喜峰口长城2	杨利民摄
喜峰口长城3	杨利民摄
喜峰口长城4	杨利民摄
喜峰口长城5	杨利民摄
喜峰口水下长城	杨利民摄
纪氏庄园大门	杨利民摄
纪氏庄园大门及抱鼓石	杨利民摄
纪氏庄园正房1	杨利民摄
纪氏庄园正房2	杨利民摄
支摘窗	杨利民摄
砖雕1	杨利民摄
砖雕2	杨利民摄
瓦件	杨利民摄
院落	杨利民摄
屋脊瓦件	杨利民摄
大门抱鼓石	杨利民摄
石雕细部	杨利民摄
《木兰记》碑	http://blog.sina.com.cn/s/blog_512f6d690102xuml.html
《虎神枪记》碑	http://blog.sina.com.cn/s/blog_512f6d690102xuml.html
乾隆殪虎摩崖石刻	http://blog.sina.com.cn/s/blog_512f6d690102xuml.html
兴华寺石亭	http://blog.sina.com.cn/s/blog_512f6d690102xfo4.html
兴华寺远景	http://blog.sina.com.cn/s/blog_512f6d690102xfo4.html

本章其他图片均由作者李倩怡摄影并提供

3 唐山市

图片名称	图片来源
唐山市古建筑地图分布	赵靓璇 绘制
清东陵总平面图	《中国古代建筑史(第五卷)清代建筑》
清东陵孝陵(顺治)平面图	《中国古代建筑史(第五卷)清代建筑》
孝陵鸟瞰图	《清东陵》
孝东陵隆恩门与东西朝房	颐和吴老的新浪博客
裕陵鸟瞰	颐和吴老的新浪博客
裕陵妃园寝平面图	《清东西陵》

续表

图 片 名 称	图 片 来 源
景陵平面图	《中国古典建筑图释》
定陵鸟瞰	网络图片
定陵神道碑楼	《清东陵》
慈禧陵平面图	《中国古代建筑史（第五卷）清代建筑》
慈安陵平面图	《中国古代建筑史（第五卷）清代建筑》
惠陵鸟瞰图	赫雲翾的新浪博客
迁西三屯营城平面图	《明蓟镇长城1981–1987年考古报告·第6卷·喜峰口洪山口》

本章其他图片均由作者郝杰摄影并提供

4 秦皇岛市

图 片 名 称	图 片 来 源
秦皇岛市古建筑分布图	赵靓璇 绘制
分片图（1–2张）：在交通图标出文物建筑点	赵靓璇 绘制
乔和别墅平面图	马猛提供
五凤楼平面图	秦皇岛文物管理处提供
王振民别墅平面图	秦皇岛文物管理处提供
何香凝别墅平面图	北戴河文物管理所
来牧师别墅平面图	北戴河文物管理所
白兰士别墅平面图	秦皇岛文物管理处提供
吴昌鼎别墅	网络图片
段芝贵别墅	图片来自网络
段芝贵别墅亭子	图片来自网络
段芝贵别墅围墙	图片来自网络
直隶长城险要关峪各口山水形势地舆城图——山海关（光绪朝户部主事崔汝立所绘）	http://www.nlc.cn/nmcb/gcjpdz/yt/dwdy/201409/t20140924_90002.htm
清光绪山海关边口图	光绪《永平府志》
山海关筑城复原图	长城文化网
山海关镇东楼旧影	常盘大定
镇东楼测绘图	《秦皇岛古近代建筑》
老龙头平面、立面测绘图	《秦皇岛古近代建筑》
三道关图片	http://sina.com.cn/ganminqiu
贞女祠测绘图	《秦皇岛古近代建筑》
山海关火车站旧址老照片	网络
背牛顶太清观照片	http://library.duke.edu/digitalcollections/gamble/
清光绪九门口关城图	光绪《永宁府志》
九门口关城桥洞侧立面图	《秦皇岛古近代建筑》
子母台测绘图	《秦皇岛古近代建筑》
源影寺塔测绘图	《秦皇岛古近代建筑》
20世纪初源影寺塔旧影	《秦皇岛古近代建筑》
民国时期的卢龙县经幢	《秦皇岛古近代建筑》

本章其他图片均由作者郑慧铭摄影并提供

5 廊坊市

图 片 名 称	图 片 来 源
廊坊市古建筑分布图	赵靓璇 绘制
王龙村陀罗尼经幢原状照片及测绘图	"号兵的园地"的网易博客

续表

图 片 名 称	图 片 来 源
灵山塔	张云虎的新浪博客
塔基及首层	张云虎的新浪博客
四层、五层及塔顶	张云虎的新浪博客
层间塔檐	张云虎的新浪博客
瓦屋辛庄村地道遗址入口	邯郸文物管理处网站
瓦屋辛庄村地道内部	邯郸文物管理处网站

本章其他图片均由作者郑红彬摄影并提供

6 天津市

图 片 名 称	图 片 来 源
界河南北宋、辽对峙示意图	《天津城市历史地图集》
隋唐时期大运河永济渠段	《天津城市历史地图集》
天津卫城图[清康熙十三年（1674）]	《天津城市历史地图集》
天津府图	《天津城市历史地图集》
津门保甲图	《天津城市历史地图集》
天津城厢图[清道光十六年（（1846）]	《天津城市历史地图集》
天津地图[清光绪二十九年（（1903）]	《天津城市历史地图集》
天津地图[民国八年（1919）]	《天津城市历史地图集》
天津鼓楼旧影	《老天津：津门旧事》
天津天后宫	《老天津：津门旧事》
今日三岔河口	王群摄
今日天津海河	王群摄
望海楼教堂室内	《天津市全国重点文物保护单位概览》P182
五大道名人故居分布图	《天津市全国重点文物保护单位概览》P182
顾维钧旧居	《天津市全国重点文物保护单位概览》
孙殿英旧居	《天津市全国重点文物保护单位概览》
陶氏旧居	《天津市全国重点文物保护单位概览》
庆王府旧址	《天津市全国重点文物保护单位概览》
庆王府室内	《天津市全国重点文物保护单位概览》
纳森旧居	《天津市全国重点文物保护单位概览》
卞万年旧居	《天津市全国重点文物保护单位概览》
天津劝业场	《天津市全国重点文物保护单位概览》
法国公议局旧址主楼1	《天津市全国重点文物保护单位概览》
法国公议局旧址主楼2	《天津市全国重点文物保护单位概览》
谦祥益绸缎庄旧址立面	《天津市全国重点文物保护单位概览》
谦祥益绸缎庄旧址内景	《天津市全国重点文物保护单位概览》
天津南开中学建校初期老照片	天津南开中学官方网站
天妃宫遗址博物馆陈列	《天津市全国重点文物保护单位概览》
天妃宫遗址博物馆内景	百度图片
自山门内望观音阁立面	李路珂摄

续表

图 片 名 称	图 片 来 源
观音阁牌匾	李路珂摄
观音阁转角铺作	李路珂摄
观音像	李路珂摄
站在观音阁俯瞰寺院	李路珂摄
石家大院总平面图	《天津建筑图说》
天尊阁立面	《天津市全国重点文物保护单位概览》
定光佛舍利塔远景	《美丽天津》
黄崖关长城远景 2	高虹摄
黄崖关长城远景 3	高虹摄
黄崖关长城远景 4	高虹摄
黄崖关长城远景 5	高虹摄
大沽海口布防图	《大沽口炮台》
1860 年大沽口南侧炮台	《大沽口炮台》
1860 年 8 月 21 日英法联军攻占大沽口炮台	《大沽口炮台》

续表

图 片 名 称	图 片 来 源
1900 年英军主力舰"森特隆"号	《大沽口炮台》
日本山梨大学捐赠 1900 年联军攻占大沽口炮台时照片	《大沽口炮台》
北洋水师大沽造船厂	《大沽口炮台》
宝坻大觉寺罗汉堂侧影	程绍卿提供
宝坻大觉寺罗汉堂	程绍卿提供
配房	程绍卿提供
泰山行宫幡杆	程绍卿提供
泰山行宫后殿	程绍卿提供
泰山行宫前殿	程绍卿提供
泰山行宫山门	程绍卿提供
三岔河口夜景	王群摄
北营门桥	王群摄

本章其他图片均由作者李倩怡摄影并提供

致谢（Acknowledgements）

河北古建筑地图的编写和撰写历经了两年的时间，感谢华润雪花在中国古代建筑文化普及方面给予的资助和支持，感谢清华大学建筑学院王贵祥教授所带领专家团队的指导和帮助，感谢清华的同学和同事能共同参与并完成该书。

本书主要内容基本上是由清华大学建筑学院的同学共同完成。其中秦皇岛部分由北京联合大学郑慧铭老师负责调研编写完成。郑老师是清华大学建筑学院的硕士、中央美术学院的博士。

唐山部分由清华同衡规划设计研究院设计师、北京建筑大学建筑历史硕士郝杰完成。郝杰对古建筑有持续爱好，并且善于归纳总结古建筑特征、类型，且深入实地走访。郝杰的加入让本书对建筑的理解更深入了一层。他认真、务实、严谨的态度，保证了本书的品质。同时，他所担负的仿古建筑设计任务，也为古建筑地图的编写提供了独特的专业视角。

李倩怡的本科及硕士均就读于清华大学建筑学院。硕士阶段以研究建筑历史作为专业方向。她以独特严谨的现实视角，为本书提供了很多的资料。她负责承德地区和天津地区的古建筑调研，这两个地区有着广泛的古建筑分布，她严谨的工作态度虽然让调研过程变得漫长，但是有着特殊意义。她体现了清华大学建筑学院的那种顽强与坚韧，以及踏踏实实、追求卓越的精神。

郑红彬在清华大学建筑学院完成了建筑历史专业的博士阶段学习，并且负责了廊坊部分古建筑的调研和编写工作。他也是《河北天津古建筑地图（上册）》的作者和负责人。作为河北省石家庄铁道大学的老师，他有着严谨认真、追求卓越的态度。经过多年教师岗位的锤炼，他不仅力求让知识讲解做到条理清晰、逻辑清楚、简单易懂，而且把这种追求带到了我们丛书的编写中。

陈迟是清华大学建筑学院建筑历史与理论方向的博士，也有北京大学新媒体研究院的博士后科研经历，负责张家口地区的古建筑调研和文字撰写，同时也负责本册图书的整体架构及组织协调工作，并对该书的完成最终负责。本书的一大特色在于科普化和大众化，因而新媒体和建筑的专业视角在该书中得到了进一步的体现。在调研古建筑时，以用户（读者）需求为中心，认真替代读者感知并以图文的方式记录着对于古建筑遗迹空间的体验。而新媒体的研究同样是以网络用户为中心，记录着用户对于建筑文化的需求。差异之处在于中国古建筑和新媒体两个领域有不同的研究方法，一个是主动地研究受众，一个是作为媒介被动地被人们研究。两种专业背景最主要的目的共同点就是：让信息能够深度开发并且被人们更好地接受，从而能更好地体现出古建筑的历史价值。

在调研的过程中确实也收获了很多。一方面收获了很多的历史信息和直观体验，不是简单的文字和图片所能描述出来的。建筑毕竟是一个感官的艺术，需要到现场去感受那种空间与所处环境之间又那种难以割舍的关系，独特的地形、地貌、气候，周边的动植物特征，以及那些能够与建筑进行深刻互动的元素。另一方面，调研也让我们明确了对古建筑的情感是本书的核心价值所在。既然工作都是以人为核心进行的，那么成书的内容就不能只是传播抽象的知识，而要更多地触动人的情感。而观察今日追思过去最重要的动力在于，能从残存的遗迹中看到历史的风貌变化、时间的痕迹，以及过去人们孜孜以求的辉煌和念念不忘的执着。对于古建筑的情感体验一直到现在仍然是跨越时空去探索的核心价值和动力所在。

赵靓璇同学负责本书古建筑分布图的绘制。她是中国人民大学艺术学院建筑与景观设计专业的本科生，现为中国人民大学的在读研究生。她对于地图的准确把握、良好的审美品位、认真负责的态度，保障了分布图有序、完整和高品质的绘制。而清晰、专业的信息传递，一定会给我们提供更多的方便，为读者到达特定的区域提供明确的指导。分布图的绘制，既是她的专业，也是工作态度的凝结，更是个人素质的综合反映。

河北北部与天津地区地处京畿，深受皇家传统文化的影响。但由于其独特的地质结构和特征，境内覆盖了丰富的地形地貌，如山峦、草原、平原、丘陵等，这也孕育了多元的文化特征，方便我们管窥一斑而见中国地域文化之多样，历史之悠久。

以张家口为例，它处于几省的交界之处，是多元文化并存的区域，它不仅有高规格的府城、古城和城堡，还有基于建筑遗存之上曾大行其道的多种宗教信仰。而这些丰富的建筑遗存，分等级的建筑构造，建立在山川、草原和平原上，是中华民族文明多元化的直接见证。这其中既有明代的军堡制度的体现，也蕴含了长城内外民族之间的文化差异；既有分布在山峦之上展现民族创造的建筑奇迹，也有广泛聚居在长城内的村落和农耕文明，这些历史悠久的文化遗产无一不在丰富着大众对于中国传统文化的认知。

张家口地区是旧时察哈尔省的所在地。从地区文化多样性来说，覆盖着草原文化、山区文化、防守型的长城和堡寨文化、北方民间的地方民居文化等。

承德是避暑山庄的所在地，"外八庙"是清帝国统治者怀柔蒙古贵族和关外少数民族的文化符号。因此，不同的文化信仰带来多种多样的建筑式样，而多种多样的建筑形式也为后世的人们理解文化的交融提供了线索。建筑遗产中的一致性打开了我们理解中华传统建筑文化统一性的一扇大门，而异域符号的建筑遗产则帮助我们能更加深入地了解多民族的多元文化。

在调研古建筑的过程中，也有一些自我发现的过程和感慨。既有过跨越时空的深深感动，也曾遇到许多困难和障碍，更有无奈的现实让人深感遗憾。有一些单位出于保护和维修的原因不对外开放，让我们只能记录保护施工的过程；而被拒之门外也更让人心生遗憾，但我们还是力求发现古建筑的真实现状；广泛深入实地调研则更正了已掌握资料的错误记载，这是保障本书真实性的基础。

而现实中的改变，会让我们之前看到的二三十年前的关于建筑历史的记载失去意义。这也是我们需要进一步现场调研的主要原因。除此之外，我们还遇到了难以发现的调研场景。那些保存现状比较原汁原味的作品，往往都在人迹罕至、交通不便的地方。而了解到这些信息主要的途径只能通过十里八村的农民，这些质朴、热情的农民知无不言，言无不尽，但最大的困难和障碍在于他们并不真正地了解，这也给我们辨别信息和选择正确的路径带来了不小的困扰。

重新发现是充满了惊喜和风险的过程。经历几百年风雨的历史遗迹，村里人早已忘记它们的存在，因为文化遗迹已经淡出了他们的生活。这个时候对于古建筑的找寻只能通过基于对山形水势地理环境的观察，基于建筑历史资料的核对，基于古代人对于建筑需求和审美偏好的综合判断。之后沿着可能的路径和范围对于周边信息的逐步排查。有些时候，资料上标明可以通过公共交通到达的地方，但在寻找真的历史遗迹时却很难实现。因为不留意而错过的，因为人迹罕至、缺少大路而无法直达则是常事；还有一些遗迹则是位于遗弃且充满凶险的古道上。我们的调研，除了需要在有限的时间、有限的资源和精力下，尽可能地记录建筑信息之外，还动用了比较方便的技术手段。比如无人机、视频拍摄、卫星地图等，力求提升效率，降低调研风险，并提供更加全面的视角和可信信息。

调研和探索的过程同样也是一个有如穿越一般的体验过程。尤其是历史上曾隶属于皇家的寺庙、野外的一座塔或者石窟，如果它曾经的辉煌都已经被遗忘，那么这也就意味着我们只能通过自己的肉眼，来寻找蛛丝马迹。如果有些古建筑单位没有开放，我们想获取其中的信息，可能需要通过互联网的协作去找那些曾经参观过并且留下记录的人们。如果有些地方确实很难去寻找的话，那么还是要通过无人机的高空视角来大范围地搜寻，有可能在山沟里，有可能在山顶上……

除了工作上的辛苦之外，实地调研也深化了我们对于古建筑和文物保护的理解。改变古建筑存在的状态，除了出于文物建筑保护而对其环境进行改造外，还应对历史建筑及其承载信息进行保护，不同于西方的石质建筑，如果我们漠视自然对于建筑的损害，同样自然也会对木结构建筑形成不可逆转的损毁。数千年来，让文明得以传承的是信仰和文化，而木结构古建筑的存在更证明了文明的传承和延续，因而古建筑的保护便是保障文明延续的基础和社会的共同责任。

最后，感谢为此付出努力、做出贡献的其他专业人士，以及关注河北和北京地区名胜古迹的古建筑爱好者：如网友"大槐树"先生为本书提供了现场勘查照片等，这些志同道合的朋友及其所提供的精彩历史照片为本书所涉及地理位置的准确性和真实性提供了佐证信息；也感谢清华大学校友、老师在调研过程中给予的大力支持；衷心感谢王福山老师和周绍文老师为本书中承德市写作点给予的专业学术支持；感谢杨利民老师为承德市写作点提供大量珍贵文献资料；感谢天津市文物管理中心程绍卿老师为本书中天津市宝坻区、东丽区写作点提供的宝贵意见及大量资料。除此之外，赵靓璇的母亲是中学的地理教师，也曾经对古建筑地图绘制的准确性提出宝贵的建议，为本书能够广泛地适应各个群体作出了突出的贡献；感谢在此过程中支持完成该书的作者家属。

由于本书的编写需要涉及上千个大大小小的名胜古迹和实例，在有限的时间内做到文字信息与地图信息、照片信息、历史信息相互印证，并且具有旅游参考和指导意义，这对于作者团队来说是挑战也是成长，意识到对于社会大众展现自己价值的最好方法是来自于我们对工作严谨的要求。是相信严谨的工作态度一定会通过作品得到体现。希望本书的内容能以为大众了解古建筑提供一些帮助，也希望大家能以多种方式参与到古建筑保护和传承的过程中。由于该区域历史悠久，古建筑实例丰富，在调研、写作、资料收集的过程中，难免会有多种不足，请各位读者批评指正。